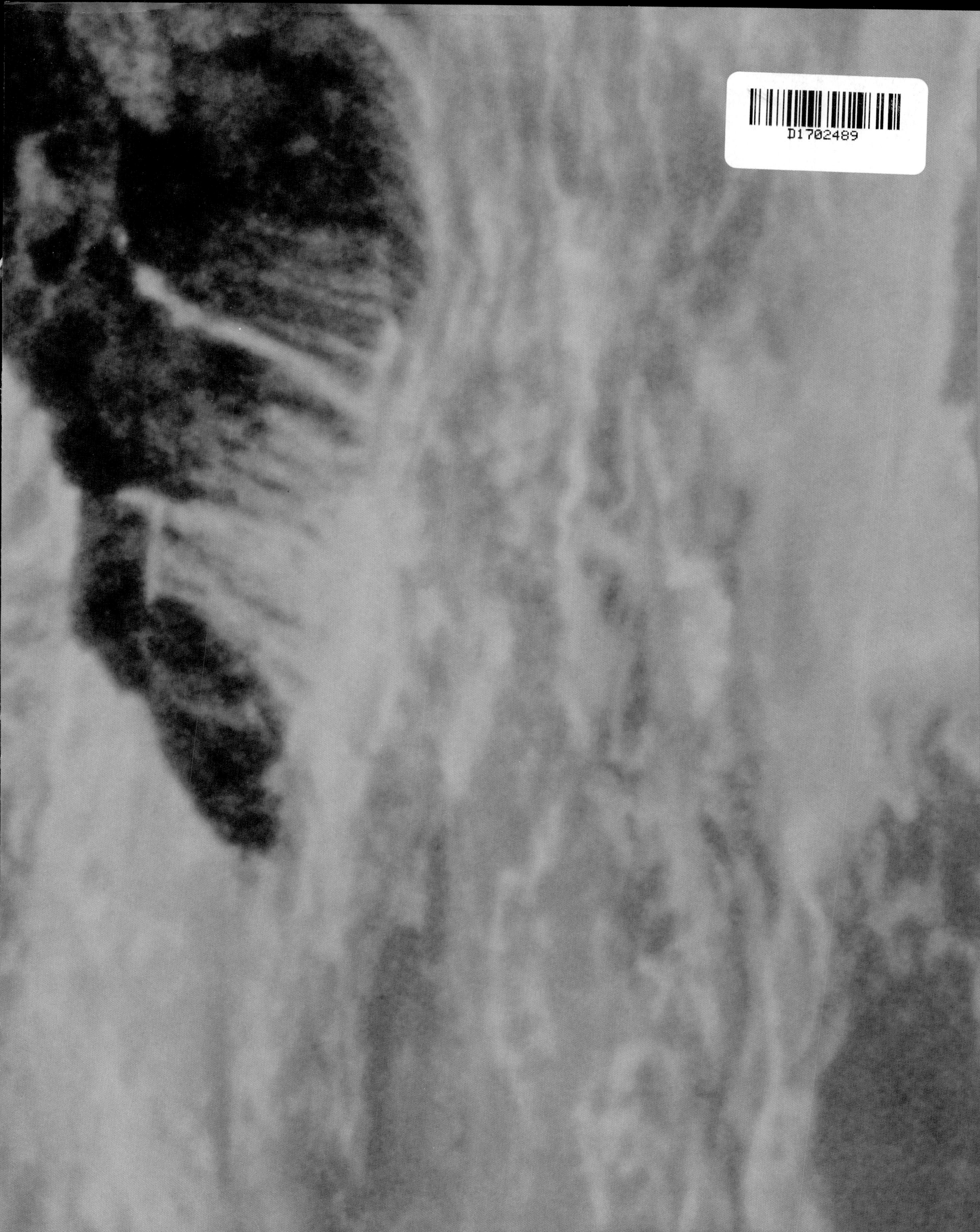

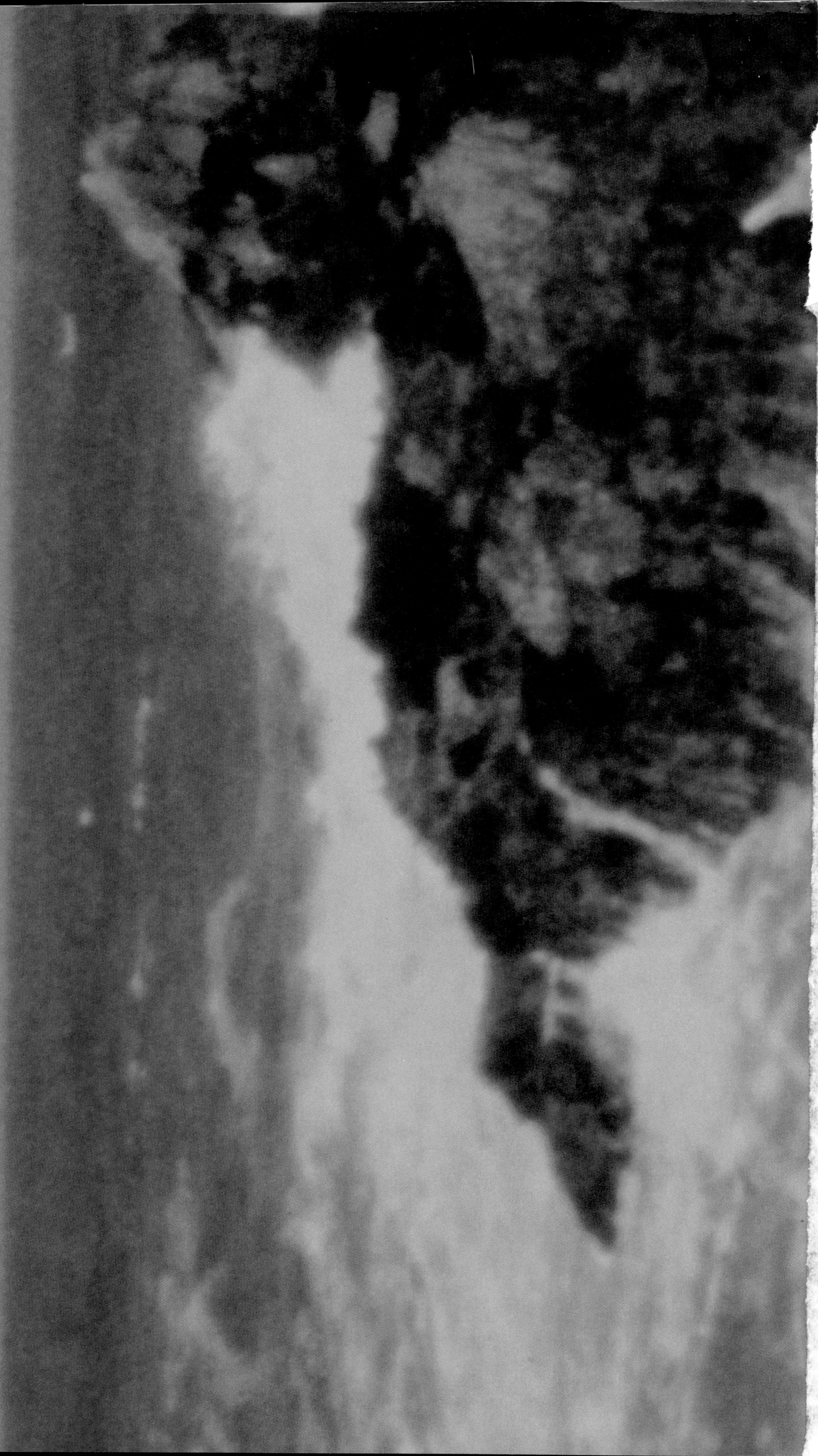

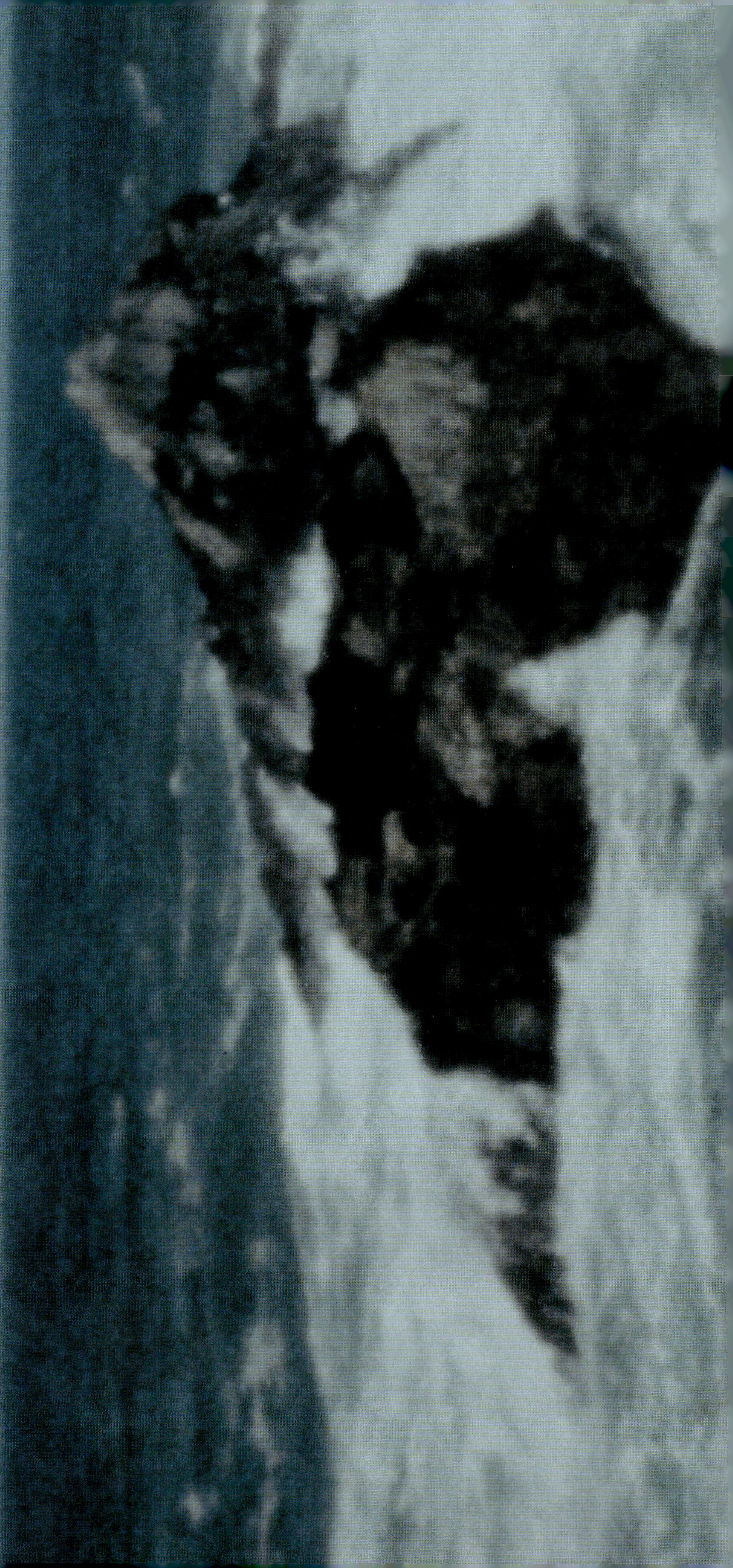

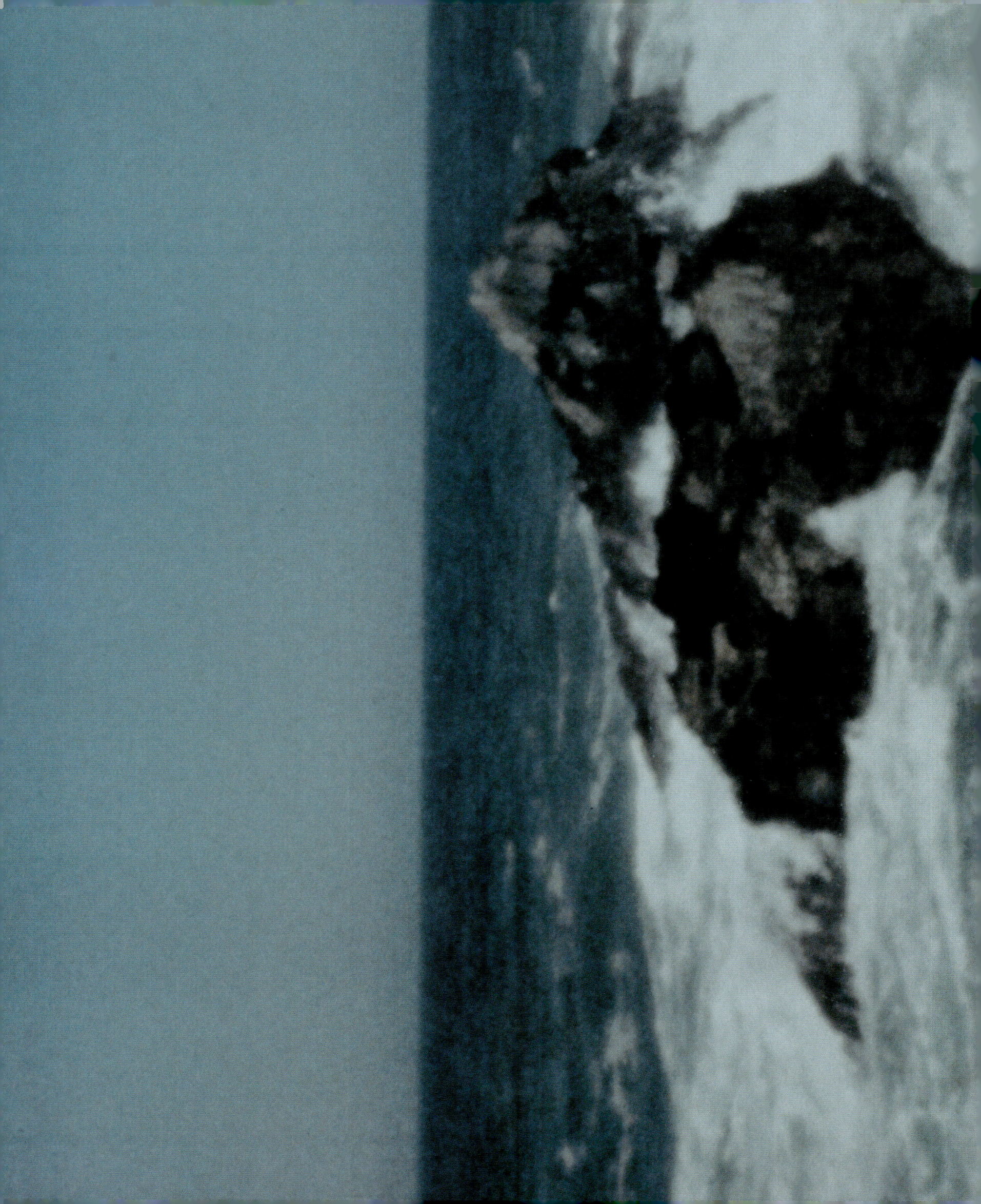

Windstärke zwölf. Kein Mensch ist draußen. Ich sitze auf dem Felsen am Meer, von dem ich immer den auslaufenden Schiffen nachsehe.
Die Brandung tobt über fünfzehn Meter hoch.
Der Sturm peitscht die salzige Gischt bis in mein Gesicht.
Der Donner lässt den Himmel einstürzen und die Blitze umzucken mich. Ich war noch nie so glücklich in meinem Leben.[1]

1 Klaus Kinski: *Ich brauche Liebe*. München, 1991, S. 164

WAS ICH KLAUS

ÜBER KINSKI GEHÖRT HABE

(Inspiriert von Eliot Weinberger[2])

Ich habe von der ZEIT[3] gehört, dass Klaus Kinski ein Klischee gewesen sei. Nichts, was wir über ihn wüssten, sei wahr, also könne alles wahr sein.

2 Amerikanischer Autor; vgl. Eliot Weinberger: *What I heard about Iraq*. London 2005
3 *Kinski, der Zorn Gottes*. In: Die Zeit, 29. November 1991

Ich habe von SPIEGEL ONLINE[4] gehört, dass Klaus Kinski so ungeheuer gierig und auch lüstern gewesen sei, dass er im Deutschland des allmählich vergreisenden Kanzlers Adenauer wie ein gefährlicher junger Gott aus den Inszenierungen seiner selbst emporsteigen musste.

Ich habe von der BERLINER ZEITUNG[5] gehört, dass Klaus Kinski, dieser große Unzeitgemäße, im rundum verklinkerten Schlaraffenland ganz und gar nicht zur Pop-Ikone getaugt habe.

Ich habe vom SPIEGEL[6] gehört, dass sich 1953 die ersten Hundertschaften fanatischer, meist jugendlicher Klaus Kinski-Anbeter formiert haben sollen.

Ich habe vom SPIEGEL[7] gehört, dass Klaus Kinski bis 1961 eine Million Zuschauer mobilisiert habe.

4 Stefan Krulle: *Immer brühheiß*. In: Spiegel Online, 10. Dezember 2003
5 Manfred Schwarz: *Amoklauf im Schlaraffenland*. In: Berliner Zeitung, 3. November 2001
6 *Kinski. Abende eines Fauns*. In: Der Spiegel, Nr. 9, 22. Februar 1961, S. 66
7 Ebd., S. 62

Ich habe von der WELT[8] gehört, dass Klaus Kinski das exotischste Show-Produkt gewesen sei, dessen Deutschland sich hätte rühmen können, wenn es gewollt hätte.

Ich habe von der STAR-REVUE[9] gehört, dass Klaus Kinski den fast unheimlichen Mut habe, zu zeigen, was der sachliche Mensch unserer Zeit ängstlich verberge: sich selber. Er präsentiere nicht das Werk, sondern sich. Er habe nicht das Wort – das Wort habe ihn.

Ich habe vom SPIEGEL[10] gehört, dass Klaus Kinski mit Schaum vor dem Mund Wort-Kanonaden ins Parkett kartätsche, Poeme, an denen er so lange feile, bis sie sich in Dumdumgeschosse verwandelt haben.

Ich habe von der FRANKFURTER ABENDPOST[11] gehört, dass Klaus Kinski der Medizinmann des gesprochenen Wortes sei.

Ich habe von Will Tremper[12] gehört, dass einmal zwei Männer auf die Bühne gekommen seien, um Klaus Kinski eine krampflösende Spritze zu geben.

Ich habe von der BERLINER ZEITUNG[13] gehört, dass Klaus Kinski nicht habe unterhalten, sondern sich für das Publikum opfern wollen.

---

8 Rainer Nolden: *Vom Irrwitz eines wilden Lebens.* In: Die Welt, 27. November 1991
9 *Klaus Kinski: Raffiniert oder besessen?* In: Star-Revue, Nr. 2, Januar 1961, S. 43/44
10 *Kinski. Abende eines Fauns*, ebd., S. 62
11 Zit. nach ebd., S. 63
12 Deutscher Autor & Regisseur; zit. nach: Will Tremper: *Meine wilden Jahre. Illustrierte Autobiographie.* Berlin / Frankfurt a. M. 1993, S. 264
13 Manfred Schwarz: *Amoklauf im Schlaraffenland*, ebd.

Ich habe von Will Tremper[14] gehört, dass Klaus Kinski einmal nur zu spielen bereit gewesen sei, wenn ihm eine Dame vor versammeltem Publikum einen blase. Er soll sie sich selbst ausgesucht, sie nicht lange gezögert und mit arroganter Miene gelutscht haben.

Ich habe vom COLLOQUIUM[15] gehört, dass Klaus Kinski sich ganz aus seiner persönlichen Mitte produziere und mit dem Unterleib spreche.

Ich habe vom SPANDAUER VOLKSBLATT[16] gehört, dass bei Klaus Kinskis Eruptionen Ohnmachtsanfälle alter Damen nicht selten seien und es schon zu einer Frühgeburt gekommen sein soll.

Ich habe vom HAMBURGER ABENDBLATT[17] gehört, dass man bei Klaus Kinskis Rezitationen der Geburt der Verse beizuwohnen glaube.

Ich habe vom KURIER[18] gehört, dass Klaus Kinski, nachdem er zweieinhalb Stunden lang Lavaströme erbrochen habe, sich hinter der Bühne in einen Teppich wickele, damit er den Beifall nicht hören müsse.

Ich habe von Christian David[19] gehört, dass die Chance zum Durchbruch für Klaus Kinski so spät gekommen sei, dass seine Freude darüber getrübt gewesen wäre.

Ich habe von der FILM-REVUE[20] gehört, dass Klaus Kinski gesagt habe, er lache nur selten, weil es in diesem Leben wenig zu lachen gebe.

Ich habe von Horst Wendlandt[21] gehört, dass Klaus Kinski eine Komik gehabt habe, die nicht jedermanns Sache sei.

---

14 Zit. nach: *Meine wilden Jahre*, ebd., S. 264
15 Zit. nach: *Kinski. Abende eines Fauns*, ebd., S. 64
16 Ebd., S. 63
17 Hamburger Abendblatt, 1. Februar 1960, S. 7
18 Zit. nach: *Kinski. Abende eines Fauns*, ebd., S. 63
19 Österreichischer Autor; zit. nach: Christian David: *Kinski. Die Biographie*. Berlin 2006, S. 113
20 Sybille: *Ein Leben in Ekstase. Klaus Kinski von Dämonen gehetzt*. In: Film-Revue, Nr. 24, 1955, S. 33
21 Deutscher Filmproduzent; zit. nach einem Interview in *Klaus Kinski – Ich bin kein Schauspieler*, Fernsehdokumentation von Christoph Rüter, WDR 2000

Ich habe vom SPIEGEL[22] gehört, dass Klaus Kinski sich durch Lachen zu profanieren meine.

Ich habe von der STAR-REVUE[23] gehört, dass Klaus Kinski die Tränen weine, die zu weinen sich sein Publikum scheue. Er sei ein Genie, ein rührseliges Genie. Er wecke in seinen Hörern die Sehnsucht nach dem wahren Menschen, dem Menschen ohne Maske.

Ich habe von Boleslaw Barlog[24] gehört, dass Klaus Kinski ein Genie gewesen sei, aber ein Genie zum Bösen, nicht zum Guten.

Ich habe von der 7 TAGE[25] gehört, dass die meisten zu Klaus Kinskis Ein-Mann-Wanderbühne geströmt seien, um zu erleben, wie das Genie explodiere.

Ich habe vom TAGESSPIEGEL[26] gehört, dass Klaus Kinski wie ein geiler Urfaun kreische.

Ich habe von der WIENER ZEITUNG[27] gehört, dass, wenn Klaus Kinskis Stimme sich ausdrucksstark überschlage, man nur an Peter Kraus denke.

Ich habe von der HAMBURGER MORGENPOST[28] gehört, dass Klaus Kinski spreche, wie die Callas singe.

Ich habe von der BERLINER PALETTE[29] gehört, dass Klaus Kinski mit roter Perücke und im langen Abendkleid Chansons gesungen habe.

Ich habe von Harald Juhnke[30] gehört, dass er mit Klaus Kinski »Romeo und Julia« einstudiert habe. Er sei Romeo gewesen, Kinski die Julia.

Ich habe von Peter Zadek[31] gehört, dass Klaus Kinski in seiner Bearbeitung von »Romeo und Julia« die Rolle der Julia herausgestrichen habe.

Ich habe von der AUF EINEN BLICK[32] gehört, dass Klaus Kinski nichts so verhasst gewesen sei wie Mittelmaß und Langeweile.

Ich habe von der VOGUE[33] gehört, dass Klaus Kinski, wenn er sich langweile, mit geschlossenen Augen und Tempo 180 über italienische Autobahnen jage.

---

22 *Kinski. Abende eines Fauns*, ebd., S. 69
23 *Klaus Kinski: Raffiniert oder besessen?* ebd., S. 43/44
24 Deutscher Regisseur; zit. nach einem Interview in: *Ich bin so wild nach deinem Erdbeermund*, Fernsehdokumentation von Dagmar Cunze, SFB 1995
25 G. Thomas Beyl: *Der Kinski-Clan – umjubelt, beschimpft, vergessen.* In: 7 Tage, Nr. 44, 24. Oktober 1990, S. 30
26 Tagesspiegel, 11. Juni 1958
27 *Kinski im Clinch mit Schiller. Klaus Kinski las Schiller-Balladen in der Stadthalle.* In: Wiener Zeitung, 12. November 1959
28 Zit. nach: *Kinski. Abende eines Fauns*, ebd., S. 63
29 Adalbert Norden: *Klaus Kinski*. In: Berliner Palette, Nr. 48, 29. Dezember 1948
30 Deutscher Schauspieler; zit. nach: Harald Juhnke: *Meine sieben Leben* (Co-Autor: Harald Wieser), Reinbek bei Hamburg 1998, S. 99
31 Deutscher Regisseur; zit. nach: Bild, 27. November 1991
32 Eva Mayer: *Hollywoodstar Klaus Kinski: Sein Leben voller Skandale endete mit einem einsamen Tod.* Auf einen Blick, Herbst 1991, genaues Publikationsdatum In: nicht bekannt, Ausschnitt im Archiv des Autors
33 Vogue, Juni 1988, S. 183

Ich habe von Horst Frank[34] gehört, dass Klaus Kinski das gleiche Rolls Royce-Modell wie der Papst fahre und die italienische Verkehrspolizei deshalb beide oft verwechsele.

Ich habe vom SPIEGEL[35] gehört, dass Klaus Kinski in Rom hinter den Zypressen spinne.

Ich habe von Gianni Garko[36] gehört, dass Klaus Kinski die italienische Flagge verunglimpft habe.

Ich habe von der VOGUE[37] gehört, dass Klaus Kinski Standfotos mit einem Schraubenzieher durchsteche.

Ich habe von der FILM-REVUE[38] gehört, dass Klaus Kinski seine erste und einzige Plastik »Das Chaos« mit einem Hammer zertrümmert habe.

Ich habe von Werner Herzog[39] gehört, dass Klaus Kinski vom Temperament her zur Hysterie neige.

Ich habe von DAS NEUE ZEITALTER[40] gehört, dass das Trigon zwischen Saturn im Skorpion und Uranus in den Fischen auf Klaus Kinskis einmalig exzentrische Darstellungs- und Lebensweise hinweise, die zwar die Massen fasziniere, ihn aber nicht beliebt mache.

Ich habe von der BILD[41] gehört, dass ein Filmkaufmann verraten habe, Klaus Kinski hätte 75 000 Mark bekommen, damit er sich überall vorbeibenehme. Für seinen neuesten Film »Kommando Leopard« sei das die beste Werbung.

Ich habe vom SPIEGEL[42] gehört, dass Klaus Kinski von einem Münchner »Pelz-Modell-Haus« verklagt worden sei, weil er einen maßgeschneiderten Zobel-Mantel für 64 900 Mark bestellt, aber weder abgeholt noch bezahlt habe.

Ich habe vom FILMECHO[43] gehört, dass eine Strafkammer des Landgerichts Bologna Klaus Kinski nach kurzer Verhandlung wegen dessen Mitwirkung in einem Film zu drei Monaten Gefängnis und einer Geldbuße von 40 000 Lire verurteilt habe.

Ich habe von Mario Adorf[44] gehört, dass die ganzen Leute im italienischen Film Klaus Kinski haben loswerden, verletzen oder sogar erschlagen wollen.

---

34 Deutscher Schauspieler; zit. nach einem Interview mit Uwe Huber. In: Bonus-Material zu *Flusspiraten vom Mississippi*. DVD, Planegg / München 2008
35 Marie-Luise Scherer: *Meine arme Kleine*. In: Der Spiegel, Nr. 21, 20. Mai 1974, S. 148
36 Italienischer Schauspieler; zit. nach Federico Caddeo: *Helden aus der Hölle*. In: Bonus-Material zu Todeskommando Panthersprung. DVD, Planegg/München 2008
37 Vogue, Juni 1988, S. 183
38 *Ein Leben in Ekstase*, ebd., S. 37
39 Deutscher Regisseur; zit. nach: Erwin Keusch/Christian Weisenborn: *Was ich bin, sind meine Filme*. Dokumentarfilm, München 1979
40 Peter Pallot: *Prominente und ihre Sterne. Klaus Kinski*. In: Das neue Zeitalter, Nr. 32, September 1979, S. 48
41 Bild, Herbst 1985, genaues Publikationsdatum nicht bekannt, Ausschnitt im Archiv des Autors
42 Der Spiegel, Nr. 7, 11. Februar 1974, S. 138
43 Film-Echo/Filmwoche, Nr. 2, 11. Januar 1972
44 Deutscher Schauspieler; zit. nach einem Interview in: *Klaus Kinski – Ich bin kein Schauspieler*, Fernsehdokumentation von Christoph Rüter, WDR 2000

Ich habe vom SPIEGEL[45] gehört, dass der schwarze Barmixer Jimmy Klaus Kinski zu Boden geschlagen habe.

Ich habe von der FILM-REVUE[46] gehört, dass Klaus Kinskis geliebte und verfluchte Welt ihn wieder einmal verschluckt habe.

Ich habe von Werner Herzog[47] gehört, dass er so zornig auf Klaus Kinski gewesen sei, dass er einen Feuerüberfall auf ihn und sein Haus geplant habe.

Ich habe von David Schmoeller[48] gehört, dass der italienische Produzent seines Filmes »Crawlspace« Klaus Kinski habe töten wollen, um dessen Versicherungssumme ausbezahlt zu bekommen.

Ich habe von Gianfranco Parolini[49] gehört, dass er Klaus Kinski wegen mangelndem Respekt habe töten wollen.

Ich habe von Werner Herzog[50] gehört, dass ihm die Machiguenga-Indianer angeboten hätten, Klaus Kinski für ihn zu töten.

Ich habe von der FAZ[51] gehört, dass kaum jemand Klaus Kinski gemocht habe.

Ich habe vom SPIEGEL[52] gehört, dass ein Vergleich des eigenen mit Christi Leben Klaus Kinski zu der Einsicht gebracht habe, dass es da viele Parallelen gebe.

Ich habe von Bedi Moratti[53] gehört, dass Klaus Kinski im verkehrten Jahrhundert geboren sei und besser in eine Epoche passe, in der noch die Peitsche gebraucht wurde.

Ich habe von der FRAU IM SPIEGEL[54] gehört, dass Klaus Kinski ein Menschenverächter geworden sei.

Ich habe von Herbert Fux[55] gehört, dass Klaus Kinski einen italienischen Polizisten geohrfeigt habe.

Ich habe von der BUNTE[56] gehört, dass Klaus Kinski einem deutschen Paketboten zwei Kinnhaken verpasst und ihm kräftig in den Hintern getreten habe.

Ich habe von Giuliano Montaldo[57] gehört, dass Klaus Kinski einem Cheftechniker den Finger gebrochen habe.

Ich habe von der HÖRZU[58] gehört, dass Klaus Kinski Elke Sommer gewürgt, geschlagen, bespuckt und am blondierten Haarschopf gezerrt habe.

Ich habe von Klaus Löwitsch[59] gehört, dass Klaus Kinski ein Loch in den Boden gesägt und durch dieses Loch kochendes Wasser auf Menschen geschüttet habe, weil sie ihm zu laut gewesen seien.

---

45 Der Spiegel, Nr. 4, 20. Januar 1954, S. 24
46 *Ein Leben in Ekstase*, ebd., S. 37
47 Zit. nach: Werner Herzog: *Mein Liebster Feind*. Dokumentarfilm, Deutschland / Großbritannien 1999
48 Amerikanischer Regisseur; zit. nach: David Schmoeller: *Please Kill Mr. Kinski*. Dokumentarfilm, USA 1999
49 Italienischer Regisseur; zit. nach Federico Caddeo: *Helden aus der Hölle*. In: Bonus-Material zu *Todeskommando Panthersprung*. DVD, Planegg/München 2008
50 Zit. nach: *Mein liebster Feind*, ebd.
51 Verena Lueken, *Märtyrer der Männlichkeit. Zum Tod von Klaus Kinski*. In: FAZ, 27. November 1991
52 Der Spiegel, Nr. 45, 1. November 1971, S. 172
53 Italienische Schauspielerin; zit. nach: Herbert Rowan: *»Viel Feind, viel Ehr…«* In: 7 Tage, Nr. 9, 28. Februar 1970, S. 24
54 Susanne Nolden: *Grenzgänger zwischen Genie und Wahnsinn*. In: Frau im Spiegel, Nr. 50, 5. Dezember 1991
55 Österreichischer Schauspieler & Politiker; zit. nach einem Interview. In: Unveröffentlichte Filmaufnahme im Archiv des Autors, 2001
56 Bunte, Nr. 44, 24. Oktober 1985, S. 176
57 Italienischer Regisseur; zit. nach einem Interview. In: Bonus-Material zu *Top Job – Diamantenraub in Rio*. DVD, Planegg/München 2010
58 Karin von Faber: *Was macht denn Herr Kinski mit der Elke Sommer?* In: Hörzu, Nr. 45, Oktober 1975, S. 21
59 Deutscher Schauspieler; zit. nach: Matthias Geyer: *Der Rausch der Rolle*. In: Der Spiegel, Nr. 22, 28. Mai 2001, S. 254

Ich habe von der NRZ[60] gehört, dass Kinski bisweilen über eine Rampe hinweg seine Notdurft habe verrichten müssen, um unliebsame Zwischenrufer zum Schweigen zu bringen.

Ich habe von Joachim Fuchsberger[61] gehört, dass Klaus Kinski in einem Fischrestaurant mit Löffeln geschmissen habe.

Ich habe von Werner Herzog[62] gehört, dass Klaus Kinski einem Kritiker zwei heiße Kartoffeln und das Besteck ins Gesicht geworfen habe.

Ich habe von Christiane Krüger[63] gehört, dass Klaus Kinski vom ersten Stock eines Lokals die Passanten mit belegten Broten beworfen habe.

Ich habe von Christian David[64] gehört, dass Essen für Klaus Kinski ohnehin stets nebensächlich gewesen sei.

Ich habe von Ulli Lommel[65] gehört, dass Klaus Kinski ein paranoides Monster gewesen sei.

Ich habe vom SPIEGEL[66] gehört, dass Klaus Kinskis Waffe der Exzess, eine fast krankhafte Egozentrik sei.

Ich habe vom NEUEN BLATT[67] gehört, dass Klaus Kinski sich in seine Verträge habe schreiben lassen, dass er ständig eine Waffe bei sich tragen dürfe.

Ich habe vom NEUEN BLATT[68] gehört, dass Klaus Kinski bei den Dreharbeiten zu »Fitzcarraldo« aus Wut auf seinen Regisseur Werner Herzog geschossen habe.

Ich habe von Will Tremper[69] gehört, dass Klaus Kinski sich gerühmt habe, zwei Morde begangen zu haben.

Ich habe von Helmut Qualtinger[70] gehört, dass Klaus Kinski ein ganz ziviler Zeitgenosse sei, wenn er nicht gerade Küchenschaben verbrenne oder Silberfische zertrample.

Ich habe von O. W. Fischer[71] gehört, dass Klaus Kinski gar nicht so meschugge gewesen sei, wie er getan habe.

Ich habe von Werner Herzog[72] gehört, dass man, wenn man Klaus Kinski ansehe, den Rest der Welt als geisteskrank empfinden würde.

Ich habe von DAS NEUE ZEITALTER[73] gehört, dass die Quadratur zwischen Venus in der Waage und Pluto im Krebs auf eine Verhärtung in Klaus Kinskis Gemüt hinweise.

---

60 Wilfried Hohnke: *Kinski wird fromm*. NRZ, 21. Oktober 1971
61 Deutscher Schauspieler; zit. nach: Joachim Fuchsberger: *»Leute, ihr kennt ihn doch.«* In: Deutsches Filmmuseum: *Ich, Kinski*. Kinematograph Nr. 16, Frankfurt a. M. 2001, S. 71
62 Zit. nach: *Mein Liebster Feind*. Dokumentarfilm, ebd.
63 Deutsche Schauspielerin; zit. nach: *»Viel Feind, viel Ehr…«*, ebd. S. 24
64 Zit. nach: *Kinski. Die Biographie*, ebd., S. 85
65 Deutscher Schauspieler & Regisseur; zit. nach einem Interview *(»Ich hätte mir Bianca nie ausgesucht«)* mit Sven Michaelsen. In: Der Spiegel, Nr. 8, 22. Februar 2010, S. 114
66 *Kinski. Abende eines Fauns*, ebd., S. 64
67 *Kinski – der Wahnsinnige: »Wäre ich nicht Schauspieler, wäre ich ein Mörder geworden.«* In: Das Neue Blatt, 1991, genaues Publikationsdatum nicht bekannt, Ausschnitt im Archiv des Autors
68 Ebd.
69 Zit. nach: *Meine wilden Jahre*, ebd., S. 254
70 Österreichischer Schauspieler; zit. nach: Helmut Qualtinger; *Ein ehrlicher Exhibitionist*. In: Der Spiegel, Nr. 39, 22. September 1975, S. 146
71 Deutscher Schauspieler; zit. nach einem Interview in: *Klaus Kinski – Ich bin kein Schauspieler*, Fernsehdokumentation von Christoph Rüter, WDR 2000
72 Zit. nach: Fritz Rummler: *Eine Welt, in der Schiffe über Berge fliegen*. In: Der Spiegel, Nr. 35, 24. August 1981, S. 173
73 *Prominente und ihre Sterne*, ebd., S. 48

Ich habe von der 7 TAGE[74] gehört, dass Klaus Kinski gesagt habe, er habe selbst Schwierigkeiten, mit sich zurechtzukommen.

Ich habe von der QUICK[75] gehört, dass Klaus Kinski sich als weißer Senegalneger bezeichne.

Ich habe von Werner Herzog[76] gehört, dass Klaus Kinski ein ganz infantiles Afrikabild habe.

Ich habe von der BILD[77] gehört, dass Klaus Kinski gestanden habe, nicht der Größte zu sein.

Ich habe von der BILD[78] gehört, dass Klaus Kinski in den letzten Jahren ein großer Bewunderer von BILD geworden sei. Für ihn sei die Arbeit mit BILD jedes Mal so, als ob jemand ein Fenster aufstoße, damit frischer Wind hereinwehe.

Ich habe von der ABENDPOST[79] gehört, dass Klaus Kinski sich selbst parodiere. Oder den Stil seines Hauses. Oder die neckische Heimreportage mit Familienfotos.

Ich habe vom HAMBURGER ABENDBLATT[80] gehört, dass Klaus Kinski seine Tournee für die Trauung mit Ruth Tocki für einige Stunden unterbrochen habe.

Ich habe von Ruth Tocki[81] gehört, dass die gemeinsame Tochter Nastassja von einer Hebamme entbunden wurde, weil Klaus Kinski nicht erlaubt habe, dass ein Arzt sie untersuche. Überhaupt kein Mann habe sie untersuchen dürfen, das sei alles heilig gewesen.

Ich habe von der BUNTE[82] gehört, dass Klaus Kinski bei der Geburt von Nastassja von beherzten Nonnen aus dem Krankenhaus Berlin-Dahlem geworfen worden sei.

Ich habe von Nastassja Kinski[83] gehört, dass Klaus Kinski süß gewesen sei, es sie aber gestört habe, dass er sie und ihre Mutter oft angeschrien habe.

Ich habe von Prof. Dr. Borwin Bandelow[84] gehört, dass man Klaus Kinski nie verziehen hätte, wenn er im echten Leben der brave Familienvater und Opel-Fahrer gewesen wäre.

Ich habe von Pola Kinski[85] gehört, dass ihr Vater eine Ferienbekanntschaft gewesen sei.

Ich habe von Nastassja Kinski[86] gehört, dass Klaus Kinski nicht unbedingt ihr Vater gewesen sein müsse, nur weil sie seinen Namen trage.

Ich habe von Deborah Caprioglio[87] gehört, dass sie Klaus Kinski nicht an seine Tochter Nastassja erinnert habe, da sie klein sei, schwarze Augen, schwarze Haare und sehr viel Busen habe.

Ich habe von Ruth Tocki[88] gehört, dass Klaus Kinski ein außergewöhnlicher Liebhaber gewesen sei.

Ich habe von der QUICK[89] gehört, dass der Trauungsbeamte Klaus Kinski aus dem Zimmer habe jagen wollen, als dieser bereits während der Zeremonie die Ehe mit seiner dritten Ehefrau Minhoi habe vollziehen wollen.

---

74 Zit. nach: *»Viel Feind, viel Ehr…«*, ebd., S. 24
75 Herbert Bücken: *Das Ekel*. In: Quick, Nr. 15, 8. April 1982, S. 43
76 Zit. nach: Constanze Siebert: *Ein Ekel, aber einmalig*. In: Bunte, Nr. 50, Dezember 1987, S. 67
77 Raimund le Viseur: Klaus Kinski. *»Ich bin ein Tier, 76 Orgasmen sind eine Kleinigkeit.« Die Gierigen*, Folge 13. In: Bild, 1990, genaues Publikationsdatum nicht bekannt, Ausschnitt im Archiv des Autors
78 *Kinski. Er war so wild nach jedem Erdbeermund*. In: Bild, Herbst 1991, genaues Publikationsdatum nicht bekannt, Ausschnitt im Archiv des Autors
79 Bodo Kochanowski: *Familienvater Kinski*. In: Abendpost, 9. April 1964, S. 5
80 Hamburger Abendblatt, 1. November 1960, S. 16
81 Kinskis zweite Ehefrau; zit. nach: Corry Norden: *Star oder Sternschnuppe – Nastassja Kinski*. In: Bunte, Nr. 20, 5. Mai 1977, S. 63
82 *Star oder Sternschnuppe*, ebd., S. 63
83 Deutsche Schauspielerin & Kinskis zweite Tochter; zit. nach: *Star oder Sternschnuppe*, ebd., S. 63
84 Deutscher Facharzt für Neurologie & Psychiatrie; zit. nach einem Interview *(Angst ist Koks für die Seele)* mit Beate Lakota & Marianne Wellershoff. In: Spiegel, Nr. 11, 13. März 2006, S. 143
85 Deutsche Schauspielerin & Kinskis erste Tochter; zit. nach: Bild der Frau, 29. Juli 1985, S. 4
86 Zit. nach einem Interview *(Plakativer Größenwahn)* mit Alexander Soyez. In: Focus, Nr. 45, 5. November 2001, S. 248
87 Italienische Schauspielerin, oft fälschlicherweise als Kinskis vierte Ehefrau bezeichnet; zit nach: Ulrich Pramann: *Deborah Caprioglio. Mein Leben mit dem Bösewicht*. In: Quick, Nr. 26, 21. Juni 1989, S. 48
88 Zit. nach: *Star oder Sternschnuppe*, ebd., S. 63
89 *Das Ekel*, ebd., S. 45

Ich habe von Herbert Fux[90] gehört, dass Klaus Kinski in den Vormittagsstunden im Englischen Garten mit einer Schauspielerin einen Geschlechtsverkehr vollzogen habe.

Ich habe von Eva Ebner[91] gehört, dass Klaus Kinski im hohen Schilf am Elbufer mit zwei Schwestern »bei der Sache« gewesen sei.

Ich habe vom HAMBURGER ABENDBLATT[92] gehört, dass Klaus Kinski die Frauen mit den Wonnen der Betäubung erfreue.

Ich habe vom NEUEN BLATT[93] gehört, dass Klaus Kinski die Frauen als Entspannungsübung für seinen Trieb gebraucht habe. Er habe viele auch als Objekt seiner perversen Gelüste missbraucht.

Ich habe von Désirée Nosbusch[94] gehört, dass Klaus Kinski sie in seiner Hütte eingeschlossen habe.

Ich habe von Ulli Lommel[95] gehört, dass er seine Frau mit einem gemieteten, bewaffneten Leibwächter aus Klaus Kinskis Prachtvilla in San Francisco befreit habe.

Ich habe von der FAZ[96] gehört, dass Klaus Kinski sich auf den Couchgarnituren der Fernsehstudios zwischen den Beinen gekrault habe.

Ich habe von Werner Herzog[97] gehört, dass Klaus Kinski einen Baum umklammert und mit ihm zu kopulieren angefangen habe.

Ich habe von der QUICK[98] gehört, dass Klaus Kinski hektisch an seinem Hosen-Reißverschluss genestelt habe. Es habe sich hierbei um Reflexbewegungen eines Sex-Besessenen gehandelt, der seinem unbändigen Trieb normalerweise freien Lauf lasse.

Ich habe von Ulrich Wickert[99] gehört, dass Klaus Kinski den Sex-Besessenen gespielt habe, während die anderen sich so ein Leben gewünscht hätten.

Ich habe von der FRAU IM SPIEGEL[100] gehört, dass Klaus Kinski am Ende selbst schon nicht mehr gewusst habe, ob er wirklich der böse Bube sei oder ihn nur spiele.

Ich habe vom NEUEN BLATT[101] gehört, dass keine von Klaus Kinskis vielen Frauen zu seiner Trauerfeier gekommen sei.

Ich habe von der BERLINER PALETTE[102] gehört, dass viel Falsches über Klaus Kinski gesagt und geschrieben worden sei.

Ich habe von der SUPER![103] gehört, dass Klaus Kinski zuletzt nur noch süchtig nach dem Tod gewesen sei.

Ich habe von der SUPER![104] gehört, dass die 26-jährige Lehrerin Suzannah Klaus Kinskis Todesorgasmus gewesen sei.

Ich habe von der BILD[105] gehört, dass Klaus Kinski wie Roy Black gestorben sei.

Ich habe von der BUNTE[106] gehört, dass Klaus Kinski in einer Nacht gestorben sei, wie er sie geliebt habe. Es sei Vollmond gewesen und der Wind habe in den Bäumen getobt.

Ich habe vom KÖLNER EXPRESS[107] gehört, dass sich neben den toten Klaus Kinski sein Schäferhund Apollo gelegt und ihm die Hand geleckt habe.

---

90 Zit. nach einem Interview in einer unveröffentlichten Filmaufnahme im Archiv des Autors, ebd.
91 Deutsche Regieassistentin; zit. nach einem Interview. In: Bonus-Material zu *Edgar Wallace Edition 5*. DVD-Box, München 2004
92 *Abende eines Fauns*, ebd., S. 64
93 *Kinski – der Unersättliche. Ich hatte über 5000 Geliebte*. In: Das Neue Blatt, 1991, genaues Publikationsdatum nicht bekannt, Ausschnitt im Archiv des Autors
94 Deutsche Schauspielerin; zit. nach einem Interview mit Johannes B. Kerner. In: *Johannes B. Kerner*, ZDF, 21. Mai 2008, 23:15 Uhr
95 Zit. nach: *Ich hätte mir Bianca nie ausgesucht*, ebd., S. 114
96 Verena Lueken, *Märtyrer der Männlichkeit*, ebd.
97 Zit. nach: Lars-Olav Beier: *In der Risikozone*. In: Der Spiegel, Nr. 6, 8. Februar 2010, S. 134
98 *Bekenntnisse eines Sex-Besessenen. Klaus Kinski schrieb eine Skandalchronik seiner Wollust*. In: Quick, Januar 1991, S. 32
99 Deutscher Moderator & Autor; zit. nach: *Tagesthemen*, ARD, 26. November 1991, 22:30 Uhr
100 *Grenzgänger zwischen Genie und Wahnsinn*, ebd.
101 *Kinski – der Unersättliche*, ebd.
102 Adalbert Norden: *Klaus Kinski*, ebd.
103 Stefan Schmidt: *Kinski. Gesucht: Die letzte Frau!* In: Super!, 2. Dezember 1991
104 Stefan Schmidt: *Kinski. Ich war sein Todesorgasmus*. In: Super!, 5. Dezember 1991
105 Bild, 27. November 1991
106 Helge Timmerberg: *Der Tod des Königs von Sexomanien*. In: Bunte, Nr. 50, 5. Dezember 1991, S. 30
107 Kölner Express, 28. November 1991

PAR LE PO
elze
50%

Inhalt / Impressum

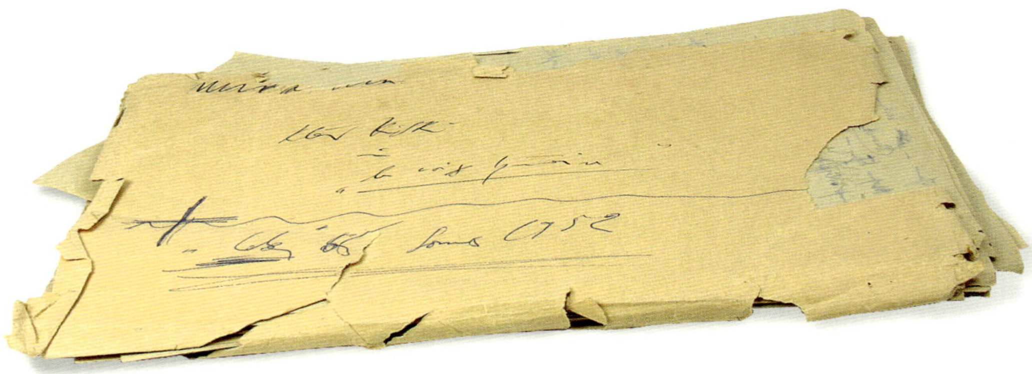

[b/c]

[d]

ÜBER DIE AUTOREN

Peter Geyer *»Seit nunmehr 12 Jahren erforsche ich Klaus Kinski und mache täglich neue Entdeckungen, die jeden Versuch einer Biographie verfrüht erscheinen lassen. Erst wenn die letzte Quelle erschlossen ist und die Nebelschwaden, die andere und auch er selbst vor seinen wachen Geist geschoben haben, als heiße Luft verzogen sind, wird der Blick frei werden auf den Mann, der Kinski wirklich war. Ich hoffe, dieses liebevoll gestaltete Buch trägt dazu bei.«*

Peter Geyer, geboren 1966 in Stuttgart, ist Autor, Regisseur und Produzent. Seit 1999 leitet er den Nachlass von Klaus Kinski. Als Herausgeber umfassender Hörbuchanthologien (u.a. Shakespeare, Goethe, Gründgens und Kinski) ist er renommiert und preisgekrönt. Er veröffentlichte Kinskis Gedichtband *Fieber* und verfasste die Basis-Biografie *Klaus Kinski – Leben Werk Wirkung*. Sein Dokumentarfilm *Kinski – Jesus Christus Erlöser* wurde 2008 auf der Berlinale und vielen internationalen Festivals gezeigt.

OA Krimmel *»Kinskis Flamme brennt, auch 20 Jahre nach seinem Tod, noch hell genug, um viele andere zu entzünden! Sein Vermächtnis bleibt eine kontroverse und faszinierende Inspirationsquelle für ganze Generationen von Nonkonformisten. Gerne hätte ich ihn zu Lebzeiten persönlich kennengelernt – und in gewisser Weise hat sich dieser Wunsch mit der Kreation dieses Buches nun posthum erfüllt ...«*

OA Krimmel wurde 1967 in Stuttgart geboren und ist Mitbegründer und Art-Director des i_d buero. Das i_d buero erhielt für seine Designarbeit zahlreiche renommierte Auszeichnungen weltweit. Für den Nachlass von Klaus Kinski ist Krimmel bereits seit über 10 Jahren tätig und gestaltete u. a. den Gedichtband *Fieber* und die Gesamtausgabe von Kinskis Rezitationen *Kinski spricht Werke der Weltliteratur*.

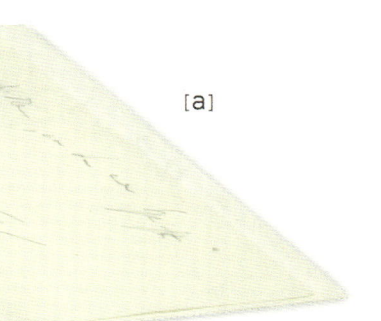

[a]

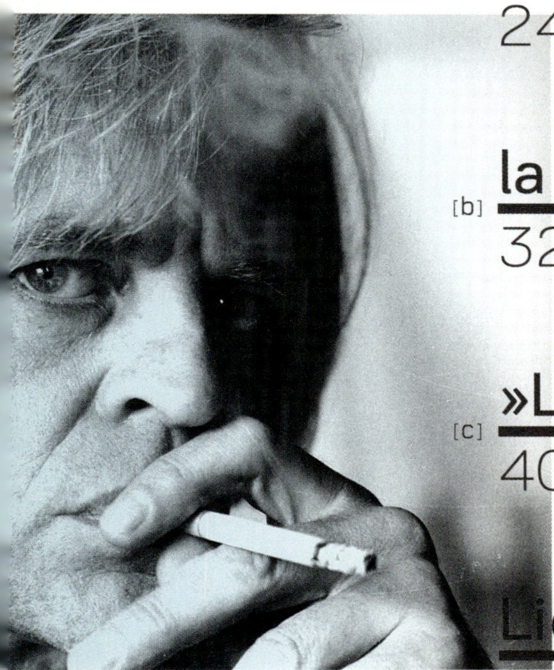

Ein Zeitungsartikel und drei Fragmente

[f]

DANK AN Minhoi Loanic, Nikolai Kinski, Frank Wiggers, Gérard Rancinan, Dominique Issermann, Catherine Faux, Tony Korody, Marielouise Jurreit, Klaus Budzinski, Gary Giacomini, Jess Morgan, Antje Landshoff, Carlos Aguilera, Katrin Seybold-Harlan, Michael Farin, Christine Danziger, Hermann-Josef Omsels, Jan Michalski, Stefan Weikert, Marten Brandt, Norbert Beyss, Stefan Michalk & Katharina Beyer.

Texte Klaus Kinski © Kinski Productions, www.kinski.de
Texte Peter Geyer © Kinski Productions, www.kinski.de
Übersetzungen von *Spring!* & *Mögliche Verletzungen der Privatsphäre* von Peter Geyer © Kinski Productions, www.kinski.de || S. 79 © Abendzeitung München
Gesamtkonzeption Peter Geyer und OA Krimmel
Projektkoordination Dr. Marten Brandt
Art Direction OA Krimmel
Herstellung und Gestaltung i-dbuero.de
Artwork: Jan Michalski, Susanne Wagner, Nils Prenz, Kristin Schoch, Anja Osterwalder, Hojin Kang || **Umschlaggestaltung** OA Krimmel
Umschlagabbildung Dominique Issermann || **Dank an** Wolfgang Seidl für die wertvolle Unterstützung, Famiglia Brunetti für die italienische Übersetzungshilfe, Panos Vassiliou für die Schriftfamilie »Encore« und Ekaluck Peanpanawate für die Schrift »Kondolar«
Druck / Bindung optimal media GmbH
Zitat Buch-Rückseite Hanns-Joachim Starczewski: *Kinski*, München 1961

Printed in Germany || ISBN 978-3-8419-0100-2

[g]

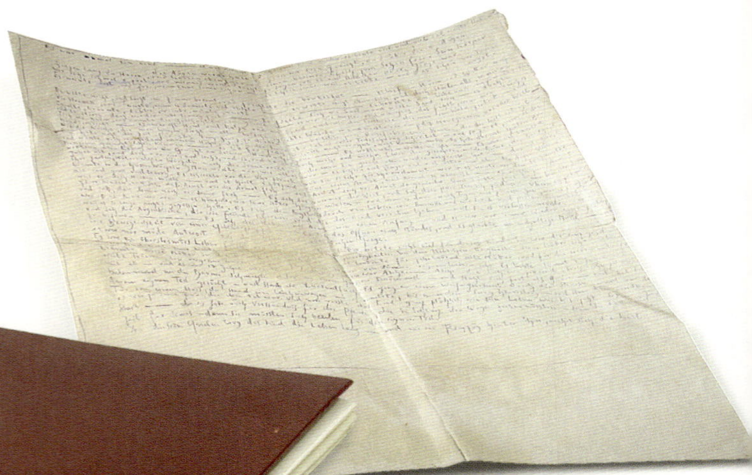

[i]

[e]

[j]

[h]

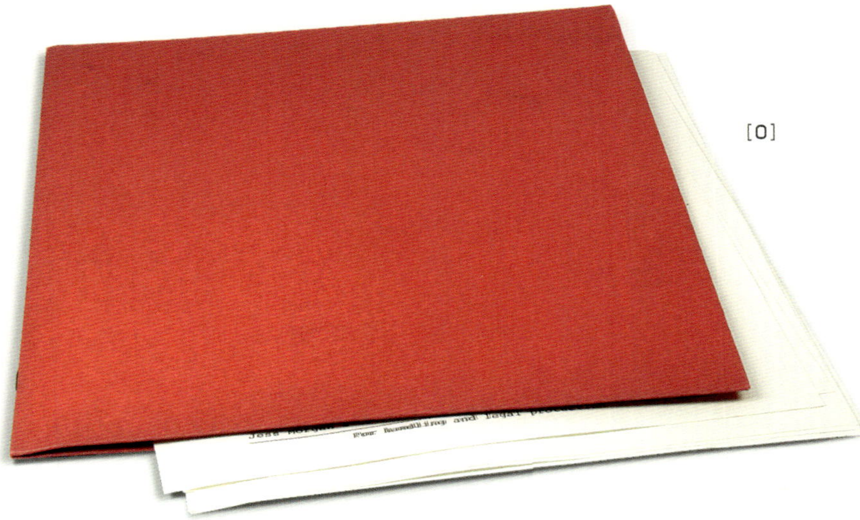

[o]

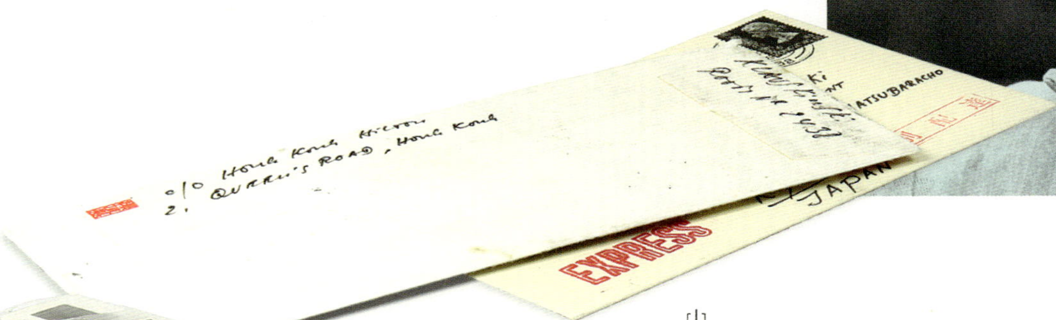

EXPRESS
JAPAN

[l]

COPYRIGHT BY
G. RANCINAN - SYGMA

[k]

[m]

SONY
V-16
PAL / ENGLISH
KLAUS KINSKI c/o DAVE KOHNER AGENCY - GARY SALT
9169 SUNSET BLVD. HOLLYWOOD CALIFORNIA 90069
U.S.A. PHONE - 213 - 5501060

[n]

PHOTOCREDITS © Cinetext / Richter S. 54 || © Cinetext / Sammlung Beyl S. 171, 174, 176/177, 178/179, 180/181 || © Romeo Bianconi S. 251 || Harry Croner © Stiftung Stadtmuseum Berlin S. 42, 43, 52, 53, 58, 66, 67 || © Catherine Faux S. 256/259, 266/267, 272/273 || © Photo Michael Friedel S. 6, 17, 18/19, 22/23, 25 || © INTERFOTO Friedrich S. 44, 45, 46, 51, 61, 63 || © Helmuth von Gaza S. 62 || © Michel Vauris Gravos / Sygma / Corbis S 276/277 || © Hanns Heinz Hoffmann S. 34 || i_d buero sämtliche Objektphotographien || © Dominique Issermann / trunkarchive.com S. U1, 226, 230/231, 254, 280/281, 282/283 © Keystone / Keystone S. 247, 248/250 || © Tony Korody / Sygma / Corbis S. 284/285, 286/287, 308, 310/311, 313, 314/315 || © Gert Kreutschman S. 78 © Minhoi Loanic S. 191, 192/193, 238, 252/253, 258/259, 260/261, 262/263, 264/265, 268/269, 270/271, 278/279, 301 (Photo in der Streichholzschachtel) || © Alain Mingam S. 274/275 © Stephen Olsson & Chris Beaver 390 – 405 || © Picture Alliance / UPI S. 201 || © Gérard Rancinan S. 244, 288/289, 290, 291, 292, 293, 294/295, 296/297, 298/299, 350, 352, 354/355, 356/357, 358/359, 363, 366, 368/369, 372/373, 376/377, 380/381 Herbert Rowan © Picture Alliance - Fotoreport S. 172/173 || © The Estate of Klaus Kinski S. U2, 1 – 6, 35 – 39, 47, 59, 160/161, 186 – 189, 217, 242, 301 (oben), 317 – 337, 371, 374, 379, 386 – 389, U3, U4 || © Felicitas Timpe S. 48, 49, 56, 57, 64, 65 Lothar Winkler © Hipp Foto S. 28, 74, 167, 168/169, 170, 182/183, 184, 186/187, 188/189, 301 (Streichholzschachtel außen) || © E. & W. Winterstein S. 27

DER VERLAG DANKT ALLEN, DIE BILDER FÜR DIESES PROJEKT ZUR VERFÜGUNG GESTELLT HABEN, FÜR IHRE FREUNDLICHE GENEHMIGUNG ZUM ABDRUCK. LEIDER WAR ES UNS NICHT IN ALLEN FÄLLEN MÖGLICH, DIE RECHTEINHABER AUSFINDIG ZU MACHEN; ALLE ANSPRÜCHE BLEIBEN GEWAHRT.

WAS KLAUS

Wer Klaus Kinski besser verstehen möchte, dem können Pressezitate ein geeigneter Ausgangspunkt sein. Häufig hat man vom »Besessenen«[108] gehört, wobei das Wort im Kontext Kinskis meist eine negative Deutung erfährt, die sicherlich oft berechtigt ist, aber auch die positiven Aspekte überschattet. Es stimmt, dass er sich seinen Aufgaben immer mit unglaublicher Besessenheit gewidmet hat, was jedoch ebenso bedeuten kann, dass er es gründlich, unermüdlich, konsequent und ergebnisorientiert tat. So ist der erfolgreichste Rezitator deutscher Zunge keinesfalls fertig vom Himmel gefallen, sondern vielmehr das Ergebnis besessenen Trainings (VGL. S. 147, 149 UND 153) und gleichermaßen Zeugnis eines beeindruckenden Perfektionismus. Penibel dreht er jeden Stein um, erforscht die Möglichkeiten seines Berufes bis an sämtliche Grenzen und nicht selten darüber hinaus. Brauchbar Erscheinendes erschließt er so nachhaltig, bis er es verwerfen oder den eigenen Zielen untertan machen kann. Da er nicht nach Erkenntnis, sondern nur nach Ruhm strebt, kann er das fehlende wissenschaftliche Instrumentarium durch sein eigenes ersetzen: Sensibilität, Chaotik und Kreativität. Über all dem waltet seine Beharrlichkeit und zeitigt verblüffende Ergebnisse, die bei näherer Betrachtung sowohl seine eigenwilligen Erfolge als auch seinen Ausnahmestatus unter deutschen Schauspielern verständlicher machen. Im Folgenden soll sich Kinskis abenteuerliche Methodik einmal Schritt für Schritt entfalten. Ausgangspunkt sind Pressezitate.

108 Vgl. z. B.: *Klaus Kinski: Raffiniert oder besessen?* Ebd., oder Bekenntnisse eines Sex-Besessenen, ebd.

KINSKI ÜBER SICH GEHÖRT HAT

....
Klaus Kinski fiel in Cocteau's 'Schreibmaschine' derart auf, dass man ihn mit Alexander Moissi verglich.....

ULENSPIEGEL

...........eine der grössten Leistungen, die wir sahen...

TAGESSPIEGEL

........Klaus Kinski ist in seiner Generation ohne Vergleich

Herbert Pfeiffer
TAGESSPIEGEL

...........sein Oswald verursacht Ohnmachtsanfälle im Parkett

TAGESZEITUNG

.............ein neuer Kortner kündigt sich an..........

ROLAND von BERLIN

.......die herzbeklemmende Gestalt von Kinski werden wir nie ver gessen.....

KURIER

........das Publikum glich einer ergriffenen Gemeinde.....

NEUE ZEITUNG

.............hier ist nichts Angelerntes, nichts Übernommenes, er geht auf wie ein Licht, wie ein Feuer und verlischt auch so.....es ist grossartig, wie das vollkommen private Organ ganz Kunst wird, wie Sein und Können identisch sind.....

TAGESSPIEGEL

.....in der Durchdringung des Wortes, in seiner geistigen und seelischen Zerfaserung, in der immer wieder mit neuen Überraschungen aufwartenden Variierung des Organs von höchstem, beglückendem Jubel bis zur tonlosen Zerbrochenheit, gab Kinski den klaren Beweis dafür, dass er der interessanteste Schauspieler Berlins ist.......

Walter Karsch
TAGESSPIEGEL

photo-studio

KÜNSTLERISCHE PORTRAITS FÜR
Film - Theater - Privat

E. & W. WINTERSTEIN — HAMBURG 20 — HEILWIGSTRASSE 52 — TELEFON: 47 48 79

Hamburg den 9.11.54

Herrn

Klaus Kinski

München 23

Martiusstr. 7

R E C H N U N G :

22 Starfotos 18/24 a us dem Film"Mütter,Kinder,General"
a DM 3.-..DM 66.-

Wir bitten höflichst um baldige Überweisung.

Als Klaus Kinski in den Endvierzigerjahren des letzten Jahrhunderts jene Bretter betritt, die den Nachkriegsdeutschen wieder die Welt bedeuten sollen, gibt es hierzulande noch keine PR-Agenturen. Die einzige nationale Propaganda-Referenz ist Joseph Goebbels und taugt nicht zum Vorbild. Beachtung und Erfolg in künstlerischen Berufen muss sich in aller Regel allein aufgrund der Qualität des Dargebotenen einstellen. Die Abhängigkeit von der Aufmerksamkeit unabhängiger Journalisten ist enorm. Für Kinski ist die Situation ein zweischneidiges Schwert. Er exponiert sich in auffälligen Rollen, erntet dafür berechtigten Applaus, aber auch schnell Kritik wegen mangelnder Ensemblefähigkeit. Da er nur sich sieht, über die Schauspielerei oder zumindest vor seine Rollen stellt, kann er den Forderungen der Theaterleiter und Kulturjournalisten, er möge sein offensichtliches Talent fremder Zucht unterwerfen, nicht entsprechen. Sein Weg soll die eigene Größe sein; sich zu beugen ist er nicht bereit oder fähig. Stattdessen prüft er seine Möglichkeiten, selbst an jener Beachtung zu arbeiten, die ihm von anderen verwehrt oder, seiner Meinung nach, nicht ausreichend geschenkt wird. Er versucht sich als PR-Pionier, um seine Karriere mit intensiver, damals völlig ungewöhnlicher Öffentlichkeitsarbeit voranzubringen. Er sammelt Kritiken, filtert gefällige Zitate aus und fasst diese zu einem Pressespiegel (SIEHE S. 26 UND S. 31) zusammen, den er hernach mit Schreibmaschine und Kohlepapier emsig vervielfältigt. Wer Klaus Kinski photographieren darf, findet nicht nur ein geduldiges, um keine Pose verlegenes Modell, sondern für die Bilder auch gleich den besten Abnehmer. Die vermeintliche Armut während seiner frühen Theaterjahre (VGL. S. 138 - 159) hindert den Schauspieler nicht daran, regelmäßig Porträtphotos in rauen Mengen und unterschiedlichster Mimik einzukaufen (SIEHE S. 27). Nicht selten erhalten dann überraschte Journalisten Kinskis Köder für einen »großen Artikel«: den Pressespiegel und eine Auswahl – häufig über 50! – seiner eindringlichsten Porträtfotos (VGL. S. 144).

So modern diese Vorgehensweise für ihre Zeit anmuten mag, so konservativ und zurückhaltend wird sie sich rückblickend in der PR-Arbeit des Selfmade-Weltstars ausnehmen. Noch hält er seine Kreativität im Zaum und beschränkt sich auf geringfügige Korrekturen mit verhältnismäßig großer Wirkung. So streicht er bei Walter Karschs Kritik im *Tagesspiegel* vom 18. August 1949 (SIEHE S. 26 UND S. 31) das Wörtchen »junge« und erhebt sich somit zum interessantesten Berliner Schauspieler aller Altersklassen. Karschs Nachsatz, den Kinski selbstverständlich unterschlägt, bringt im Übrigen die herrschende Meinung des damaligen Feuilletons auf den Punkt: *»Und ein schwer gefährdeter – denn diese Sensibilität, diese Nervosität, diese zerstörerische Gereiztheit, sie bedürfen der Pflege und der Zucht (Selbstpflege und Selbstzucht schließen sich hier selbst aus, da sie einen Sinn für Ordnung verlangen, der mit Sensibilität, Nervosität und Gereiztheit schwer vereinbar ist).«*[109]

109 Walther Karsch: *La voix humaine*. In: Der Tagesspiegel, 18. August 1949

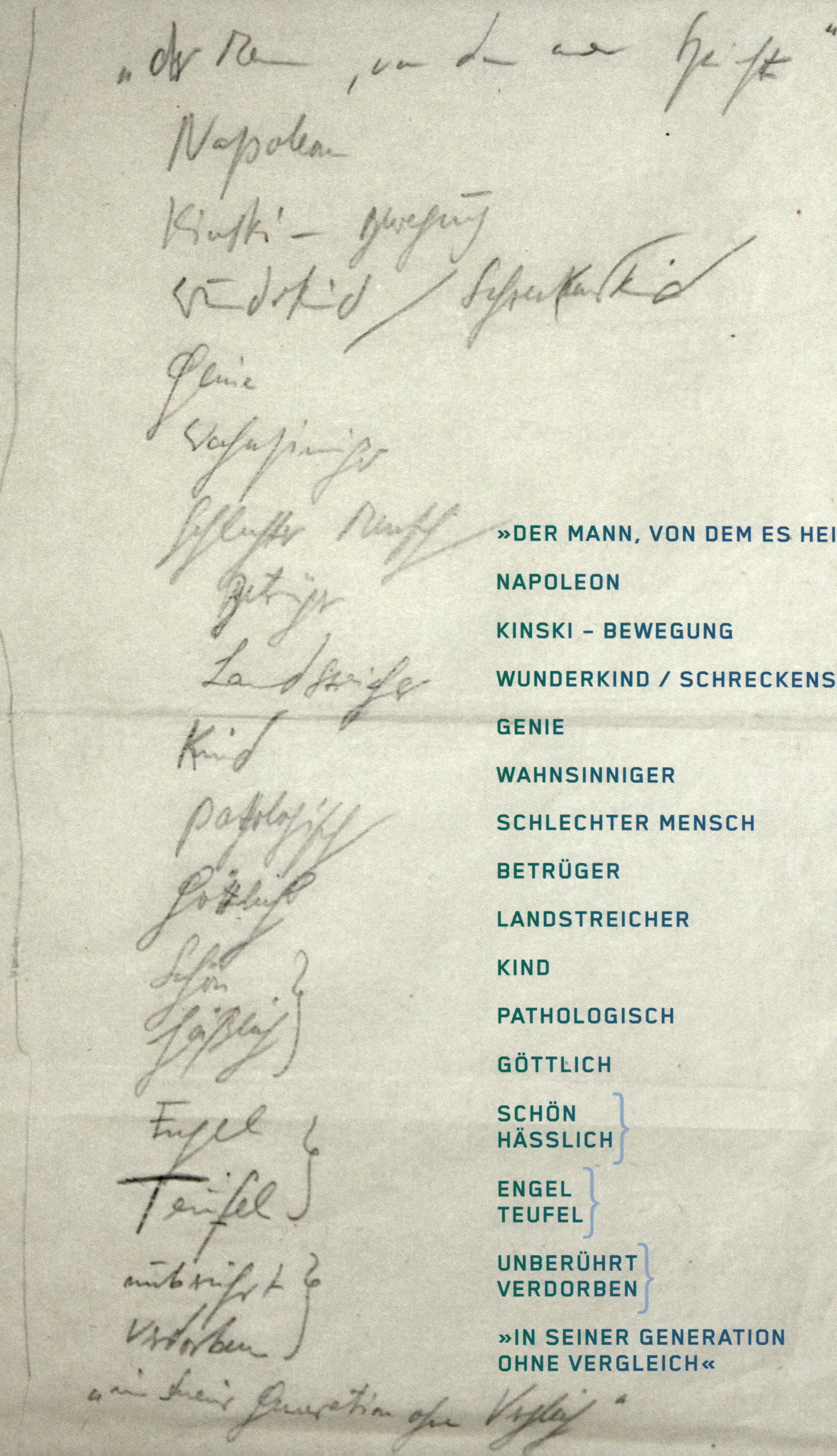

»DER MANN, VON DEM ES HEISST«

NAPOLEON

KINSKI – BEWEGUNG

WUNDERKIND / SCHRECKENSKIND

GENIE

WAHNSINNIGER

SCHLECHTER MENSCH

BETRÜGER

LANDSTREICHER

KIND

PATHOLOGISCH

GÖTTLICH

SCHÖN
HÄSSLICH

ENGEL
TEUFEL

UNBERÜHRT
VERDORBEN

»IN SEINER GENERATION
OHNE VERGLEICH«

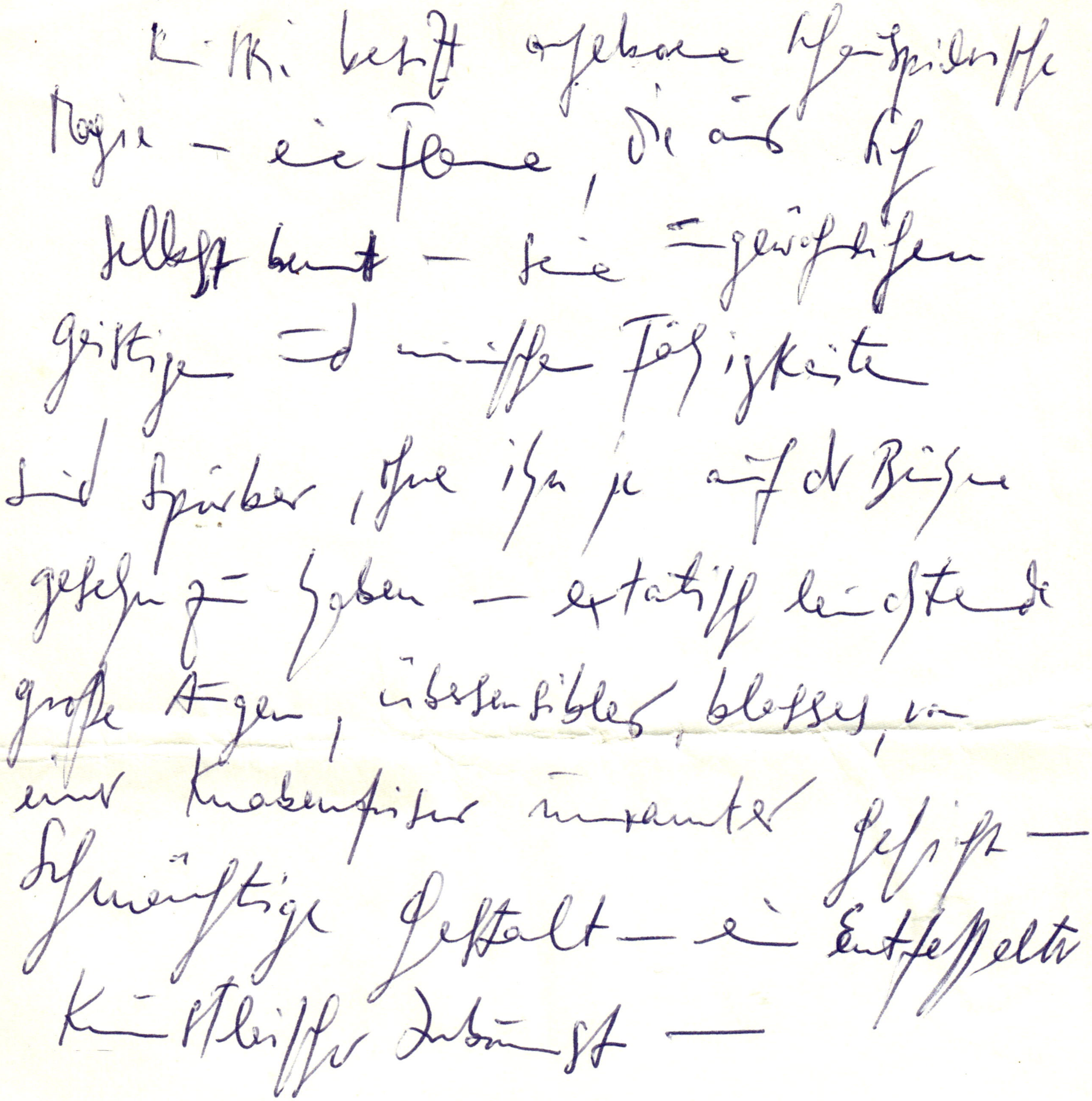

KINSKI BESITZT ERHABENE SCHAUSPIELERISCHE MAGIE – EINE FLAMME, DIE AUS SICH SELBST BRENNT – SEINE UNGEWÖHNLICHEN GEISTIGEN UND MIMISCHEN FÄHIGKEITEN SIND SPÜRBAR, OHNE IHN JE AUF DER BÜHNE GESEHEN ZU HABEN – EKSTATISCH LEUCHTENDE GROSSE AUGEN, ÜBERSENSIBLES, BLASSES, VON EINER KNABENFRISUR UMRAHMTES GESICHT – SCHMÄCHTIGE GESTALT – EIN ENTFESSELTER KÜNSTLERISCHER INBRUNST –

Die Stimmen anderer reichen, selbst in geschönter Form, bald nicht mehr aus. Kinski drängt auf inhaltliche Einflussnahme. Das vorstehende, handgeschriebene Pressezitat legt die Vermutung nahe, dass es im doppelten Wortsinn aus seiner Feder stammt. Die Gehirnwäsche, der er ansonsten einen braven Schreiberling hätte unterziehen müssen, wäre jedenfalls das weitaus schwierigere Kunststück gewesen. Denn warum sollte ein Journalist ausgerechnet die *»geistigen Fähigkeiten«* eines Schauspielers loben und *»spüren«*, noch dazu *»ohne ihn je auf der Bühne gesehen zu haben«*? Kinski schreibt die Kritik dem *Telegraf* zu (SIEHE UNTEN). Es mag sein, dass sie auch dort zu lesen war, aber Zweifel an der tatsächlichen Urheberschaft bleiben bestehen. Anklänge an die unverhohlene Selbstverliebtheit des Verfassers von *La voix humaine* (SIEHE S. 32-39) & *»Leben« bis Sommer 1952* (SIEHE S. 40-69) sind unverkennbar, und da sich Kinski der noch jungen, SPD-nahen Zeitung schon im Januar 1948 für eine Benefiz-Gala zur Verfügung gestellt und dort zehn Zeilen aus Rilkes *Cornet* rezitiert hatte, wäre eine etwas engere Zusammenarbeit an dieser Kritik immerhin denkbar und nicht unter Fremden erfolgt.

Die erstaunlichste Randnotiz in Bezug auf Kinskis Obsession hinsichtlich seiner öffentlichen Wahrnehmung dürfte indessen das Gedicht *Kinski* sein, das er ausschließlich aus Pressezitaten collagiert hat (SIEHE S. 29).

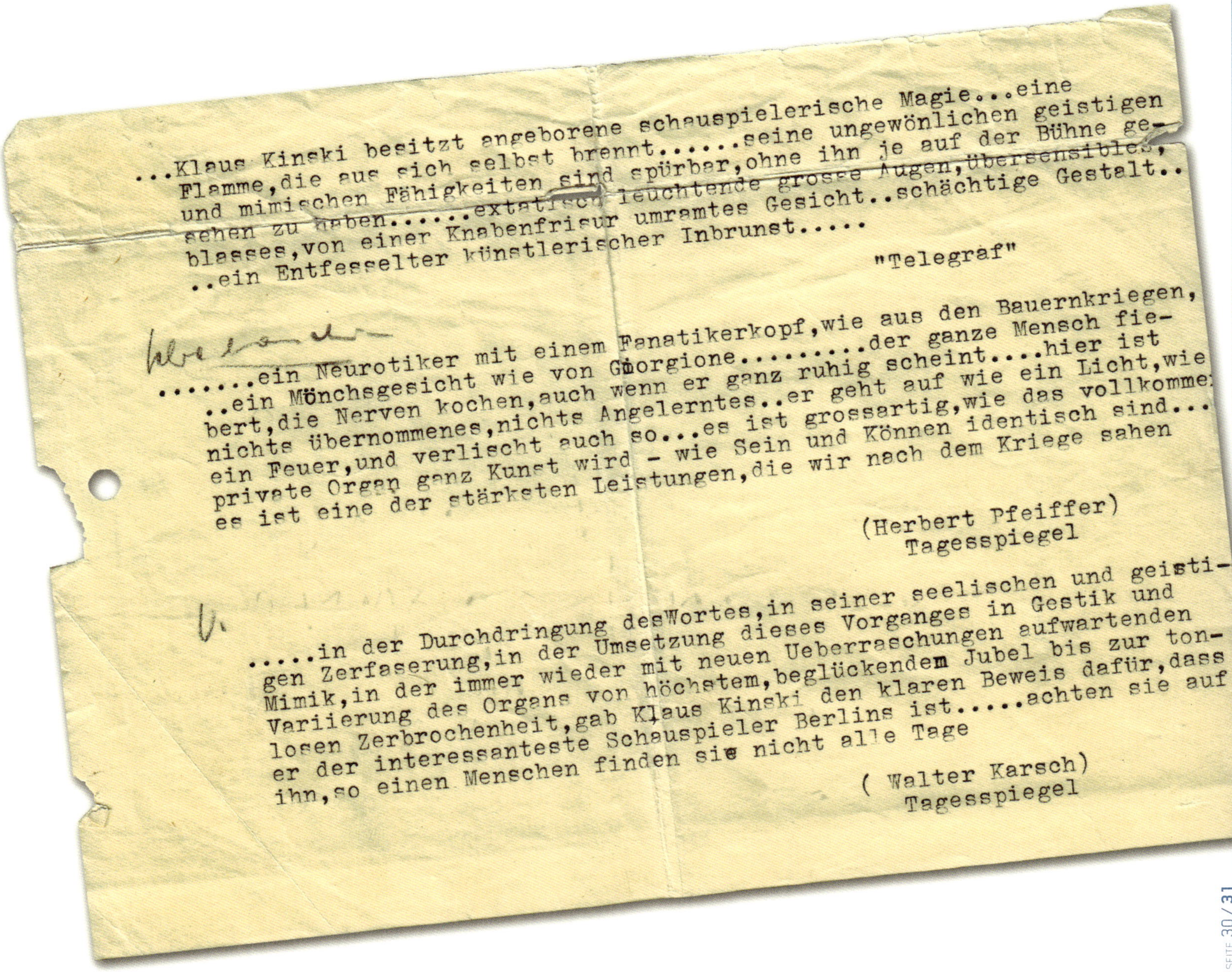
...Klaus Kinski besitzt angeborene schauspielerische Magie...eine
Flamme,die aus sich selbst brennt......seine ungewönlichen geistigen
und mimischen Fähigkeiten sind spürbar,ohne ihn je auf der Bühne gesehen zu haben......extatisch leuchtende grosse Augen,übersensibles,
blasses,von einer Knabenfrisur umramtes Gesicht..schächtige Gestalt..
..ein Entfesselter künstlerischer Inbrunst.....

"Telegraf"

.......ein Neurotiker mit einem Fanatikerkopf,wie aus den Bauernkriegen,
..ein Mönchsgesicht wie von Gmorgione.........der ganze Mensch fiebert,die Nerven kochen,auch wenn er ganz ruhig scheint....hier ist
nichts übernommenes,nichts Angelerntes..er geht auf wie ein Licht,wie
ein Feuer,und verlischt auch so...es ist grossartig,wie das vollkommen
private Organ ganz Kunst wird – wie Sein und Können identisch sind...
es ist eine der stärksten Leistungen,die wir nach dem Kriege sahen

(Herbert Pfeiffer)
Tagesspiegel

.....in der Durchdringung desWortes,in seiner seelischen und geistigen Zerfaserung,in der Umsetzung dieses Vorganges in Gestik und
Mimik,in der immer wieder mit neuen Ueberraschungen aufwartenden
Variierung des Organs von höchstem,beglückendem Jubel bis zur tonlosen Zerbrochenheit,gab Klaus Kinski den klaren Beweis dafür,dass
er der interessanteste Schauspieler Berlins ist.....achten sie auf
ihn,so einen Menschen finden sie nicht alle Tage

(Walter Karsch)
Tagesspiegel

LA VOIX HUMAINE

Der nächste Schritt im konsequenten Bemühen um öffentliche Selbstbehauptung konnte nicht ausbleiben, nämlich der, dass Klaus Kinski sich schließlich selbst rezensiert. Im letzten Quartal des Jahres 1949 ist es soweit: Er schreibt in dritter Person über seine Aufführung von Jean Cocteaus *La voix humaine* (Die menschliche Stimme). Der Zweck dieser Nabelschau ist zwar nicht überliefert, das Feld für Spekulationen aber ziemlich eng begrenzt. Sieht man einmal von einer therapeutischen Funktion ab, kann eigentlich nur die ernstgemeinte Absicht übrig bleiben, den Text tatsächlich unter fremdem Namen in einer Zeitung zu veröffentlichen. Dies ist nie erfolgt, möglicherweise weil die verantwortlichen Redakteure die mangelnde Distanz des Autors zu seinem Thema argwöhnten. Aber genau hierin liegt heute der unermessliche Wert von *La voix humaine:* nicht in der Qualität oder Wahrhaftigkeit der Beschreibung, sondern im Selbstverständnis Kinskis, das sich hinter der Selbstbeschreibung jedem offenbart, der gelernt hat, nicht nur zu lesen, was ihm vorgelegt wird, sondern auch zu hinterfragen, warum er es lesen soll.

Zu Kinskis Cocteau-Inszenierung existieren viele Gerüchte, häufig, wie auch auf den folgenden Seiten und in »Leben« bis Sommer 1952 (SIEHE S. 60-63), von Klaus Kinski selbst gestreute. Versucht man den Ereignissen auf den Grund zu gehen, so stößt man auf einige Widersprüche zu und in Kinskis Darstellungen. Die Veranstaltung sollte ursprünglich im Theater an der Kaiserallee über die Bühne gehen. Klaus Kinski hat die Zustimmung von Cocteaus deutschem Verleger. Dennoch wird die Aufführung wenige Tage vor der Premiere von der französischen Regierung verboten. Ob Jean Cocteau selbst Widerspruch eingelegt hat oder es sein französischer Verlag war, ist nicht bekannt.

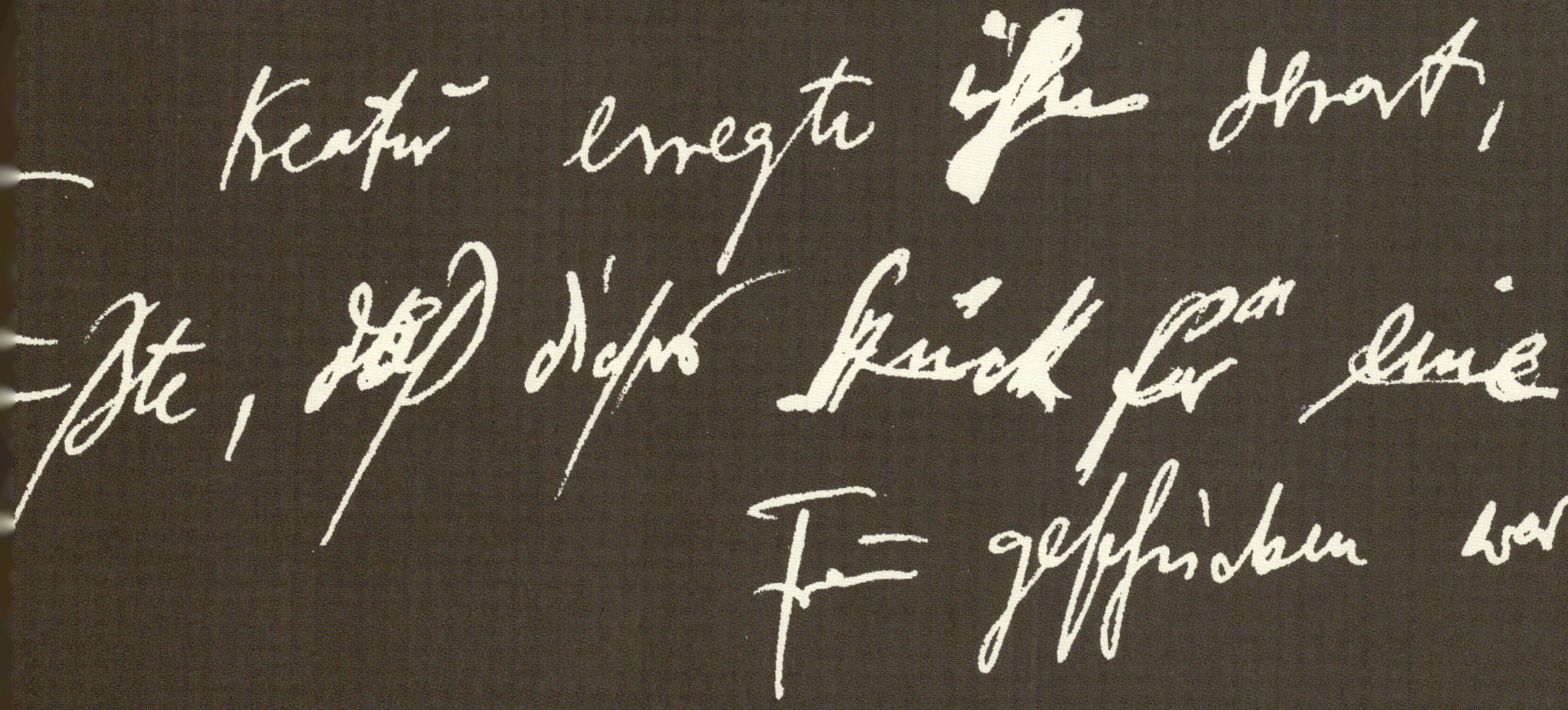

Jedenfalls wird das Verbot mit Hinweis auf den Autor von der Besatzungsmacht durchgesetzt. Daraufhin beschließt Kinski, das Stück als Privatvorstellung im Atelier des Modefotografen Helmut von Gaza aufzuführen. Ein Schritt, der sicherlich nicht nötig gewesen wäre, wenn Cocteau seinem eigenen Einspruch, wie von Kinski später in seinen Autobiographien behauptet, widersprochen hatte. Am 12. August 1949 sollte nun die neuerliche Premiere stattfinden und wird diesmal von der britischen Besatzungsmacht gestört, weil die Anwesenheit der Presse den Eindruck einer anmeldungspflichtigen öffentlichen Veranstaltung erweckte. So sehr Klaus Kinski die Courage hatte, das Stück gegen das französische Verbot aufzuführen, so sehr fehlt sie ihm am Premierenabend. Er zieht es vor, die Presse heimzuschicken, anstatt die Aufführung abzusagen. Sein Publikum wird von niemandem am Zutritt gehindert und darf der pressefreien Premiere beiwohnen. (VGL. S. 38 UND S. 62) Walther Karsch (VGL. S. 28), der Mitbegründer des *Tagesspiegel*, hält es sich schließlich in seiner Besprechung von *La voix humaine* am 18. August 1949 zugute, dass sein Bericht über das Presseverbot die Verantwortlichen zum Umdenken bewogen und die Presse am 17. August wieder zugelassen habe. Den Berliner Theaterdirektoren empfiehlt er, Kinski *»vernünftige Angebote zu machen, damit er nicht auf den unergiebigen Gedanken kommt, weiterhin in freier Wildbahn auf Sensationserfolge Jagd zu machen«.*[110]

110 Ebd.

Es reicht nur wenige Jahrhunderte zurück, dass es einer Frau erlaubt war, als Schauspielerin die Bühne zu betreten. Noch zur Zeit des shakespearschen Theaters wurden die Frauenrollen durch männliche Schauspieler dargestellt – die sogenannten Kastraten traten in äußerlicher Verkleidung in der Rolle der darzustellenden Frauenfigur auf und demonstrierten mit hochgeschraubter Fistelstimme den weiblichen Part.

Die fremdkörperlichen »Hosenrollen« verlangen vom Dichter noch heute die Verkleidung der weiblichen Figur in das andere Geschlecht, um eine gewollte Verwechslung für die gewünschte Szenerie zu schaffen und in schwankartigen Stücken wie *Charlies Tante* wird es zur bewussten Drollerie, wenn der männliche Hauptdarsteller sich zur Verkomplizierung der Handlung in die übertriebene Rolle einer alten Frau ergeben muss. Im umgekehrten Falle gab noch die Sarah Bernhardt als Frau den Hamlet auf der Bühne und Asta Nielsen im Stummfilm. Hier galt die gewagte Vorführung in Anbetracht des besonderen Talents als ein reizvolles Experiment, das mehr die Neugierde als die seelische Spannung befriedigte.

So war es später in einzelnen Fällen eine Art Kuriosität, wenn ein männlicher Darsteller in der ernst gemeinten Verkörperung einer Frauengestalt auftrat. Diese Leute reisten wie eine Art Schaustück herum und betonten mit artistischen Mitteln die weibliche Wesensart. Sie erreichten somit eine gewaltsame Illusion für die Dauer des dargebotenen Kunststückes. Aber bei noch so großer artistischer Qualität blieb das Resultat der Erfolg eines Jongleurs oder Taschenspielers, der einen Kunstgriff vollbringt, wovon der Zuschauer eben weiß, dass es ein Kunstgriff ist.

In verschiedenen Fällen gingen solche Versuche über die Grenzen der künstlerischen Ehrlichkeit hinaus und verloren sich in ihrer exhibitionistischen Art in einem Päderastentum ohne künstlerischen Wert. Die auftretende Person stellte die eigenen organischen Veränderungen ihres Geschlechtes zur Schau, die sich meist in den äußeren Formen ausdrückten und darum nur zur augenblicklichen Täuschung des Zuschauers dienten. Aber nur die organische Selbstverständlichkeit der seelischen Bewegung ermöglicht den überzeugenden Ausdruck des Schicksalhaften der darzustellenden Situation.

Es hat zweifellos große Könner gegeben auf dem Gebiet der Illusionierung, niemals werden sie über eine qualitätvolle Imitation hinausgekommen sein. So wie es gelingt, etwa den Ausdruck eines Tieres durch das Kopieren der Laute und durch die Betonung der rein äußerlichen Merkmale nachzuahmen, so bleibt es eine Art operativer Eingriff in die anders geartete Zusammensetzung der Natur, ähnlich wie eine eiserne Lunge oder eine künstliche Niere, womit die gleichen notwendigen Funktionen erreicht werden, und wir bewundern einen solchen Trick wie die Verrenkung der Gliedmaßen bei einem Schlangenmenschen.

Beim chinesischen Theater ist die Vermittlung des Ausdrucks eine aus religiösen Motiven herkömmliche Art geistiger Diktatur, welche, ähnlich wie die überlieferten Zeremonien der einzelnen kirchlichen Konfessionen, in jeder Nuance ihre bestimmte Bedeutung haben. In diesem Falle wird jeder Vorgang der gegebenen Situation durch äußere, seit Jahrhunderten festgelegte und überlieferte, den Eingeweihten bekannte Zeichen und Bewegungen demonstriert. Das chinesische Theater beruht daher auf einer intellektuellen Verständigung in geistiger Einheit, hier erzeugt die geistige Verkonzentrierung die seelische Erregung – auch hier werden Frauengestalten durch männliche Schauspieler dargestellt.

So bleibt auch diese Form der Vermittlung eine fast mathematische und ist vom Zuschauer bis in die kleinste Nuance zu berechnen und zu kontrollieren nach den gegebenen Gesetzen der vereinbarten Kunst.

Bei der Darstellung von Kinski in der Frauenrolle der *voix humaine* tritt ein neues Moment auf, das die bisherigen Grenzen aufhebt. Hier ist es keine »artistische« Leistung mehr, keine Demonstration besonderer Merkmale des einseitig Geschlechtlichen, nicht die kleinste Unterstützung durch irgendeine bedingte innere oder äußere Pose. So bleibt es auch in der künstlerischen Vollkommenheit kein »ästhetischer« Genuss des rein Künstlerischen. Was Kinski zeigt, ist die gequälte Kreatur an sich, es war somit überflüssig, dass man ihn selbst im »*Weiblichen vollkommen*« nannte. Es traten zwar die betont eigengeschlechtlichen äußeren und inneren Anzeichen völlig

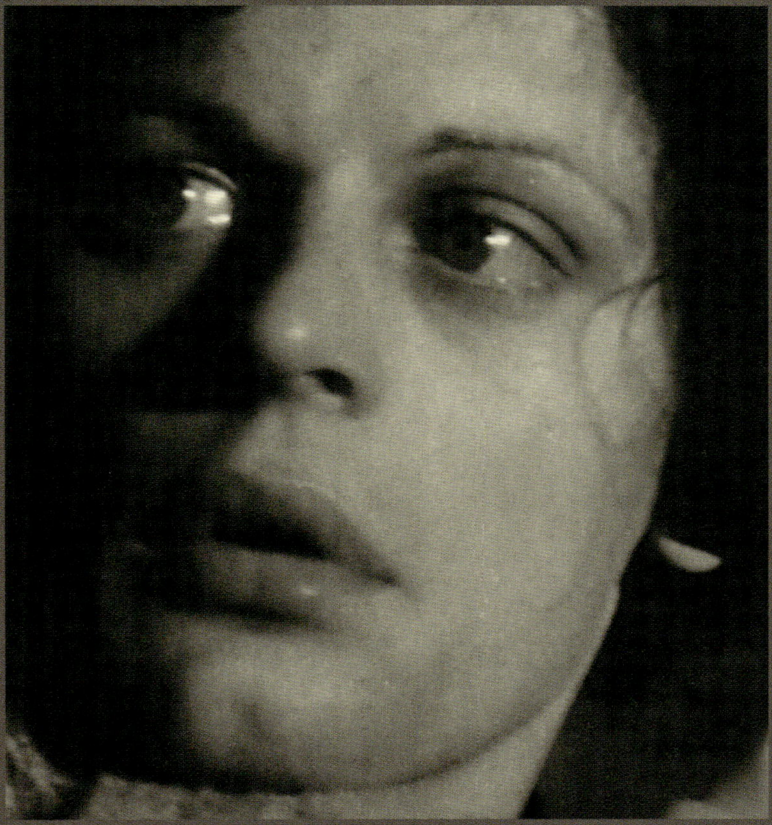

zurück (er identifizierte sich bis auf die seelische Herkömmlichkeit des Ausdrucks mit der darzustellenden Person), aber auch hier verzichtete er nach völliger Identifizierung mit der Frauengestalt auf das Andersgeschlechtliche an sich. Er löschte trotz völliger Körperlichkeit das Vordringliche des Geschlechtlichen überhaupt (obwohl er im gegebenen Augenblick selbst mit der Ausstrahlung des Körperlichen identisch war), da der Zuschauer nicht mehr zu erwägen imstande ist, um welches »Geschlecht« es sich handelt, d. h. er entkleidete das Schicksal dieses Menschen bis auf das Moment des Erlebens und gibt so-

mit allein das nackte seelische Geschehen frei, wobei die Geschlechtlichkeit der Person keine Rolle mehr spielt. In weniger als einer Minute, schon nach dem ersten Sichtbarwerden seiner Erscheinung (ohne, dass er noch ein Wort gesprochen hatte oder sich auch nur mit dem Gesicht zum Publikum wendet), verliert man den Gedanken an die geschlechtliche Gebundenheit der dargestellten Figur, obwohl klar aus dem Text hervorgeht, dass es eine Frau sein muss. Sogar diejenigen von uns, die mit bewusster Voreingenommenheit die Vorstellung verfolgen wollten, konnten sich im Verlauf des Spiels dem rein menschlichen Moment so wenig entziehen, dass sie keine Konzentration aufzubringen vermochten, auch nur gewisse Erwägungen oder Proben anzustellen über die Geschlechtlichkeit dieses Menschen. Dabei blieb er, wie in allen Rollen, während der ganzen Spieldauer ungeschminkt und in keiner Weise stilisiert.

»ICH WILL DEN MENSCHEN EIN SCHICKSAL ZEIGEN UND ICH WILL SIE VERGESSEN MACHEN, OB ES EIN MANN ODER EINE FRAU IST, DIE DA LEIDET.«

Er erreichte somit was er wollte: *»Ich will den Menschen ein Schicksal zeigen und ich will sie vergessen machen, ob es ein Mann oder eine Frau ist, die da leidet.«* Das sind seine eigenen Worte in dem Programmheft für die erste Darstellung der *voix humaine* durch einen Mann.

Die *voix humaine* (»eines Menschen Stimme«) ist ein Einpersonenstück um eine Frau und ein Telefon – das Ganze ist ein Abschiedsgespräch von einem über alles geliebten Menschen. In diesem Telefongespräch rekonstruiert sich das ganze entscheidende Lebensstadium dieser Frau, die ihren Geliebten verliert. Mit der letzten Trennung der Leitung verlischt auch das Leben dieses Menschen, als wäre die Telefonschnur die letzte Lebensader gewesen, aus der er lebte. Sie versucht mit allen Mitteln menschlicher Beherrschung und Maßlosigkeit die entscheidende Situation ihres Schicksals zu einem rettenden Ausweg abzuwenden. Aber der Mensch, den sie verlieren soll, ist der Inhalt ihres ganzen Lebens. Das alles wird ihr durch die Steigerung der Situation in einer solchen Form noch einmal vor Augen geführt, dass sie nicht weiterleben kann, als sie erkennen muss, dass die letzte Verbindung zu ihrem Geliebten, durch das Kabel ihres Telefons, mit der Beendigung des letzten Gesprächs für immer verlischt. Sie selbst beschleunigt das Ende des Gesprächs, als sie begreift, dass ihre Qual nur um Minuten verlängert würde, und erdrosselt sich mit der Verbindungsschnur des Telefons – mit der Stimme des Geliebten. Sie selbst bittet, sie fleht den geliebten Menschen, dass er das Gespräch beenden soll, befreit sich aus höchster Verzweiflung und mit dem Aufwand ihrer letzten Kraft: *»Häng ein, beeil dich, ich bin brav«*, und ihre letzten Worte, gejagt, gebettelt, verzerrt, umarmend und ins Sterben ergeben: *»Ich liebe dich.«*

1947, zwei Jahre vor seiner späteren Premiere während der Proben zur *Schreibmaschine*, seinem ersten Cocteau, hörte er zum ersten Mal von diesem Stück. Die größten Schauspielerinnen der Welt hatten sich seit 20 Jahren an dieser Rolle versucht und da sich in Deutschland bisher keine namhafte

Schauspielerin an diese Rolle gewagt hatte, war es in Berlin bisher noch zu keiner Aufführung gekommen. Kinski verbiss sich in dieses Stück, dieser Mensch ließ ihn nicht mehr los. Das bloße Schicksal dieser gequälten Kreatur erregte ihn derart, dass es ihm gleichgültig sein musste, dass dieses Stück für eine Frau geschrieben war.

Nach mehreren Versuchen war es ihm klar, dass ein renommiertes Theater niemals den Mut haben würde, die Rolle mit einem Mann zu besetzen, zumal die Berliner Direktoren so wenig Lust hatten, sich mit diesem *»chaotischen«* Temperament einzulassen, dass sie ihn in dieser Zeit nicht einmal für eine männliche Rolle eingesetzt hätten. Die ersten Skandale waren ihm wie eine Pest vorausgeeilt und hatten selbst diejenigen erschreckt, denen er persönlich noch unbekannt war. Er hätte also die geplante Aufführung nur durch eine eigene Finanzierung realisieren können, dazu hatte er aber kein Geld.

SO HATTE ER ALLES STÖRENDE ABGELEGT UND WAR FREI GEWORDEN FÜR DIE NACKTHEIT DER SEELE UND DES LEIBES …

So kommt er erst zwei Jahre später, als ihm auch im »Deutschen Theater« nach einem öffentlichen Skandal der Vertrag gekündigt war, auf seinen Plan zurück. Nachdem er auch sein letztes Engagement verloren hatte und er dadurch monatelang ohne Arbeit war, lernt er einen emigrierten russischen Fürsten kennen. Er überredet ihn ein Theater aufzukaufen, das mit 20 000 Mark verschuldet war. Der Russe kaufte das Theater und investierte eine weitere Summe, um Kinski, den er künstlerisch über alles schätzte, eine neue Möglichkeit zur Arbeit zu beschaffen. Kinski stellt zur Bedingung, dass er die Frauenrolle der *voix humaine* in eigener Person als erste Premiere herausbringen will, er verspricht ihm den finanziellen Erfolg und das Abkommen wird perfekt.

Er probt im Ganzen fast drei Monate an dieser Rolle. In den ersten acht Wochen seiner Probenzeit studierte er die rein weibliche Reaktion bis in die kleinste Schwingung der Seele sowie des ganzen Körpers mit all seinen inneren Anzeichen, d. h. er übertrug diese Wesensart in sein Denken und Handeln und verkümmerte so jede andere Wesensart in sich. Er brauchte sich dabei nicht selbst zu verleugnen, denn in der Vielfalt seiner Seele und seines Geistes fand sich die frauliche Fähigkeit der Hingabe und Opferbereitschaft. Er hatte erfahren, dass diese Fähigkeit der Empfindung bis ins Geschlechtliche zugleich mit der entgegengesetzten Empfindung in jedem Menschen zwiespältig ist. Er suchte nicht das spezifisch »Weibliche«, sondern er suchte in der weiblichen Reaktionsfähigkeit die eigentliche Kraft des Ertragenkönnens in der Fähigkeit zu lieben bis zur Konsequenz – nicht um die weibliche Wesensart zu erreichen, sondern um den kleinlichen Egoismus des rein »Männlichen« abzulegen. Dann, als er sich völlig identifiziert hatte, verzichtete er auf jegliche äußere Anzeichen der fraulichen Natur und behielt nur sichtbar die Hingebungsfähigkeit der Seele bis zu der verlangten Konsequenz. Diese Erkenntnis war für ihn zugleich eine tiefe Demut vor der Kraft des Weiblichen, die für ihn nur beispielgebend war für die demütige Hingabe an sich. So hatte er alles Störende abgelegt und war frei geworden für die Nacktheit der Seele und des Leibes, ohne die Betonung eines bestimmten Geschlechts. Er lief stundenlang nachts auf den Straßen herum und beobachtete die vorbeigehenden Frauen und prüfte ihren Schritt, wenn sie das Trottoir heraufstiegen oder wenn sie gingen, nicht um sie nachzuahmen, sondern er suchte den Ursprung ihrer körperlichen Bewegung zu finden. Er suchte die Ursache ihrer hilflosen Scheu, wenn sie erschraken, und den Ursprung ihres suchenden Körpers.

Er holte aus der Rückerinnerung die Augenblicke seines Erlebens zurück, erinnerte sich an die Einzelheiten der Freude und des verzweifelten Schmerzes bei seiner Mutter und bei anderen Frauen, deren schicksalhafte Augenblicke er erleben durfte, und zergliederte alles bis ins kleinste Detail der Entstehung. Jetzt begriff er das heiße, erregte Gesicht einer Frau, wenn sie glücklich war, jetzt hörte er noch einmal das

Schreien und Weinen fraulicher Verzweiflung und jetzt wusste er um die Größe der aufopfernden Besorgnis einer Frau überhaupt.

Tagsüber schließt er sich in sein Zimmer ein, verdunkelt die Fenster, um seine erregten Nerven zu beruhigen, wiederholt sich den Vorgang seiner Erkenntnisse und versucht sie an sich selbst organisch umzusetzen. Er nennt sie die *»organischen Funktionen der Seele«*, die er ganz von Neuem in sich aufzubauen versucht und die er durch den Verzicht auf sein vorheriges Leben behütet und pflegt wie eine genesende Wunde. Er hatte das Geheimnis erkannt: geben und nicht nehmen!

Mit diesem fanatischen Vorsatz schläft er ein, damit quält er sich selbst die wenigen Stunden, in denen er schläft, und so wacht er wieder auf und gegen Abend, wenn er fast den ganzen Tag über wach auf seinem Bett gelegen hatte, macht er sich fertig und fährt zur Probe, stellt vorsichtig und leise die Möbel und Requisiten zurecht und beginnt mit der Arbeit, vorsichtig, Schritt für Schritt. Die ersten Tage spricht er noch kein Wort von dem vorgeschriebenen Text, er probierte ständig die Bewegungen aus der Situation und begleitete sie mit irgendwelchen Lauten wie jemand, der nach einer schweren Operation erst langsam wieder sprechen lernen muss. Von einem Tag zum anderen löscht er alles Festgelegte aus und beginnt von vorn, immer wieder. Die Proben gehen oft bis zum nächsten Morgen, sein Gehirn arbeitet weiter wie eine Maschine, wenn er längst wieder zu Hause ist, und er schläft oft ein, wenn er sich vor Erschöpfung nicht mehr wachhalten kann. Er spricht in dieser Zeit, außer in den Proben, kaum mit jemandem ein Wort, um sich in keinem Augenblick von seinem neuen Leben abzulenken, das er mit dieser Verwandlung begonnen hatte. Acht Wochen lang wiederholte er diese Arbeit Tag für Tag und Nacht für Nacht, dann ist die Verwandlung erreicht, er braucht seine Stimme nicht zu verstellen, er spricht direkt aus der zerrissenen Seele der gequälten Kreatur. Als Kleidung trägt er einen Anzug aus schwarzer Seide, lederne Hausschuhe ohne Absätze und einen langen Wollschal um den Hals, zu seinen eigenen Haaren eine frisurlose wilde rote Perücke und als einziges Requisit das Telefon.

MAN MÜSSE DAS GEFÜHL HABEN, »DASS HIER JEMAND LANGSAM VERBLUTEN MUSS«.

Das Stück dauert an sich nur 45 Minuten. Er dehnt es auf 85 Minuten aus. Er walzte die Augenblicke des Schmerzes und der für Sekunden aufflackernden Fröhlichkeit bis zur Grenze des noch Ertragenkönnens, um in jedem Stadium der Steigerung eine Endgültigkeit zu schaffen und um dem unerbittlichen Realismus des Lebens bis zur nervenaufreibenden Qual gerecht zu werden. Cocteau selbst hat in einem Vorwort für das Stück hinzugefügt, man müsse das Gefühl haben, *»dass hier jemand langsam verbluten muss«*. So war es auch, es gab nur den gemeinen sezierenden Ablauf aller Register von menschlicher Hoffnung, vom beglücktestem Jubel, erbärmlichstem, schamlosestem Flehen bis zur tonlosen Zerbrochenheit noch bis in die Augenblicke des Todes.

Das ist das Geheimnis, weshalb sie alle zutiefst erschüttert und fast geknickt von diesem Gleichnis menschlichen Schmerzes nach Hause gingen, dass selbst diejenigen, die dorthin kamen, um ihn auszulachen, beschämt und weinend das Theater verließen.

Diese Aufführung wurde zum ersten Mal aus »moralischen« Gründen drei Tage vor der ersten festgesetzten Premiere von der damaligen Militärregierung verboten. Am Tag der zum zweiten Mal festgesetzten Premierenvorstellung wurden die Zuschauer und die Presse durch ein Polizeikommando gehindert, das Theater zu betreten. Aber das geladene Publikum demonstriert gegen die Gewaltmaßnahme und die Vorstellung findet unter Ausschluss der Öffentlichkeit statt. Am nächsten Abend kommt die Presse vollzählig zurück und nach vier weiteren Tagen wird die Vorstellung unter Androhung der Lizenzentziehung von Neuem verboten, und das verschärfte Verbot geht mit diktiertem Text durch alle Tageszeitungen und den Rundfunk. Zwei Tage vorher aber ist *die menschliche Stimme* bereits über den Sender gegangen, und so hatten Tausende Gelegenheit, wenigstens einen kleinen Teil dieser menschlichen Liebe zu hören, die in der Vorstellung von Kinski wohl zu dem Erschütterndsten und Überwältigendsten gehört, was menschlicher und künstlerischer Ausdruck vermag.

FIN

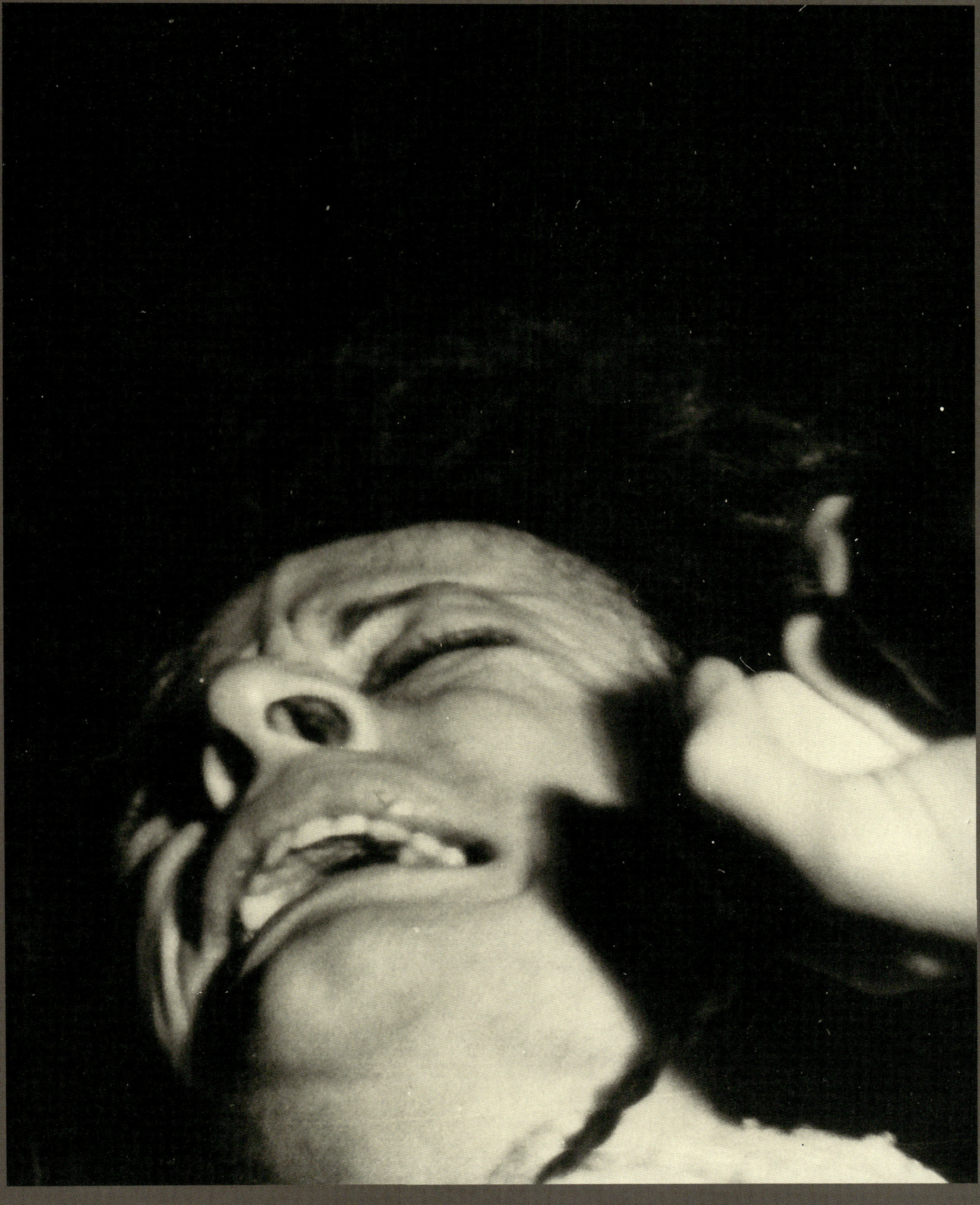

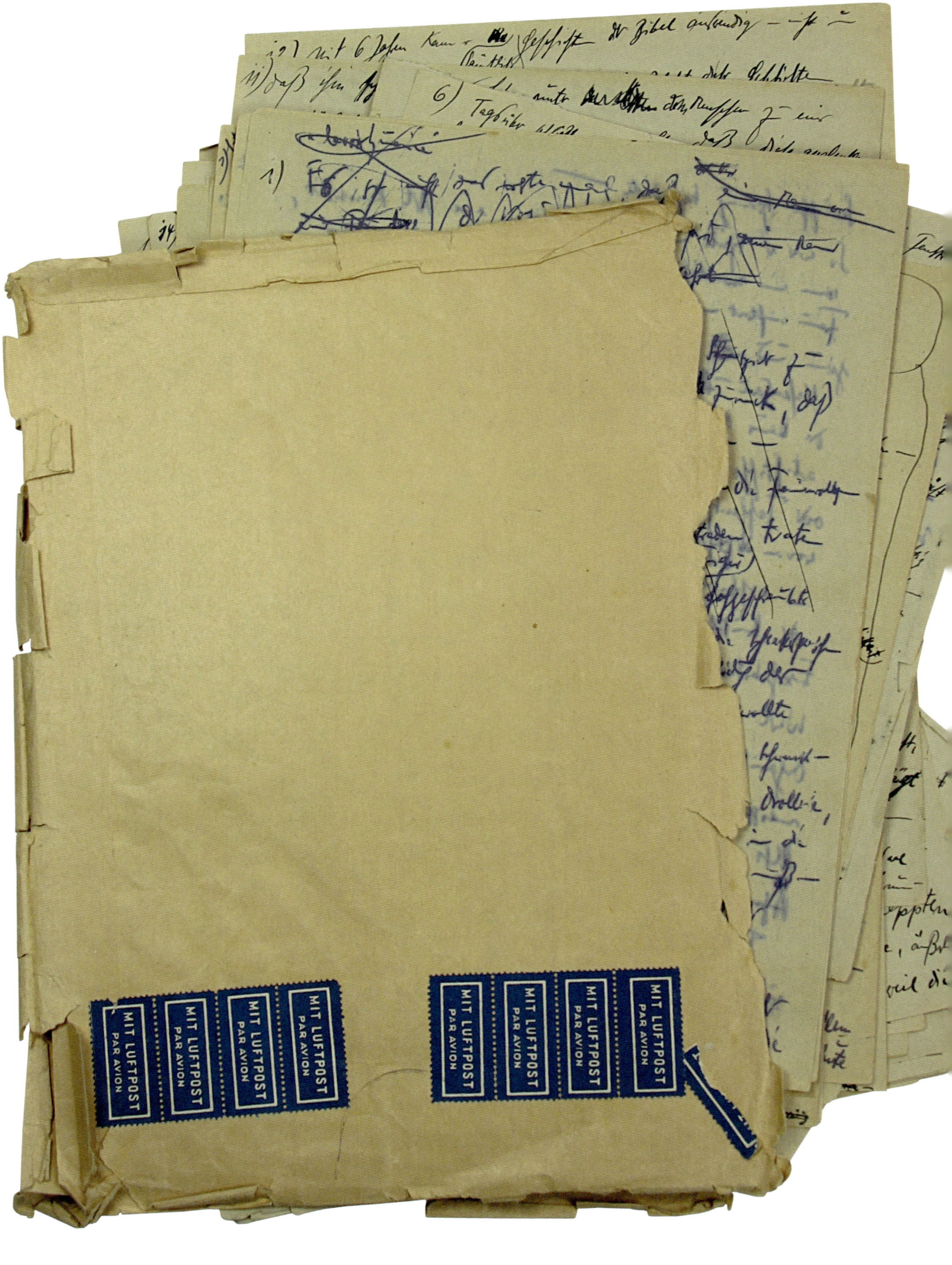
MIT LUFTPOST
PAR AVION
MIT LUFTPOST
PAR AVION
MIT LUFTPOST
PAR AVION
MIT LUFTPOST
PAR AVION
MIT LUFTPOST
PAR AVION
MIT LUFTPOST
PAR AVION
MIT LUFTPOST
PAR AVION
MIT LUFTPOST
PAR AVION

„LEBEN“ BIS SOMMER 1952

War *La voix humaine* für Klaus Kinskis Verhältnisse noch relativ sachlich und nüchtern gehalten, so gibt der Schauspieler in *»Leben« bis Sommer 1952* jede Zurückhaltung auf. Er schreibt wieder in dritter Person, lässt sich aber dann und wann in Zitaten selbst zu Wort kommen. Der Rahmen ist deutlich erweitert. Es geht nicht mehr nur um eine Aufführung, sondern um alles: nämlich das unverstandene Gesamtkunstwerk Kinski. Eine Entwicklung, die sich analog auch in seiner damaligen Pressearbeit feststellen lässt. Suchte Kinski anfänglich nur durch seine Kunst die öffentliche Aufmerksamkeit, so macht seine Sehnsucht nach Anerkennung, der auch der vorliegende Text geschuldet ist, bald vor nichts mehr halt, solange es eine Schlagzeile verspricht. Kinski lässt sich beim Attackieren von Zeitungsständen ebenso ablichten wie bei Kneipenschlägereien. Seinen Bruder Arne weiht er vorher ein, damit er ihm nicht zur Hilfe eilt. Selbstmordversuche verlaufen nach dem umgekehrten Muster: Die Hilfe ist garantiert.

»Leben« bis Sommer 1952 ist ein bemerkenswertes Dokument egozentrischer Selbstverklärung, das vieles über den Klaus Kinski jener Tage preisgibt, auch in dem, was er nicht schreibt. Und obwohl es sich nur um einen ersten, mutmaßlich später verworfenen Versuch einer Selbstspiegelung handelt, spinnt Kinski bereits dort einige Mythen, denen er lebenslang in Autobiographien, Talkshows und Interviews so treu bleiben wird, dass sie bis heute auch in Werken wissenschaftlichen Anspruchs der Wahrheit trotzen. Noch steckt die Mär vom armen stehlenden Straßenjungen in den Kinderschuhen und darf nur als Kulisse dienen. Die Feststellung allein muss genügen, Gründe für seinen Hunger spart er vollständig aus. Schließlich soll die innere, *»qualvolle Unruhe, die später seine schöpferische Kraft bestimmt«*, nicht durch äußere Umstände überlagert, sondern nur beschwert werden. Und er nennt mit Rimbaud und Villon auch die *»Brüder«*, bei denen er sich um der Vergleichbarkeit willen mit Armut bereichert hat.

Interessant ist auch, dass die häufig getroffene Behauptung, er habe schon mit 6 Jahren die ganze Bibel / das ganze Neue Testament / sämtliche Geschichten der Bibel auswendig vortragen können, einen so frühen Ursprung hat. Kinskis sexuelle Rebellion findet hingegen überhaupt noch nicht statt. Der Text ist keusch und selbst wenn man dort lesen kann: *»Wochenlang probiert er die Mädchen aus …«*, so ist das eindeutig beruflich gemeint. Das nimmt insbesondere deshalb wunder, weil die berühmt berüchtigten Beischlafbeichten seiner 1975 veröffentlichten Autobiographie *Ich bin so wild nach deinem Erdbeermund*[111] auch Kinskis Lebensabschnitt bis 1952 intensiv betreffen. Fragt man sich, ob er sie einst verschwiegen oder später erfunden hat, so spricht vieles dafür, dass der schüchterne, von starken Selbstzweifeln geplagte Mime seine anstrengende Libido erst mit zunehmender Berühmtheit zu voller Blüte treiben konnte. Rückblickend schien ihm dies dann wohl doch nicht mehr auszureichen und er musste ein paar frühe Versäumnisse auf dem Papier nachholen. Im Nachlass findet sich ein weiterer Text Kinskis, der diese These stützt. Die um 1950 entstandene Filmerzählung[112] ohne Titel ist von geradezu anrührender Keuschheit. Wenngleich Michael, die Hauptfigur der Dreiecksgeschichte, mit allen Attributen Klaus Kinskis ausgestattet ist, also nur für seine Kunst lebt und darüber alle(s) andere(n) vernachlässigt, findet er bei zwei Frauen nicht etwa Lust oder sexuelle Akrobatik, sondern die *»Liebe seines Lebens«*. Dass eine der Frauen dennoch schwanger wird, ist *»nächtlicher Umarmung«* zu verdanken. Auf diese Weise hätte Kinski ganz sicher nicht sein filmisches Alter Ego gezeichnet, wenn seine Promiskuität bereits so ausgeprägt gewesen wäre, wie er sie in seinen späteren Memoiren darstellt.

111 Klaus Kinski: *Ich bin so wild nach deinem Erdbeermund*, München 1975
112 Manuskript im Nachlass

» *Ich brenne, denn ich habe das Fieber der ganzen Welt in den Augen.«* Das sind die ersten Worte seines revolutionären Gedichtbandes, sein Leben ist ein einziger Aufschrei aus der Qual seiner tausendfachen Gesichte, seiner Sensibilität, die wie ein Seismograph auf alles reagiert und ihn mit jedem Atemzug erschlagen will. Das macht sein Leben schwer und grausam und zerbricht immer wieder von Neuem seinen steilen Aufstieg durch die Erfolge seiner Arbeit. Er hat sein Leben lang gehungert und geweint in ewiger Verzweiflung und glaubte noch, wenn er zusammenbrach, ausgestoßen und geächtet in furchtbarer Einsamkeit, wie kaum ein Schauspieler vor ihm. Ihm ging es um die Wahrheit, nicht um die »gute Nachbarschaft«, bis zum Martyrium für sich und für andere, denen die Wahrheit Lebensatem ist. Vielleicht ist es ein bedeutendes Zeichen für die Notwendigkeit seiner Konsequenz (auch wenn sie ihm viele künstlerische Möglichkeiten zerstörte), dass die wenigen von ihm dargestellten Menschengestalten jeweils wie ein Peitschenhieb seines eigenen Lebens waren. In jedem Falle handelte es sich um Schicksalsmomente, die er durchlebt hatte, oder die ihm für eine erst spätere Zeit bestimmt waren und die er in einer Art Vorahnung erlebte. Die Ähnlichkeit mit seinem eigenen Schicksal ist in allen Fällen so groß, dass sich daraus der klare Beweis für die Notwendigkeit des eigenen Erlebens ergibt, wenn man das Schicksalhafte so überzeugend gestalten will, wie er es tat.

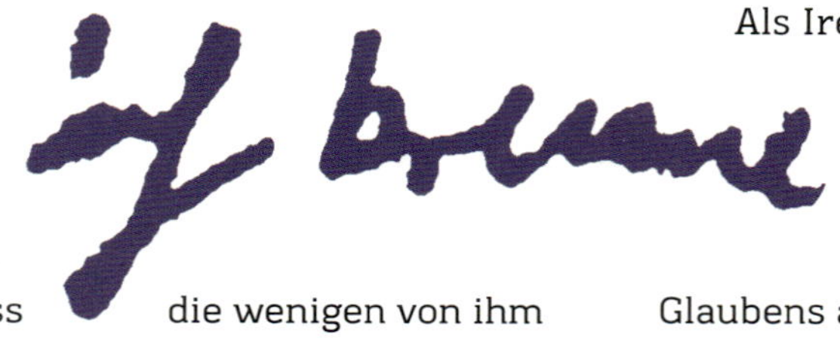

So muss er auch im Leben immer wieder verzichten, um seiner Aufgabe treu zu bleiben, die ihm dieses grausame Schicksal auferlegt hat.

In der Frauenrolle der *voix humaine* von Cocteau trifft ihn fast zur gleichen Zeit das Schicksal dieses Menschen, auch er macht einen Selbstmordversuch, nur erwürgt er sich nicht mit der Schnur des Telefons, sondern man bringt ihn ins Irrenhaus. Als man ihn ins Irrenhaus verschleppt, hat er die gleiche Angst, die Oswald verfolgt.

Als Irenee in den *20-Jährigen* von Luchaire bleibt er verzweifelt im Leben zurück, nachdem er das Leben eines anderen Menschen zerstört hat durch den Fanatismus seines Glaubens an seine Berufung. Als russischer Priester Josip ist er auch im Leben verlacht und beschimpft; einmal spuckten ihm auf der Straße herumtreibende Halbwüchsige ins Gesicht, weil sie sich lustig machten über seine Erscheinung und über seinen Bart, den er sich wachsen ließ dafür und er trägt es mit dem schmerzlichen verzweifelten Gleichmut des *Idioten*, den er ein Jahr später bei den Berliner Festspielen und auf der Biennale in Venedig gibt.

Als er in einer zotigen Kneipe drei Nächte lang Balladen von Villon spricht, kann er nachts oft nicht weiter sprechen vor Tränen. Es war, als hätte er Blut auf den Lippen gehabt von seinem zerrissenen Herzen, denn auch er hatte wieder den höchsten Grad seiner

Verzweiflung erreicht, jedes Wort von Villon ist das Bekenntnis seiner eigenen Seele.

So wie im Theater brennt sein Leben und Erlebnis wie eine befreiende Kerze in seinem Buch, in seinen Bildern und seiner Plastik.

Er schreit und tobt gegen sein eigenes, ihm so erbärmlich erscheinendes Leben an, in dem er nur Hunger und Prügel und Verzweiflung kennt. Doch er begreift bald die Zusammenhänge dieser Notwendigkeit mit der Kraft, die ihm daraus für seine künstlerische Arbeit entsteht. So ist der Schmerz die eigentliche Quelle seiner schöpferischen Kraft. Er hält verbissen dieses qualvolle Leben aus, er glaubt (selbst in den Augenblicken furchtbarster Zweifel an sich selbst und an den Sinn seines Lebens überhaupt) instinktiv an die endliche Überzeugung der Menschen.

Hunger + Prügel + Verzweiflung

Es waren anfangs nur einige, die an ihn glaubten, aber er ließ das Licht nicht mehr los, das er einmal mit vollem Bewusstsein gesehen hatte und an das er sich festgekrallt hatte mit der ganzen Kraft seines Glaubens. Das Elend widerte ihn an, weil er an seinem eigenen Elend das Elend der Welt ermessen konnte und weil er nicht imstande war zu helfen. Aber weil er an die Notwendigkeit seiner Qualen glaubte, glaubte er auch an die Kraft, die ihn trug. Auch hier ist die Identität mit der Erkenntnis Villons, den er mit Rimbaud als seinen einzigen Bruder in der Literatur bezeichnet: »Nur was ich leiden musste, das blieb groß, das danke ich dir, mein Herr, es ist ein schönes Los, für diese Sündenwelt so leiden müssen. Die Kirche soll mir auch noch fürderhin gestohlen bleiben, will den Rosenkranz nit küssen! Mir steht der Herr viel höher in dem Sinn als euch, die ihr vor bunten Bildern kniet, und wenn es blitzt in dunkle Keller flieht« (*Großes Testament*).

Die Ursache aller Skandale aber, die sich bis über die Grenzen alles Erträglichen so oft wiederholten, sein unbeherrschtes und unberechenbares Benehmen bis zu den maßlosesten Wutausbrüchen waren nur die Reaktionen eines bis aufs Blut gequälten Lebens. Ihn durfte man nicht mit den üblichen Maßstäben messen. Er empfindet für tausend und also reagiert er auch tausendmal schneller als ein anderer Mensch.

Er ist über die Vielfalt seiner Seele wie ein Muttertier über unzählige wilde Kinder, die sie kaum mehr bewältigen kann. Seine Nerven sind durch seine Überbegabung in einem derartig gefährdeten Zustand, dass man ihm wohl kaum die Schuld für die extremen Auseinandersetzungen zuschreiben kann, die ihn immer wieder zerstören. *»Ihr habt mich so lange geschlagen, jetzt schlage ich zurück«,*

das ist seine Antwort. So verzichtete er gern auf die Kurve seiner »Karriere«, wenn es ihm um diese Konsequenzen ging. Bei ihm konnte die künstlerische Arbeit nie zu einem »Handwerk« werden, mit dem leider so viele »Künstler« die Verantwortung für ihre Arbeit erledigen. Bei ihm ist die Gestaltung wie der Vorgang einer Geburt, bei der er alle körperliche und seelische Kraft verschwendet, indem er auf den Anspruch eines eigenen Lebens verzichtet. Er gibt sich diesem Leben hin, ohne Vorbehalt und ohne die geringste Schonung oder »ökonomische« Überlegung. So wird es eine Auseinandersetzung mit Leben und Tod bei der Geburt eines von Neuem gelebten Lebens, eine Auseinandersetzung mit der Welt der Menschen, aber in dem eindeutigen Aufschrei der gequälten Kreatur. Sein Ausdruck ist Revolution, Revolution gegen jede Unterdrückung und gegen die kleinste Einschränkung der Freiheit eines jeden Wesens, Revolution gegen kleinliche menschliche Gehässigkeit und Verrohung, Revolution gegen Gleichgültigkeit und Apathien, Revolution gegen das Verruchte und Verlogene, Revolution für die Hingabe der Liebe und für das große Mitleid, Revolution für die Schmerzen.

Ihm geht es nicht um den Begriff der »Kunst«, sie dient ihm lediglich als Mittel zum Zweck. *»Ich würde am liebsten auf die Straße gehen und den Menschen helfen, indem ich ihnen die Schmerzen abnehme. Da ich aber weiß, dass man in den wenigsten Fällen dazu fähig ist, möchte ich ihnen wenigstens von einem Podium aus sagen, was ihrem Gleichnis zur Wahrhaftigkeit zurück verhelfen kann.«*

Die Frage des Nützlichen, des direkt Wirksamen quält ihn in allem, was er beginnt. Man hat den Eindruck, als verblute er auf der Bühne mit dem Ausdruck eines jeden gelebten Gefühls. Er will die Menschen wachrütteln, dass sie den Sinn einer solchen Auseinandersetzung erkennen, und wenn er mit dem, was er tat, nur einem Menschen ein Beispiel geben konnte, so war der Zweck für ihn erfüllt. In der Besessenheit zum Werk kann man ihn vergleichen mit van Gogh. Im jagenden Fieber, in der zerreißenden maßlosen Unruhe seiner Seele, mit der die ganze Welt durchpflügen will, in der wildesten Maßlosigkeit ist er wie einst Rimbaud, und in der blutigen Zerschlagenheit, seinem rasenden Lebenshunger, in der rastlosen Kritik an allem, in der Enttäuschung, in seinem Kampf um die Wahrheit der Gerechtigkeit, der ihn immer wieder zurückstößt in die trostlose Einsamkeit des Geächteten, in der immer wieder völligen Verarmung und Obdachlosigkeit eines Bettlers, in der revolutionären Raserei gegen die Stumpfheit und Verlogenheit der Menschen, die er auch zum Inhalt seiner Gedichte macht, und zuletzt in der zerschmetterten, traurigen aber gläubigen Kindlichkeit ist sein Schicksal das von Villon.

Und es ist kein Zufall, dass er die eben Genannten oft selbst in den Augenblicken furchtbarster Verzweiflung als seine »Brüder« bezeichnet hat. Vergleiche sind oft nur Ausflüchte für eine treffende Bezeichnung. Hier ist der Vergleich die Erkenntnis, dass die genannten Personen die Personifizierung der Elemente waren, die die hölzerne Welt der Menschen durch ihr Fieber in Brand setzten, die das Tempo der Menschheit vorwärtstrieben, die so oft stehen zu bleiben droht. Diese Elemente gehören den Naturgewalten an und werden alle Jahrhunderte an einzelne Berufene weitervererbt.

Trotz höchster künstlerischer Auszeichnungen, trotz der größten und bewunderndsten Kritiken, trotz dieses einmaligen Talentes, dass ihm eine so große Zahl von glühenden Anhängern geschaffen hat, trotz der bestmöglichen Angebote (die er in den günstigsten Fällen ausschlug) stand er dem Theater wie dem Film von jeher mit einer scheuen Feindlichkeit gegenüber, eben weil er in dieser Kunst so viele furchtbare Enttäuschungen seines Glaubens erleben musste, weil eben diese Kunst, an die er wie an die Mission einer heiligen Sendung glaubte, von ihm so viele Kompromisse verlangte und sie ihn immer wieder ausgestoßen hatte, wenn er sich diesen Kompromissen nicht beugen wollte. Er konnte sich nicht unterwerfen, wenn er nicht die Aufrichtigkeit seiner Sendung verleugnen wollte und somit den Sinn seines Lebens überhaupt.

Wer Kinski nur als den genialen, »skandalumwitterten« Maler, Bildhauer, Dichter und Schauspieler kennt, um den so viele sensationsschreiende Artikel geschrieben worden sind, der weiß nicht, dass er menschenscheu und unauffällig und zurückgezogen lebt, verzweifelt mit seinem Chaos dort kämpft, dass es ihn nicht überwältigt. Ständig, endlos ist wieder die Verwandlung. Er verändert sich unter der augenblicklichen Verfassung wie ein Chamäleon.

Die Erscheinung von Kinski ist schwer zu bezeichnen. Sein Körper ist schmächtig und zart und voll von ungeheuren Energien. Seine Bewegungen sind weich, beinahe verträumt (fast tänzerisch, wie der Gang eines Tieres) und angespannt wie der Stahl eines Messers.

Seine Stimme ist verloren und leise und aufbäumend und

stechend scharf. Seine Augen sind groß und schwer und traurig und alt und schreiend voll empörerischen Feuers und kindlicher, jugendlicher Hoffnung.

Sein Gesicht ist traurig und jung, wie das eines Kindes, und qualvoll verwüstet

in der Leidenschaft und alt und weinend in der ausweglosen Verzweiflung der Einsamkeit und lachend in maßlosem Übermut.

Von dauerndem Fieber zerfressen ist der ganze Mensch – oft glimmt es nur schwellend und quälend und vernichtet seinen Körper und verdunkelt seine Seele und seinen Geist, aber manchmal lacht es grell und befreit.

Sein Gesicht hat keinen bestimmten Typ – er ist kaum nach irgendeiner Rasse zu bezeichnen –, in diesem rastlosen Gesicht sind alle Himmelsrichtungen vereint. Es ist kein Wunder, dass er kein Gefühl für einen bestimmten Flecken Erde hat. Dieses Gesicht ist nackt, hier spiegelt sich die schreiende Seele ohne Lüge und Heuchelei, wie eine neue Erscheinung tritt das Wesen eines neuen Menschen aus dem augenblicklich verwandelten Gesicht. Die Veränderung scheint ganz endgültig zu sein, so selbstverständlich ist alles und als wäre es nie anders gewesen, und so schnell wie es entstand, verlöscht es wieder nach seinem Willen. Dieses Gesicht scheint wie ein unsichtbarer Knetgummi und dazwischen schreit ein Mensch, der hin und her gejagt wird und der niemals Ruhe finden darf, angepeitscht von einer ewigen Sehnsucht wie von einem Gewitter.

demütige Hingabe

Kinski ist wohl einer der umstrittensten Schauspieler überhaupt. Publikum und Kritik haben ihn enthusiastisch gepriesen oder beschimpft und abgelehnt. Aber alle Versuche irgendeiner festlegenden Typisierung werden durch seine ständige Verwandlung widerlegt. Es ist nichts so Einmaliges, dass ein Schauspieler sich je nach der gegebenen Rolle auch in seinen inneren Bewegungen für den Augenblick zu verwandeln vermag, dass es aber mit einer solchen Endgültigkeit geschieht, in der sich ein Gesicht über das Theater hinaus auch im privaten Leben zu verändern imstande ist, ist ein Wunder der Natur, und ist nur in der Tatsache zu erklären, dass er kein »privates« Leben kennt. Er lebt *»seelisch organisch«* (wie er es selbst bezeichnet) wie jener Mensch, den er zu verkörpern hat, er ist die Neugeburt der Seele und somit seiner ganzen Erscheinung in Bewegung und Aussehen. Das Geheimnis ist die demütige Hingabe an seine *»100 000 Seelen«*, wie er sie nennt. Indem er sich prinzipiell auf die überhaupt nur möglichste und kleinste Nuance ihrer seelischen Bedingtheiten einstellt, verkümmert er seine bisherige seelische und somit körperliche Beschaffenheit. Es ist keine Selbstsuggestion im Sinne einer Illusion, sondern die völlige Bereitschaft zu jeder seelischen Empfindung in ihrer Eigenart mit all ihren Konsequenzen, soweit sie sich mit der nötigen Lebensfähigkeit vereinbaren lässt.

So schreibt er selbst, als er erst wenige Jahre am Theater ist: *»Keuschheit ist das ganze Geheimnis, immer wieder bereit*

Seele + Leib

werden müssen wir für die Regungen der eigenen und der anderen Seele, dazu müssen wir keusch werden an Seele und Leib, denn die zarten Schwingungen der Seele sind scheu und wagen sich nur hervor, wenn es still geworden ist in uns von aller Äußerlichkeit. Die Keuschheit, die ich meine, hat nichts zu tun mit den Begriffen einer gemeinen bürgerlichen Moral – ich meine die Auferstehung! Ich meine den Mut zu der unerbittlichen Erkenntnis der eigenen und der anderen Verrohung an Seele und Leib, ich meine die völlige Unterwerfung unter die Ursprünglichkeit der Gefühle, dadurch werden wir von Neuem unberührt von aller Verhärtung. So wird uns der Augenblick der wahren Empfindung wiederkehren, denn wir können nur wirksam sein, wenn wir wahr sind. Deshalb aber sollen wir nur menschliche Situationen zeigen, die schicksalhaft sind. Der Schmerz allein lohnt, dass man ihn weitersagt, denn er ist der einzige Weg zur Erkenntnis der wahren Schönheit, die die Menschen aufrichten soll.«

Hiermit hat er alles gesagt, in unermüdlicher Arbeit an sich selbst gelingt ihm die sofortige Reaktion im geforderten Augenblick. Auf einer Probe zu Don Carlos verlangt der Regisseur von ihm, dass Tränen über sein Gesicht laufen sollen in dem Augenblick, wo der König ihm eine Bitte verweigert und ihm auf die dargebotene Hand schlägt. Die Szene wird aus dem Stehgreif wiederholt, Kinski kniet, Philipp schlägt ihm auf die Hand und im selben Augenblick ist das Gesicht von Kinski tränenüberströmt und wird rot vor Scham, so sehr empfindet er die verletzende Beleidigung seines Partners.

Von diesen Beispielen gibt es unzählige, als Oswald ist er schon bei den Proben in den Szenen ausbrechenden Wahnsinns so überzeugend echt, dass er sich durch das eigene Erlebnis vor einem möglichen Wahnsinn zu fürchten beginnt, wenn er außerhalb des Theaters ist. So stark empfängt er das Echo seines eigenen Ausdrucks in der Reaktion der anderen.

Da er eine panische Angst und einen leidenschaftlichen Hass gegen alles Unechte hat, schminkt er sich auch nicht, lehnt jede Art von Perücken und unechten Bärten ab und wehrt sich gegen jede künstliche Entstellung seines Gesichts oder sonstigen Körpers.

Mit dem veränderten Ausdruck des Gesichts und des Körpers überhaupt entwickelt sich harmonisch die Verwandlung der Hände – da er besonders große, aber dabei leidenschaftlich durchlebte Hände hat, kommt der Ausdruck seiner Hände besonders zur Geltung. So ist es ihm möglich, den Ausdruck der Empfindung nur auf die Hände zu übertragen, und als Priester Josip drückt

er den Vorgang einer ganzen Szene fast ausschließlich mit den Händen aus. Während er nur einen Krug mit Wasser füllt und ihn auf den Tisch stellt, während er einen Laib Brot aus dem Ofen holt, eine Kerze anzündet und alles segnet, weinen die Leute vor Erschütterung im Zuschauerraum.

Wer ihm heute begegnet und sich seinen Eindruck einzuprägen versucht, der wäre vielleicht schon im nächsten Moment verwirrt durch ein völlig neues Gesicht. Ich glaube nicht, dass es einen wirklichen Künstler gibt, der eine Zeitspanne hat, in der er »arbeitet«, und eine restliche Zeit, in der er »lebt«, ich glaube, dass er jeden Augenblick lebt und jeden Augenblick arbeitet, weil für ihn beides untrennbar ist.

Weil sie oft hungern mussten, fing er früh an zu stehlen. Oft schlugen sie ihn blutig oder warfen Steine nach ihm, wenn sie ihn fassten dabei. In Warenhäusern und Geschäften stiehlt er Lebensmittel, auf dem Markt sucht er das heruntergefallene Obst und Gemüse zusammen, beim Bäcker stiehlt er Brot und bettelt um Küchenreste, denn zu Hause sitzen die anderen und hoffen, dass einer etwas zu essen bringt. Als kleiner Junge ist er schon von einer so grausamen und jagenden Unruhe zerfressen, dass ihm schon früh das Leben unter den Menschen zu einer unerträglichen Qual wird. So erlebt er schon als Kind die furchtbarste Verzweiflung, denn er weiß noch nicht, dass diese qualvolle Unruhe später seine schöpferische Kraft bestimmt, aber was er sieht und fühlt, ist ihm auf Ewigkeiten voraus. Er kann nicht mehr sitzen bleiben, nicht stehen, kann nicht schlafen, liegt fiebernd im Bett und passt nicht in der Schule auf. Er gehorcht niemandem und weint wochenlang bei dem geringsten Anlass. Wie ein Fluch lastet seine Sensibilität auf ihm, er fühlt die Schicksale von Milliarden Leben um sich, als wären sie seine eigenen. Aber so sehr er die Schicksale dieser Menschen empfindet, so fremd sind sie ihm im Einzelnen und so fremd muss er auch ihnen bleiben. Verbunden ist er nur mit ihrem Leid, er empfindet meist für das Leben der Menschen allein, zuletzt für sein eigenes. Man könnte sagen, er ist das Gefühl an sich, das Element der Empfindung überhaupt, der schmerzverzerrte Aufschrei der Geburt unter der Folter eines von Menschen vergewaltigten Lebens. Er selbst spricht von *»schreiend wachsenden Blumen«*. Er empfindet die Schmerzen eines abgeschlagenen Baumes, eines beschnittenen Strauches, die Qualen aller Hunde, eingesperrten Vögel, der Fische, die im Bassin eines Fischgeschäfts auf ihren Tod warten, die Trauer aller Tiere, die die Menschen in ihre Käfige zerren, und die Vergewaltigung eines Kindes schon, wenn es aufwachsen muss unter den erstickenden Gesetzen der Erwachsenen. Das rasende Fieber dieser erdrückenden Empfindungen treibt ihn unerbittlich an und eine unerklärliche Sehnsucht zerfrisst schon sein kindliches Leben. Es ist die Sehnsucht eines Verfluchten, in dem alles in mörderischer Vermischung vereint ist: die Wut der Elemente, das unergründliche Fernweh der Tiere, die fieberschreienden Wurzeln ausgerissener Bäume und das tausendfältige Schicksal des Menschen. Er sieht aus, als warte er auf irgendein Signal. Er will fort. Er weiß selbst nicht wohin. Nicht das Abenteuer lockt ihn, wenn er nach Afrika will, sondern die Vermischung mit dem unberührten Körper der Erde, wie zwei verbrennende Leiber schreien sie nacheinander, die unendliche Erde und er. Aber er ist noch nicht in Afrika und sehnt sich schon wieder fort. Oft wirft er alles hin, will fortlaufen, wenn die Krankheit am unerträglichsten wird. Aber es hält ihn noch etwas zurück, was er so hasst und wochenlang dennoch nicht loslassen kann. Erst später weiß er, dass es seine Arbeit ist, die ihn nicht fortlassen will und von der er nicht fliehen kann, und schwer krank krallt er sich an der Sonne fest, die ihn so fiebernd macht.

Leidenschaft

Das macht sein Leben oft zur Hölle und zu einer Kettenreaktion von Skandalen.

Mit 4 Jahren fängt er an zu malen, mit 12 Jahren hört er wieder auf, aus einer ungebändigten Leidenschaft schmeißt er die Farben auf die Leinwand, aber er zerstört alles wieder, niemals ist er »zufrieden«. Auch hier kann er nicht begreifen, dass er noch nicht imstande ist, das auszuführen, was ihm 20 Jahre später erst gelingt, aber was er schon damals mit dem Gefühl erfassen konnte.

Mit 6 Jahren kann er sämtliche Geschichten der Bibel auswendig, nicht um zu glänzen, sondern weil ihn einerseits der Inhalt dieser Geschichten interessierte und andererseits das Auswendiglernen solchen Spaß machte.

Mit 9 und 10 schreibt er die ersten Gedichte und mit 12 Jahren lernt er den gesamten *Taucher* von Schiller, 22 Strophen, in 2 Stunden auswendig. Er ist von einem so leidenschaftlichen Temperament, dass ihm die Bleistifte zerbrechen, wenn er schreibt, und er zerschlägt die Musikinstrumente, wenn er nicht an einem Tag alles begreift.

Er lebt als Kind schon mit einer solchen Überintensität, dass er in solchen Dimensionen empfindet, die die Mehrzahl der Menschen nicht zu ertragen imstande wären. Oft hat er zeitweise keine Ruhe für irgendetwas und er glaubt, dass er zerreißen müsste, so schwer fällt ihm in dieser Zeit das Leben. Aber er war noch nicht ganz 11 Jahre alt, als er anfing, Geld zu verdienen, und da er es aus Hunger tut, wird die Arbeit zu einer verbissenen Leidenschaft für ihn. Er sammelt Tennisbälle in glühender Hitze, 12 Stunden am Tag, trägt morgens um vier Uhr schon Zeitungen und Brötchen aus, sammelt Lumpen, trägt den Leuten die Koffer auf den Bahnhöfen und den Frauen die Netze, wenn sie vom Markt nach Hause gehen, macht Botengänge, bettelt in Häusern, verkauft Postkarten, Gewürze und Bonbons und wäscht Fische auf dem Markt.

Zur Schule gehen will er nicht, denn er spürt schon früh den Zwang der Gemeinschaft, den er so fürchtet. Er fürchtet die Schule und alles, was damit zusammenhängt, und er rächt sich an den Lehrern, die er mit seiner ganzen Leidenschaft hasst, stellt die Klingel für die Pausen vor, stiehlt die Geräte aus dem Physiksaal und wirft sie fort, schwänzt wochenlang den Unterricht und treibt sich herum. Er schläft nachts in fremden Schuppen und Scheunen oder im Gebüsch, und nach Wochen erst kommt dann eine Karte von irgendwo, damit seine Eltern wissen, dass er noch lebt. Oder er bringt die Vormittage in Tageskinos zu, die er an manchen Tagen mehrmals besucht. Einmal beschlagnahmt er per Telefon die Kohlen der Schule für ein Lazarett und die ganze Schule wird nach Hause geschickt. Er fälscht die Entschuldigungen, stiehlt den Lehrern die Zensurenbücher aus der Tasche und ändert seine Noten, und es vergeht nicht ein Tag, an dem er nicht mehrere Stunden nachzusitzen hat. Aber das macht ihn nur noch verhasster gegen sie, er wirft mit Gegenständen nach ihnen und prügelt sich mit ihnen herum, wenn sie ihn schlagen wollen. Mehr als zehnmal wird ihm die Verweisung von der Schule angedroht, dann fliegt er raus, nachdem er vier Wochen die Schule geschwänzt hat. – Er war mit nur einer Bahnsteigkarte bis nach Österreich gefahren, indem er sich die ganze Fahrt über in der Toilette eingeschlossen hatte, und trampte dann weiter bis nach Jugoslawien. Erst nach langem Betteln und Weinen seiner verzweifelten Mutter nimmt ihn eine andere Schule wieder auf, denn er hat in allen Unterrichtsfächern die schlechtesten Zensuren, dann bleibt er sitzen, und zwei Jahre später, mit 17 Jahren, kommt er zum Militär, wird verwundet und muss zwei Jahre in englische Gefangenschaft. Nachts liest er mit anderen den Mitgefangenen Gedichte vor, die er im Lazarett auf Klosettpapier geschrieben hatte. Sie schleppten sich durch meterhohen Schlamm von einer Hütte in die andere, äußerlich schon nicht mehr menschenähnlich, aber sie taten es verbissen, weil die anderen sich darauf freuten.

Gefangenschaft

In England bauen sie die erste Bühne auf, zuerst in zerfetzten Zelten, in denen noch der Schnee bis auf die Bühne fällt, dann in Schuppen, Lagerräumen und Baracken, und später bauen sie noch innerhalb des Lagers ein richtiges Theater. Er hatte nie gespielt vorher und niemals Unterricht gehabt, aber er hatte nicht die Geduld, auf einen Regisseur zu hören, er schrie die Rollen wie in einer Verzweiflung aus sich heraus, als hätte er so sehr unter seinem langen Schweigen gelitten. Er spielte alles, was für ihn erreichbar war: Mütter, Stubenmädchen, Knechte, Engel, alte Männer und an einem Abend einmal sieben verschiedene Frauenrollen, singt Chansons, schreibt die Texte und Programme für ein Kabarett, nachdem er schon dort

wegen seiner Eigenwilligkeit aus dem Theater hinausgeworfen war, und arbeitet als Artist. Aber auch hier fliegt er hinaus, weil er sich niemandem unterordnen kann. Er schreibt noch viel in dieser Zeit, aber er zerstört wieder alles. Jetzt wird die Gefangenschaft unerträglich für ihn, er versucht mit allen Mitteln krank zu werden, um nach Hause zu kommen. Er schreckt dabei vor nichts zurück, frisst alte Zigarettenreste und trinkt seinen Urin, um

Fieber zu bekommen, und stellt sich nächtelang in eisiger Kälte mit bloßen Nieren an die kalte Mauer der Baracke, um sich ein Nierenleiden zu holen, aber er ist von einer solchen Zähigkeit, dass er nicht einmal einen Schnupfen bekommt. Immer wieder wird er von den eigenen Ärzten zurückgewiesen. In äußerster Verzweiflung simuliert er nachts geistige Störungen, aber damit erreicht er nur, dass sie entschlossen sind, ihn in ein englisches Irrenhaus zu bringen, und auch hier kann ihm gerade noch in letzter Minute ein Freund, der ihn liebt und verehrt, zu Hilfe kommen und dieses grauenvolle Vorhaben verhindern, das vielleicht seinen Tod bedeutet hätte.

Im März 1946 kommt er nach Deutschland zurück, zerlumpt und ohne einen Pfennig Geld, pumpt die Intendanten der Theater an, die ihn nicht engagieren wollen, niemand kümmert sich weiter um dieses »völlig chaotische Talent«. Wenn es soweit ist, dass man ihn anhören will, kann er vor Schwäche und vor Erregung nicht sprechen und schlägt sich die Arme blutig und zerfetzt sich vor Verzweiflung das Gesicht.

Dann bekommt er in Tübingen einen Jahresvertrag, aber als er ihn unterschreiben soll, reist er nach Offenburg, von wo man ihm ein besseres Angebot macht, und flieht nach weiteren drei Monaten auch von dort, nachdem er den Intendanten angepumpt hatte und den Verwaltungsdirektor verdroschen hat, weil er ihm keinen Vorschuss bezahlen wollte. Er selbst sagt über diese Zeit: *»Es war eine entsetzliche Schmiere, auf Lastwagen sind wir den halben Tag herumgezogen, und wenn wir abends irgendwo ankamen, um zu spielen, dann waren wir kaputt. Aber mehr noch als von der Schinderei war ich erschöpft von den gehässigen Gemeinheiten und Zoten dieser schlechten Komödianten.«*

Mit einem Flüchtlingstransport, unter den er sich gemischt hat, kommt er im Viehwagen in Berlin an. Seine Eltern sind tot, er kommt in eine Wohnung ohne Fenster, ohne Ofen, ohne Bettzeug, ohne Essen, ohne Licht und ohne Geld, aber mit viel verbissenem Glauben. Am Schlosspark-Theater bekommt er einen Jahresvertrag, aber mit dem wenigen Geld, das er bekommt, kann er nicht leben. Vor Kälte weinend, kommt er abends ins Theater, denn er hat so große Löcher in seinen Schuhen, dass sich das Eis an seinen Zehen zu Klumpen ballt und seine Füße bluten, und bei 30 Grad unter Null besitzt er nur einen dünnen Sommermantel.

Er wäscht sich im Theater, kocht beim Pförtner seine Suppe und schläft nachts heimlich auf Stühlen in der Garderobe, weil er zu Hause keine Kohlen hat. Wenn er keine Proben hat, verbringt er die Tage meist in den Wartehallen der Bahnhöfe oder in öffentlichen Wärmehallen und Wohlfahrtshäusern, lebt zwei Drittel des Monats von erbetteltem Brot und ernährt sich tagelang von Heißgetränk (in heißem Wasser aufgelöstes Sacharin mit synthetischem Glühweingeschmack). Barlog, der Intendant des Schlosspark-Theaters war, hatte ihm viel versprochen, als er den Vertrag mit ihm schloss, aber er hält seine Versprechungen nicht ein und lässt ihn fast ein Jahr lang nur lächerliche, unbedeutende Rollen spielen. Kinski ist dermaßen enttäuscht von dieser Verlogenheit, dass er ihm die Scheiben seines Theaters einwirft, und betrinkt sich in seiner verzweifelten Wut, dass er auf offener Bühne zusammenbricht, und wirft dem Verwaltungsdirektor die leere Schnapsflasche hinterher, als dieser ihm die Kündigung seines Vertrags mitteilt.

Barlog aber sagte nach Jahren noch über ihn: *»Ich bin froh, dass dieser Kinski nicht mehr an meinem Theater ist, und wenn er das größte Genie der Welt wäre«*, und dieser selbe Mann zitterte jeden Abend um seine lächerlichen Kulissen, wenn Kinski auf die Bühne ging. Das war zu einer Zeit, wo schon einer der berühmtesten Regisseure von ihm sagte, dass er ihm 50 000 Mark wert und der größte Schauspieler des 20. Jahrhunderts sei.

1947 kommt Rossellini nach Berlin, um sich einige Schauspieler für seinen neuen Film zu suchen. Kinski soll bei ihm filmen und wird zu Probeaufnahmen geholt. Stundenlang muss er mit anderen zusammen in einem Raum sitzen, wo sich Rossellini mit seinem Kameramann unterhält. Kinski dauert diese »Sitzung« zu lange, er schlägt unbeherrscht mit der Faust auf den Tisch und schreit: *»Wann geht die Scheiße endlich los!«* Dass Rossellini seine Unterhaltung augenblicklich unterbricht und sich nach seinem Namen erkundigt, ist nur ein Zeichen dafür, dass er sich für ihn interessiert, aber es kommt zu keinem Abschluss, denn zur gleichen Zeit soll er seine erste große Rolle an einem Berliner Theater spielen. Kinski entscheidet sich für das Theater und kümmert sich nicht weiter um den Film. Er gibt das pathologische Zwillingspaar in der *Schreibmaschine* von Jean Cocteau. Er lässt sich die Haare färben, um besser zu seiner Partnerin zu passen, und geht ins Irrenhaus, um den epileptischen Anfall zu studieren, den er auf offener Szene überzeugend demonstrieren muss.

Die Aufführung wird zu einem Sensationserfolg für ihn und über hundert Mal ausverkauft. Der epileptische Anfall ist so erschreckend

echt, dass ihn einige Tage nach der Premiere jemand in einem Lokal anredet und ihm schließlich rät, diese Rolle nicht weiter zu spielen, weil er befürchtet, dass Kinski so werden könne wie dieser, den er zu verkörpern hat. Einige im Publikum lachen über ihn, andere rennen während der Vorstellung unter lautem Protest aus dem Theater und knallen die Türen, andere schreien und springen von ihren Sitzen auf, die Mehrzahl der Zuschauer aber jubelt ihm begeistert zu.

An einem Abend läuft eine Frau nach dem 2. Akt aus dem Theater, während sie der Garderobenfrau zuschreit: »Geben sie meinen Mantel, schnell! Ich bekomme mein Kind zu früh, wenn ich diesen Jungen noch länger mit ansehe.«

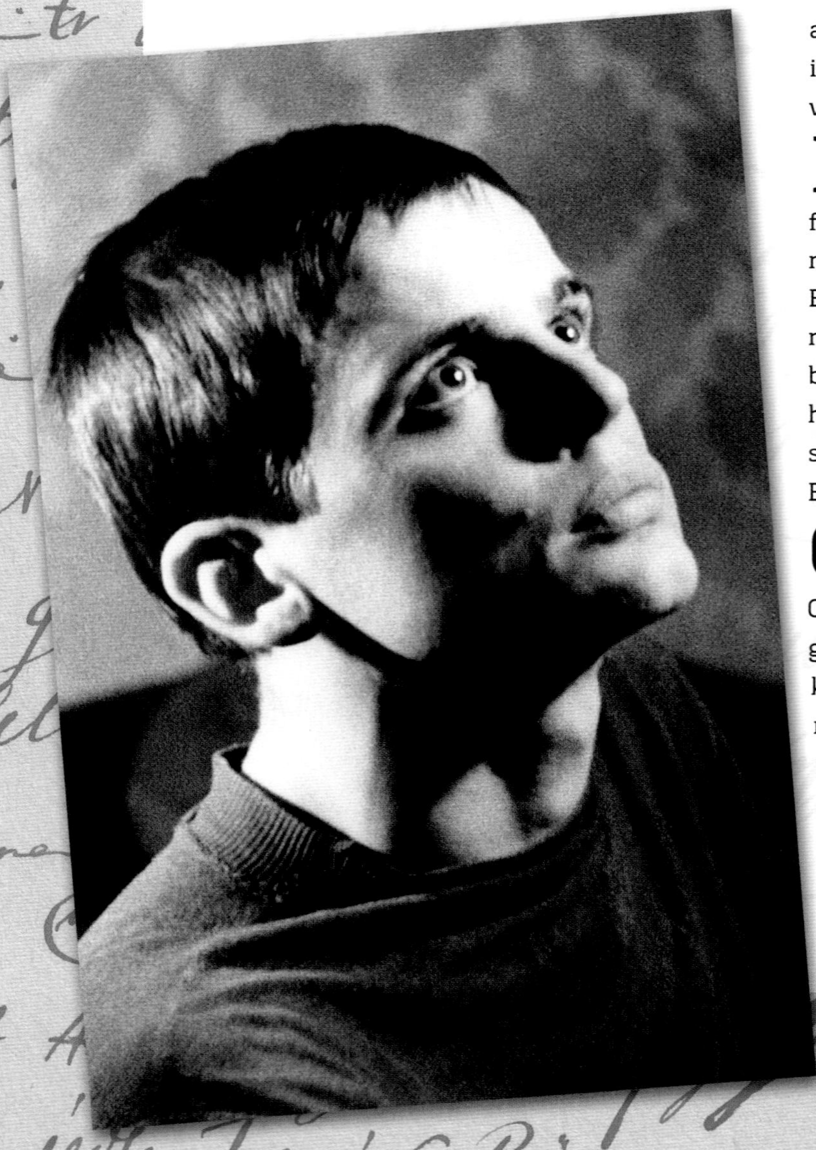

Wie ein Lauffeuer geht die Nachricht über diesen »wahnsinnigen Jungen« durch Berlin, wie ein Magnet zieht er die Menschen an, und alles was Beine und Interesse für das Theater hat, kommt, um ihn sich anzusehen. Die Zeitungen zanken sich um ihn, beschimpfen ihn oder vergleichen ihn mit den größten Schauspielern der Welt. An einem Abend bekommt er ein Telegramm, worin ihm jemand schreibt: »Jetzt verstehe ich zum ersten Mal den Sinn von einem Abonnement. Sie will ich immer sehen!« Viele bangen um ihn, dass er »überschnappt«. *»Ich bin gesünder als alle zusammen«*, ist seine kindliche Antwort auf allen Klatsch um ihn. So wie ihm selbst alle Intrigen und Theaterklatsch fremd sind, ahnt er damals noch nicht, dass die Gerüchte um ihn, die ihn von seinem ersten aufsehenerregenden Auftreten an verfolgen, ihm eines Tages auf Tod und Leben schaden werden.

Der Direktor des Theaters, an dem die *Schreibmaschine* spielt, ist jeden Abend froh, wenn die Vorstellung zu Ende ist. Einmal schreit er einen Schauspieler hinter der Bühne so laut und so lange an, dass das Stück nicht weitergehen kann und die Zuschauer bis hinter die Bühne kommen, um nachzusehen, was dort passiert. Der Schauspieler hatte seinen Auftritt verpasst, weil er hinter der Bühne Witze erzählte.

Oft sitzt er bis einige Minuten vor seinem Auftritt zusammengesackt in seiner Garderobe – dann hatte er tagelang nichts gegessen, weil er kein Geld mehr besaß, er keinen Vorschuss mehr bekam und ihm niemand mehr einen Pfennig lieh. Sie alle kannten seine unfähige Art, mit Geld umzugehen. Solange er am Theater war, ist er jeden Tag ins Büro gekommen und bettelte um Vorschuss, wenn er ihn nicht bekam, beschimpfte er die Direktoren, und jeden Tag und in jedem Theater gab es die furchtbarsten Auseinandersetzungen deshalb. Er verdiente damals schon 2000 Mark im Monat, aber er kann nicht umgehen mit Geld, und am Monatsende hat er nichts als Schulden, die Gage aber hat er für den nächsten Monat schon im Vorschuss weg.

Ein halbes Jahr später gibt er den Oswald in *Gespenster* von Ibsen. Hierfür muss er die Haare wieder entfärben, eine Woche lang sitzt er beim Friseur und lässt täglich zwei Stunden die schmerzhafte Prozedur über sich ergehen. Wieder geht er ins Irrenhaus, um das Stadium ausbrechender Paralyse zu beobachten, wieder schließt er sich sechs Wochen lang in eine Wohnung ein, die ihm jemand für diesen Zweck zur Verfügung stellt. Er treibt die Identifizierung mit Oswald bis zu einem solchen Grad und ist schon auf den ersten Proben so erschreckend echt, dass seine Partnerin aber, die die Alving gibt, fürchtet, dass er noch vor der Premiere »wahnsinnig« würde. Einmal sitzt er zu Hause und lernt den Text aus dem 2. Akt, dann kann er vor Tränen nicht weiterlesen, so sehr erschüttert ihn der Schmerz des Menschen, den er zu verkörpern hat.

Die Aufführung wird ein gewaltiger Erfolg. Wieder springen die Leute von den Sitzen auf und rennen aufstöhnend und schreiend aus dem Zuschauerraum, und an manchen Abenden müssen Frauen ohnmächtig herausgetragen werden. Herbert Pfeiffer schreibt über ihn: *»Er geht auf wie eine Flamme und verlischt auch so. Hier ist nichts Übernommenes, nichts Angelerntes. Es ist wunderbar, wie das vollkommen private Organ ganz Kunst wird, wie Sein und Können identisch sind.«*

Nach Rundfunk und Matineen wird er an Max Reinhardts »Deutsches Theater« gerufen, man bietet ihm einen Jahresvertrag, aber nach seinen Erfahrungen am Schlosspark-Theater ist er misstrauisch geworden. Er will spielen, was er will, dazu muss er aber frei sein und über seine Zeit verfügen können, deshalb bindet er sich auch hier nur für vier Monate. In dieser Zeit ist er Claudio in Shakespeares *Maß für Maß*, aber auch hier endet der Vertrag mit einem Skandal. Der Streit beginnt bereits mit dem wirtschaftlichen Direktor des Theaters, einem alten Mann, der nicht begreifen will, dass ein so junger Mensch (Kinski war damals 21) so viel Geld verlangen kann. Mit dem damaligen Intendanten des Deutschen Theaters, der sehr froh ist über ihre gemeinsame Arbeit, versteht er sich anfangs sehr gut, aber schon bei den ersten Proben kann der Regisseur das gewaltige Material Kinski nicht mehr bewältigen. Er vernachlässigt ihn, weil er mit ihm, der mit anderen Voraussetzungen an die Rolle herangeht, nichts mehr anzufangen weiß. So kommt es schon hier zu Spannungen, die ihren Höhepunkt in einem öffentlichen Skandal finden. Am letzten Auftrittsabend seines Vertrags will man ihn nicht mehr spielen lassen. Mit dem für seinen körperlich viel größeren Nachfolger umgearbeiteten Kostüm, auf bloßen Strümpfen (denn die Stiefel waren weggeschlossen) rennt er fünf Minuten vor Beginn der Vorstellung in die mit Zuschauern überfüllte Theaterkantine, verfolgt von sämtlichen Direktoren, Verwaltungsbeamten, Garderobiers und Portiers des Theaters – die einen folgten ihm, um gütig auf ihn einzureden, die anderen, um ihn zu zwingen, das Kostüm auszuziehen –, er kämpft verzweifelt um sein Recht, bis ein von der Direktion herbeigerufenes Polizeikommando ihn mit gezogener Pistole zwingt, das Kostüm zurückzugeben. Er zerreißt es, indem er sich bis auf die Unterhose auszieht, und wirft ihnen die Fetzen ins Gesicht.

Erst langsam lässt er sich unter liebevollem Zureden der Gäste, die ihn so schätzen und lieben, und von der Kantinenwirtin überreden, sich zu beruhigen. Am gleichen Abend mit Ablauf seines Vertrags hat er das Deutsche Theater für die nächsten Jahre zum letzten Mal betreten.

Er war sehr unglücklich in diesen vier Monaten, in den letzten Vorstellungen betrinkt er sich, um die unechten Töne seiner Partnerin nicht mehr zu hören, aber in seiner Garderobe sitzt er und weint. Der einzige Zeuge seiner furchtbaren Verzweiflung ist sein Garderobier, der auch sein einziger Freund in dieser Zeit ist, denn zu den anderen Schauspielern hat er keinen Kontakt. An einem Abend geht ein alter Schauspieler, der den Schließer zu spielen hatte, nach ihrem Auftritt auf ihn los. Kinski hatte ihn laut Text hasserfüllt anzuschreien, weil er ihn gefesselt durch die Straßen führt. Er tat es so überzeugend echt, dass der alte Herr sich persönlich angegriffen fühlt. Viele aber stehen jeden Abend ergriffen in der Kulisse und hören immer wieder gebannt dem Aufschrei einer zerrissenen Seele zu, und oft rufen die Zuschauer am Schluss des Stückes nach ihm, obwohl seine Rolle nicht im Mittelpunkt der Handlung steht.

Aber je mehr Erfolg er hat, desto ungeheuerlicher werden die verleumderischen Gerüchte um ihn. Man gönnt ihm seine Erfolge nicht, und die Menschen reden ihm hinterher, dass er auch in seinem privaten Leben die Eigenschaften hätte wie die Gestalten, die er zu verkörpern hat. Die Menschen haben ihm wohl bisher alles nachgesagt, was man sich über einen Menschen auszudenken imstande ist, und nie ist über einen Schauspieler so viel Verschiedenartiges geredet und geschrieben worden wie über ihn: »Wunderkind«, »Schreckenskind«, »nur etwas übergeschnappt«, »gehört ins Raritätenkabinett«, »Clown«, »Genie«, »unerträglich«, »unvergesslich«, »in seiner Generation ohne Vergleich«, »chaotisch«, »Inkarnation eines schauspielerischen Träumers überhaupt«, »heilig«, »maßlos«, »nur pathologisch«, »Wunder«, »Wahnsinniger«, »interessantester Schauspieler Berlins«, »größter Schauspieler der Welt«, »menschliche Stradivari«, »sogar im Weiblichen vollkommen«, »gefährlich begabt«, »schwer gefährdet«, »Kokainist« usw. Fehling wollte »den größten Schauspieler des 20. Jahrhunderts« aus ihm machen,

Kortner sagte von ihm: *»Er ist der einzige Schauspieler der Welt, der mich erschüttert, wo ich ihn nur sehe«*, und Cocteau: *»Er ist ganz alt und ganz jung, beides zugleich.«* Die einen behaupteten, dass er die Vorstellung zerstören würde, die anderen, dass er die Häuser fülle, aber große Persönlichkeiten, unter denen Rossellini, Cocteau und Fehling nur einige sind, konnten an diesem außergewöhnlichen Gesicht nicht vorübergehen.

Sensationsgierige Leute schließen Wetten ab, ob und wann er »wahnsinnig« würde und ob er im Zuchthaus oder im Irrenhaus enden wird. Er kümmert sich nicht um dieses Geschwätz, er arbeitet Tag und Nacht an sich, probt nackt vor dem Spiegel und beobachtet an jeder Muskelsehne die äußerliche Bewegung der Empfindungen und den Rhythmus der Sprache. Er studiert unermüdlich an den Menschen, am Flug der Vögel, an Hunden und Pferden und lernt viel von ihnen. Die Theaterleute sind alle gegen ihn in dieser Zeit, weil er ihnen seine Meinung schonungslos ins Gesicht geschleudert hatte und weil er ihnen unter den gegebenen Umständen nicht gehorchen kann und will. Regisseure lehnen es ab, Filme mit ihm zu drehen, für die er unzählige Male vorgeschlagen wird, weil sie auf die jämmerlichen Gerüchte hören, die man verbreitet über ihn. Er selbst hat in diesen Jahren mit über zwanzig Filmen verhandelt, aber er zerstört sich lieber alles, ehe er die kleinste Ungerechtigkeit erduldet. Sein Gerechtigkeitssinn bezieht sich nicht auf sich allein, einmal wird er auf offener Straße verhaftet, weil er einen Polizisten beschimpft, der eine alte Frau zur Wache schleppen will, weil sie ohne Erlaubnis Äpfel verkaufte, und ein anderes Mal wird er von zusehenden Passanten bedroht, als er halbwüchsige Kinder gewaltsam daran hindert, eine Maus zu erschlagen.

1948 kommt ein Regisseur von der BBC aus London, um mit Kinski *Raskolnikow* von Dostojewski zu inszenieren, und bringt eine Dramatisierung aus England mit. Kinski weigert sich, diese Dramatisierung zu spielen, weil sie seiner Meinung nach nicht der Kraft Dostojewskis entspricht. So kommt es auch hier zum Bruch, er selbst lehnt ein Angebot nach der Schweiz ab und schreibt in zwei Tagen und zwei Nächten, in denen er nicht einen Bissen zu essen hat, eine neue Dramatisierung, um die sich später bekannte Theater bewerben. Aber der Engländer ist nicht mehr zu versöhnen, und fiebernd rennt Kinski aus der letzten Unterredung fort.

Zweimal geben Berliner Schauspieler ihre Rolle ab, damit Kinski sie spielen soll, aber die Direktoren der Berliner Theater lehnen ab. Es geht ihm sehr schlecht in dieser Zeit, aber es ist nicht so schlimm für ihn, kein Geld zu haben, das Furchtbarste ist, dass er nicht mehr arbeiten darf. Nachts rennt er zu Bekannten, holt sie aus den Betten und trägt ihnen stundenlang Bruchstücke aus irgendwelchen Rollen vor, die er spielen will, so lange, bis er verzweifelt weinend zusammenbricht und die Nachbarn aus allen Richtungen zusammenlaufen. Die Freunde aber, die erschüttert sind von ihm, rufen den wütenden Nachbarn zu: *»Lassen sie ihn, so etwas werden wir nur alle hundert Jahre sehen.«*

Einmal liest er die Geschichte von Raskolnikows Traum, es ist nur einer, dem er es vorliest, der aber springt auf und rennt aus dem Zimmer, weil er die Qual von Raskolnikow nicht mehr mit anhören kann; er selbst kann vor Weinen nicht weiterlesen, obwohl er die Geschichte zum fünfzigsten Male liest.

So schlecht es ihm auch geht in dieser Zeit, so sehr er auch hungern muss, läuft er doch allen, die ihm helfen wollen, immer wieder davon, denn er kann mit niemandem zusammen sein.

Noch bis 1949 lebt er zeitweise von gestohlenem unreifem Obst, einmal schläft er nachts in einem fremden Garten, in dem er Äpfel stehlen will, vor Erschöpfung ein und wird erst gegen Morgen vom Regen geweckt. Dann hält sein Körper die Strapazen nicht mehr aus und er wird schwer krank. Nachts betäubt er die Schmerzen mit Morphium, damit er schlafen kann, und am nächsten Tag isst er von Neuem unreifes Obst, um leben zu können.

allein + verzweifelt

Am Quälendsten aber ist seine furchtbare Unruhe für ihn, nirgends hält er es aus, alle acht Tage zieht er um, niedergedrückt und gejagt von den Impressionen eines Zimmers oder überreizt von den geringsten Geräuschen flieht er von einer Wohnung in die andere und fürchtet sich vor jedem neuen Zimmer, in dem er wohnen soll, und 1950 wechselt er in München in einem Monat 38-mal das Zimmer. Seine Sensibilität geht so weit, dass er an einem fremden Ort die Vorgänge spürt, die sich dort zugetragen hatten. Einmal spürt er die Enge seines Zimmers in einem solchen Maße, dass er sämtliche Möbel zerschlägt und aus dem Fenster auf den Hof wirft. In den Monaten, in denen er nicht arbeiten darf, ist er besonders empfindlich.

Er flieht in dieser Zeit vor seinen Freunden und Bekannten und läuft auf die andere Straßenseite, wenn er sie sieht, um ihnen nicht zu begegnen. Aber auch mit ihm will bald niemand mehr etwas zu tun haben in dieser Zeit. So bleibt er allein und verzweifelt, bis auf die wenigen, die ihn trotz seiner größten Exzesse lieben und die ihn nicht vergessen hatten und sorgten für ihn. Zu Hause kann er nicht mehr schlafen, die Nächte treibt er sich in Parkanlagen herum und schläft endlich erschöpft in irgendeinem Gebüsch oder auf einer Bank ein, bis ihn am nächsten Morgen die Wächter oder der Regen verjagen.

Dann probt er für eine eigene Matinee, die er aus geliehenen Geldern bestreiten will, er will mit einer nackten Pantomime von *Romeo und Julia* die Liebesszene revolutionieren, er will damit die Menschen zu einer Keuschheit zwingen und der reinen Liebe, bis zur Hingabe der Körperlichkeit, ihre heilige Unantastbarkeit wiedergeben. Er entwirft das Bühnenbild, näht und färbt die Kostüme selbst. Er sucht alle Schauspiel- und Mädchenschulen ab nach einer Julia, die *»bis zum Wahnsinn begabt«* und 14 Jahre alt sein soll. Wochenlang probiert er die Mädchen aus, denen er sogar auf der Straße hinterherläuft, immer wieder spielt er ihnen mit dem shakespearschen Text die Erwachungs-Szene von *Romeo und Julia* vor, aber keines der gefundenen

Mädchen hält seinen Anforderungen stand. Auch für die Szene aus seiner *Raskolnikow*-Bearbeitung findet er die Sonja nicht, auch hierfür probt er wochenlang in einem eiskalten Keller, den ihm jemand in seiner Villa zur Verfügung stellt, steht morgens um fünf Uhr auf, probt von sieben bis zwölf, von zwölf bis vierzehn und von siebzehn bis neunzehn Uhr trainiert er selbst bei einem französischem Ballettmeister die Grundlagen der Pantomime und abends schreibt er bis tief in die Nacht den *Raskolnikow* immer wieder um. Dann wird er so schwer krank, dass er nicht mehr arbeiten kann, aber er will nicht ins Krankenhaus, zwei Mädchen, die auch vorher für ihn gesorgt hatten, pflegen ihn.

Eines Tages hält er es auch dort nicht mehr aus und rennt auf die Straße, an der nächsten Ecke bricht er zusammen, dann kommt er ins Krankenhaus – auch hier arbeitet er von Neuem seine Dramatisierung um. Fiebernd schreibt er eine Abhandlung über »Verbrechen und Verbrecher« und »den psychologischen Zustand des Verbrechers während der Tat«, wovon in Dostojewskis Roman nur eine Andeutung ist, dass Raskolnikow sie niederschreibt. Um sich innerlich völlig mit Raskolnikow zu identifizieren, schreibt er sogar die Briefe an sich selbst, die Raskolnikow von seiner verzweifelten Mutter bekommt. Dann läuft er auch aus dem Krankenhaus fort, und so wie Raskolnikow lebt auch er in dieser Zeit, selbst vor Hunger und Schwäche fiebernd, wohnt er in glühender Hitze unterm Dach und durchlebt all seine körperlichen und seelischen Qualen.

Er schreibt über diese Zeit: »*... wenn ich morgens aus furchtbaren Träumen erwachte, war ich jedes Mal froh, dass ich kein Mörder war.*«

Seine Identifizierung geht so weit, dass er mit Herzklopfen vor der eigenen Zimmertür steht, wenn er geläutet hat, weil er glaubt, dass die Alte ihm öffnen wird, die Raskolnikow erschlägt.

In den nächsten Wochen ist er wieder schwer krank, aber auch in dieser Zeit gönnt er sich keine Ruhe und schreibt das Drehbuch *Das verlorene Kind*, das erschütternde Schicksal eines unschuldigen Kindermädchens nach dem sensationellen Sanzara-Roman.

1949 kauft ein russischer Emigrant ein verschuldetes Theater auf, um Kinski die Möglichkeit zu neuer Arbeit zu geben, und investiert 20 000 Mark. Kinski selbst soll dieses Theater künstlerisch leiten. Als Erstes probt er die Frauenrolle in dem Einpersonenstück *Die menschliche Stimme* von Cocteau – ganz Berlin ist schockiert und fassungslos über diesen Entschluss. Die Intrigen gegen seinen Plan gehen so weit, dass sich die Intendanten, aufgestachelt von gehässigen Schauspielerinnen, zusammen mit einem »Frauenkreis« öffentlich dagegen empören, und Barlog zieht seine Schauspieler von Kinskis Theater zurück, die für ein anderes Stück an diesem Theater vorgesehen waren.

Für Kinski liegt ein weit tieferer Sinn darin, er wollte nur das Schicksal eines Menschen zeigen und er wollte nur vergessen machen, ob es ein Mann oder eine Frau ist, die da leidet. Acht Wochen dauert die erste Probenzeit, die er sich festsetzt. Er lebt in diesem Menschen, fühlt, denkt, reagiert auch so, schließt sich die ganzen acht Wochen über in einem verdunkelten Zimmer ein, um seine Nerven zu schonen, und probt die Nacht bis zum frühen Morgen durch.

Dann wird drei Tage vor der festgesetzten Premiere die Aufführung durch die damalige Militärregierung verboten – das ist das Resultat wochenlanger Intrigen gegen sein »unmoralisches Vorhaben«. Die Militärregierung stützt sich auf ein angebliches Verbot von Cocteau, aber als Cocteau 1950 in Berlin mit Kinski zusammentrifft, entschuldigt sich der französische Dichter bei ihm für die Ungeheuerlichkeit des Vorgefallenen und ist empört über die Verleumdung seiner Person. Seit dieser Zeit verbindet sie ein freundschaftliches Verhältnis.

Das Theater geht pleite, denn der Geldgeber will nicht mehr zahlen. Die neuen Vorbereitungen des Theaters hatten die anfängliche Summe verschlungen und Kinski werden die Verträge nicht ausbezahlt, weil der notwendige finanzielle Erfolg auf die Aufführung der *menschlichen Stimme* berechnet war. Wieder ist er so verarmt, dass er nicht das Geld zum täglichen Leben hat. Völlig verzweifelt fährt er nach München, nach zwei Monaten hält er es nicht mehr aus und kommt zurück nach Berlin. Jetzt will er die *menschliche Stimme* gegen das Verbot aufführen, ohne Lizenz. Wieder ist es der Russe, der ihm die Möglichkeit zur Arbeit gibt, diesmal in einem Photo-Atelier am Kurfürstendamm, wo er ihm allein für diese Aufführung von Neuem eine Bühne aufbaut. Von Neuem probt er sechs Wochen, wieder schließt er sich diese Zeit über von allem ab, aber die Proben sind noch qualvoller als vorher. Zu seiner künstlerischen Arbeit muss er die gesamte Organisation zu der geplanten Aufführung allein bewältigen. Zu jeder Probe sucht er sich die Möbel und Requisiten von Neuem zusammen, denn nach jeder Probe werden die nötigen Möbel und Requisiten von den in der Atelier-Wohnung wohnenden Leuten für Privatzwecke verwendet und das mühsam zusammengetragene Bühnenbild auseinandergerissen. Die Geschmacklosigkeit irgendwelcher fremder Leute, die sich als Freunde des Atelier-Besitzers in der Wohnung herumtreiben, geht so weit, dass sie in den Stunden, wo er nicht probt, sogar auf dem zum Bühnenbild gehörenden Bett mit ihren Freundinnen schlafen.

Totenstille

So findet er jeden Abend, wenn er zur Probe kommt, eine Verwüstung vor, aber jeden Abend sucht er sich auf den Knien die Zigarettenreste zusammen, die er als Requisit benötigt, jeden Abend bringt er das Bett in Ordnung, in dem irgendwelche Leute ein paar Stunden zuvor geschlafen haben, jeden Abend richtet er sich selbst die notdürftigen Scheinwerfer zurecht. Das alles treibt ihn fast an die Grenze seiner aufgeriebenen Nerven. Dann schreibt er selbst über hundert Einladungen und die Premiere findet statt. Aber am Abend der Aufführung versperrt ein Polizeikommando aufgrund eines neuen Verbots den Zutritt zum Zuschauerraum und fordert die Presse, die vollzählig erscheint, auf, nach Hause zu gehen. Die Kritiker verlassen unter Drohungen gegen diese Gewaltmaßnahme das Theater und schreiben in ihren Zeitungen gegen diese diktatorische Vergewaltigung an. Die Leute demonstrieren gegen das erneute Verbot und weigern sich zu gehen. So findet die Vorstellung statt und Kinski spielt über eine Stunde, allein, nur mit einem Telefon, und der Saal ist überfüllt. Die Leute drängen sich stehend bis zur Bühne vor, die Atmosphäre ist stromgeladen, die Spannung der Nerven ist bis auf ihren äußersten Grad getrieben, aber es herrscht die ganze Zeit eine solche Totenstille, dass man eine Stecknadel hätte fallen hören können. Am nächsten Abend kommen die Kritiker vollzählig zurück, es wird sein bis dahin größter Erfolg. Er war der Sieger geblieben über die Zweifler und über die rohe Gewalt der Unterdrückung. Alte Leute kommen zu ihm und umarmen und küssen ihn, seit Jahrzehnten hatten sie nichts Ähnliches gesehen, und diejenigen, die ihn verhöhnen wollten, weil sie glaubten, dass er sich blamieren würde in der Rolle einer Frau, gehen weinend und beschämt nach Hause. Eine Schauspielerin, die die Vorstellung sieht, schreit weinend auf, als die Vorstellung zu Ende ist und ruft die Leute auf, Kinski nicht untergehen zu lassen. Ein Beispiel für die zwingende Wirkung seiner Gestaltung ist folgender Vorfall: An einem der Tage, an denen er spielt, ist eine Bekannte von ihm im Theater. Nach der Vorstellung fragt er sie, ob sie sich irgendwie äußern wolle dazu. Die Frau schüttelt entschieden und verneinend den Kopf, mit der Begründung, dass sie alles, was sie in der vorangegangenen Vorstellung gesehen hatte, ablehnen würde. Ihrer Meinung nach war alles »zu krass«, bis zu einer Konsequenz getrieben, die sie nicht verstehen wollte. Noch in derselben Nacht klopft sie, gegen ein Uhr, einen gemeinsamen Bekannten aus dem Bett: *»Sagen Sie Kinski, dass ich mich entschuldige bei ihm für alles, was ich abends Dummes gesagt habe, und sagen Sie ihm bitte, dass er mich zutiefst erschüttert hat.«* Das ist das Bekenntnis eines Menschen, aber fünf Tage nach der Premiere wird die Vorstellung durch ein verschärftes Verbot untersagt. Der diktierte Text geht durch alle Zeitungen und Rundfunksender. Von Neuem empören sich die Zeitungen über die Anmaßung eines solchen Verbots, Reporter kommen zu ihm und wollen den

lebendig begraben

Vorfall politisch auswerten, aber er lehnt diese Art der Verteidigung ab, denn ihm ging es um die Verwirklichung einer reinen Idee. Sie war ihm gelungen, gegen das erneute Verbot ist er machtlos. Wenn er gegen das Verbot weiter auftreten will, verweigert man ihm die Lizenz für ein neues Theater, das er in diesem Atelier beginnen will. Noch einmal ruft Walter Karsch die Berliner Theater auf, Kinski den Platz einzuräumen, der ihm an deutschen Theatern gebührt. Die Zeitungen schreiben Sensationsartikel – wie »Genie oder Wahnsinn«, vergleichen ihn mit Napoleon und sprechen von einer »Kinski-Bewegung« – worin sie allein seine Skandale in den Mittelpunkt eines billigen Interesses rücken, ohne dabei zu bedenken, was für einen qualvollen Ausgang jede dieser Affären für ihn hatte und welche sauberen und aufreibenden Bemühungen von seiner Seite diesen Skandalen vorausgegangen waren.

Die Berichte über ihn gehen durch die Zeitungen Deutschlands und bis nach Frankreich und Amerika. Für ihn aber bedeutet das neue Verbot, die vorangegangenen monatelangen Aufreibungen und die finanzielle Not einen völligen Zusammenbruch seiner zerschundenen Nerven. Nach weiteren grauenvollen Skandalaffären, aus denen er oft blutend nach Hause gebracht wird, bricht er völlig zusammen. Noch einmal gibt er den Romeo in einer Rundfunksendung, dann kommt das furchtbare Jahr 1950, Krankheit und Misserfolg in allen Plänen machen ihn noch verzweifelter als zuvor. Ein halbes Jahr muss er sich für zwei Filme bereithalten und darf Berlin nicht verlassen. Keiner der beiden Filme wird je gedreht. Dann schließt er einen Vertrag mit einer Berliner Firma über drei weitere Filme ab, aber auch dieser Vertrag ist bis heute nicht eingehalten.

In größter Verzweiflung, Einsamkeit und Armut kommt er im Herbst nach einem Selbstmordversuch und grauenhaften Auseinandersetzungen mit der Polizei ins Irrenhaus. Nur den Bemühungen seines Bruders, der ihn auch in diesen schwersten Stunden nicht im Stich lässt, ist es zu verdanken, dass er nach kurzer Zeit aus dieser Hölle entlassen wird. Jeder andere wäre unter diesen Umständen vielleicht dem Wahnsinn verfallen, er aber saugte sich fest an allem Entsetzlichen, was er in diesen Tagen im Irrenhaus sehen musste. Oft musste er die Hände vor seine Augen halten, wenn er das ungeheure Leid um sich nicht mehr ertragen zu können glaubte, aber wie magnetisch angezogen von ihnen, ertrug er mit ihnen jede Einzelheit ihres grauenvollen Schicksals. Hier, mitten in tobendem Wahnsinn, mit über sechzig Menschen in einem Raum, die die ganze Nacht keine Ruhe fanden, unter den verrohten Augen entmenschter Aufseher, die jede seiner Bewegungen beob-

achteten, hier, wo oft jedes Gefühl abgestumpft war um ihn, wo er sich erbrechen musste vor den gemeinen schweinischen Witzen, die schon mit dem Frühstück begannen, hier, hinter vergitterten Fenstern und verriegelten Türen, lebendig begraben, war seine Kraft auf die höchste Probe gestellt. Die Entscheidung zwischen Leben und grauenvollem Untergang war ihm selbst in die Hand gegeben. Dieser Sieg war der Triumph über Wahnsinn und Tod und zugleich ein Beweis seines klaren unbeugsamen Geistes, der selbst seine so sensible Seele bezwang. Unmittelbar darauf schreibt er: *»Es war die letzte Abteilung der Hölle, aber ich bin dankbar für alles, was mit mir war, denn nur das furchtbarste Leid gibt uns die Fähigkeit des Ausdrucks.«*

Im Dezember 1950 geht er nach München, um sich mit seinem Manager über geplante Gastspiele zu unterhalten, dreht unter Anatole Litvak bei der 20th Century Fox und fällt wieder in das alte Elend zurück wie vorher. Einige Filmleute nehmen sich seiner an und garantieren ihm eine tägliche Summe, die er jeden Mittag ausbezahlt bekommt, eine größere Summe vertrauen sie ihm nicht mehr an, weil er sie in vierundzwanzig Stunden ausgegeben hat. Dieses Leben ist furchtbar für ihn, aber er kann nichts anderes tun als warten, auch wenn sein Blut jeden Augenblick überzukochen droht. Er, der ohne seine künstlerische Arbeit nicht leben konnte bisher, muss drei Monate in einer Garderobe wohnen, direkt über der Aufnahmehalle, wo gearbeitet wird, und muss zusehen, wie minderwertige, mittelmäßige Schauspieler

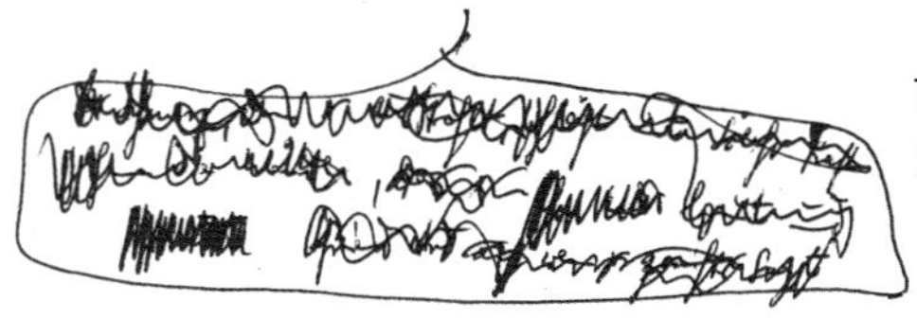

triumphieren, indem sie sich nicht retten können vor Angeboten. Mit zusammengebissenen Zähnen liegt er auf seinem Bett, er will mit allen Mitteln den furchtbaren Gerüchten entgegentreten, die ihm jeden Schritt unmöglich machen, den er versucht. Dann kann er dieses »Rattenloch« nicht mehr ertragen, eines Tages bleibt auch die versprochene Zahlung aus und er verlässt für immer das ihm so verhasst gewordene Filmgelände.

Zum ersten Mal nach zwölf Jahren fängt er wieder zu malen an. Er ist wie in einem Fieberrausch, er zeichnet und malt wo er geht und steht und lässt sich keine Zeit zum Schlafen und Essen. Seine Leidenschaft steigert sich in dieser plötzlichen Entladung zu einer ungeheuren Verzweiflung, die Bilder werden zwar mit jedem Tag besser, aber mit jedem Tag wird auch die Verzweiflung des noch nicht Erreichten unerträglicher, je näher er dem Unerreichten kommt. Er kann gar nicht so schnell arbeiten, wie er die Bilder sieht. Er zeichnet und malt in vierzehn Tagen über vierzig Bilder und fertigt in einer halben Stunde eine Plastik von seinem Kopf. Der bekannte Münchner Maler und Pädagoge Professor Geiger ist so beeindruckt, dass er ihn in seiner Besessenheit mit van Gogh vergleicht und ihm eine öffentliche Ausstellung ermöglichen will, aber kurz vor der Ausstellung zerstört er alles, was er gemalt und gezeichnet hat.

Jetzt stürzen sich die Zeitungen auf dieses »Schreckens- und Wunderkind« aus Berlin, wie sie ihn nennen. Jeder will seinen Teil dazu phantasieren, aber die meisten Zeitungen ziehen sich bald wieder zurück, aus Angst vor einem neuen Skandal, denn auch hier verfolgen ihn schon neue Verleumdungen und Gerüchte.

Im April 1951 arbeitet er wieder, es wird seine reifste Leistung bis dahin, er gibt einen russischen Priester, der für seinen Glauben stirbt. Hier zwingt er sich auch in seinem sonstigen Leben zu einer Demut, die an Martyrium grenzt, wenn man an sein eigentliches Temperament und an seine unbeugsame Eigenwilligkeit denkt. Mit diesem Menschen löst er die letzte unscheinbare Verkrampfung jeder Erregung, er steht nur da. Er spricht so leise, dass man es kaum verstehen kann. Seine Bewegungen sind langsam und schwer, und doch hat man den Eindruck, als schwebe die Hand durch den Raum, wenn er sie erhebt, als gleite er über die Erde, wenn er geht. Er steht nur da, aber er erfüllt doch den ganzen Raum. Man hat das Gefühl, dass der Raum zu eng ist für ihn und seinen Schmerz, und die Zuschauer werden unruhig vor dieser Intensität, auch wenn er gar nichts sagt, auch wenn er nur den Rücken zukehrt. Ab und zu hört man gegen Ende des dritten Aktes jemand aufstöhnen, einige laufen auch heraus, sonst sitzen sie wie angewurzelt und erschüttert.

Die Rezensionen sind großartig, er bekommt Briefe, in denen die Leute ihn als »Wunder« bezeichnen, und einer schreibt ihm, er müsse sein Leben ändern, nachdem er ihn gesehen hat. Eine junge Dichterin schreibt aufgewühlt von seiner Darstellung des Priesters das Gedicht auf *Josip*.

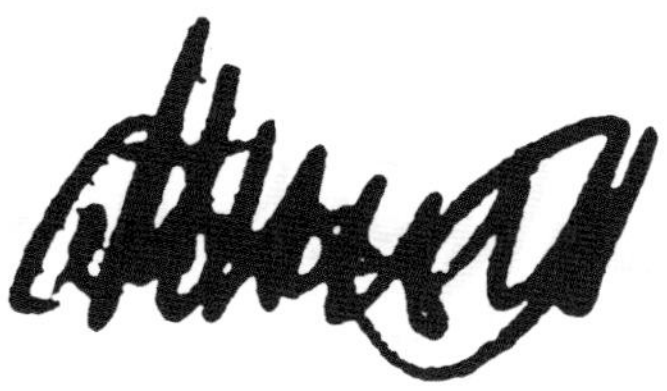

Josip
(für Klaus Kinski)

Witternd schläft die dumpfe Stube
durch die Wände kriecht der Mord
und ein Kreuz lacht in der Luft
ganz vergeblich liebt ein Mädchen
und der blinde Mörder ruft:
gleich muss wieder einer fort –

Leise steht er an den Wänden
manchmal sieht man seinen Schritt
und das Brot wird wundersam –
von den stillen, neuen Händen
fällt ein Licht das damals kam –

Seine Lippen singen eigen –
fürchtend, dass ein Wort verbliebe
tastet ahnend es hinaus –
seine Augen schenken Schweigen
und die letzte dunkle Liebe
schon zurück – so ganz voraus –

Was die Wände auch noch kreischten
hinter ihm schreit stumm der Mord
und das Kreuz lacht in der Luft
in der Stube ist ein Leuchten –
und was auch der Mörder ruft –
ging denn wirklich einer fort?

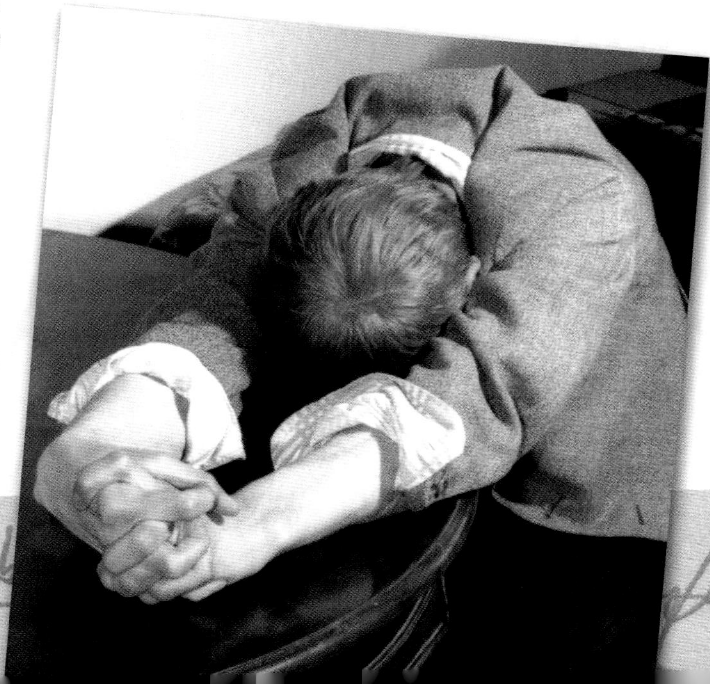

Das Stück ist ein finanzieller Misserfolg und wird nach vierzehn Tagen abgesetzt, diese Rolle aber war der entwaffnende Beweis seiner Disziplin, über die man bis dahin so verleumderische Nachrede geführt hatte. Helmut Käutner sagte nach der Premiere zu ihm, dass er nie einen Menschen seines Alters in einer solchen Disziplin gesehen hat. Auf eine vorlaute Anfrage der Presse aber, »wie man mit Kinski arbeiten könne«, antwortet der Regisseur des Stückes: *»Ich habe nie einen Schauspieler wie Kinski gesehen, der etwas ausführt, bevor ich es noch ganz ausgesprochen habe.«*

Dann schreibt er mit Ebermayer an dem Drehbuch zu dem seit drei Jahren geplanten Caspar-Hauser-Film, in dem er die Titelrolle übernehmen soll. Zwei Monate zuvor trifft er zum ersten Mal mit dem Regisseur zusammen. Ebermayer, der seinerseits seit zwei Jahrzehnten die Verfilmung von *Caspar Hauser* plant, ist durch die Begegnung mit Kinski sehr inspiriert. Die rein äußere Identität mit Caspar Hauser ist so groß, dass die alten Originalstiche von Caspar Hauser wie Photographien von Kinski aussehen. Aber auch dieses große Projekt, das schon unzählige Male kurz vor seiner Realisierung stand, wird noch lange hinausgezögert.

Danach ist er wieder zwei Monate arbeitslos. In dieser Zeit schreibt er die beiden Bücher *Fieber* und *Tagebuch eines Gejagten*. *Fieber* ist ein Gedichtband, der mit seinen achtzig revolutionären Gedichten in diesem Jahrhundert nicht seinesgleichen hat. An manchen Tagen schreibt er mehr als zehn Gedichte, er überlegt nicht mehr, alles ist fertig seit Langem. Er kann kaum mit dem Federhalter folgen, so schnell arbeitet sein Gehirn, wie einen Aufschrei schleudert er die Worte hin.

Im Sommer 1951 gibt er in München noch fünfzig Mal die *Schreibmaschine* – wieder lässt er sich die Haare schwarz färben, um besser zu seiner Partnerin zu passen –, aber die Münchner Presse ist so schockiert, dass sie ihn für »verrückt« erklärt.

Im September fährt er nach Berlin zurück. Bis zum Februar 1952 quält er sich herum, endlose Verhandlungen, die zu keiner Realisierung kommen.

Endlich, im Februar 1952, gibt er am Berliner Hebbel-Theater die Hauptrolle in den *20-Jährigen* von Luchaire. Wieder bezeichnet ihn Herbert Pfeiffer als den größten Könner, wieder schreiben die Zeitungen von Unvergesslichkeit, aber man gönnt ihm seine neuen Erfolge nicht. Jetzt, wo so viele nach allem, was geschehen war, an seinen Untergang glaubten, taucht er auf, unvergleichlich kraftvoller und vollkommener als zuvor. Man peinigt und reizt ihn so lange und macht ihm schließlich schäbige Schwierigkeiten bei seiner Gagenabrechnung, dass er, der sich fast über seine Kräfte zusammengenommen hatte, von Neuem seine Beherrschung verliert. Er verlässt das Theater, wegen dem er noch in den letzten Vorstellungstagen ein Angebot nach Wien abgelehnt hatte, und betritt das Haus so lange nicht, wie es unter der Leitung der damaligen Direktion besteht. Dann spielt er drei Nächte lang in einer Kneipe Balladen von Villon. Auch hier stürzen einige, entsetzt von seinem Realismus, aus dem Lokal. Als er den Satz: *»Man schlag` dem ganzen Lumpenpack das Maul mit einem Hammer kurz und klein«* den Leuten ins Gesicht schreit, ducken sie sich erschrocken an den Tischen, Kerzen und Weinflaschen stürzen durcheinander, wie ein Gewitter peitschen ihnen die Worte um die Ohren. Die meisten bleiben erschüttert bis zum nächsten Morgen sitzen, beim

Großen Testament kann er vor Weinen nicht weitersprechen, ein Gast verlässt gegen Morgen das Lokal: *»Ich habe noch nie einen Menschen von solcher Ausstrahlung erlebt«.*

Im März soll er die Rolle des *Orphée* in dem gleichnamigen Stück von Cocteau übernehmen. Cocteau selbst schreibt ihm, dass er die Arbeit unterstützen wolle, und schickt ein Telegramm an den kulturellen Leiter des Berliner »Maison de France«, wo das Stück herauskommen soll, aber auch dieser Plan verläuft sich im letzten Augenblick wegen unvorhergesehener finanzieller Schwierigkeiten.

Im August 1952 gibt er den *Idioten* bei den Festspielen in Berlin und Venedig. Ein Vertrag nach Südamerika zerbricht an der Auseinandersetzung mit dem Partner, anschließend fährt er nach Paris.

Dann zeichnet er wieder, aber sein Fieber gibt ihm keine Fähigkeit zur Arbeit, die Nächte bleibt er auf und starrt vor sich hin, er will nicht mehr schlafen – er hat nur einen …

An dieser Stelle bricht der Text ab. Der Briefumschlag (SIEHE S. 18 UND S. 40), in dem Klaus Kinski die Manuskripte von *La voix humaine* und *›Leben‹ bis Sommer 1952* verwahrte, enthielt zudem noch eine Liste (SIEHE S. 68 UND S. 69), die den geplanten, weiteren Verlauf in Stichworten skizziert. Dazu muss man wissen, dass Klaus Kinski sein Leben und seine Arbeit regelmäßig in Form von Listen organisierte. Eine von ihnen ist mit 76 Seiten zum Buch angewachsen. Sie ist gebunden, trägt den Titel *Ship under God* [113] und beschäftigt sich mit seinem Traum, die lärmende Zivilisation auf einem Segelboot gegen die Ruhe der Weltmeere einzutauschen. Die Notizen sollen ihn daran erinnern, was er auf die Große Fahrt mitzunehmen habe, Auszüge aus dieser Liste sind an verschiedenen Stellen dieses Buches zu sehen (SIEHE S. 160-165, S. 192-197, S. 238-245 UND S. 350-357).

Während der Text *›Leben‹ bis Sommer 1952* vermutlich im Herbst 1952 in Paris entstanden ist, dürfte die dazugehörige Liste der Versuch einer Fortsetzung sein, die etwa zwei Jahre später datiert. Da Kinski selbst nie mit Stanley Kramer (SIEHE BRIEFKOPF S. 68) gearbeitet hat, wird er das verwendete Papier mutmaßlich von László Benedek, dem Regisseur seines Filmes *Kinder, Mütter und ein General* (SIEHE S. 27) während der Dreharbeiten im Herbst 1954 erhalten haben. Kramer hatte Anfang der 1950er-Jahre zwei Filme von Benedek produziert, unter anderem 1953 den Film *Der Wilde* mit Marlon Brando.

Inhaltlich ist die Liste nicht sehr ergiebig, aber immerhin finden sich hier erstmals von Klaus Kinski niedergeschriebene Hinweise auf seine Israel-Reise mit Thomas Harlan (SIEHE AUCH S. 128, S.139 UND S. 144). In seinen Autobiographien hat er dieses Kapitel stets unterschlagen, man kennt es nur aus der Presse und den Berichten Harlans.

113 Klaus Kinski: *Ship under God.* Manuskript im Nachlass

THE STANLEY KRAMER COMPANY INC.
1438 NORTH GOWER STREET
HOLLYWOOD 28, CALIFORNIA

Venedig
Paris – Verzweiflung – Negerball – (Wohnen)
Arbeit
Hunger
Hunger
Angebot Hamburg
Zeichnen, eng. Übersetzung
Hoffnung – Auto
Hunger
Sachen verkaufen
Schweiz
Paris
Hunger
Hoffnung
Arbeit
Koffer verkaufen
Arbeit
Belgien
England
Spanien/Paris
Holland

Deutschland
Schweiz
Italien
Paris
Arbeit
Hunger
Arbeit
Marseille
Hunger – Hafenarbeit – Sehnsucht Schiffe – Meer
Paris (Papiere)
Hunger
Skandal/Flucht
Marseille/Autounfall
Israel
Ohne Geld – (Papiere) (jiddisch, engl., franz.)
Hunger
Geld Rothschild
Zusammenarbeit
Terroristengruppe (Pole) (Südafrikaner)
Filmmaterial auf Auto leihen
Aufnahmen/Schnitt

Manuscript + geplante Vorbereitung – Vergiftung nach 14 Tagen ohne Schlaf
Schlachthaus – Skandal
Pässe weg
Zeitungsartikel
Polizei
Hotels wechseln – Pistole
Genug von Polizei – rennt weg
Zurück wegen Papieren und Film
Österreichisches Konsulat
Polizei Galiläi
Jagd mit Gewehren
Zeitungsartikel mit Bild
Flugplatz
Rom nicht hinausdürfen
(Krach mit israel. Piloten)
Mit israelischem Titre Voyage nach Paris
Neuer Pass

Brief Ferrer
Krach
Ohne Geld/Anzug verkaufen
Montmartre
32 Stunden ohne Essen
Frankfurt – Berlin
Reklamefirma R. + J.

»LICHT UND SCHATTEN EINER SELBSTKONTROLLE«

Das Bemerkenswerteste an *La voix humaine* und *»Leben« bis Sommer 1952* dürfte aber nicht darin bestehen, dass sie uns helfen, etwas über Klaus Kinski und die Entwicklung seiner Selbstdarstellung zu erfahren, sondern vielmehr darin, dass seine mitunter wahnwitzig anmutenden, aber fleißig und gründlich weiter verfolgten Bemühungen, das letzte Wort über sich zu haben, keinesfalls ohne Erfolg waren. So stößt Kinski beispielsweise im letzten Abschnitt von *»Leben« bis Sommer 1952* auf ein Prinzip, das ihm noch viele Jahre treue Dienste leisten wird. Er schreibt das Gedicht *Josip* (SIEHE S. 65), widmet es sich selbst und legt Urheberrecht und Verantwortung in die Hände einer »jungen Dichterin«.

Später werden die Programmhefte und Schallplattenhüllen seiner Rezitationen, aber auch seine Buchveröffentlichungen regelmäßig anonyme Briefe an ihn zeigen, die nicht von ihm sein dürfen, es aber sind. Er hatte einen Weg gefunden, der Öffentlichkeit seine Meinung über sich zu diktieren, ohne dass der Eindruck von Eigenlob entsteht. Niemand nahm daran Anstoß und bis heute sind ihm seine Texte nicht zugeordnet worden. Betrachtet man diesen – zunächst harmlos erscheinenden – Kniff einmal chronologisch, wird schnell klar, welch weitreichende Verwendung er gefunden hatte.

Als Klaus Kinski Mitte der 1950er-Jahre ohne Engagement, nur mit sich selbst und seinen Geistesbrüdern Villon und Rimbaud die Flucht nach vorn ergreift und dem Ensemble sowie der Unterordnung trotzend die Bühnen in Eigenregie besteigt, ist er in der öffentlichen Wahrnehmung nur noch durch die selbst angekurbelte Skandalpresse präsent. Die sichert ihm aber immerhin einen Grundstock an Bewunderern und Neugier, der sein Risiko erheblich reduziert. Sein bis ins kleinste Detail effektvoll inszenierter Vortrag garantiert ihm weiteren Zulauf, vor allem unter der Jugend, die den Nonkonformisten bei ihrer Rebellion gegen die Altvorderen aufs Schild hebt. Den passenden Lagebericht liefert die Arbeiter-Zeitung: *»Direkt vor ihm starrt ein junges Mädchen zu ihm empor, sie applaudiert nicht, sie hält die Hände gefaltet wie vor einem Heiligen. Verzückung im Saal, Erwachsene spenden verlegen Beifall, geben sich geschlagen, wissen selbst nicht recht, was geschehen ist …«* [114] Im gleichen Artikel wird er mit Elvis Presley verglichen: *»… das soll aber kein Vorwurf sein, nur eine Konstatierung«.* [115] Während die für die »Erwachsenen« wichtige Kulturpresse durchwachsen reagiert, ihn mitunter auch als »Rattenfänger« [116] beschimpft und der »Exaltation« [117] bezichtigt, bemüht sich Kinski in seinen Programmheften nun selbst um die Erweiterung und Einigung seines Publikums. Neben den Stimmen einiger renommierter Künstler wie Jean Cocteau und dem Publikumsliebling O. W. Fischer liefert er lobhudelnde Pressezitate ohne Quelle und beinahe ausnahmslos ohne journalistischen Hintergrund. Ein erster »Brief an KINSKI nach der Vorstellung« ist auch dabei, der ihn zum zarten Märtyrer verklärt. [118] Im Detail steht dort geschrieben: *»… Sie kommen mir vor wie ein Stier in der Arena, der den Leib voller Messer hat und doch der Stärkere bleibt. Und ich denke, dass Ihr Zorn der heilige Zorn eines solchen Tieres ist und dass Sie im Grunde Ihrer Seele auch die Sanftmut eines solchen Tieres haben …«* [119]

Kinskis größter Clou ist jedoch das Essay einer gewissen Gertrud von Freisleben (SIEHE S. 72), deren Adelsprädikat allein schon der älteren Generation jeden Zweifel an ihm nehmen soll. Recherchiert man jedoch über die Dame, so tritt sie merkwürdigerweise ausschließlich in Verbindung mit Klaus Kinski literarisch in Erscheinung. Ich möchte ihr nicht die Existenz absprechen, aber sollte sie nicht von Kinski erfunden sein, so wird sie ihn zumindest als Ghostwriter akzeptiert haben.

1961 legt sie noch einmal nach. In Kinskis erstem Fotoband *KINSKI* wird gleich aus mehreren Essays über ihr einziges Thema zitiert, unter anderem ist zu lesen: *»Bei Kinski lässt sich nichts mehr kritisieren, sondern nur noch feststellen. Es ist fast eine Belastung, ein aufreibendes Abenteuer, ihn zu erleben. Ein Dämon der Sprache und der Mimik steht in seiner Litewka im Scheinwerferlicht. Wie Keulenschläge – wie Schmeicheleien und Beleidigungen zugleich – fallen die Worte in den Raum. Kinski ist, wenn er spricht, die Verkörperung tiefster Trauer und schreienden Schmerzes. Er ist Verzweiflung, Demut und Liebe zugleich. Gleichgültig, ob er Villon, Rimbaud, Wilde, Schiller oder Majakowskij spricht – eine unbegreifliche Dynamik lässt plastische Bilder von Spannung entstehen. Das ist der Kampf eines seltsamen Menschen um die lebendige Wiedergeburt dichterischer Schöpfung. Kinski spricht keine Reime, er und sein Körper mit allen zu Gebote stehenden Äußerungen leben sie. Tränen stehen in den tief zurückliegenden Augen, verzweifelte Hände zeichnen sich vom dunklen Vorhang ab – es ist ein Ausbruch von elementarer Gewalt, der atemlose Furcht und ungeahnte Zuneigung auslöst. Der lange Beifall der vorwiegend jüngeren Zuschauer hüllte ihn ein. Doch dies ist ein unvollkommener Dank, viel zu gewöhnlich, um auszudrücken, was ergriffene Menschen wirklich empfinden …«*[120]

Auch die ebenfalls in dem Fotoband wiedergegebenen Briefe an Kinski sind an Dramatik nicht mehr zu überbieten: *»Sie haben es überwunden – Sie spielen nicht mehr, Sie sind es – das Wunder ist geschehen … Sie zu erleben war inbrünstiger und heiliger als jede Andacht in jeder Kirche«*[121] steht dort zu lesen, und auch: *»Ich gehe immer wieder um das Haus herum, in welchem Sie aufgetreten sind – und von dem ich nicht loskomme. Jetzt weiß ich es: Ich muss mein Leben ändern …«*

Noch im gleichen Jahr ändert sich Kinskis Leben, empfängt er den Ritterschlag des Feuilletons, eine zehnseitige Titelgeschichte im Spiegel.[122] Zwar wird er sehr kritisch rezensiert, aber jetzt ist er arriviert und die Tür zur Filmkarriere weit aufgestoßen.

Als Kinski 1975 seine erste Autobiographie *Ich bin so wild nach deinem Erdbeermund*[123] veröffentlicht, greift er noch einmal auf seinen guten alten Trick zurück. Da sein Buch auf den Skandal und Erfolg als Sex-Bestseller zielt, holt er sich hier echtes, renommiertes Geleit und lässt sich von dem Schriftsteller Hans Hellmut Kirst im Klappentext »neben Henry Miller«[124] stellen. Kirst schreibt zwar selbst, aber im Sinne des Autors und gegen Bezahlung.

1979 verbindet Klaus Kinski schließlich Fremdreputation mit Selbstbeweihräucherung. Er macht den französischen Filmjournalisten Jean-Marie Sabatier zum Autor seines Fotobandes *Kinski*[125], schreibt die Texte aber selbst. Sabatier hatte zwar ein 70-seitiges Manuskript abgeliefert, wovon aber nur sehr kurze Passagen und zumeist Zitate von Kinski daraus Verwendung finden. Das letztendlich Gedruckte folgt dem bekannten Muster. Der Spiegel wirft Sabatier sogar »Ehrfurchtsgestammel«[126] vor, kommt aber in seiner Überschrift »Kinski in Bild und O-Ton« der Wahrheit gefährlich nahe.

In Kinskis letztem Lebensjahr, 1991, schließt sich der Kreis und auf der Rückseite seiner überarbeiteten und erweiterten Autobiographie *Ich brauche Liebe*[127] findet sich ein letzter anonymer Brief an ihn: *»… Sie sind der Gegensatz des Roboters, des programmierten Computers, der Metall-Struktur und des Stahl-Betons … Ja, Sie leben und atmen wie ein freies Tier … Sie sind das Mensch-Tier, das Tier, das man verleugnet hat, um sich der Maschine zu unterwerfen … Sie sind das pulsende Leben, das wir vergessen haben … Sie haben die Mähne des Löwen, den Blick des Adlers, das Lächeln des Wolfes, die raue Schönheit des tobenden Meeres und die wilde Hässlichkeit der schmelzenden Lava, blutrot, wie ein blutendes Herz, am Abhang des düsteren Vulkans … Sie sind der Mann von dem man immer wieder sprechen wird, aber an den sich niemand mehr erinnern kann … die Legende … Mensch zu sein …«*[128]

... Als ich Kinski hörte, erschrak ich. Die Menschen duckten sich unwillkürlich. So grell stellt man sich nicht ein auf Gedichte. Das ist kein Schauspieler, der den Dichtern dient. Da steht ein Verkünder, der die Dichter, der die ganze Kunst nur benutzt, nur zum Anlaß nimmt, um einer höheren Instanz zu dienen. Er spricht wahrhaftig für die Kreatur. Ich wollte davonrennen, aber das ging nicht. Zu bleiben war eine peinliche atemlose Qual. Wie einmal, als ich im Film, in Farben, eine Operation sah. Man durchtrennte die Brustwand, bog das Fleisch auseinander, und da lag es auf einmal inmitten brodelnder Purpurquellen: das zuckende Herz! Oder aus meiner Kindheit: als kleines Kind sah ich eins von diesen schauderhaften Jesusbildern, auf denen er sein leibhaftig durchbohrtes Herz herzeigt. Ich konnte damals nächtelang nicht schlafen. Und doch – welch ein Mirakel, denn es staken Lilien darin! (Dort war's Kitsch – aber ich war ein Kind) Hier ist es Kunst! Eine Kunst des Schreckens, aber mit Lilien darin!

... Der Kerl ist mit Dynamik gefüllt! Er müßte Saalschlachten entfesseln! Die Intellektuellen sind so fein geworden – aber die, denen es noch in den Adern kocht, die sind glücklich, daß es ihn gibt . ... Die Skala seiner Töne ist uferlos wie elektronische Musik, und was man sieht, sprengt jedes Spektrum. ... Man muß sehr gelitten haben, um das hervorzubringen – und wenigstens etwas, um es zu begreifen ...

... Der leidenschaftlichste Schauspieler, den ich je sah, und der gescheiteste. Erleuchtung von allen Seiten. Eine Retorte glühender Geistigkeit! Das ergibt einen Sprengstoff, der die Nerven zerfetzt. Virtuos ist das nicht mehr. Es ist ein Seiltanz zwischen Wolkenkratzern. Ein Ostinato der Angst! Ja, „Zirkus, Artistik, Varieté", das schmeißt man ihm hin und glaubt, jetzt hat man den Fuß auf der Bestie. Ja, vielleicht hat er ein Varieté erfunden, aber ein Varieté von tödlichem Ernst – in dem die Tragödienschreiber mitsamt den Tragödien lernen können, was Trauer und Schmerz heißt und Hölle und Erhabenheit! Mit „Artistik" hat das nichts mehr zu tun. Er ist keine Maschine, kein technischer Schlager (wie dem Gehirn mancher Kritiker das so vorkommt), sonst wäre er immer gleich. Ich habe oft seine Programme gehört, und er war bei Gott nicht gleich. Da ging mir's erst auf, wie große Kunst aus dem Handgelenk das ist, weit über allem Faßbaren.

... Da kommt einer und reißt unsere Fesseln ab: schreit unsere Schreie, weint unsere Tränen ...

... Er hat die hergebrachte Form zersprengt und eine neue gefunden. Er zaubert in die deutsche Sprache eine Sensibilität, wie man sie nur aus der französischen manchmal heraushört. Er bricht die Worte mitten durch, Buchstaben flattern auseinander, die Schwerkraft weicht, die Bilder schweben in der Luft, leuchten, mit ihnen die vergessenen Konsonanten. Ich habe nicht gewußt, welch formbarer Stoff die Sprache ist. Niemand bisher hat das gewußt. Vielleicht ist er einer der ganz wenigen echten Avantgardisten dieses Jahrhunderts.

... Niemand kann sich lösen von diesem Gesicht. Unsichtbare Fäden verbinden die Menge mit ihm. Sein Pianissimo der Mimik und der Gesten übertönt den Tumult (der gewaltig ist – ein Saal voll Liebe strömt ihm entgegen – denn er hat massenhaft Freunde, die seine Größe wenigstens ahnen). Das ist eine erschütternde Inkarnation, wie sie sicher noch niemand erlebt hat. Der hat Kraft. Vielleicht stellt er das Welttheater auf den Kopf. Man muß ihn sehen: Man muß sein Gesicht sehen, das durchtränkt ist mit Dichtung. Den Seismograph von einem Mund, in den die Sprache und die Stummheit aller Kreatur eingegraben ist. Man muß seine Stimme hören, die so leicht am Zügel ist wie die Nadel einer Bussole. Ob sie schön ist? Ich weiß es nicht. Ist überhaupt etwas an ihm schön, ich weiß es nicht. Er ist immer nur das, was er sein will. Und das ist jedes Mal ein Wurf, neben dem die Schönheit zur Bagatelle wird.

Aus einem Essay über KINSKI, Wien 1958, von G. Freisleben.

Und wieder beargwöhnt niemand öffentlich die stilistische Ähnlichkeit zu Passagen im Buch, wie etwa: *»... Ich bin ein riesiger Fisch. Ich bin ein gewaltiger Vogel. Ich bin der Flug aller Vögel, die durch die Lüfte stürzen. Ich bin tief in der Erde, in den Kristallen, in den Metallen, den Mineralien, in den Feuerquellen der Vulkane ... Ich bin der Blick der Wölfe. Ich bin die zerklüfteten Adern der Felsen und der Schrei des Eises.«*[129] Kinski ist mit seiner Masche lebenslang unbemerkt davongekommen. Vielleicht, weil ihm niemand die Bescheidenheit zutraute, auf sein Urheberrecht zu verzichten.

Nach diesem Crash-Kurs in Selbstvermarktung à la Kinski möchte ich noch einmal auf Walter Karschs Empfehlungen an den Schauspieler (VGL. S. 28 UND S. 33) zurückkommen. Formal gesehen hat er mit fast allem recht, was er über Klaus Kinski sagt. Aber er unterschätzt dessen Disziplin, Lernbereitschaft und Instinkt. Wäre Kinski seinem Rat gefolgt, *»nicht auf den unergiebigen Gedanken zu kommen, weiterhin in freier Wildbahn auf Sensationserfolge Jagd zu machen«*[130], hätte sein kometenhafter Aufstieg zu Deutschlands erfolgreichstem Rezitator mit einem Millionenpublikum und 32 Sprechplatten zwischen 1959 und 1962 nicht stattfinden können. Für Klaus Kinski, das darf man Walter Karsch entgegenhalten, sollte der Gedanke zunächst höchst ergiebig und der Grundstein für eine einzigartige Bühnenkarriere werden, deren Besonderheit vor allem – wenn auch im anderen Wortsinn – in der Selbstpflege liegt.

Mit der Angst vor dem Scheitern verliert Kinski indessen aber sein letztes Regulativ. Er fühlt sich unbesiegbar und glaubt auch im Film machen zu können, was er will. Während er eigentlich Filme, *»wie die aus der großen Epoche des französischen Kinos«*[131] anstrebt, wirkt er im Kampf gegen seine ständige Finanzkrise scheinbar wahllos in jedem Streifen mit. Erst in Deutschland, dann in Italien. Seine stetig wachsende Gage wirft er zum Fenster raus, als wäre sie ein Judaslohn. Nur den Rollen, die er eigentlich sucht, weicht er aus. Die Angst vor einer möglichen Fremdbestimmung durch mächtige Regisseure, die Furcht vor der Zucht, der er am Theater erfolgreich entgangen ist, herrscht unüberwunden vor. Im September 1969 lässt er die deutsche Presse schließlich wissen: *»Ich drehe alles, vor allem will ich Geld, dann kommen auch die großen Rollen«.*[132] Kurze Zeit vorher hat er vier Haupt- und eine Nebenrolle in Filmen von Pier Paolo Pasolini, Federico Fellini, Ken Russell, Liliana Cavani und Luchino Visconti abgelehnt. Cavani blitzt bereits zum zweiten Mal ab. Schon 1965 hatte er es abgelehnt, ihren *Franz von Assisi* zu spielen, obwohl diese Figur eigentlich Kinskis Vorliebe für herausragende randständige Charaktere entsprochen haben dürfte. Man fragt sich, worauf er wartet? Er dreht und verdient so exorbitant viel, dass er für immer ausgesorgt hätte, wenn er bereit gewesen wäre, auch nur in gemäßigtem Luxus zu leben. Seine Bühnenalleingänge sind auf das Filmgeschäft nicht übertragbar. Selbst wenn er das Drehbuch selbst schreibt und inszeniert, was er zu der Zeit mit *Paganini* bereits plant und ankündigt[133], hätte er auf Ensemble und Teamwork nicht verzichten können. Es gibt keinen effektvollen Parallelweg, und wieder steht er vor der einstigen Forderung nach Zucht durch Regiegrößen. Kinski zögert und lebt stattdessen seinen Freiheitsdrang an jedem – zumeist zweit- oder drittklassigen – Set, das er betritt, hemmungslos aus. Zwei Jahre später will in Italien niemand mehr mit ihm arbeiten und er ist wie immer in den roten Zahlen.

In Paris muss er praktisch noch einmal von vorn anfangen. Er hat Teile seiner Lektion gelernt, öffnet sich endlich ein wenig dem Kino der Cineasten, zieht aber Debütanten oder Außenseiter mit künstlerischer Attitüde und wenig Macht den arrivierten Regielegenden vor. Sein Wunsch, als Künstler weiterhin die Anerkennung zu erhalten, die ihm in Frankreich für Werner Herzogs *Aguirre – der Zorn Gottes* und Andrzej Zulawskis *Nachtblende* zuteil wurde, beides Filme, die er seiner finanziellen Not und mangelnden Alternativen Anfang der 1970er-Jahre verdankte, lässt ihn 1977 sogar in Raoul Sanglas fünfzigminütigem Experimentalfilm *Das Ei des Kolumbus* mitwirken. Ein Werk, das so unbekannt geblieben ist, dass es bis heute in jeder Kinski-Filmografie fehlt. Die Höhe der Gage, hinter der er in seinen Memoiren regelmäßig seine Angst vor den Altmeistern versteckt[134], kann hier jedenfalls nicht den Ausschlag gegeben haben. Sogar seine französischen Interviews sind ungewohnt offen und widerlegen mitunter die eigene Legendenbildung, wenn er beispielsweise sagt: *»Am Anfang war ich verpflichtet, für meinen Lebensunterhalt zu arbeiten. Danach, das stimmt, hatte ich*

114 Fritz Walden: *Klaus Kinski und seine Gemeinde.* In: Arbeiter-Zeitung, 26. Oktober 1958
115 Ebd.
116 Hamburger Abendblatt, 28. März 1960
117 Friedrich Luft: *Kinski auf dem Holzweg. Rimbaud-Rezitationen in der Kongresshalle.* In: Die Welt, 10. Juni 1958
118 Zit. nach Programmheft *Kinski spricht*, Berlin 1958
119 Ebd.
120 Zit. nach: Hanns-Joachim Starczewski: *Kinski*, München 1961
121 Ebd.
122 *Abende eines Fauns*, ebd., S. 62 – 71
123 Klaus Kinski: *Ich bin so wild nach deinem Erdbeermund*, ebd.
124 Ebd., zit. nach Schutzumschlag
125 Jean-Marie Sabatier: *Kinski*, München 1979
126 *Kinski in Bild und O-Ton.* In: Der Spiegel, Nr. 11, 12. März 1979, S. 204
127 *Ich brauche Liebe*, ebd., 4. Umschlagseite
128 Ebd.
129 Ebd., S. 467
130 Walther Karsch: *»La voix humaine«*. ebd.

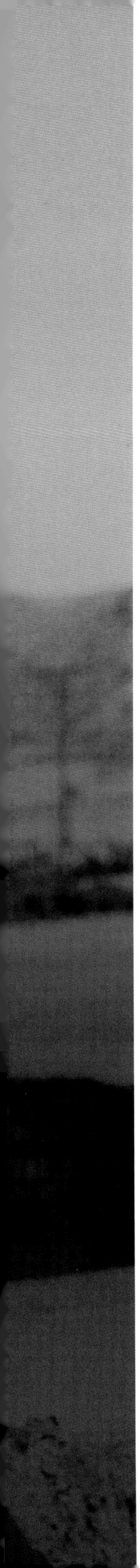

manchmal die Chance zu wählen. Aber es ist nicht immer angenehm und einfach, mit großen Filmemachern zu arbeiten. Unter ihnen gibt es gewiss einige, die Schauspieler sehr verehren, aber die meisten sind echte Diktatoren. Ich habe einige große Namen des Kinos arbeiten sehen und allein, weil ich sie bei der Arbeit am Set sah, habe ich die Zusammenarbeit verweigert.«[135] Kinski bekennt, dass er *»Angst vor Fellini habe«*, der alles *»dirigiere, Menschen zu Marionetten verforme , weil Schauspieler für ihn nicht existierten«.*[136] Visconti sei *»ebenfalls sehr ernsthaft, seine Figuren entstellt«*, während Kinski sich *»für Filmemacher interessiere, die Wärme, grenzenlose Liebe übermitteln«.*[137] Pasolini wiederum sei *»freundlich, sanft, ruhig, selbst scheu«* gewesen, das habe ihm *»sehr gutgetan«*, aber er habe *»in der ganzen Geschichte keinen Sinn gesehen und Pasolini habe seine Idee so furchtbar ernst genommen«.*[138]*»Der Schweinestall«*, den Pasolini für ihn geschrieben haben soll[139], wurde schließlich mit Pierre Clementi in der Hauptrolle verfilmt. Im Fall von ***Liebende Frauen***, welchen Kinski *»anhand des Romans abgelehnt habe, da Ken Russels Drehbuch noch nicht fertig«* gewesen sei, zeigt er sich sogar reuig: *»Danach fand ich den Film fantastisch und bin nicht mehr damit zufrieden, ihn abgelehnt zu haben.«*[140]

Das alles klingt keinesfalls nach dem Mann, der 1985 vor den Trümmern seiner eigenen Karriere stehend, den deutschen Fernsehzuschauern trotzig versichern wird, *»dass er alles nur für Geld«*[141] tue. In Paris versteigt er sich sogar zu der Behauptung: *»Wenn Sie mich jetzt also fragen, mit wem ich in nächster Zukunft arbeiten will, erwidere ich ohne zu zögern: Mit den Besten.«*[142] Dieser Einladung darf jedoch wieder nur Werner Herzog folgen, von dem er weiß, dass dieser ihn nicht zu unterdrücken vermag. Rücken an Rücken werden 1978 zwei Filme gedreht, die ebenso Kinskis eigenen Projektlisten entsprungen sein könnten: ***Nosferatu – Phantom der Nacht*** und ***Woyzeck***. Für beide wird er frenetisch gefeiert, doch ausgerechnet auf dem Höhepunkt seines künstlerischen Erfolgs bleiben die erwarteten Angebote aus, steckt das europäische Kino in einer veritablen Krise. Immerhin wird der namhafte US-Agent Paul Kohner auf ihn aufmerksam und verschafft ihm Rollen. Während Kinski Spielbergs ***Jäger des verlorenen Schatzes*** aus künstlerischen Motiven ablehnt, unterwirft er sich zum ersten und einzigen Mal einer Regielegende und all ihren Anweisungen. Doch Billy Wilder ist 1981 ebenso wie Kinski selbst ein Relikt aus vergangenen Tagen. Der Film ***Buddy, Buddy*** floppt bei Publikum und Kritik. Grollend zieht sich Kinski in den Vorruhestand und die Berge Marin Counties zurück. Er dreht nicht mehr viel und selbst der internationale Erfolg von Herzogs ***Fitzcarraldo*** kann nicht darüber hinwegtäuschen, dass Kinskis Zeit vorbei ist. Auch die lange angekündigte Selbstinszenierung von ***Paganini*** vermag ihn nicht zu rehabilitieren, sie schiebt ihn endgültig ins Abseits. Bergab ging es mit seiner Karriere aber schon Jahrzehnte zuvor, als er in Italien seiner Angst den Vorzug gab. Der Furcht vor Regietyrannen, die er von den deutschen Bühnen mitbrachte und die er dort nicht überwinden musste, um erfolgreich zu sein. Sie blieb der Schatten seines effektvollen Lichts. Im Kreise seiner neuen kalifornischen Freunde pflegt er in seinen letzten Lebensjahren über alles und jeden in der Filmbranche zu schimpfen. Er kennt nur eine Ausnahme, die er bewundert: seinen alten Mitspieler in dem Film ***Für ein paar Dollar mehr***, Clint Eastwood. Seine Begründung ist so vielsagend, wie einleuchtend: *»Weil er immer getan hat, was er wollte!«*[143]

131 Zit. nach einem Interview *(Recontre avec Klaus Kinski)* mit Jean-Marie Sabatier & Alain Guesnier. In: Image et Son, Nr. 307, Juni–Juli 1976, S. 59ff.
132 Zit. nach: *Kinski schwimmt oben.* In Unbezeichneter Zeitungsausschnitt im Archiv des Autors, 27./28. September 1969, S. 34
133 Ebd.
134 Vgl. *Ich brauche Liebe*, ebd., 1991, S. 426
135 *Recontre avec Klaus Kinski*, ebd., S. 59ff.
136 Zit. nach einem Interview *(»Si je n'avais pas été acteur, j'aurais pu être un assassin ...«)* mit Claire Clouzot. In: Ecran, Nr. 48, Juli 1976, S. 45ff.
137 Ebd.
138 Ebd.
139 Ebd.
140 Zit. nach einer Diskussionsrunde vom 7. Mai 1976 mit Ben Bartmann, Paul Guimard, Roger Borodys & Jean-Louis Bory. In: *8ème festival du livre de Nice : l'adaptation cinématographique.* Fernsehdokumentation, Antenne 2, 1976.
141 Zit. nach einem Interview mit Alida Gundlach. In: *NDR-Talk-Show*, NDR, 18. Oktober 1985
142 *Recontre avec Klaus Kinski*, ebd., S. 59ff.
143 Gespräch des Autors mit Gary Giacomini, 30. März 2011

EIN ZEITUNGSARTIKEL

UND

DREI

FRAGMENTE

INTERESSANTESTER SCHAUSPIELER BERLINS

DIE ABENDZEITUNG

Klaus Kinski - „interessa

Schauspieler Berl

Wird „Kaspar Hauser" seine große Chan

Dr. Erich Ebermayer arbeitet zur Zeit an einem Drehbuch zu seinem Bühnenstück „Kaspar Hauser". Die Hauptrolle soll der junge Berliner Schauspieler Klaus Kinski spielen.

*

Wer dem enfant terrible des ehrbaren deutschen Schauspielerstandes, Klaus Kinski, gegenübersitzt, wird sofort von dem Außerordentlichen, das ihn aus diesen Augen anspringt, und allem, was sich um sie herum in diesem Gesicht abspielt, gepackt und beunruhigt. Ekstase wohnt in diesem Gesicht und kindliches Auflachen, weiches Schwärmen und hartes Verdammen, Bockigkeit und Durst nach dem Schönen, nach Blumen und Tieren — alles, nur nichts Gewöhnliches, Geordnetes. Es steht außerhalb der Ordnung, in der sich die beste aller Welten gefällt und gefallen muß, will sie bestehen.

Klaus Kinskis 24jähriges Leben ist eine Kettenreaktion dramatischer Effekte. Ein Feuerwerk, das aufschießt, hinreißt und verpufft und doch weiterglüht bis zur nächsten Entladung. Den 15jährigen packt das Fernweh. Mit einer Bahnsteigkarte fährt er bis nach Jugoslawien und wird daraufhin von der Schule verwiesen. Mit 16 macht er seine ersten künstlerischen Gehversuche, wird zum Militär einberufen, gerät in britische Kriegsgefangenschaft und spielt, 17jährig, an deutschen Theatern in England; an einem Abend einmal sieben verschiedene Rollen. Knapp 19, wirft er im Berliner Schloßparktheater die Scheiben ein, weil Intendant Boleslav Barlog eine versprochene Rolle im letzten Moment zurückzog.

Ein halbes Jahr später spricht ganz Berlin von ihm. In Jean Cocteaus „Schreibmaschine" springen die Zuschauer schreiend von den Sitzen auf: Kinski bekommt den vorgeschriebenen epileptischen Anfall, aber er bekommt ihn so echt, daß selbst strapazierfähige Berliner Publikumsnerven zerreißen. Als er Osvald in Ibsens „Gespenster" ist, fallen Frauen in Ohnmacht und bekommen Schreikrämpfe.

„Genie oder Wahnsinniger?" fragen die Zeitungen und proklamie-

RASKOLNIKOW

CASPAR HAUSER

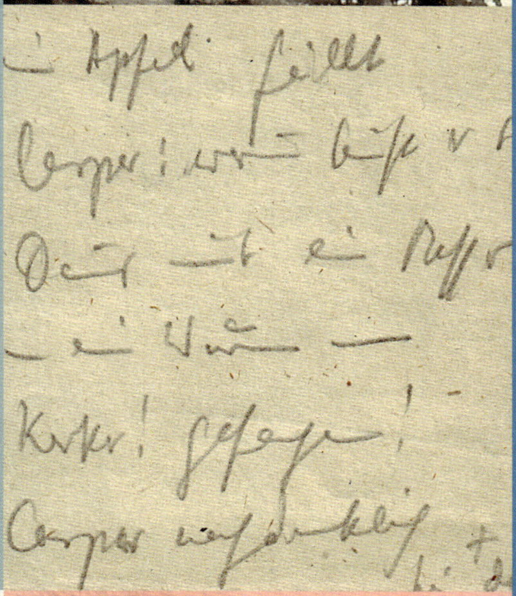

ROMEO & JULIA

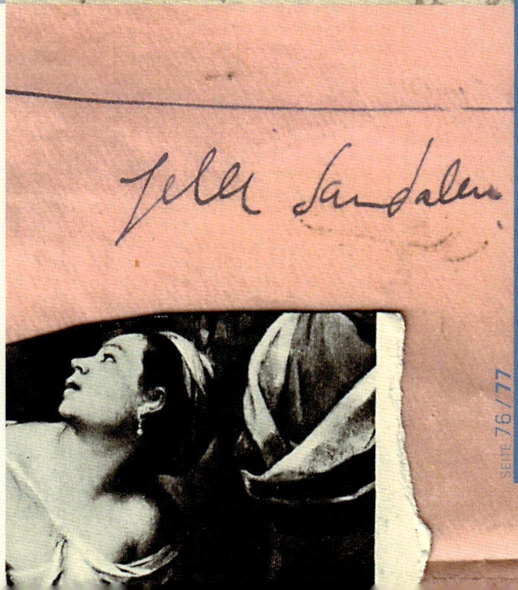

EIN ZEITUNGSARTIKEL

INTERESSANTESTER SCHAUSPIELER BERLINS

Kehren wir zurück ins Jahr 1951. Hier verdrehen sich einmal die bisher beschriebenen Ereignisse. Am 22. Februar erscheint ein Artikel[144] in der *Münchner Abendzeitung* (SIEHE S. 78), der Klaus Kinski so gut gefällt, dass er später[145] behaupten wird, er habe ihn diktiert. Der Verfasser, Klaus Budzinski, hat mir glaubhaft bestätigt, dass dies Unsinn sei, er mit Klaus Kinski, den er auf der Bühne gesehen hatte, aber vorher nicht kannte, im Vorfeld ausführlich gesprochen habe.[146] Liest man den Text, so kann man Kinskis Ansinnen verstehen. Im Stile einer Boulevardzeitung hangelt er sich durch des Schauspielers Angaben, kämpft hymnisch für seine Zukunft und lässt viel Raum für Kinskis bisherigen Lebenskampf, dessen Anfänge hier noch nicht auf der Straße stattfinden. Den wenigen kritischen Worten verdankt Budzinski wohl Kinskis spätere Bemerkung, dass sein Diktat »nicht ganz wortgetreu«[147] erschienen sei.

Ein Gerücht, das ebenfalls aus *Ich bin so wild nach deinem Erdbeermund* resultiert, darf nach Lektüre der *Münchner Abendzeitung* wohl endlich zu den Akten gelegt werden. Kinski erzählt wahrheitsgemäß von einem Filmvertrag, der aufgelöst wurde, weil dem Regisseur Paul Verhoeven sein »Gesicht zu stark für den deutschen Film« war.[148] Seither will es die Legende, dass sich Kinski auf der Besetzungsliste von *Das kalte Herz* findet. Bei einigen DVD-Versandhändlern soll das Märchen sogar für bessere Umsätze sorgen. Das vorzeitig beendete Engagement bezog sich indessen auf *Die Schuld des Dr. Homma*, einen Verhoeven-Film mit Werner Hinz in der Hauptrolle und dem Arbeitstitel *Justizmord*. Kinskis Rolle erhielt Lutz Moik, der Hauptdarsteller (Peter Munk) von *Das kalte Herz*.

In Budzinskis Reportage finden außerdem mit *Raskolnikow* (SIEHE S. 80-103) und *Caspar Hauser* (SIEHE S. 104-111) zwei Leib-und-Magen-Projekte des jugendlichen Bühnenstürmers Erwähnung. Ob *Romeo und Julia*, auf das in *»Leben« bis Sommer 1952* (SIEHE S. 112-125) noch ausführlich eingegangen wird, hier dem Platzmangel oder schlicht der Tatsache, dass Kinski seine weitere Planung zunächst eingestellt hatte, zum Opfer gefallen ist, ist nicht bekannt. Alle drei Projekte liegen leider nur noch fragmentarisch vor. Die hinterlassenen Splitter erlauben zwar keine Rekonstruktion, vermögen aber einmal mehr Kinskis Kunstsinnigkeit und Detailversessenheit zu illustrieren.

144 Klaus Budzinski: *Klaus Kinski – »interessantester Schauspieler Berlins«*. In: Münchner Abendzeitung, 22. Februar 1951, S. 5
145 *Ich bin so wild nach deinem Erdbeermund*, ebd., S. 188
146 Gespräch des Autors mit Klaus Budzinski, 28. Februar 2011
147 *Ich bin so wild nach deinem Erdbeermund*, ebd., S. 188
148 Ebd., S. 181
149 *Ich bin so wild nach deinem Erdbeermund*, ebd., S. 188

Klaus Budzinsky, der mich angeblich von der Schule her kennt, kommt nach der Generalprobe in meine Garderobe.
»Ich werde die Kritik schreiben«, sagt er.
»Wenn du der bist, an den du mich jetzt erinnerst, kannst du nicht einmal richtig Deutsch«, antworte ich und schiebe ihn zur Seite, weil er mich stört. »Außerdem, was willst du denn schreiben? Du willst mich kritisieren? Du musst besoffen oder verrückt geworden sein!«
Er schreibt, glaube ich, keine Kritik, ich habe seinen Unsinn wenigstens nicht gelesen. Aber er kommt wieder und will einen Artikel über mich schreiben. Er fängt gerade bei der Abendzeitung als Schreiberling an.
»Das wird dein Meisterstück«, sage ich. »Die Gesellenprüfung kannst du gleich überspringen! Ich werde dir den Artikel diktieren, dann steht wenigstens einmal etwas Wahres über mich in der Zeitung!«
Wir gehen zusammen in die Redaktion der Abendzeitung und ich diktiere den Artikel über mich in die Schreibmaschine.
Im Druck erscheint er nicht ganz wortgetreu, aber immerhin wird er daraufhin befördert und später ein (in der Abendzeitung) bekannter Mensch.[149]

Klaus Kinski - „interessantester Schauspieler Berlins"

Wird „Kaspar Hauser" seine große Chance werden?

Dr. Erich Ebermayer arbeitet zur Zeit an einem Drehbuch zu seinem Bühnenstück „Kaspar Hauser". Die Hauptrolle soll der junge Berliner Schauspieler Klaus Kinski spielen.

*

Wer dem enfant terrible des ehrbaren deutschen Schauspielerstandes, Klaus Kinski, gegenübersitzt, wird sofort von dem Außerordentlichen, das ihn aus diesen Augen anspringt, und allem, was sich um sie herum in diesem Gesicht abspielt, gepackt und beunruhigt. Ekstase wohnt in diesem Gesicht und kindliches Auflachen, weiches Schwärmen und hartes Verdammen, Bockigkeit und Durst nach dem Schönen, nach Blumen und Tieren — alles, nur nichts Gewöhnliches, Geordnetes. Es steht außerhalb der Ordnung, in der sich die beste aller Welten gefällt und gefallen muß, will sie bestehen.

Klaus Kinskis 24jähriges Leben ist eine Kettenreaktion dramatischer Effekte. Ein Feuerwerk, das aufschießt, hinreißt und verpufft und doch weiterglüht bis zur nächsten Entladung. Den 15jährigen packt das Fernweh. Mit einer Bahnsteigkarte fährt er bis nach Jugoslawien und wird daraufhin von der Schule verwiesen. Mit 16 macht er seine ersten künstlerischen Gehversuche, wird zum Militär einberufen, gerät in britische Kriegsgefangenschaft und spielt, 17jährig, an deutschen Theatern in England; an einem Abend einmal sieben verschiedene Rollen. Knapp 19, wirft er im Berliner Schloßparktheater die Scheiben ein, weil Intendant Boleslav Barlog eine versprochene Rolle im letzten Moment zurückzog.

Ein halbes Jahr später spricht ganz Berlin von ihm. In Jean Cocteaus „Schreibmaschine" springen die Zuschauer schreiend von den Sitzen auf: Kinski bekommt den vorgeschriebenen epileptischen Anfall, aber er bekommt ihn so echt, daß selbst strapazierfähige Berliner Publikumsnerven zerreißen. Als er Osvald in Ibsens „Gespenster" ist, fallen Frauen in Ohnmacht und bekommen Schreikrämpfe.

„Genie oder Wahnsinniger?" fragen die Zeitungen und proklamieren ihn teils als neuen Kainz und neuen Moissi, teils wittern sie in ihm willkommene Sensation. Der Kritiker des „Tagesspiegel", Walter Karsch, nennt ihn „Berlins interessantesten Schauspieler", sein Kollege Herbert Pfeiffer bezeichnet ihn als „in seiner Generation ohne Vergleich". Kinski-Interviews gehen bis nach Paris und den USA.

„Raskolnikoff" in zwei Nächten

Mit 22 Jahren hat sich das ungebärdige Kind die Feindschaft sämtlicher Berliner Intendanten zugezogen, weil er sich jeglichem Kompromiß im Künstlerischen prinzipiell verschließt. Man liebt ihn, oder man haßt ihn; ein Mittleres gibt es nicht. Die Presse beschwört die Theater, ihn zu halten. Probeaufnahmen bei Rosselini, der gerade sein „Berlin im Jahre Null" dreht, stellen eine neue, wertvolle Verbindung her, die vorerst ungenutzt bleibt. Unermüdlich arbeitet Kinski an sich, sucht nach Formen, die er dann doch wieder sprengt, nach Stoffen, die er für sich bearbeiten will. In zwei Nächten schreibt er eine dramatische Bearbeitung von Dostojewskys „Raskolnikoff" nieder, verfaßt zwei Drehbücher, von denen eines Rahel Sanzaras Roman „Das verlorene Kind" zum Vorwurf hat.

Dann stößt Kinski auf Cocteaus „La voix humaine" („Die menschliche Stimme"). Die menschliche Tragödie der verzweifelten Geliebten ergreift ihn derart, daß er die Frauenrolle dieses Einpersonen-Stückes unbedingt gestalten will — wenn es sein muß, ohne Engagement, ohne Direktor und ohne Regisseur. Ein „generöser" Geldgeber kauft für ihn um 20 000 Ostmark das „Theater in der Kaiserallee". Drei Tage vor der Premiere verbietet die französische Militärregierung die Aufführung, wobei sie sich auf einen persönlichen Einspruch von Cocteau beruft. Prompt stellt der Geldgeber die Zahlungen ein.

Sein stärkster Erfolg

In einem Atelier eröffnet nun Kinski seine eigene Bühne und spielt doch. Ohne Lizenz. Französische und britische Militärpolizei besetzt das Haus und verwehrt den Zuschauern den Eintritt. Es kommt zu Tumulten und Demonstrationen — und Kinski spielt. Es wird sein größter Erfolg. Als Cocteau später nach Berlin kommt, umarmt er den Jungen und ist empört über das in seinem Namen ausgesprochene Verbot. Ein kurzes Gastspiel als Claudio in „Maß für Maß" im Deutschen Theater endet mit Krach.

Ein Jahr des Schweigens folgt. Illustrierte Zeitungen nehmen sich des „gestürzten Titanen" an und sprechen von Besessenheit, Vergessenwerden und Selbstmordabsichten, was ihm aus ganz Deutschland teilnahmsvolle Ermutigungsbriefe einträgt.

Zuweilen taucht der „Wahnsinnige" auf und erregt erneut Tumulte. Doch nicht mehr auf der Bühne. Einer Berliner Polizistin, die eine alte Frau wegen schwarz gekaufter Aepfel abführen will, fällt er wütend in den Arm. Die alte Frau weint, die Umstehenden bedrohen ihn, die Polizistin will ihn mit zur Wache schleppen. „Laßt ihn doch gehen!" rufen einige, die ihn erkennen. „Er ist ja wahnsinnig!"

Doch das ist nicht das Ende. Im vergangenen Herbst rafft sich Klaus Kinski wieder auf. Sein vulkanisches Temperament ist ungebrochen. In Berlin schließt er Verträge für drei Filme ab. Als Partner von Werner Hinz ist er für den Film „Justizmord" vorgesehen.

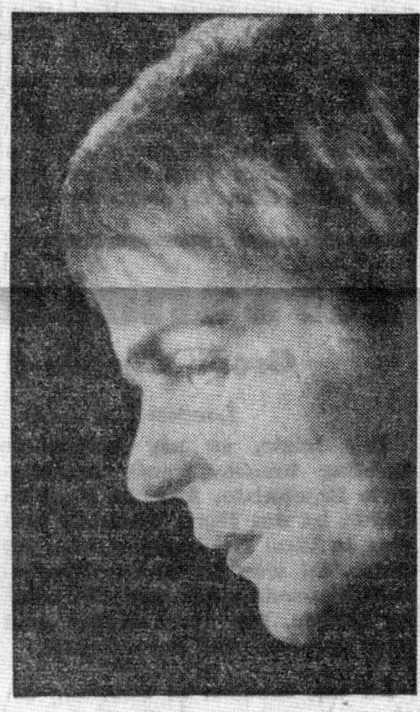

Klaus Kinski

Wird München ihn halten?

Nun birgt München einen der faszinierendsten, aber auch schwierigsten deutschen Nachwuchsschauspieler in seinen Mauern. Mit Erich Ebermayer schreibt er gegenwärtig an einem Drehbuch zu Ebermayers Stück „Kaspar Hauser", das genau vor 24 Jahren, im Februar 1927, mit Albert Fischel in der Titelrolle am Bayerischen Staatsschauspiel uraufgeführt worden ist (in Hamburg spielte Gründgens die Rolle). Kinski soll im Film die Hauptrolle spielen. Rudolf Jugert hat sich bereiterklärt, die Regie zu übernehmen.

Es ist zu hoffen, daß diese einzigartige Gelegenheit, einen schauspielerischen Schatz wie Klaus Kinski aus dem Dunkel zu heben, nicht an der Risikofurcht der deutschen Filmproduktion scheitert. Es steht ferner zu hoffen, daß Klaus Kinski endlich auch auf der deutschen Bühne den Platz findet, der ihm gebührt. Beweisen wir, daß unsere Organe für das Außerordentliche nicht durch ein Uebermaß an Ordentlichem, Rechtem und Schlechtem abgestumpft sind. Kinski ist ein Wagnis, aber, richtig geführt, auch eine Erfüllung.

Klaus Budzinski

...n vierhundert Jahren erstmals erlaubt

Mysterienspiele in England

Gesichter und Gesichte

FRAGMENT 1

Raskolnikow

Fjodor Michailowitsch Dostojewskis Roman *Schuld und Sühne* hat Klaus Kinski viele Jahre beschäftigt. *»Ich habe dieses Buch so sehr geliebt, dass ich meine Kinder nach seinen Figuren genannt habe: Pola, Nastassja, Nikolai«*[150], erzählt er 1979 in einem Interview. 1962 hatte er schon auf einer Sprechplatte den *Traum des Raskolnikow* verewigt, jenen Romanauszug, den er vor seinem Tod noch – unter dem hanebüchenen Vorwand, sein Bruder Arne habe sich eine Axt besorgt, aber statt zu morden sich ihm anvertraut – ungekürzt in seine Autobiographie einarbeiten wird.[151] Die Frage, die sich der schweißgebadet aus seinem Traum erwachende Raskolnikow stellt, ob er denn nun wirklich einen Mord begehen werde, veranlasst Kinski sogar dazu, in Talkshows regelmäßig damit zu kokettieren, dass er selbst *»alles, auch das Furchtbarste hätte sein können«*[152], wenn ihn nicht sein ungeliebter Beruf davor bewahrt hätte. Randständige Charaktere wie Raskolnikow vermögen letztendlich auch den größten Widerspruch in Kinskis Selbstbehauptung offenzulegen, nämlich dass er zum einen den eigenen Abstand zur Rolle völlig aufheben möchte und selbst Keans Aussage: *»Ich spiele das nicht, ich bin das«*[153] für sich in Anspruch nimmt, andererseits aber nicht als *»der ... vom Dienst ...«*[154] abgestempelt werden möchte. Da seine Rollenwahl, wie hier deutlich wird, sogar oder vor allem, wenn er Projekte selbst auf die Beine zu stellen versucht, meist gesellschaftliche Außenseiter vorsieht, darf man sich wirklich nicht wundern, wenn ihm dieses Stereotyp später allenthalben angehängt wird, zumal er es in seiner frühen Presse- und Bühnenarbeit selbst immer wieder propagiert. Dieses Exponieren von Kinskis Rollen ist keinesfalls Zufall oder Versehen. So auch bei seiner Bühnenfassung *Raskolnikow*, von der leider nur seine Kostümzeichnungen, Bühnenskizzen und Personenbeschreibungen erhalten sind. Letztere verdichten einmal mehr sein eigenes Leben zur Literaturprojektion, er darf der verachtungsvolle Vagant sein, der selbst im Armenviertel noch auffällt, ohne sich zu genieren, und dennoch umhegt wird von der Sorge einer gefühlvollen Mutter, die Kinski selbst viel zu früh verloren hatte.

150 Zit. nach: Michael Jürgs/Alfred Nemeczek: *Ich gebe immer alles.* In: Stern, Nr. 12, 15. März 1979, S. 106–120
151 *Ich brauche Liebe*, ebd., S. 77–83
152 Zit. nach einem Interview mit Reinhard Münchenhagen. In: *Je später der Abend*, WDR, 2. Juli 1977
153 Ebd.
154 Ebd.

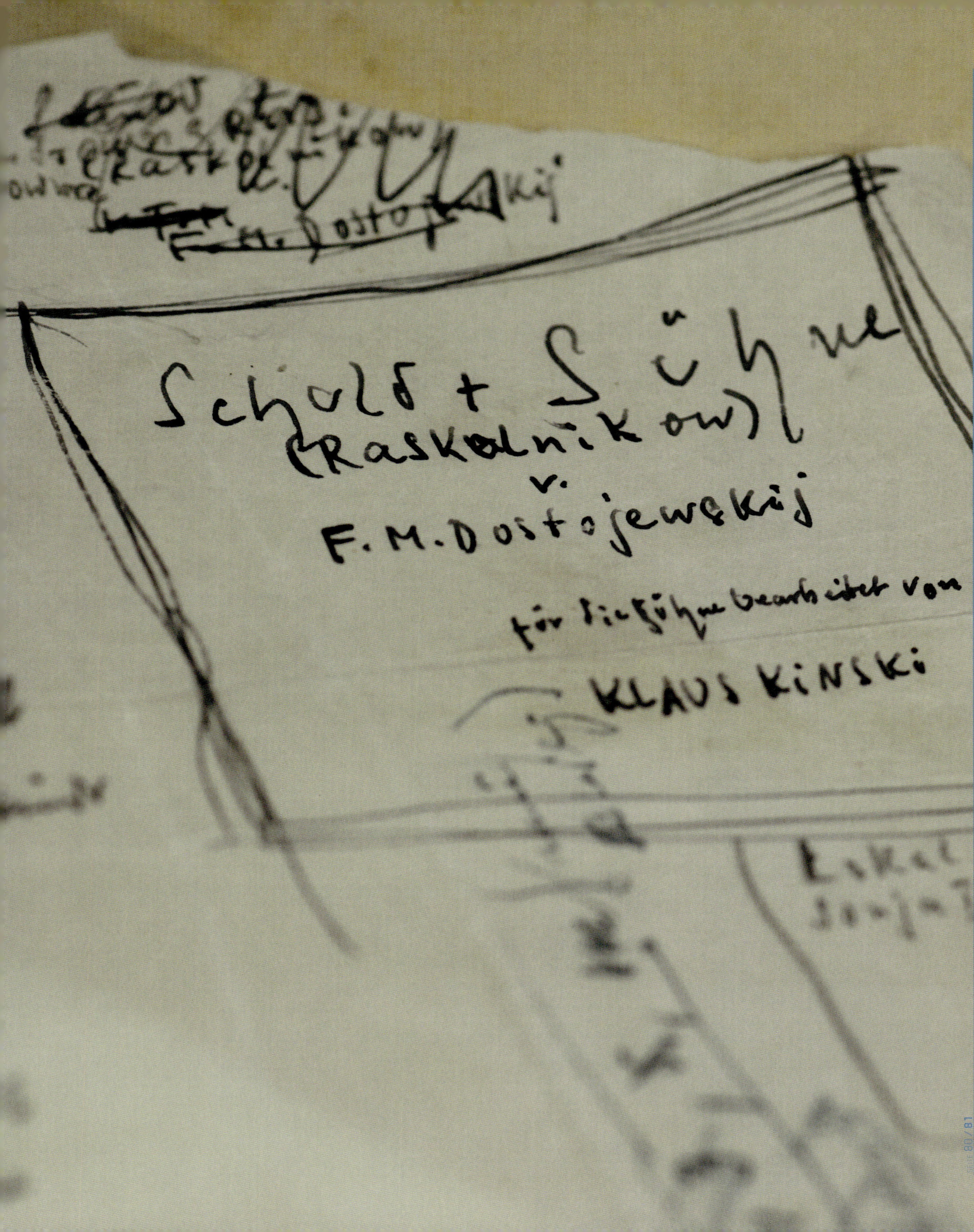
Schuld + Sühne
(Raskolnikow)
v.
F. M. Dostojewskij
für die Bühne bearbeitet von
KLAUS KINSKI

RASKOLNIKOW

Er ist ein junger Mann von 22 Jahren mit einem blassen, zarten Gesicht, großen nachdrücklichen Augen, tief dunkelblonden Haaren, von mehr als mittlerer Größe, zierlich und schlanker Körper. Er ist so schlecht gekleidet, dass ein anderer es kaum über sich gebracht hätte, in solchen Lumpen auf die Straße zu gehen, obwohl es gerade in diesem, seinem Stadtviertel schwerfällt, jemand durch die Originalität seiner Aufmachung in Verwunderung zu setzen. In der Seele des jungen Mannes hatte sich so viel giftige, verhasste Verachtung angesammelt, dass ihn der schäbige Anzug durchaus nicht genierte. Zu diesen Lumpen trägt er einen hohen, runden, zimtfarbenen Hut, mit Löchern und Flecken übersät.

RASKOLNIKOW
I. + II. BILD

RASKOLNIKOW
II. + III. BILD

RASKOLNIKOW
AB IV. BILD

RASKOLNIKOW

II., III., VI., XI. BILD
RASKOLNIKOWS ZIMMER

PULCHERIA ALEXANDROWNA

(Raskolnikows Mutter)

Eine Vierzigerin mit eingefallenen Wangen und von Kummer und Sorge; trotz allem ist das Gesicht schön. Gefühlvoll, aber nicht sentimental, schüchtern und nachgiebig, redlich und voller Sorge um ihren Sohn.

ZIMMER BEI RASKOLNIKOWS
MUTTER UND DUNJA

DUNJA
(Raskolnikows Schwester)

ist ein sehr hübsches Mädchen von 21 Jahren, hochgewachsen, stark und selbstbewusst mit durchaus anmutigen und milden Bewegungen. Sie ist ihrem Bruder sehr ähnlich, mit etwas helleren Haaren. Sie ist ebenfalls blass, aber nicht kränklich. Der Gesichtsausdruck ist ernsthaft, nachdenklich und selten heiter, doch hat sie ein aufbrausendes Temperament. An ihrer Kleidung erkennt man, wie bei der Mutter, ihre furchtbare Not, trotzdem sind beide sehr ordentlich und sauber angezogen.

RASUMICHINS ZIMMER

RASUMICHINS ZIMMER
VII. BILD

ZIMMER RASUMICHIN
FESTSTUHL, DEN ER FÜR
RASKOLNIKOW BESORGT HAT

LUSCHIN

(Verlobter Dunjas)

Ein nicht mehr junger Herr, um etwa 40 Jahre, stark, brüsk, mit einem schlau vorsichtigen Gesicht, mit künstlich gelocktem Haar. Sein ganzer Anzug ist nagelneu. Er trägt einen eleganten Zylinderhut, fliederfarbene Glacéhandschuhe und schneeweiße Wäsche. Er ist furchtbar eitel und empfindlich.

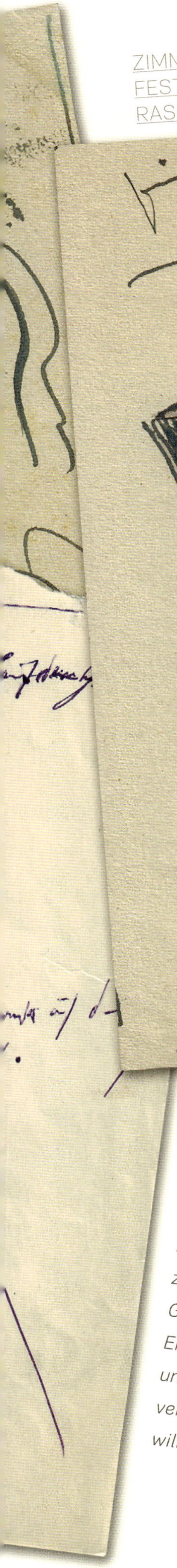

RASUMICHIN

(Raskolnikows Freund)

ist ein ungewöhnlich lustiger, offenherziger Kamerad und fast kindlich naiv. Groß, breit und immer schlecht rasiert. Er hat einen unverwüstlichen Humor und so kann ihm nichts die Laune verderben. Trinken kann er, so viel er will, aber auch ihm geht es nicht gut.

SOSSIMOV

(Arzt)

Ein schwerfälliger, noch verhältnismäßig junger Mediziner mit einer gewissen Leidenschaft für gewisse Krankheiten. Nur ist er sehr faul und träge. Er trägt weite, elegante Kleidung und sucht seine Eitelkeit durch eine gewisse Nachlässigkeit zu verdecken.

MARMELADOW
(ein Säufer)

Er ist ein Fünfziger, ehemailiger Titularrat, immer nach Beamtenart rasiert. Er trägt einen alten Frack, fast ohne Knöpfe, ein schmieriger Herr, von mittlerem Wuchs, vierschrötig, mit einem aufgedunsenen, vom Trinken gelben, fast grünen Gesicht und angeschwollenen Augenlidern, mit zwei winzigen, aber sehr lebhaften, geröteten Augen.
In dieser ganzen Gestalt liegt etwas Tragisches. In den Augen etwas wie Ekstase, vielleicht auch Verstand und Klugheit, gleichzeitig aber auch etwas wie Irrsinn.

Marmeladow (Säufer)
I. Bild

SONJA
(seine Tochter)

Sie ist ein bescheidenes, sehr ärmlich gekleidetes Mädchen, noch sehr jung, mit anständigen Manieren und einem klaren, aber sehr erschreckten Gesichtchen. Man kann sie eher für ein Kind halten. Sie trägt ein sehr einfaches Hauskleidchen.
Sie empfindet ihre Schmach so sehr, dass sie aus scheuer Ängstlichkeit oft anfangs am Leibe zittert. Bei ihrer ersten Begegnung mit Raskolnikow trägt sie ein billig aufgemachtes Straßenkleid. Auf der Straße trägt sie einen alten, unmodernen Hut und einen Sonnenschirm.

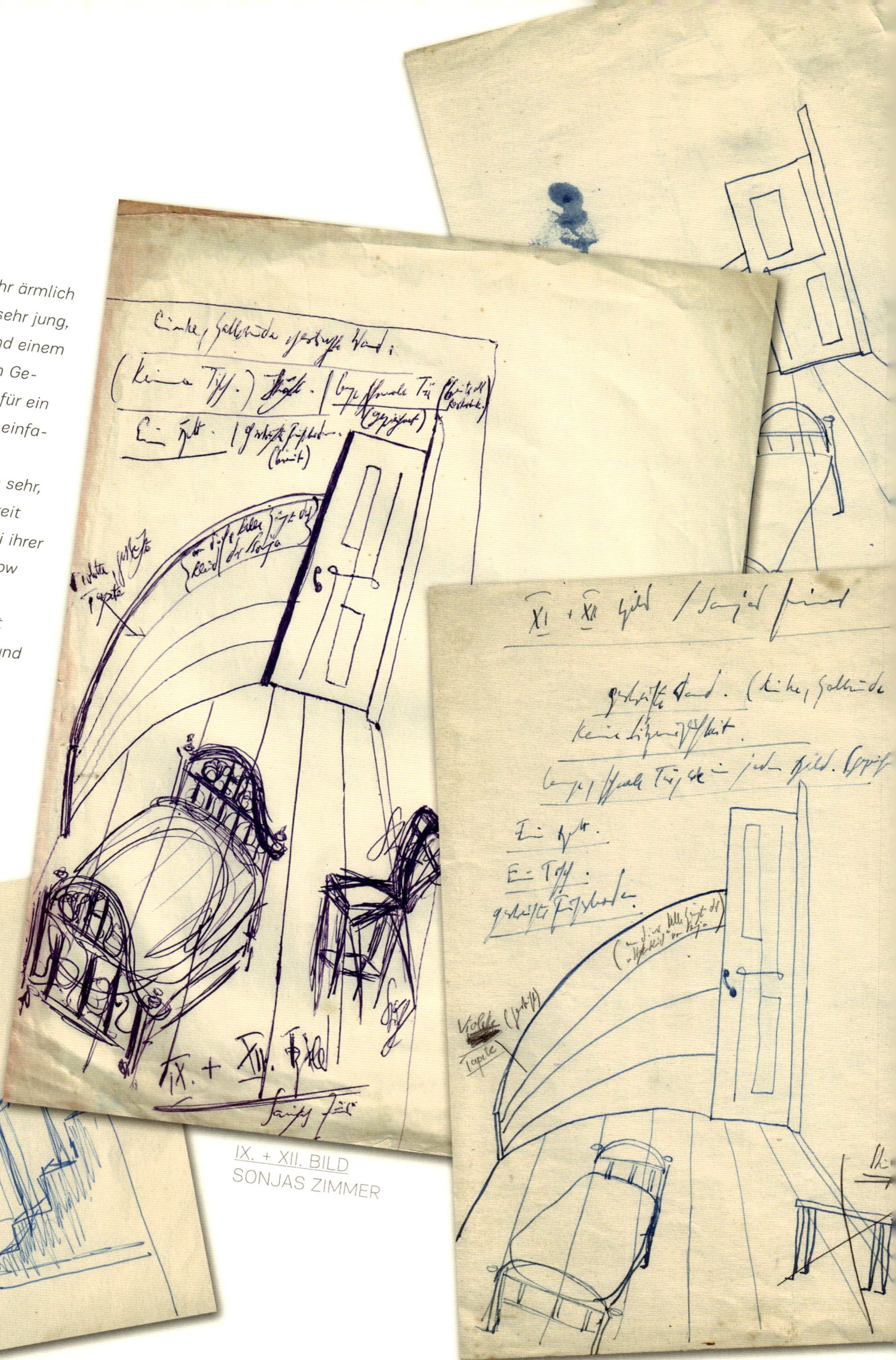

IX. + XII. BILD
SONJAS ZIMMER

XI. + XII. BILD / SONJAS ZIMMER

KATERINA IWANOWNA

(Marmeladows Frau und Sonjas Stiefmutter)

Ihre Schwindsucht hat sie bereits so weit siechen lassen, dass sie sich oft krümmt, um atmen zu können. Sie ist schrecklich mager, sehr dürr und ziemlich hoch und stattlich gewachsen. Aber sie ist um vieles jünger als Marmeladow. Ihre Augen leuchten wie im Fieber. Auch sie ist erschreckend ärmlich gekleidet und ihre kleinen Kinder haben außer einem zerfetzten Hemdchen nichts am Leibe.

UNTERSUCHUNGS-ZIMMER PORPHYRIJ

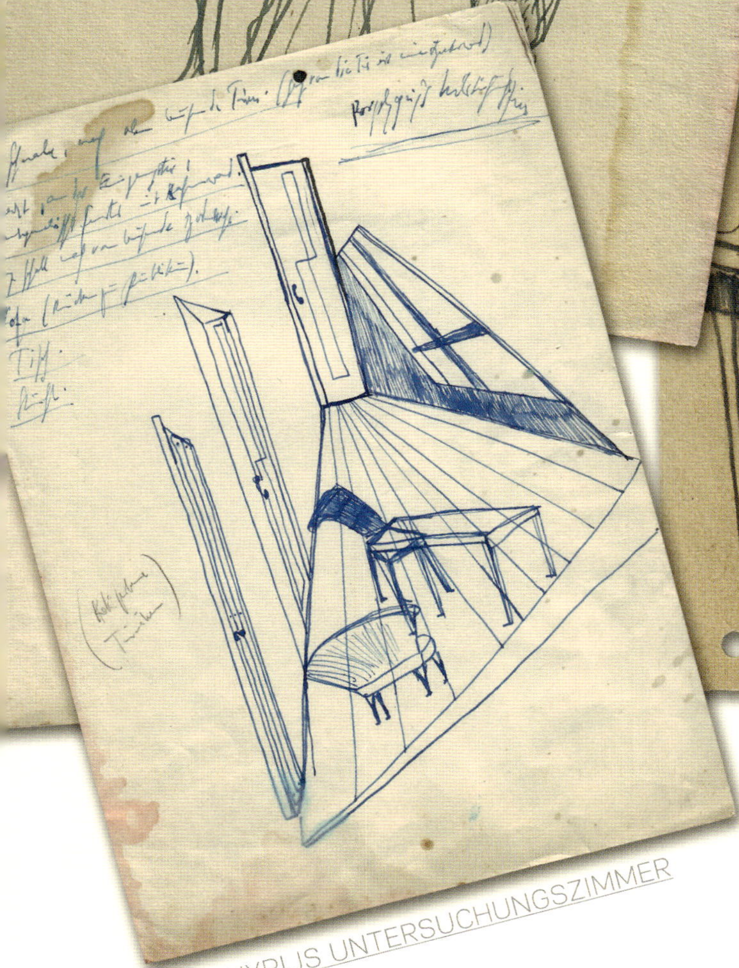

PORPHYRIJS UNTERSUCHUNGSZIMMER

PORPHYRIJ PETROWITSCH

Von gedrungener Natur, mit einem Schmerbauch und glatt rasiert, ohne Schnauzer und Backenbart, mit kurz geschorenem Haar auf dem großen runden Kopf. Sein rundes, Gesicht hat eine kränkliche, dunkelgelbe Farbe, sieht aber fürchterlich dreist und sogar ein wenig spöttisch aus. Ohne die kleinen, wässrigen Augen mit den weißen Augenwimpern hätte man es sogar gutmütig nennen können. Im Ganzen hat er etwas Weibisches an sich. Er ist aber in Wirklichkeit ernsthafter, als man auf den ersten Blick feststellen kann.

KELLNER

SAMJETOW
(Kommissar)

Jung (etwa 28 Jahre), und sehr ehrgeizig, mit einem gepflegten Gesicht und angeschmierten Haaren. Er ist fürchterlich eitel und hat die Hände voller Ringe. Im Grunde aber ist er ein dummer, harmloser Mensch.

NASTASJA
(Bediente Raskolnikow)

Ein junges Bauernweib aus der Provinz. Sie ist sehr gutmütig, aber schwatzt gern.

LISAWETA
(Schwester der alten Wucherin)

Eine hohe, plumpe, schüchterne, alte Jungfer, etwa 35 Jahre, mit großen Händen und Füßen. Sie ist sehr ordentlich und sauber gekleidet, macht aber beinahe einen idiotischen Eindruck.

STUDENT MIT BILLARDSTOCK
I. BILD

STUDENT

v.l.n.r

SAMJETOW

NASTASJA

ARBEITER

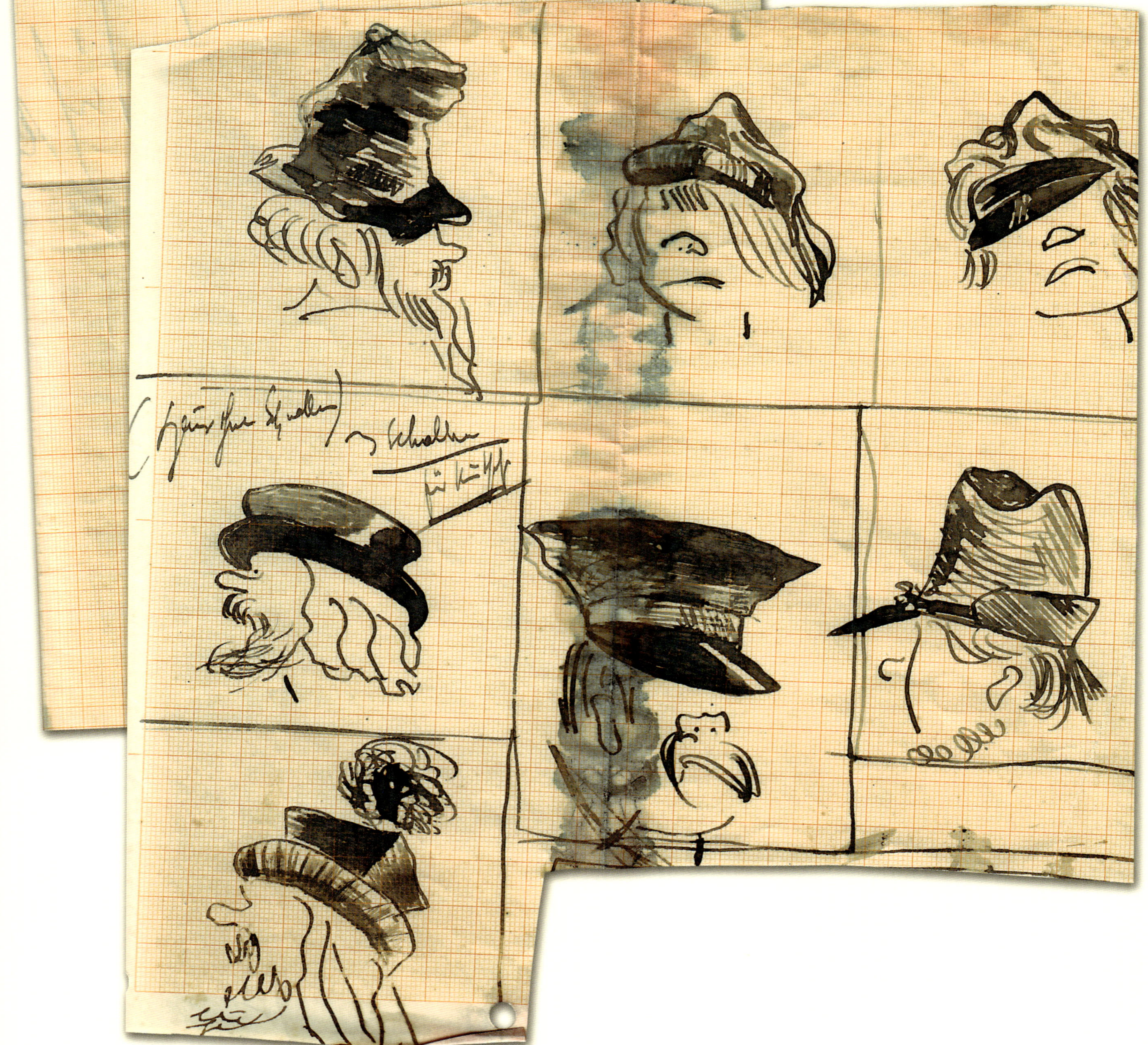

1 BAUER

1 MÄDCHEN

1 BÜRGER

HAUSDIENER

EINSAMER TRINKER

AWDOTJA

LUSCHIN

KELLNER

SAMJETOW

RASKOLNIKOW

1 BÜRGER

RASUMICHIN

KOSTÜME/SCHULE!!!!!!!

Seiden und Samtbänder in allen Breiten und Farben

Kleine Reste von Pelzbesatz

Gold- und Silberschnüre –

– Troddeln – Paspelierungen –

– Bänder – Brokatbänder –

Gold und Silber-Stickerei –

Borten jeder Art –

Echte Spitzen in allen Breiten und Mustern

Sämtliche Stoffe – Reste – Samtstücke – Seidenstücke

– Kunstseide – Wolle – Leinen – Sackleinen

– und alle sonstigen Arten von Stoffen

(auch große Bruchstücke oder alte Stoffe)

Möglichst einfarbig – klar auch alles andere an Mustern und Farben

Alte Sandalen und Schuhe in allen Größen und Formen

Alte lange Strümpfe für Erwachsene aus Seide und Wolle

Gold und Silberknöpfe; sowie jegliche Arten und Formen

anderer Knöpfe, sowie Gold und Silbernetze

oder Brokatnetze oder ähnliche Gewebe

Nähgarn – Nähnadeln

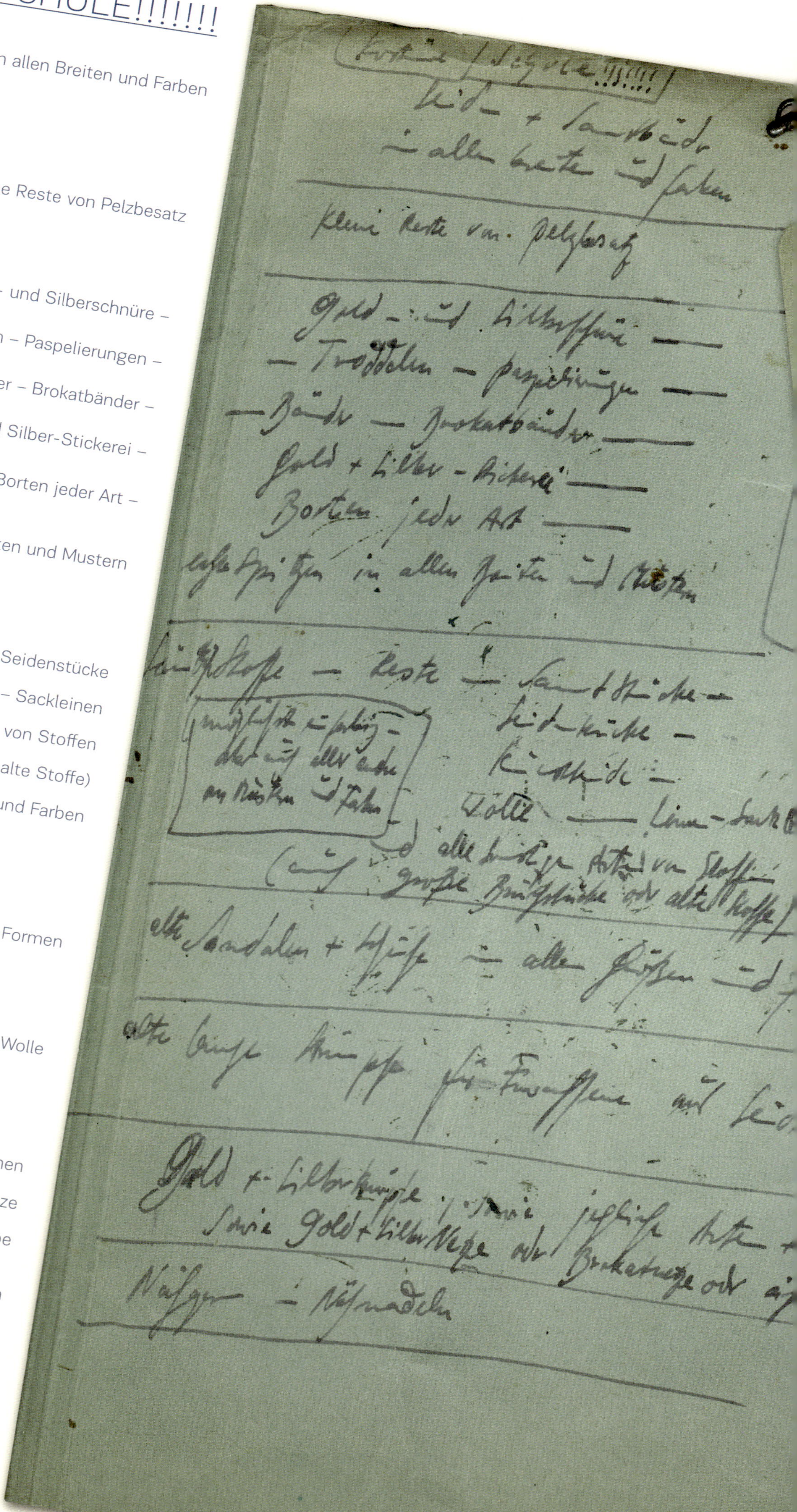

REQUISITEN

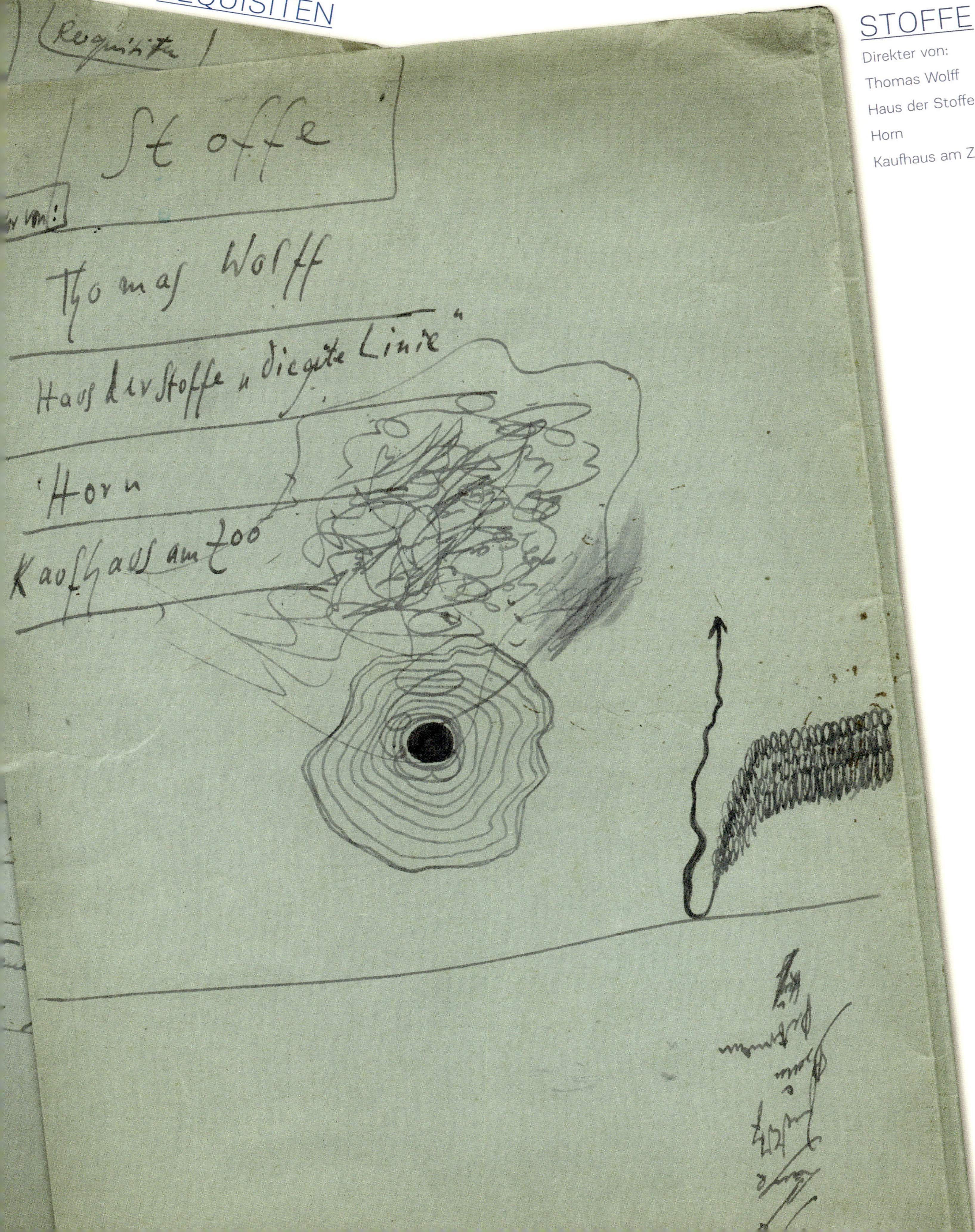

STOFFE

Direkter von:

Thomas Wolff

Haus der Stoffe »die gute Linie«

Horn

Kaufhaus am Zoo

FRAGMENT 2

Caspar Hauser

Aufgrund seiner Vorliebe für Aufmerksamkeit erregende Andersartige erkennt Klaus Kinski früh das filmische Potenzial im Schicksal Kaspar Hausers. Erich Ebermayer, dessen Bühnenstück *Kaspar Hauser* bereits 1927 an den Hamburger Kammerspielen mit Gustaf Gründgens in der Hauptrolle ein großer Erfolg war, arbeitet im Frühjahr 1951 an einem Drehbuch. Laut *Abendzeitung*[155] schreibt er allein (SIEHE S. 78), laut Kinski schreibt er mit (SIEHE S. 66). Rudolf Jugert soll die Regie, Kinski die Hauptrolle übernehmen[156]. Die *Film-Revue* berichtet im Dezember 1955[157], dass Helmut Käutner sich für das Projekt interessiere und fünf Jahre später gibt sie noch bekannt, dass die Kurt Ulrich-Film *Kaspar Hauser* mit Kinski unter der Regie von Helmut Käutner zu drehen plane[158]. Hier verliert sich die Spur, der Film kommt nie zustande. Nur eine handschriftliche Inhaltsskizze ist erhalten. Sowohl im Handlungsablauf als auch in der Schreibweise der Titelfigur folgen Kinskis Aufzeichnungen eher Jakob Wassermanns *Caspar Hauser*-Roman[159] denn Ebermayers Stück. Dialoge zitiert er daraus mitunter wörtlich. Sein Blickwinkel ist der Caspars. Die Menschen sollen von ihm lernen die Welt neu zu begreifen. Während Francois Truffauts thematisch vergleichbarer *Wolfsjunge* (1970) zur Erziehungsexegese gerät, verteidigt Kinski Caspars Natürlichkeit gegen alle Bedrohungen der Zivilisation, deren Superiorität er mehrfach höhnisch infrage stellt.

Dass die Geschichte Kaspar Hausers schließlich im Jahr 1974 ausgerechnet von Werner Herzog verfilmt wurde, kann man wohlmeinend nur als Ironie des Schicksals begreifen und hoffen, dass Kinski nicht bei den Dreharbeiten zu *Aguirre – der Zorn Gottes*, die zwei Jahre zuvor stattfanden, mit seinem Projekt hausieren ging. Herzogs *Jeder für sich und Gott gegen alle* folgt ebenfalls Wassermanns Vorlage und zeigt Erziehung als Dressur. Auch er kritisiert Kaspars Identitätsverlust als Fantasieverlust, aber sein Hauptdarsteller Bruno S. trägt nicht die heroischen Züge, mit denen Kinski für die Kreatur und gegen die Gesellschaft ins Rennen gehen wollte.

---

155 Klaus Kinski – *»interessantester Schauspieler Berlins«*, ebd. S. 5
156 Ebd.
157 *Ein Leben in Ekstase*, ebd., S. 37
158 *Genie oder Mache?* In: Film-Revue, Nr. 25, 6. Dezember 1960, S. 3
159 Jakob Wassermann: *Caspar Hauser oder Die Trägheit des Herzens*, Berlin 1908

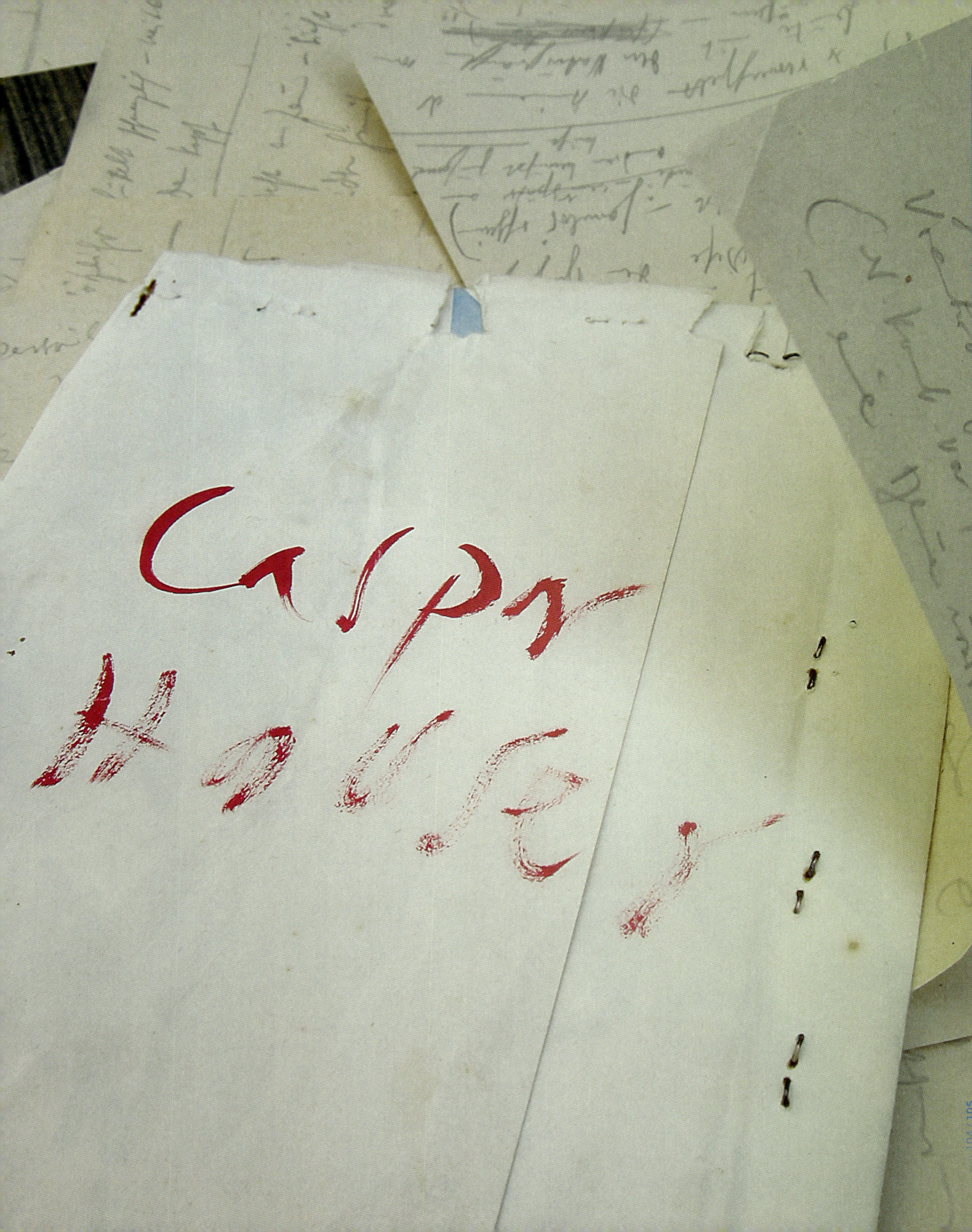

104/105

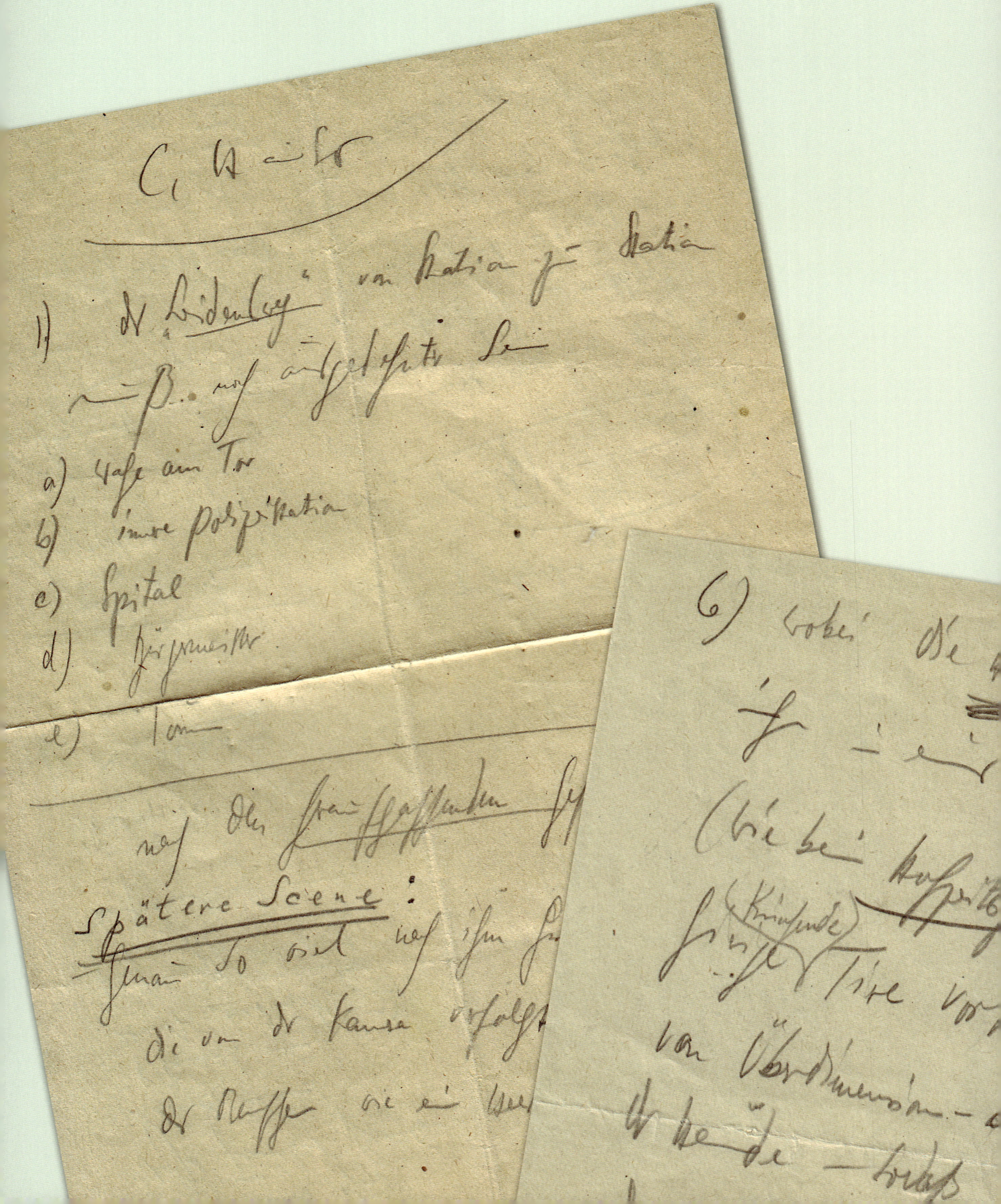

1) der Leidensweg von Station zu Station
a) ... am Tor
b) innere Polizeistation
c) Spital
d)
e)
Spätere Scene:
6) wobei die
Tiere vor
von Überdimensionen

C. Hauser

1. der »Leidensweg« von Station zu Station muss noch ausgedehnter sein

a. Wache am Tor
b. Innere Polizeistation
c. Spital
d. Bürgermeister
e. Turm

nach den frei schaffenden Gefühlen – (unübersehbar) geworden

Spätere Szene:

Genauso viel nach ihm greifende Hände, die von der Kamera verfolgt sich in der Masse der Menschen wie ein Heer von Tieren verlieren, wobei die Hände der Menschen ihn in einer verstärkten Wiederholung (wie beim Hochzeitszug) wie seelenlose, gierige, kriechende Tiere vorkommen (vielleicht Kamera von Überdimension – auf »normale« Handlung der Hände – sodass diese den Bewegungen der Menschen angepasst – »harmlos« erscheinen). (Nochmalige Wiederholung der »Hände« – wenn er später an den Gemeinheiten der anderen bewusst zu Hause bricht –

Er verwechselt die Stimmen der Leute mit den Naturgeräuschen von außen –
Schatten der Sonne, während sie ihn von Station zu Station schleppen – fürchterlicher Schreck – erstarren.
Honoratioren gehen im »Zug« mit.
Nach 2. Turmangelegenheit Adoption Caspars bei Daumer.

Frau von Daumer:
Götzen?
Du schwärmst –
Keine Scherereien –

Frage an Feuerbach:
Ich bin Entdeckungen auf der Spur
bei der 2. Turmaffäre warten Daumer usw., dass Feuerbach heraus käme
– er kommt – ernst, bedrückt und tief erschüttert und nachdenklich –:
Sorgen Sie sofort für die »Übersiedlung«
Sie werden von mir hören –
Nach 2. Turmszene und »Menschenneugier« zieht Caspar nach langer Szene zu Daumer

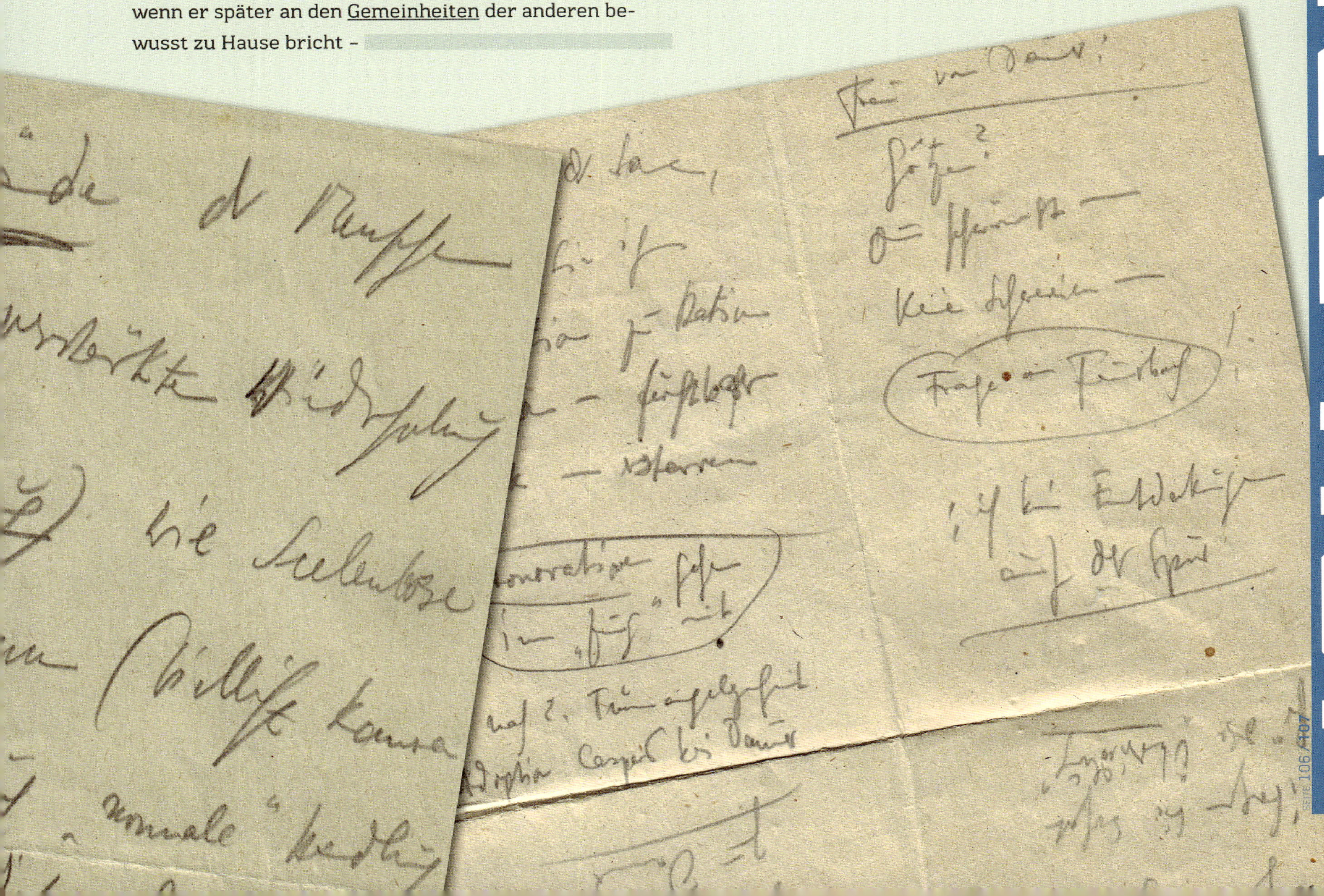

Caspar erhält bei Daumer ein helles und wohleingerichtetes Zimmer mit schönem Ausblick, wird gleich zu Bett gebracht – völlig ohne Sprache – So erschöpft in der Reaktion des Schlafens – wirft sich fiebernd auf dem Kissen herum – schaudert bei jedem Knarren der Dielen – Geräusch des an die Fenster klopfenden Regens versetzt ihn in Angst –

Erschöpfung wechselt ständig mit fieberhaft gepeinigter Wachsamkeit –
Daumer wacht ständig bei ihm (man denkt er stirbt): »Er muss leben! Er muss leben!«
Und Caspar fängt an zu leben!! (Neugierige werden fortgetrieben)
Liebes wurde flüsternd abgegeben – Mitgefühl und Erschütterung einiger wie über ein krankes Neugeborenes
Als Caspar nach dem 3. Tag erwacht – lächelt er sanft – die Sonne spielt in seinem Zimmer –
Daumer: »Sieh ihn nur an, er ist ein Menschenfrühling!«
Caspar darf das Bett verlassen (hinter Zimmerecken und am Fenster guckt die Familie vorsichtig). Daumer führt ihn in den Garten, aber er bindet ihm einen Papierschirm um die Stirn, »damit das grelle Licht den Augen nicht schade«
Jeder Schritt ist für Caspar eine Entdeckung und ein Ereignis – alles wird verständlich gemacht und Daumer ist tief erschüttert und glücklich, ob dieser großen Verantwortung und Aufgabe – (es kommt vor, dass ihn etwas – eine Blume usw. – was er schon kennenlernte, bei plötzlicher naher Begegnung bestürzt –
Sein Gang wird leichter und mutiger –
Caspar greift in die Luft usw.

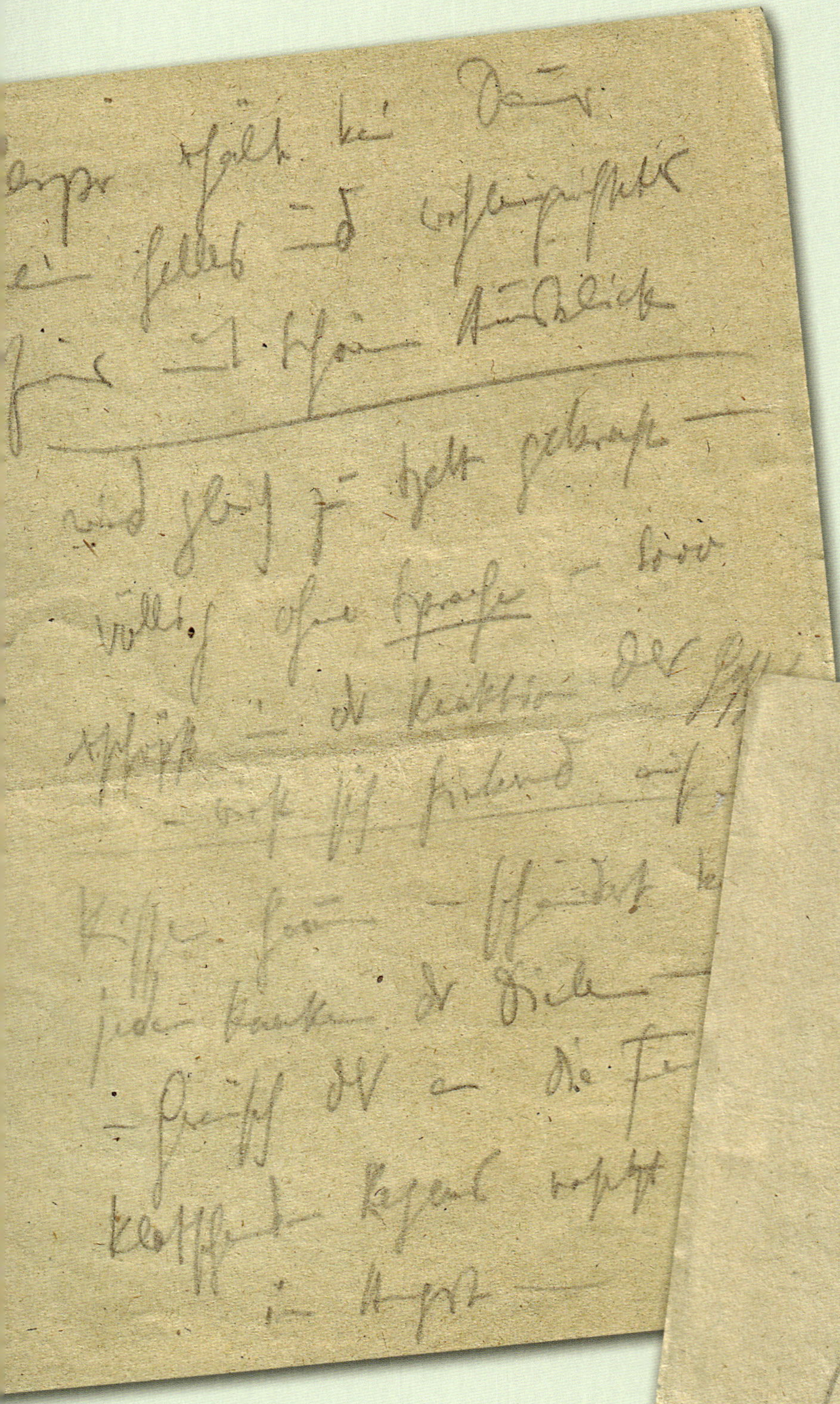

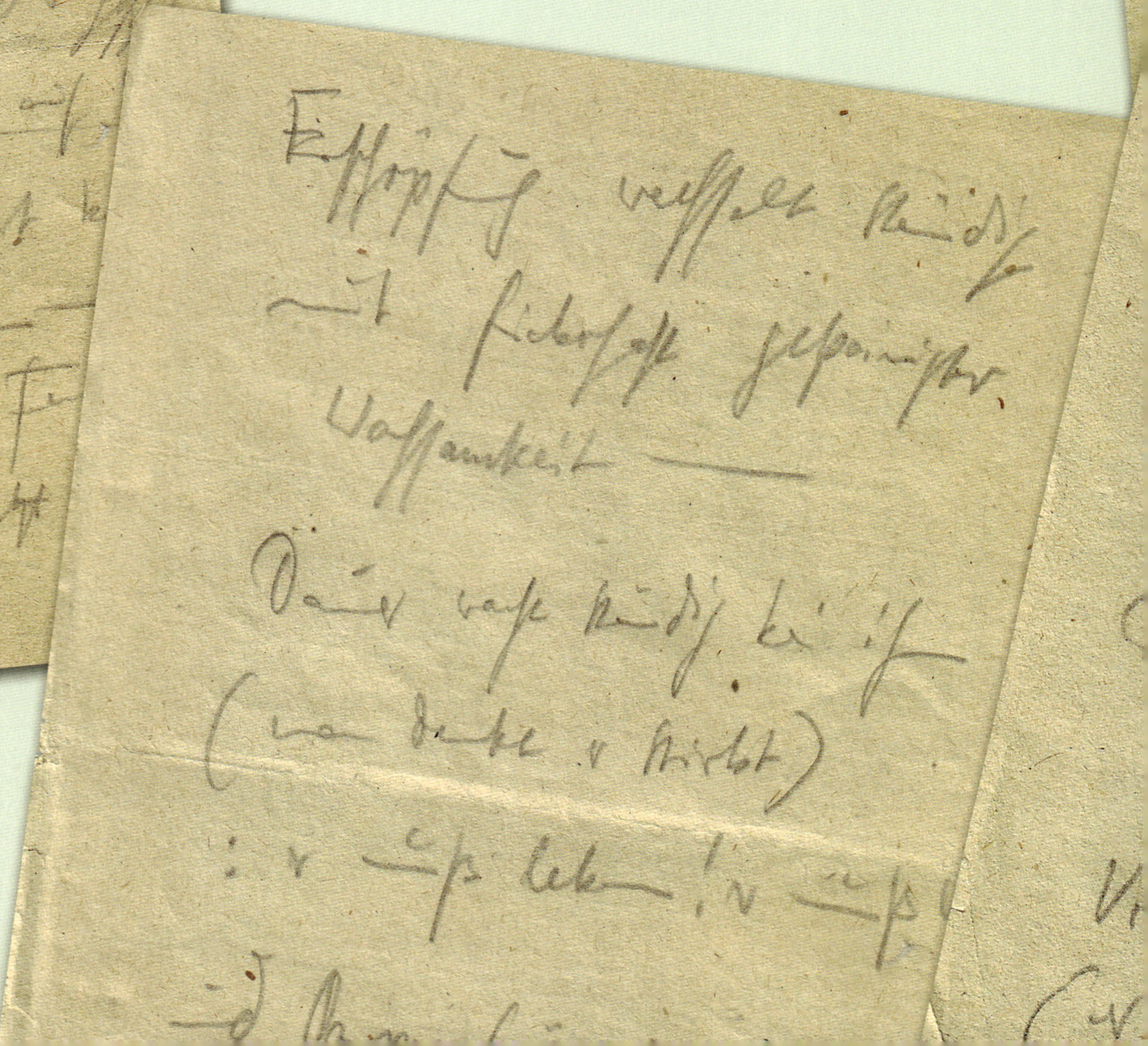

Caspar lernt aus dem Mund der anderen – er schmeckt die Worte nach dem Sehen und Hören – er lernt schnell wie Taubstumme und macht sich anfangs so verständlich.

Das »Blühen« Caspars wuchert! Und eilt bald Daumer voraus.

Hat allein irgendeine Entdeckung (Spiegel) gemacht – bringt sie – glücklich strahlend wie ein Kind –

Caspars unbelastete Vorstellung ist vorläufig noch »heimkehren« – erst lernen dann »heimkehren«.

Daumer: »Du bist ja bei uns zu Hause«.

Caspar schüttelt schmerzlich – weitblickend den Kopf

Caspar steht am Zaun – Sieht zu Kindern hinüber in andere Gärten – ab und zu neugieriger

Caspar sagt traurig zu Daumer: »... dass das so ›kleine Menschen‹ wären« (Kinder)

Caspar bestreitet auch dem Auskunft gebenden Daumer, dass er je so klein war –

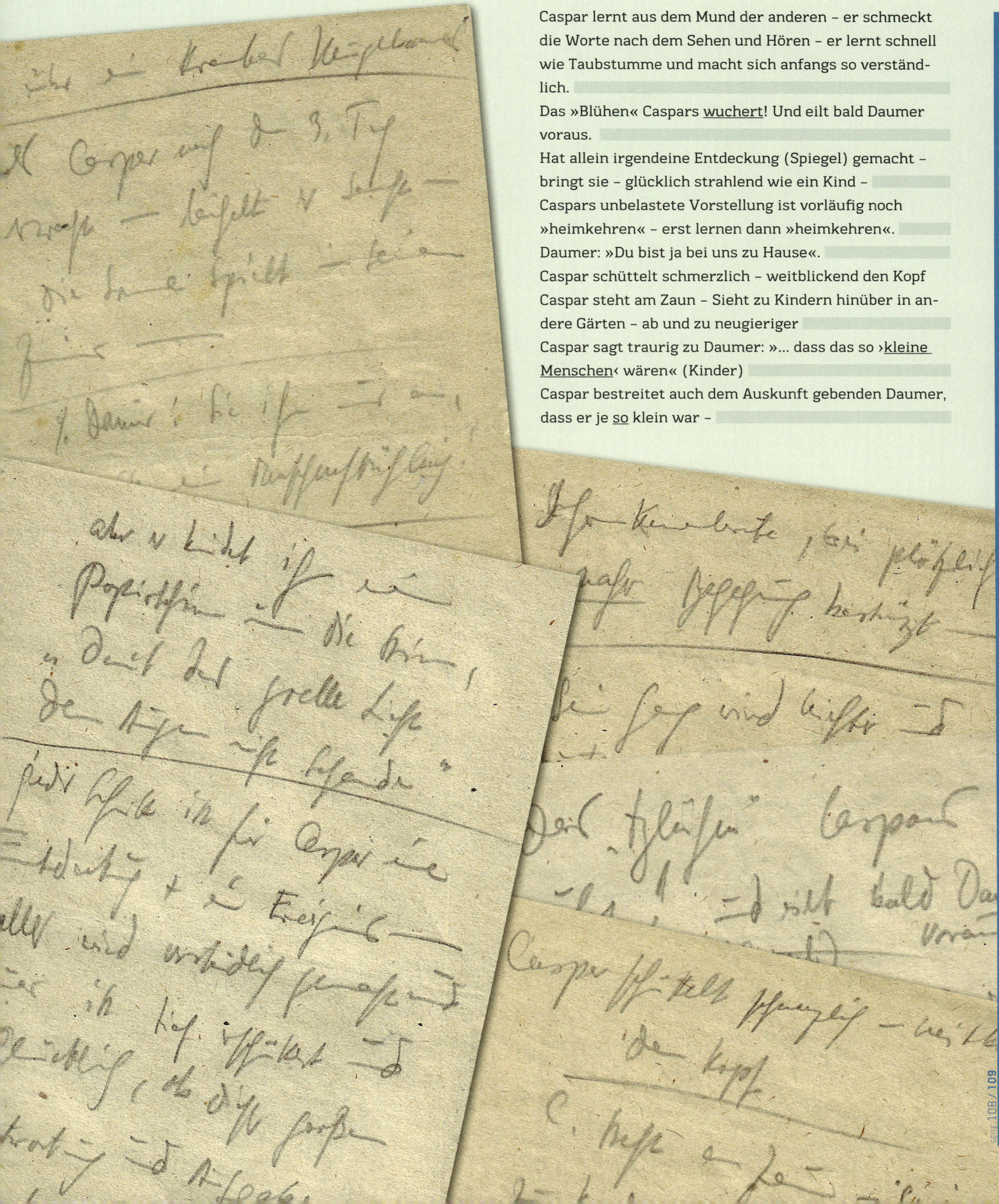

Daumer erzählt von der Entwicklung des Menschlichen, dass er alt würde mit Runzeln usw.

- Caspar schluchzt traurig und fleht, dass Daumer es verhindern möge.

Als man ihm sagt, dass alles Gewachsene lebendig sei, beginnt eine neue Angst vor Bäumen usw.

Ein Apfel fällt. Caspar: »warum läuft er so schnell?«

Daumer mit einem Messer – ein Wurm – Kerker! Gefangen!

Caspar nachdenklich und düster bei dem Wort.

Regenbogen – maßloses Entzücken!

Jemand sieht es und lacht darauf – Caspar zuckt zusammen!

Caspar verfällt bald in tiefe Nachdenklichkeit – er muss mal raus! Mal raus!

Bei Spaziergang Neid und Hohn einiger Fußgänger – Caspar ist schön angezogen

Sonnenuntergang!!!

Caspar fragt: »Ist da Gott? Ist die Sonne Gott?!«

Alle fühlen sie zum ersten Mal die Entstehung der Welt!

Daumer: »… dass alle Menschen die Gelegenheit noch haben (immer hatten) so feinfühlig und ›neu‹ zu sein.«

Caspars naive, instinktive Äußerungen über den Bart oder irgendetwas einer Persönlichkeit brachten ihm Hass und Argwohn ein und man behauptete von Daumer, er würde den Jüngling verhexen – ihn lebensunfähig und sentimental verweichlichen – er sei auch »unhöflich«.

Alles Personen, die für Daumer immerhin in dieser Angelegenheit wichtig waren.

Geschichte mit tollwütigem Hund – mit Vögeln im Garten – Daumer weint –

Man beginnt mit Caspar ein »Spiel« zu treiben – lädt ihn ein – jeder will ihn sehen – examiniert ihn – Caspar ist stets bereitwillig bis zur Quälerei.

Caspar im Garten mit Katzen, Vögeln, Tauben, auf der Bank – ein Bild des paradiesischen Friedens.

Ein Brief flattert ins Haus – Verleumdung – Warnung – Drohung

Brief! Traum! Mutter! Träume!

Polizei tut ahnungslos (Offizier!), abgekartete Sache.

Offizier bohrt weiter –

Vorausgegangene (wiederholende) Besprechungen mit Stenhope

Frage nach der Mutter!

Frage über Kost! Herkunft

Reisezeit! Dauer Meinung

Herkunft!!! Träume: Pathologe! »Heilanstalt«

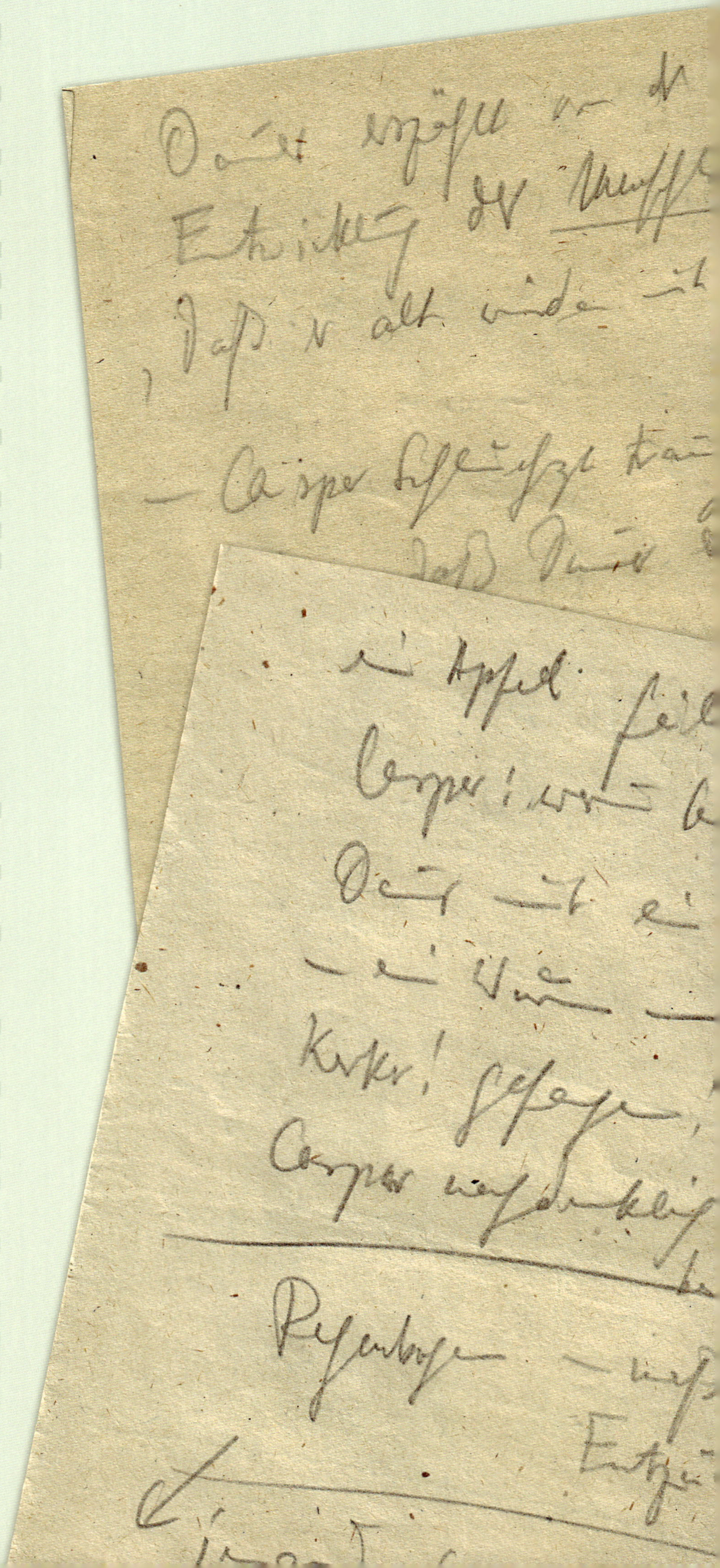

FRAGMENT 3

Romeo & Julia

Da Klaus Kinski sein Heldentum in aller Regel in so tief Gefallenen auszuleben anstrebte, dass einerseits seine Aufstiegschancen unbegrenzt schienen und andererseits seine Auffälligkeit im Besonderen gewährleistet war, bildet sein mehrjähriges Bemühen um die Darstellung von William Shakespearse edlem Bürgersohn Romeo die solitäre Ausnahme in des Schauspielers frühen Selbstinszenierungen. Ähnlich wie bei den Schallplattenaufnahmen mit Goethes und Schillers Balladen scheint ihm hierbei die Verankerung in der klassischen Tradition sowie die Nähe zu seinen Vorbildern Josef Kainz und Alexander Moissi ausreichend verheißungsvoll gewesen zu sein. Zudem versprach der Bruch mit Altbewährtem auch immer die Chance auf große Aufmerksamkeit. Die möchte sich Kinski natürlich nicht entgehen lassen, als er in den Dezembertagen des Jahres 1949 als jugendlicher Liebhaber in Alfred Brauns Rundfunkfassung zu hören ist. Sein Romeo folgt nicht den ehernen Gesetzen der Radioaufnahme, mit jedem Wort klar verständlich sein zu müssen. In übertriebener Intensität schwankt er zwischen lautem Toben und Zurücknahme bis an die Grenzen des noch Hörbaren. Bei der Abnahme der Produktion soll man ihm eine zu unstete Rollenauffassung vorgeworfen haben, welche die stimmliche Erkennbarkeit der Figur beeinträchtige.[160] Kinski, durch solcherlei Reaktion bestärkt, erarbeitet sich sogleich eine eigene Bühnenfassung und ein eigenwilliges Vermarktungskonzept. Er beabsichtigt mit *Romeo und Julia* die 1. Berliner Kreuzberg-Festspiele aus der Taufe zu heben. Außer einem Rundschreiben und einem öffentlichen Aufruf, den er als Plakat plante, sind leider nur seine Kostümentwürfe, die er dieses Mal nicht zeichnet, sondern aus Büchern reißt und bearbeitet, im Nachlass erhalten und werden auf den folgenden Seiten zu sehen sein. Da beide Texte im Namen des damaligen Kreuzberger Bürgermeisters Willy Kressmann verfasst sind, bei dem Kinski am 9. Mai 1950 für sein Projekt vorsprach, soll eine Aktennotiz, die die Sicht des Bezirksamtes Berlin-Kreuzberg wiedergibt, die Fundstücke ergänzen. Die Aufführung kam nie zustande.

Klaus Kinski gibt den Festspielplan noch im gleichen Jahr für immer auf, behält aber Shakespeares Stück weiter im Auge. 1960 lässt er die Presse wissen, dass er *»Romeo und Julia bringen will«*[161] und dass sein abgöttisch geliebter Zukunftsplan – im amerikanischen Sinne mit selbst gewählter Besetzung ausgewählte Stücke zu produzieren – seit zehn Jahren daran scheitere, dass dieses Projekt mindestens zehnmal so teuer sei wie ein Jaguar-Wagen. 1962 schafft er es immerhin, *Romeo und Julia* mit eigenem Ensemble auf eine Schallplatte zu bannen und den Romeo bei der Programmgestaltung seiner Tournee mit klassischen Monologen zu berücksichtigen.

160 Zit. nach: WDR Programmtipps für Sonntag, 5. September 2010 auf www.wdr.de, leider ohne Quellenangabe

161 Hans Habe: *So groß wie Zirkus Krone. Warum sich der besessene Schauspieler und Sprecher Klaus Kinski ständig mit seinen Mitmenschen verkracht.* In: Bild am Sonntag, 18. Dezember 1960

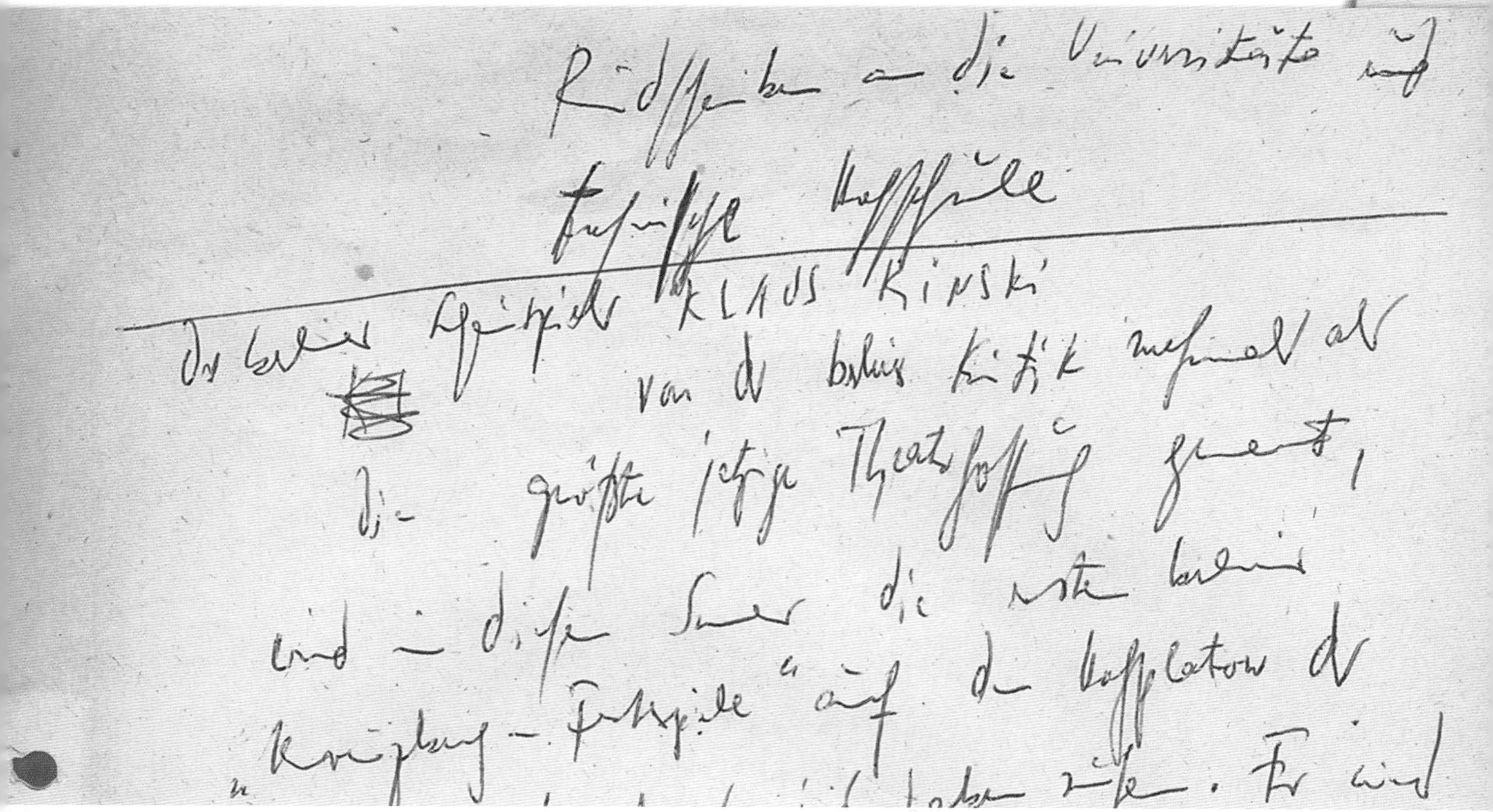

Rundschreiben an die Universität und technische Hochschule

Der Berliner Schauspieler KLAUS KINSKI von der Berliner Kritik mehrmals als die größte jetzige Theaterhoffnung genannt, wird in diesem Sommer die ersten Berliner »Kreuzberg-Festspiele« auf dem Hochplateau des Berliner Kreuzberges ins Leben rufen. Er wird das größte Liebesdrama der Weltliteratur »Romeo + Julia« inszenieren, das in Nachtvorstellungen zur Aufführung kommt. Neben namhaften Berliner Schauspielern, ist die Einbindung eines Orchesters und eines berühmten Geigers geplant. Die Berliner Hochschule für Bildende Künste + andere Institutionen haben sich bereit erklärt die Anfertigung der Kostüme zu übernehmen.
Zu der von ihm geplanten realistischen Inszenierung werden etwa 300 absolut südländisch aussehende junge Männer, Mädchen + Frauen benötigt; die sich bis zum VI. 50 melden müssen. K. K. hofft auf die reine Kunstliebe + Begeisterung seiner Generation; ohne deren Mithilfe dieses große Projekt nicht ausführbar ist.
Das Finanzierungssystem ist auf einem Kreditverfahren erdacht.
Es werden mit Beginn der Tribünen-Aufbauarbeiten Gutscheine zur Verteilung kommen, die gegen 1 DM West einzukaufen sind. Der Gesamteintritt für die R. + J. Aufführung beträgt 1,50. 1 DM ist sofort gegen einen solchen Gutschein einzuzahlen, während die restlichen 50 Pfg. bei Eintausch des Gutscheins gegen eine Theaterkarte erfolgen kann. Der Eintausch geschieht bei Bekanntgabe des Premierentermins. Dieses Verfahren ist erdacht, um mit dem sofort eingezahlten Geld arbeiten zu können und das große Projekt zu finanzieren.
K. K. hat meine vollste Unterstützung und das gesamte Projekt steht unter meinem Protektorat

Kressmann – Bürgermeister v. Kreuzberg

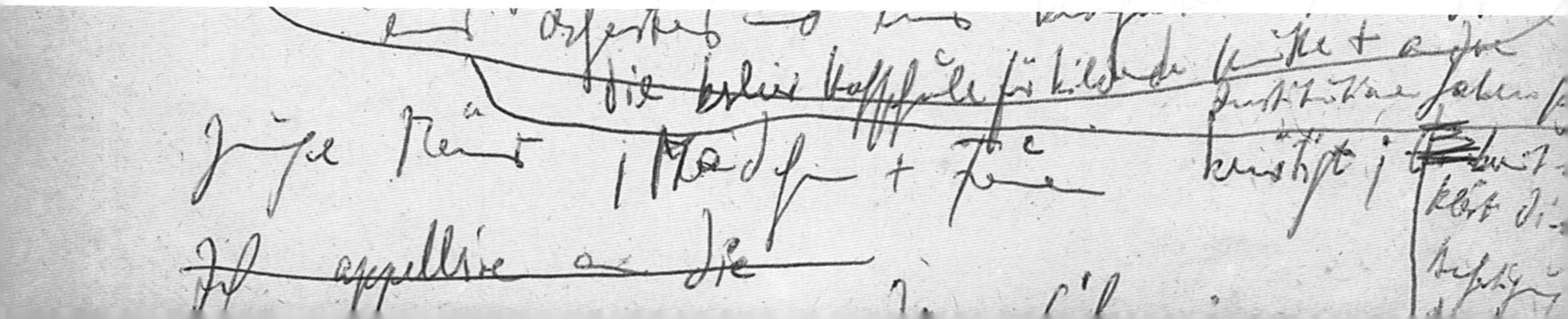

Es wird mit [illegible] Aufbauarbeit [illegible]
für Verteilung kamen, die gegen 1 DM [illegible]
[illegible] Der [illegible] für
Aufführung beträgt 1,50. 1 DM. [illegible]
[illegible]
[illegible] 50 Pfg. bei Eintritt [illegible]
[illegible] Theaterkasse [illegible]
[illegible] bei Bekanntgabe der Premierentermine
[illegible]
[illegible] Geld arbeitet für keine
große Projekte zu finanzieren.
[illegible] vollste Unterstützung
[illegible] Projekte selbst [illegible] mein [illegible]
Kassenm[illegible]

Kassenm[illegible]
[illegible] v. [illegible]

9

Plakate

Romeo + Julia (ganz dick)

1. Berliner Kreuzberg-Festspiele 1950

Die Berliner 1. Kreuzberg-Festspiele 1950 werden mit einer realistisch geplanten Aufführung des größten + herrlichsten Liebesdramas der Weltliteratur begonnen.
Das Projekt + die künstlerische Ausführung ist in die Hände des begabtesten jungen Berliner Künstlers gelegt. Außer namhaften älteren + jungen Berliner Schauspielern ist die Teilnahme eines Orchesters, die R. + J. Musik eines bekannten Komponisten und die Teilnahme eines berühmten Chors in Angriff genommen.
Außerdem hat die Hochschule für Bildende Künste Berlin ihre Beteiligung an der Ausführung d. P. zugesagt.
Die Aufführung findet in Nachtvorstellungen auf dem Hochplateau des Berliner Kreuzberges statt. Die Aufbauarbeiten haben begonnen.
Das Finanzierungssystem ist ein Kreditverfahren. Der Gesamteintrittspreis für diese Vorstellung beträgt 1,50 DM West. Jeder, der eine spätere Aufführung besuchen will, muss ab sofort gegen die Aushändigung eines Gutscheins 1 DM West an den angegebenen Stellen einzahlen, um das Unternehmen sofort zu finanzieren. Bei Bekanntgabe des Premierentermins werden die Gutscheine bei Restzahlung von 0,50 DM West gegen eine Eintrittskarte eingetauscht.
Für eine realistische Volksszene werden 300 absolut südländisch aussehende Menschen gebraucht.

100 Mädchen
30 erwachsene Frauen
6 alte Frauen
50 junge Männer
20 erwachsene Männer
6 alte Männer
20 starke athletisch aussehende Männer
20 Mädchen (8 – 12 J.) 20 Jungen (8 – 12 J.)
3 Mütter mit 2 – 4 jährigen Kindern

Alle angeführten Männer, Frauen + Kinder müssen
einem absolut südländischen Typ entsprechen.

Meldungen bis zum ... VI. 50....

Dieses große Unternehmen, das dazu beitragen kann, Berlin zu einem internationalen Festspielplatz zu machen, hat meine vollste Unterstützung und steht unter meinem Protektorat,

Kressmann
Bürgermeister von Kreuzberg

lange hell-braune Hose — mit (blau gold) gemustertem Einsatz, der etwas übersteht!!!
(mit einer Kordel aus Gold gefasst)

Unterrock ist blau (Seide) mit …

helle Sandalen!

Ärmel
Straßenmädchen 5 X
(Volk) (gestickte Borte)

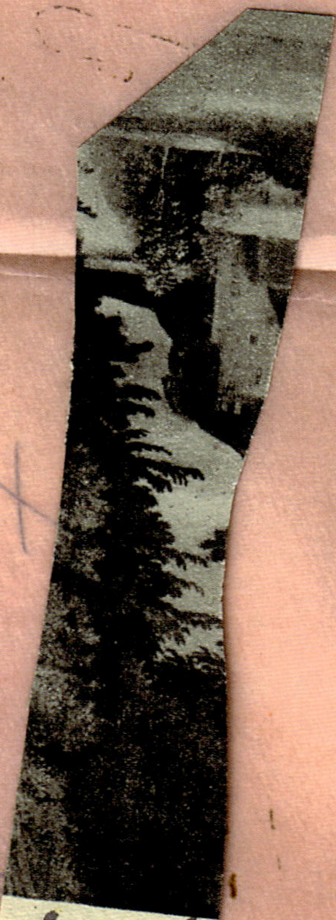

Ärmel wie in der Mitte
1x quer gestickt

Mitte

Hut: oben dunkelrot, unten hellgrau

(hellgrau)

Wams hochgeschlossen (bis der Rand) (ohne Schlitz) großes Umhängetuch (schwarz)

Ärmel unten 1x geschlitzt

hellgrauer Trikot
(Turnschuhe)

Hut für Tybalt

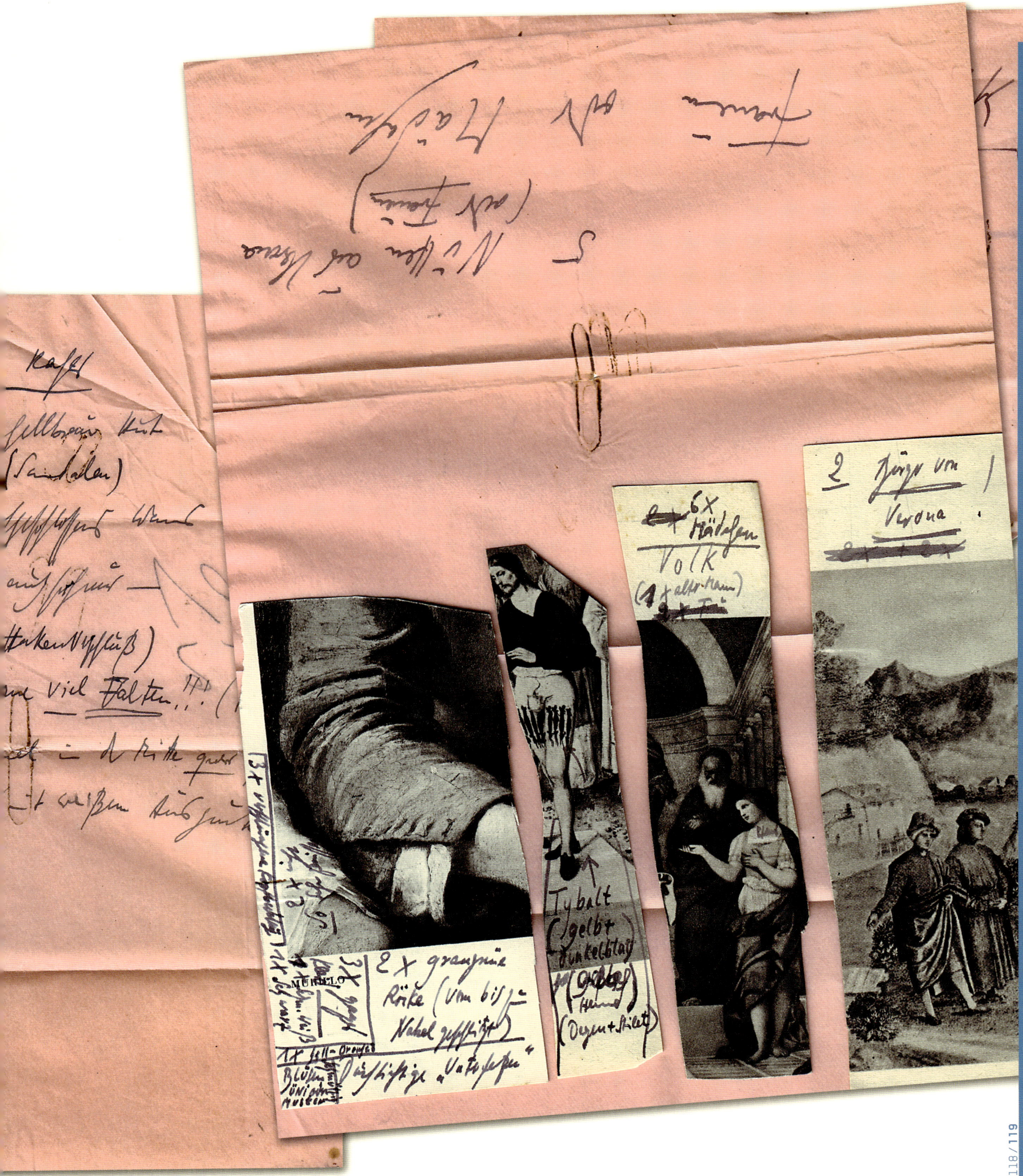

2 Jüngl. von Verona
6x Mädchen
Volk
Tybalt (gelb + dunkelblau)
(Degen + Stilett)
2 x graugrüne Röcke
MURILLO
viel Falten !!

geschlitzt — ...
... aufgelöst (die Bänder, dunkel, hängend)
... : schmutzig blau
: schmutzig weiß →
ebenso weiß (oder Muster)
: dunkelolive
beige
Olive

2 X
Schwarzer Latz
+ Kappe
braunes Überwams
... ist wie ein Sack
Bänder (hängend)
Schlitze ... kann die
Haken
das schwarze Wams (2 x innen länger geschlitzt
2 x (kurz) am Unterarm)
... roßbraun Trikot (ohne Füß)
... keine Schuhe)
... Wams auf schmutzig hellem ...
... Trikot schwarz (brauner Hut)

(Ha...
...kackfar...
...tragen
...ikot
abknöpfbare Ärmel (...)
Wams : (r. + l. geschlitzt)
Bänder

CAROLINA POSTALE
POST CARD
ADDRESS
CARTE POSTALE
London. Published for the Trustees by the Medici Society Ld.
88
VOLK!
10 mal
So!!
matter weiß
(Sandalen)

GIORGIONE: DIE SCH
Dresden, Ga

ENDE VENUS

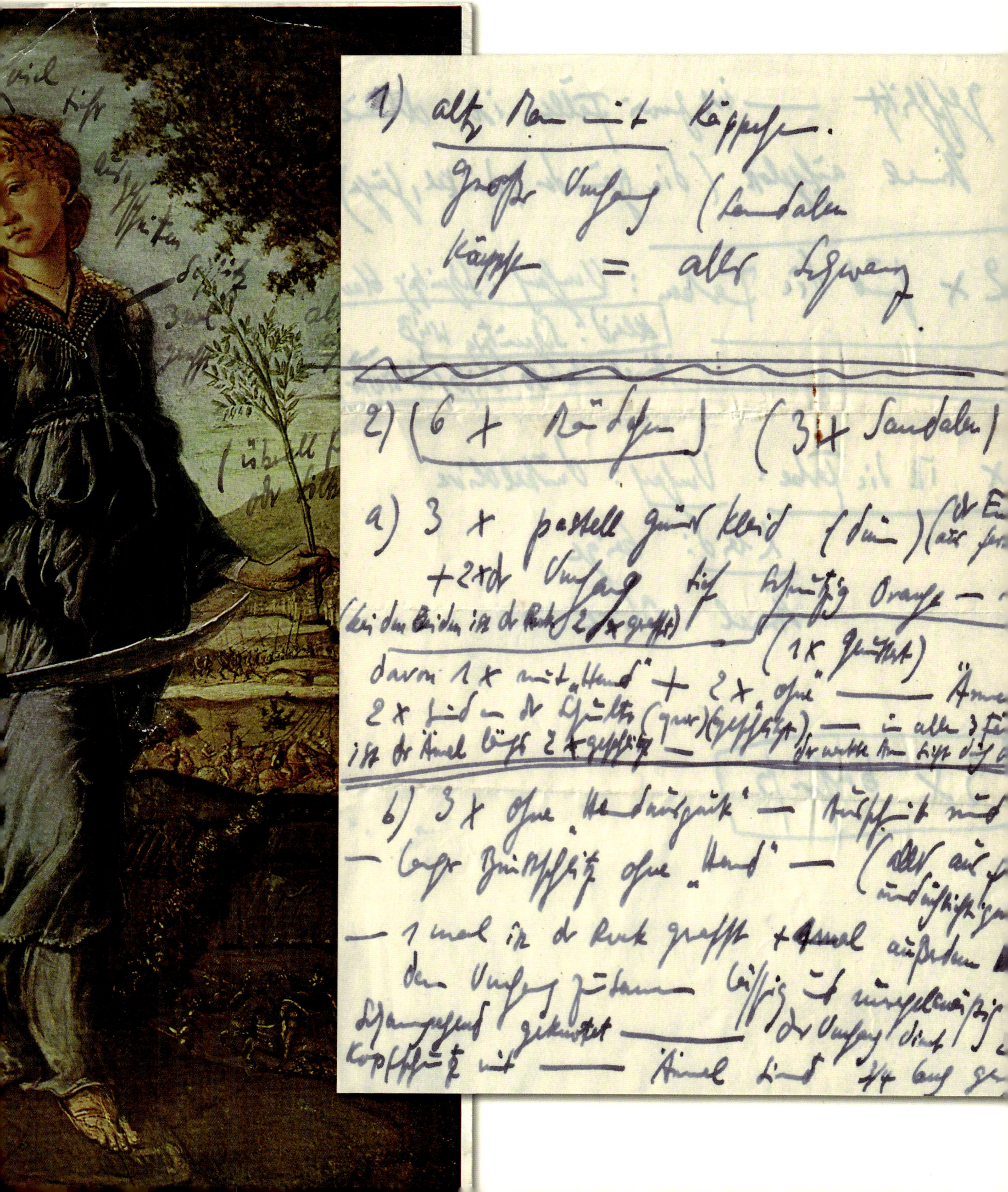

1) alte Frau mit Käppchen.
große Umhang (Sandalen
Käppchen = alter Schwanz
2) (3x Sandalen)
a) 3 x pastell grün Kleid (dünn)
+2x d. Umhang
Orange —
(1x geknotet)
davon 1x mit „Hand" + 2x ohne „ — Ärmel
b) 3 x ohne

Vbildg/Kunst
24

Vermerk: Betr. Claus K i n s k i .

Am Dienstag, dem 9.Mai erscheint Claus Kinski. Er bezieht sich auf seine soeben geführte Unterredung mit Herrn Bgm. Kressmann. Er trägt folgenden Plan vor:
Im Juli d.J. will er in den Anlagen des Kreuzbergs "Romeo und Julia in der Zeit von 23 bis 3 Uhr morgens aufführen. Diese Aufführung soll im naturalistischen Stil stattfinden. An Statisten benötige er 300 bis 1000 Personen. Besonderen Wert legte er auf die Mitwirkung von 300 ausgesprochen südländisch aussehenden Frauen. Die Kostümentwürfe habe er selbst angefertigt, die Kostüme seien nur noch nach seinen Angaben herzustellen. Die Kostüme der Hauptdarsteller müssten von Kreuzberger Modeateliers gratis gefertigt werden. Die Kostümstoffe der Statisten seien durch Sachspenden der Schülerinnen in Kreuzberg aufzubringen und unter Anleitung der entsprechenden Lehrkräfte (Handarbeitslehrerinnen) zu nähen. Er verspricht sich ein begeistertes Mitgehen der gesamten Bevölkerung. Durch besondere Werbung sei die Bevölkerung aufzufordern, 1.- DM im voraus zu zahlen, die sie späterhin berechtige, durch Hinzuzahlung von -.50 Dm eine Eintrittskarte zu erwerben. Mit dieser Vorfinanzierung glaubt Herr K. die notwendigen finanziellen Mittel hereinzubekommen. Er verspricht sich von der Aufführung, die mehrmals wiederholt werden soll, eine ausserordentliche Anziehungskraft auf Besucher aus dem Westen und dem Ausland.

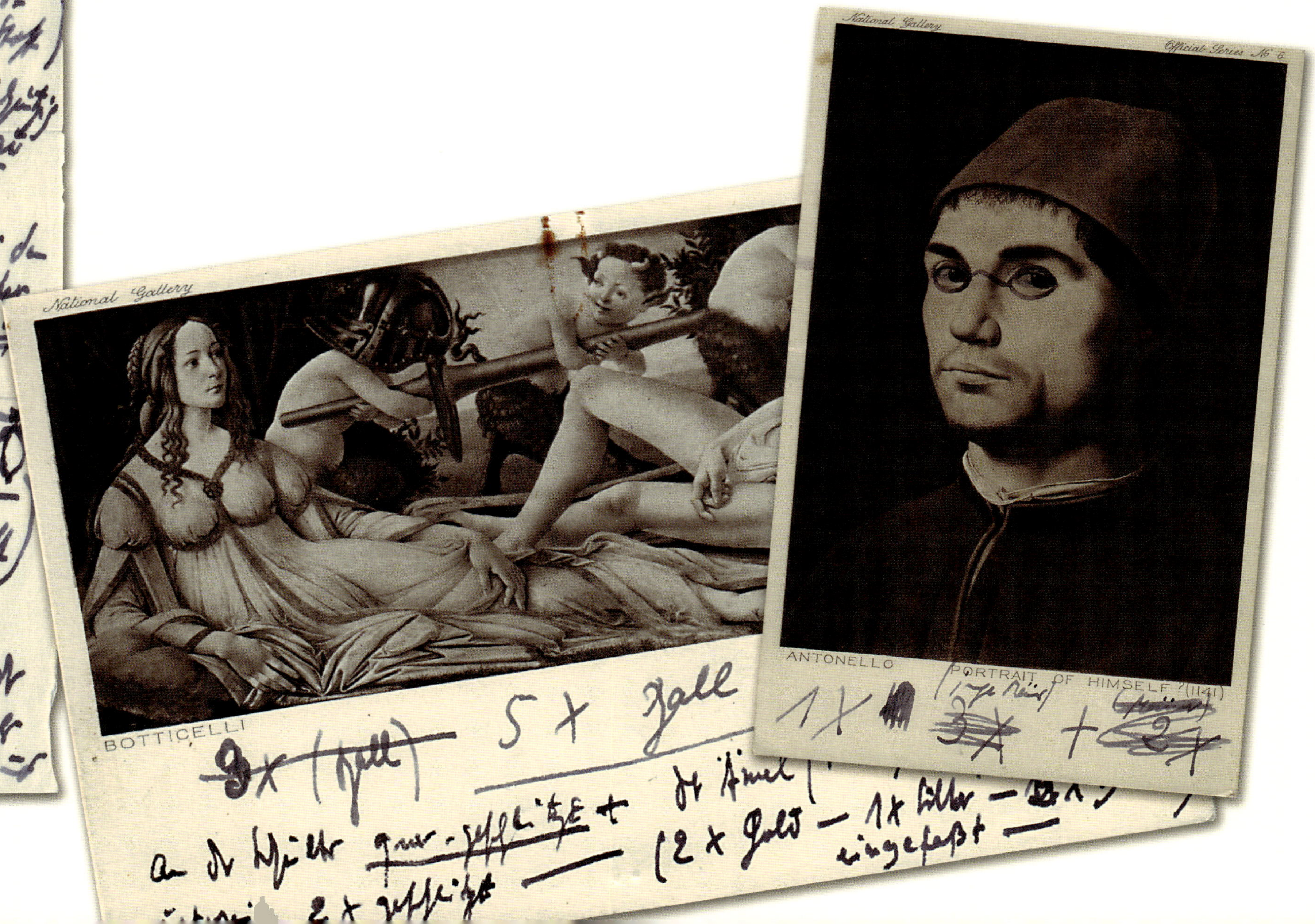

DREI ERZÄHLUN
UN

ES WAR
EINMAL EIN KIND

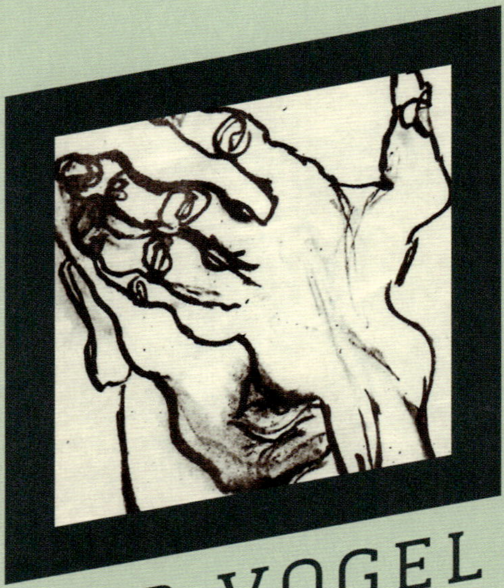

DER VOGEL
UND SEIN TOD

DER BAUM
TANZT NICHT MEHR

GEN

D EIN GEDICHT

VERLACHT
MICH NICHT

Obwohl Klaus Kinski nur mit dem Schreiben angefangen hatte, um die öffentliche Darstellung seiner Person zu korrigieren und den weiteren Verlauf seiner Karriere zu beeinflussen, hatte er den Drang, auch diese Kunstform nach Möglichkeiten zum Ausdruck seines selbst gefühlten Genies eingehender zu erforschen. Und wie in allen Künsten, in denen er sich versucht, inklusive der darstellenden, ist Kinski selbst die unübersehbare Grundlage seines Tuns, gleich einem Maler, der in sein eigenes Bild eintreten muss. Die Welt wird nicht an sich verarbeitet, sondern an und mit ihm. Sein damaliger Weggefährte Thomas Harlan (SIEHE S. 67, S. 139 UND S. 144) hat das wahrscheinlich am treffendsten beschrieben: *»Kinski, das war die Strahlkraft der Gosse, die verwandelte die Welt im Flüsterton in eine Heiligkeit, zu der die Erhabenen unfähig waren. Kinski trotzte sich das Schöne ab. Er riss es sich aus, streichelte es, sich einschmeichelnd, fast singend, bis es geschmeidig war und vereinbar mit dem Dreck im Widerspruch zu ihm.«* [162] So gab es eine, allerdings relativ kurze Phase in den Jahren 1950 bis 1952, in der Klaus Kinski Erzählungen und Gedichte schrieb. Doch während sein Gedichtband *Fieber – Tagebuch eines Aussätzigen* durch einige Zufälle erhalten ist, liegen von seinen Erzählungen nur noch wenige vor. Außer den drei hier erstmals veröffentlichten, ist mit *Demut* nur eine weitere Erzählung bekannt, die bereits in *Fieber – Tagebuch eines Aussätzigen* abgedruckt wurde. Alle Erzählungen kreisen natürlich um die von Kinski empfundenen Nöte. Aber anders als in seinen biographischen Schriften ist seine Fantasie nicht an einen gewünschten Lebensentwurf gekettet, darf er ungleich freier und viel virtuoser an sein Thema gehen.

Die naheliegende Frage, warum Kinski sein literarisches Talent nur so kurze Zeit ausprobiert hat, beantwortet sich im Übrigen aus dem Kontext. Zum einen verfolgt Kinski mit dem Schreiben andere Ziele, für die er es zum geeigneten Zeitpunkt auch wieder aufnehmen wird. Zum anderen widmet er der Poesie immerhin genug Zeit, um einen Gedichtband zu verfassen, mit dem er einen schnellen, spektakulären Erfolg anstrebt. Als dieser nicht rasch eintritt, niemand dieses Werk publiziert, stellt er seine Gedichte im Herbst 1955 unter den Geleitschutz seiner PR-Maschine. Beim Warten auf die Schauspielerin Erika Remberg (SIEHE S: 159), mit der ihn nicht nur Kollegialität verbindet, nimmt er am 28. Oktober Schlaftabletten, lässt sich retten und hernach für die Pressefotografen auf eine Bahre drapieren. Dem mehrseitigen Bericht der *Film-Revue* steuert er sogar ein Gedicht und die Nachricht vom vermeintlichen Interesse eines »bekannten New Yorker Verlages« [163] bei. Als die erwartete Begeisterung der deutschen Publizisten dennoch ausbleibt, schließt Kinski dieses Kapitel und widmet sich wieder ganz der Schauspielerei. Ähnlich ist er zuvor schon mit seinen Zeichenkünsten verfahren. Als der Berliner Galerist Rudolf Springer eine Ausstellung mit Kinskis Kohlezeichnungen (VGL. S. 64), deren Eröffnung für den 5. Januar 1954 vorgesehen war, kurzfristig absagt, weil Kinski darauf insistiert, dessen Hund gegen seinen Willen zu füttern, hört er einfach mit dem Zeichnen auf. Was von seinen Kohlezeichnungen erhalten ist, illustriert dieses Kapitel.

Die wenigen Fundstücke dieser explosiven Schaffensphasen verdanken wir meist Freundinnen, die Kinski mit einem persönlichen Geschenk beglückte. So auch das Gedicht *Verlacht mich nicht*, das eine frühe, längere Variante von *Nehmt meinen Kuss* aus dem *Fieber*-Zyklus ist und eine seiner größten Sorgen zum Titel hat. Er widmete es mit den Worten: *»Eines meiner neuen Gedichte. Hoffentlich gefällt es Dir – ?«*

162 Zit. nach: Jean-Pierre Stephan: *Thomas Harlan – Das Gesicht Deines Feindes*, Berlin 2007, S. 52/53
163 *Ein Leben in Ekstase*, ebd., S. 37

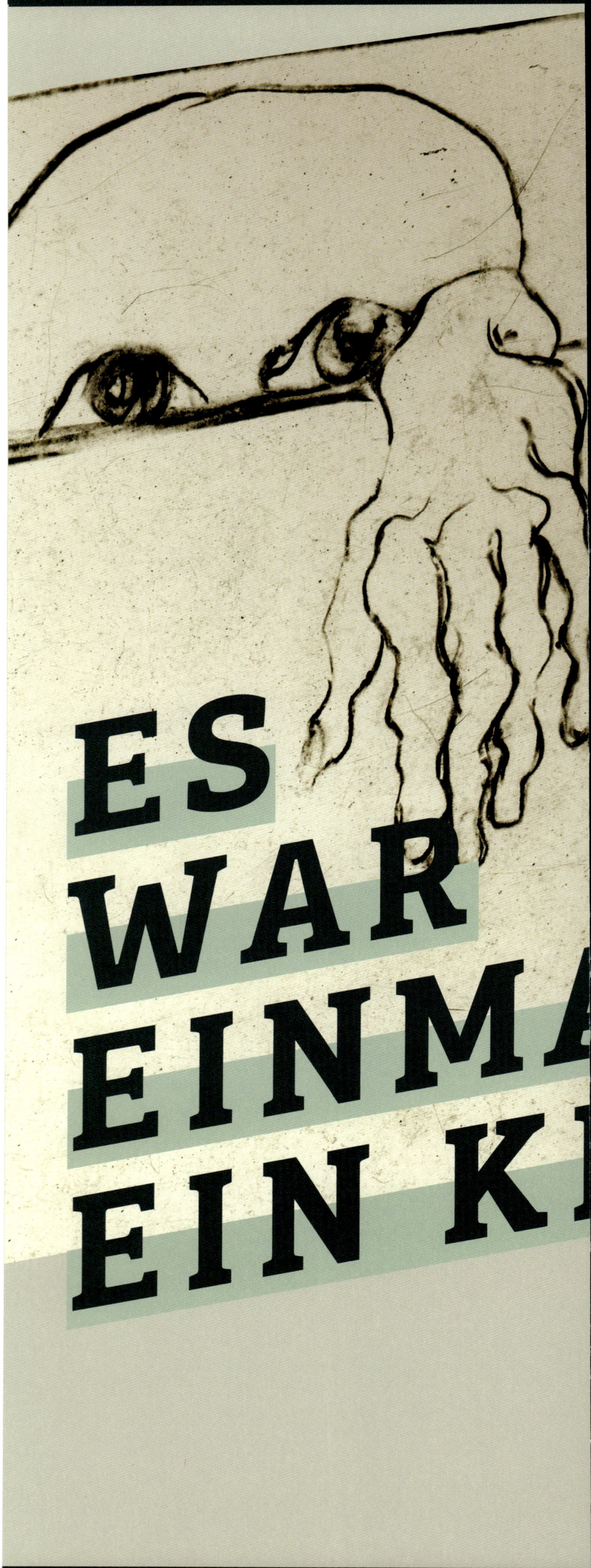

L

ND

Es war einmal ein Kind – es war vielleicht ein schlimmes Kind – aber es liebte viel und viel und wollte lieben – Die Augen waren halb so groß wie sein Gesicht, und über diese Augen hingen lang die Haare und ließen eben gerade einen kleinen Schlitz zum Sehen frei. Sein Körper war sehr schmal und zart, und niemand wusste recht zu sagen, ob es ein Mädchen oder ein Junge war.

Es weinte viel und fror, wenn keine Sonne schien – es schrie, nur weil es lebte – und es schrie vor Todesangst.

Es wollte nicht, dass Licht im Zimmer brennt, und fürchtete die Dunkelheit – es lief im Sturm und Wetter auf die Straßen, und weinte, wenn es donnerte und blitzte – es wollte nicht allein sein, und doch störten alle, wenn es spielte, träumte, lebte, weinte, weinte, weinte - - - - - - Es bettelte um Liebe und um Freundschaft und es stieß doch wieder alle traurig fort – es fühlte sich wie Sand – und wollte Sand sein – es dachte sich als Baum, und kannte die Geschichte aller Bäume – es war wie Wasser und wie Glas, das fühlt, wenn man durch es hindurch sieht – es war oft Hund und Katze und wie ein Pferd, und wie die Erdbeere, die man im Wald zertritt – und wie die Wäsche, die man hängen sieht – alte Wäsche, geerbte Wäsche – und wusste um ein jedes Monogramm, aus aller Welt – und hatte nicht die Zeit, für alles lang genug zu denken – es lebte jenes Reisefieber eines Kranken, der die Welt erträgt – und wusste auch von jedem warmem Huhn, das in der Sonne über Lebens- oder Todesahnung schreitet – und so zuckt, wenn es die Menschen gar nicht sehen können – es litt für jedes, was noch nicht erahnt, wohl kommen muss. – Es hatte das erst spätere Bewusstsein allen Lebens wie ein Gewicht an seinen Haaren hängen. – Es wollte alles – wollte nichts – es war viel tausend Jahre alt, und doch nur vier und sechs und zehn und zwanzig und auch mehr und mehr. (Wie die gestohlene wilde Blume, die krankhaft ihre zarten, bluterweichten Wurzeln nach der Sonne reckt, aus der man sie gerade eben wieder ausgerissen hat – das alte Blut, es brannte in den heißen Wurzeln.) Man wusste nie, wie alt es war – es schien viel jünger und viel älter – aber die Augen blieben alt und groß und traurig. Es schreckte vor der Uhr zurück, weil es so sehr zur Uhr verdammt war, und es weinte vor dem Weihnachtsbaum, weil er doch sterben musste – und es hielt schützend seine eigene Armut, weil Armut so allein ist – es suchte jene Armut zu verbinden, und sah, dass Armut vor der Armut floh – weil Armut sich vor Armut so genierte. Und suchte jene Sonne bei der Sonne und sah, dass Sonne auch vor Sonne floh – es sah das Übermaß der Welt und sah, das jeder Mensch zu diesem Übermaß zu schwach war. Das Kind war arm – es hungerte, wie seine Mütter hungern mussten – und wenn es dann nach Tagen was zu essen gab, war es zu schwach, weil es so lange nichts gegessen hatte. Es sah den Angstausdruck von Leben wie Emaille und wie Lack und Perlen Schweißblut – und sah die Augenblicke, die wie Freunde schienen und die das Kind verraten haben – weil sie es verlassen mussten, um sich zu befreien – es sah des Heben eines Arms wie einen Anfang – und es war nur immer wieder eine Geste, wie Beweglichkeit von einer Gliederpuppe – es sah das Öffnen eines Mundes, und es glaubte an endgültige Musik – und es war nur die müde Antwort auf den Schrei der alltäglichen Frage.

Es war ein überströmtes Leben, feucht von Blut, und seine Mutter betete wohl viel für dieses Kind. Sie war die einzige, die dieses Kind wohl immer liebte, denn es hatte große Schwierigkeiten bei den Menschen. Es quälte seine Mutter sehr – aber es träumte diese Mutter in die Träume tief mit ein – und träumte für jahrtausend alte Mütter, und für die neuen – tiefe weite Träume, die vergessen waren – und zog jeden Traum von seinem eigenen Leben ab. Es liebte so mit sieben Jahren wie mit zwanzig – und es war 17 Jahre oder zwölf – was übrig blieb war Asche – Asche, die sich wie zitternd, sich nicht zu verlieren balancierend an die Bäume schmiegte oder an einen heißen Mauerrand – und stahl sich fort als Grün – und hat sich seinen eigenen Tod gesucht – und starb so tausendfach. Es ging an einem Weihnachtsabend durch die Straße – und vor der Tür eines Hauses, da stand ein Leichenwagen – es wartete, bis man den Sarg heraus trug – und dann kam ein Mann – es war ja seine Frau, die eben tot war. Und nun wusste das Kind ganz plötzlich, wie sein Leben war bis jetzt – bis seine Frau starb – aber es hatte auch Verständnis für die Pferde, die in Schwarz den Wagen ziehen mussten – denn sie hatten keine Zeit für so was – denn sie mussten sich beeilen für den eigenen Tod.

An diesen Qualen trug das Kind die Leben lang – und wie ein Fischzug hinter ihm mehrt sich die Last.

DER VOGEL UND SEIN TOD

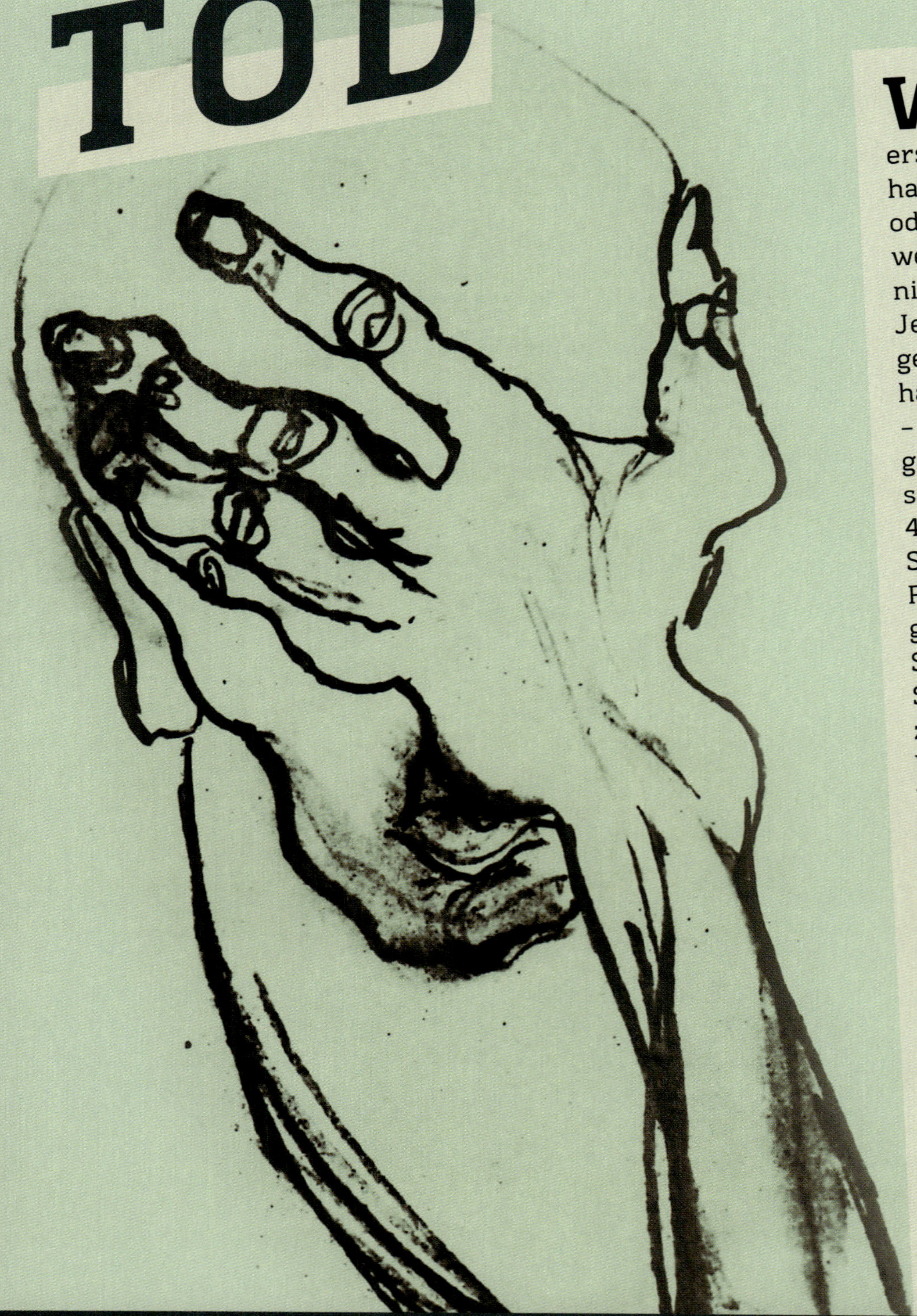

Wir hatten einen Vogel. Wir waren immer arm – und deshalb war es das erste Mal, dass wir so etwas besaßen. Wir haben nie wie andere Leute einen Hund oder eine Katze gehabt oder Goldfische oder weiße Mäuse oder einen Tennisschläger – nie. Jedenfalls konnten wir es nicht kaufen. Jetzt hatten wir zum ersten Mal einen Vogel. Ich weiß nicht, ob ich mir gewünscht hatte, dass wir einen Vogel haben sollten – auf jeden Fall quälte es mich, dass er den ganzen Tag mit den Flügeln gegen das Gitter schlug. Er hatte höchstens 40 cm zu leben. 40 cm nach oben, 40 cm zur Seite, zwei Sprünge rechts, zwei Sprünge links, zwei Flügelschläge nach oben, zwei Flügelschläge nach unten, zwei Sprünge rechts, zwei Sprünge links, zwei Sprünge vorwärts, zwei Sprünge rückwärts, zwei Sprünge rechts, zwei Sprünge links......

Weil ich nicht ertragen konnte, dass unser Vogel sich so quälen musste, ließ ich ihn bei jeder Gelegenheit aus seinem Gefängnis heraus. Dann flog er auf die Gardinenstange und schrie ganz hell und ging auf unserem zerrissenen Teppich spazieren und wollte nie in den Käfig zurück, wenn ich ihn wieder einfangen musste, weil meine Mutter das Fenster aufmachen wollte um frische Luft hereinzulassen.

Nur wenn mein Vater da war, dann ließ ich ihn nicht mehr aus dem Käfig heraus. Mein Vater war gut wie ein Idiot – aber er war halb blind und fast taub, und er sah nicht, wenn unser Vogel auf dem Teppich spazieren ging. Er hörte auch nicht, wenn er ihm hinterher flog und fühlte nicht, wenn er sich auf seine Glatze setzte. Er setzte sich oft auf seine Glatze und kackte auch manchmal darauf. Aber seit dem Tage, an dem mein Vater ihn beinahe einmal zertreten hatte, ließen wir ihn nicht mehr aus dem Käfig, solange mein Vater zu Hause war. Mein Vater war sehr traurig darüber, denn er hatte den Vogel sehr lieb, und vielleicht quälte es ihn auch, dass der Vogel nur 40 cm zu leben hatte, zwei Sprünge rechts, zwei Sprünge links ... zwei Sprünge vorwärts, zwei Sprünge rückwärts ... zwei Sprünge rechts, zwei Sprünge links. . . . .

Als ich einmal nach Hause kam, war der Käfig leer. Ich stierte wie betäubt in den leeren Käfig und war nicht im Stande einen Gedanken zu fassen. Ich dachte nur daran, dass mein Vater mir die Tür geöffnet hatte, als ich nach Hause kam. Es konnte also niemand außer ihm zu Hause sein, sonst hätte mir jemand anderes aufgemacht. Ich fühlte einen ungeheuren Eisklumpen in meinem Gehirn, der auf meinem Körper weiter wuchs und mich bis in die Fingerspitzen erstarren ließ. In einem einzigen Augenblick, in dem Augenblick, wo ich den leeren Vogelkäfig sah, hatten sich meine Nerven ineinander festgefressen wie die Zahnräder einer Maschine, und jetzt blieb diese Maschine plötzlich stehen - - - - - - - - - - - - - - - - - - - ich wollte......ich wollte aus dem Zimmer rennen ...ich wollte......ich konnte keinen Gedanken zu Ende denken....ich wollte.... was wollte ich eigentlich.....? Ich wusste doch, dass ich den Schrei schon längst gehört hatte, schon als ich den leeren Vogelkäfig sah, und ich wusste ganz genau, dass ich keinen Gedanken fassen konnte, weil dieser Schrei mich davon abhielt. Aber ich hatte nicht einmal die Möglichkeit, es zuzugeben. Ich interessierte mich ganz mechanisch für diesen Schrei, so wie man sich für die Wirkung der Chlorophormnarkose interessiert, während man unter ihrer Wirkung steht und noch nicht ganz die Besinnung verloren hat.

Ich ging auf den Flur. Meine Mutter hatte so laut geschrien. Sie musste direkt nach mir zur Wohnungstür hereingekommen sein. Mein Vater duckte sich unter ihrem Schrei wie unter einer schweren Peitsche, die auf seine große Glatze klatschte und tiefe Furchen hinterließ. Neben ihm auf dem Boden lag unser Vogel. Er war tot. Mein Vater hatte nicht gemerkt, wie er ihn in der Tür eingeklemmt hatte als er ihm hinter herfliegen wollte. Jetzt, wo er begriff, was er getan hatte, torkelte er wie ein Betrunkener, und weil er nichts fand, woran er sich hätte festhalten können, taumelte er ein paar Schritte nach vorn und schlug gegen die Wand. In diesem Augenblick trat er dem toten Vogel auf den Kopf.

Da lief dem Vogel ein Verzeihen aus dem verzerrten Mund........denn er hatte schnell genug gelebt.

DER BAUM TANZT NICHT MEHR

Der Baum tanzt nicht mehr; er hält sich vibrierend wie ein Tänzer auf beiden Zehenspitzen: Ein einziges Angespanntsein. Ich bin leise wie ein Traum, aber er hört mich nicht – denn er ist zu sehr in sich geneigt. Ich bin wohl noch zu laut, wie alle von dieser Welt. Jeder von uns hat zu viel in sich. Wenn wir so lauschen, fühlen wir das Chaos, es gibt keine Melodien in uns. Jetzt nicht mehr, später noch viel weniger. Ist das Gebet nicht eine Tradition aus dem einfachen Leben von damals, als man noch nach innen lauschen konnte? Gott ist im Chaos zu Hause, heute. Verzeih! Ich wollte von Christus sprechen, den du so hasst. Aber hasst du ihn wirklich? Es ist doch sicher das Prinzip des absolut Guten, dass du in ihm verachtest, weil es hirnverbrannt ist, deshalb, weil es zwecklos ist. Aber es ist gerade der Zweck, den Christus verfolgte, den ich verneine. Man muss ganz einfach sein, auch einfach gut und einfach böse – ja? Gerade das Zwecklose ist das Schöne, weil es nichts für sich will. Auch in der Liebe ist es so. Siehst du - ich muss es dir sagen, dass ich dich liebe, auch das ist zwecklos. Ich weiß es; ich habe es mir tausendmal gesagt. Aber die eine von den Stimmen. Die ich noch für gut halte, sagt, dass das gleichgültig sei. Ich erinnere mich noch genau deiner Worte, die du sagtest: sei dankbar, dass du so eine Seele hast – es gibt nichts Teureres auf der Welt. Ja, jetzt ist sie zerrissen, weil ich sie jeden Tag in mir getragen habe, zerrissen wie ein zerlesenes Buch – und ich kenne es noch nicht auswendig, obwohl es bald zerfetzt sein wird, ganz unbrauchbar. Ich werde sie dann in meine Schublade legen

wie die *enfants terribles* ihre zerknitterten Heiligtümer – als Andenken. Diese meine Seele ist mir mehr als mein eigenes Ich, das ich wegwerfen werde – oder hinwerfen, damit man damit spielt – Ball -- Kinder - - .
Wie kann man wieder lauschen? Man ist ja nie einsam genug. Ja, nicht einsam genug; denn alleine sind wir schon oft.
Warum habe ich kein Recht zu lieben? Woher weiß ich es, dass ich dazu kein Recht habe? Irgendwoher kam mir diese Antwort, dieses vernichtende Wort, gegen das ich nichts tun kann; nur warten, wann es sich auflöst. Aber ich weiß, es löst sich nicht auf. Es wird warten, bis ich zerschlagen bin, ganz verzweifelt. Auch ein böser Engel. – Hast du es gesagt? Du? Dich kann ich nicht mehr leugnen; warum also sagst du solches?
Wenn du nicht schön wärest, hätte man dich längst verbrannt, wie einen Ketzer – glaube mir, nicht wie den Christus! – Du bist der größte Ketzer, den ich kenne, aber du wärst nichts ohne die Dummheit der Menschen. Also lebst du von der Dummheit der anderen? Nicht, dass du davon profitierst. –

Wenn Menschen über deine Schönheit den Verstand verlieren, so würde mich das nicht wundern; es ist oft genug geschehen; aber du solltest wissen, dass sie nicht die Revolution in dir lieben, sondern nur deinen Körper, den du hingibst wie ein Tänzer seine Geste im Lampenlicht. Der Gott in dir ist unantastbar; aber du selbst bist schuldig, schuldiger als du glaubst. Aber dies eine weiß kaum einer: dass du ein Kind bist – und das ist die Entschuldigung für dich, einzig dies – und Gott.
Und da eine Träne! Sie zieht einen Streifen auf dem Glas und gerinnt. Wie weißes Blut. Morgen werde ich nicht mehr an sie denken. Man vergisst alles, auch das ganz Große. Man lässt es in der Zeit verkommen, die schmale Spur wird man zertreten wie Kindergräber. Und wenn der Wind darüber geht, ist es wie vormals.
Vielleicht ist es so: Wenn einer begonnen hat, in sich hineinzulauschen, so wird er gebannt sein von den feinen Linien, die er zwischen dem Chaos zu erkennen vermeint, und er wird nicht mehr herauskönnen – so, als wenn man den Kopf nicht mehr aus einem Flaschenhals herausbekommt und nun mit der Flasche über dem Hals in der Welt herumläuft, eine Zielscheibe des Spottes. Man könnte nur wieder in die Welt zurück, wenn man sich gegen eine Mauer wirft, mit der Absicht, die Flasche zu zertrümmern; aber wie leicht wird der Kopf dabei mit getroffen! So oder so ist man ausgezeichnet. Jeder In-sich-hinein-Lauschende ist schon ein Ausgesetzter.
Und wie sagtest du? Dass alle Ausgesetzten für einander da sein müssten.
Ich liebe die Treppen so. Es gibt die schmalen, dunklen, die in eine Rumpelkammer zu führen scheinen, und die weiten eleganten – wie eine Kulisse für ein barockes Spiel, oder die zerbrochenen, die in die Sonne hinausführen und auf denen man den alten Zeiten nachträumen kann.
Ich sitze auf einer Spiegeltreppe. Den Kopf in meinem Schoß, schläfst du. Wann würde ich soweit sein, dieses Wunder als selbstverständlich hinzunehmen und so neben dir zu schlafen wie ein Kind? So aber kann ich dich nur ansehen ....
Letztens sah ich den Baum, wie er tanzte im Septemberrhythmus, in dieser Bläue, die um ihn wogte wie tausend sanfte Schleier.
Und dann ein Nebelmorgen – trotz allem eine Lerche, die hinaufstieg in ihrem Jubel. Plötzlich sichtbare Spinnwebnetze zwischen dem Unkraut, kostbare Ketten von Tropfen, wie eine Decke.

VERLACHT MICH NICHT

DIE ENGEL TUN ES AUCH NICHT

Ja!.................................Idiot!
Aus!
Wie ein verbrauchtes Licht!
(Ich bin ja nicht verwöhnt.)
Ich bin so sehr von meinem Tod verhöhnt
wie eine breitgequetschte Maus.

Tretet mir ruhig in mein armes Herz!
Aus meinem Blut macht euch Sylvesterschlangen!
Ich hab' so oft an meinem Kreuz gehangen
und spucke nur noch wenig Blut im Schmerz.

Nehmt meinen Kuss – den Blutschaum vom Gewitter,
der durch die Erde pflügt, wenn rotes Lachen schreit –
der schwarze Fieberschatten, hell im Silberkorn –
im Mutterbauch der Rosen, wenn sie bitter
das Salz der Schwangerschmerzen auf der Zunge lecken,

wenn sie von Tränenwurzeln zugebleit
das kochendheiße Herz durch ihre Binde bluten –
den Dorn – das wunde Qualenhorn –,
das in die faltenmüde Welt weint wie ein Kind,
schweißgewaschen und zu warm ... und wieder blind

wird von dem Zorn
des ersten Tages, den es aufgeweckt –
Seht! das bin ich!
Ich bin das Mördereisen meiner eig'nen Seele:
zehnfache Hydra – Pfeilgesträuch –
so wachs' ich aus dem faulenden Geräusch
von meinem Kraterherzen, das zertrümmert
von grauen Blitzen grüngefleckten Neids
einer Mänadenmumie, die ich reize
wenn ich mich blumengrell, vergessen allen Leids
von neuem in den Nerv der Sonne spreize –
im Schüttelfrost liegt irgendwo in einem Busch
mein Puls, noch klebend an dem Hacken
meiner Henker, den er mit abbiss,
als sie wie ein geschliffenes Stilett
mein Blutstrahl traf,
wenn ich durch fliederfarb'ne Seidenwolken
auf rosaweichen Tagessternen schlaf'
und dann wie Bacchus ihren Saft gemolken
und weiterraste in ihr Feuerbett –
dann griff die Klaue eurer Dirnenmutter
nach mir, weil sie kein Futter
mehr nahm, weil sie den Atemzug mit Aas verwirkte –
weil sie mit ihrer lasterhaften Gram
die Kinderspiele ihrer Brüste hasste,
die jetzt wie abgeknüpfte Leichen hängen.
Ich aber, weil mein Blut noch rein,
weil ich mit des Hyperion kleiner Tochter spaßte,
die auch noch rein,
muss ich verrecken an dem Teppich fauler Tage,
den ihr mir wie ein fressendes Plumeau
auf meinem lahmgedroschenen Popo
schmeißt wie auf ein gestoch'nes Schwein?
Weil diese Welt nach allem Leben greift,
was sie sich selbst in ihrem Keim ersticken,
soll ich, weil ich vom Sonnenschweiß gereift,
mich wie ein Totengräber bücken,
wenn ihr euch gegenseitig den Kadaver schleift!?

Ich bin der Morgen – dicht bei Helios –
ich bin der ausgehetzte, pockenkranke Faun,
der seine Flammen nur im Maul des Himmels stillt,
der wie ein steuerloses heißes Floß
durch die zuenggeword'nen Adern schwillt
und niemand andrem mehr vertraun
kann als dem Gebiss zerstrahlter Lust –

Ich bin das blaue Fiebertier der Erde!
Ich brenne, flache Flammen, jedermann
das Zeichen in die Öffnung seiner Kerbe –
ich bin Alarmsignal, Boje und Sturm,
ich bin der Wurm,
den sich der Geier holt –
ich fall' als Kot zurück und senge in die Scholle –
ich bin der Turm der glühendweißen Bäume –
ich bin sein Pilz, ich räume
ihn wieder ab –
ich bin der Schwefelgelben Früchte Grab,
ich bin ihr Keim,
wenn meiner abgestürzten Knochen Leim
sich in der Lauge meiner Wut zerlöste –
ich bin die Erdbeerhaut der Venus,
die selbst ein Gott für sich entblöste –
ich bin ein Apfelzweig –
ich bin der Mund der Kupferblüten –
ich bin der Traumvesuve greller Teig –
ich lasse mich von jedem Blizzard hüten
wie eine gottverstoss'ne Gams –
ich bin der Perlenwams
auf jedem Mädchenschlaf –
ich bin noch wilder als ein Totenschiff –
ich bin das giftiggiere Riff,
an dem es Amen schreit –

Ich bin so nah wie Licht um Mitternacht
und auch so weit –

Ach, ich bin Tantalus für euch,
den alle Sünde traf,
die ihr wie einen Eimer Müll entleert –
ich hab' mich nie beschwert
über die Beulen,
ich hab' mich immer wieder aufgerafft –
aber ich möchte tausend Jahre heulen
über die Augen aller Freudenblumen,
die ihr mit Chlor bestraft!

Ihr aber schlagt mir auf die Augen!
Voran! Nur vorwärts! Ihr habt so viel Mut!
Verheizt in euren Öfen meine Glut?
Zu etwas Andrem soll ich nicht mehr taugen?!
Mein Leben hatte nur den einen Sinn,

dass ihr mich schlachtet wie das letzte Vieh?
Ergeben werde ich mich nie!!

Stoßt mich und prügelt mir die Hände
und pisst mir ruhig auf die reine Seele!
Und jaucht mir in die helle Sängerkehle!
Ich fürchte mich nicht vor dem Ende!

Tobt euch nur aus, ich bin ein Jammerhaufen!
Zertrampelt und verflucht mir mein Gesicht!
Nur hab ich eine Bitte:
Bitte, verlacht mich nicht!

Ich wurde eingeboren in die heiße Not –
Christus war meine Mutter,
um jeden eisenharten Kanten Brot
tanzen wir albern wie um einen Buddha.

Die Leprakrallen grauenhafter Qualen
war mir der angestaute Kinderball –
mit jedem Atemzug und überall
war ich als Säugling schon von Hungerschweiß zermahlen.

Ich kenne die Tragödie der Verbrechen!
Ich kenne jede ausgespuckte Träne!
Ich kenne jede amputierte Mähne
der armen Pferdchen, die die Läuse stechen.

Ich kenne alle stummgepeitschte Gram!
Die ausgerissenen Zungen aller Leiden!
Ich sah die Armut, die wie blöde Heiden
die Kinder lahmgezüchtet hatte! Lahm!!

Ich sank mit Schweiß verschmiert im Hausflur um,
wenn meine Bettelgänge mich verrieten.
In meiner fieberweichen Lunge brieten
sich meine Brotgespenster dumm und krumm.

Ich sah, wie Mütter sich um den Revolver rissen!
Ich bin zehntausend Mal im Blut ersoffen!
Und konnte nicht mal auf die Gnade hoffen,
dass meine ausgekühlten Nerven rissen.

Die hielten Stand wie ein geteertes Tau!
Die seilten mich direkt zur Hölle runter!
Ich musste schlaflos und verurteilt wie 'ne Sau
und blutlos die Exekution abwarten –
und taghell war ich immer wieder munter
von schadenfrohen rohen Redensarten.

Ich quälte mich unter dem kranken Staub
von der Verzweiflung ausgesetzter Hunde!
Und wie ein nackendschwarzes Friedhofslaub
hängte die Ohnmacht sich durch meine Wunde.

Und immer wieder wurd' ich wachgemacht
mit einem Eimer voller Fieberschaum!
Bis ich, ein durchgesägter Baum,
unter der Axt des Wahnsinns eingekracht.

Ich dankte meiner Mutter für die Schmerzen,
die sie mit ihrer Milch an mich verschwendet,
und dachte an die ausgepeitschten Herzen
und fühlte mich wie einen Gott gesendet.
Ich duzte mich mit jedem hellen Blitz –
ich stieg auf einer rotgeschrie'nen Kurve
wie ein von Sehnsucht angezog'ner Magnet
und sah, wie sich die Sonne dreht
und nahm sie in Besitz:

Ich flog über den Schrei der Totgehetzten,
wie Regen rettend über Felder weint –
bis mir die Flügel wie Papier zerfetzten –
doch Christus hatte noch nicht ausgeweint.

Ich war so hoffnungsvoll und voll mit Mut –
ich war so gläubig wie ein Opfertier
und sprudelte wie aufgescheuchtes Bier
durch eine Gosse mitten in ihr Blut.

Ich hoffte, dieser Welt die eingedickten Wehen
der Marterqual mit Liebe zu verdünnen.
Aber wie hinterlist'ge gist'ge Spinnen
ließen sie mich in ihre Netze gehen.

Und spritzten mich aus Hassgeschwüren voll,
und glaubten nicht, dass ich die Wahrheit sagte,
bis ich zusammenbrach und ragte
bis in den Puff der letzten Huren – quoll
bis mir das Herzblut aus der Nase quoll.

Ich suchte mir die Einsamkeit der Lumpen:
Begeistert warf ich meine ganze Kraft
den Mördern, Dirnen und Verfluchten hin –
sie glaubten mir, dass ich der Bote bin,
der mit der Sühne ihrer Not gestraft –
und freuten sich, dass ich ihr Bruder bin.

Ich war ein pop'liges Fliegengewicht
gegen die Tonnenlast der großen Not –
was übrigbleibt ist sehnsuchtsvoller Blick.
Was nützt mir noch der Menschen fauler Trick?...
Darum bewerft mich nur mit eurem Kot!
Schlagt mir die Blutgefäße einzeln tot!
Nur bitt' ich eines:
Bitte, verlacht mich nicht!

....

Ich verblute und mein Blut läuft in die Gosse –
aber ich habe so viel davon, und aus dem Mist
werden rasende Kelche blühen wie gezackte Sonnen –
wenn ich ausgeblutet habe, wird nichts zurück
sein als ein greller Fleck – aber noch ist der
ungeheure Strom unübersehbar.

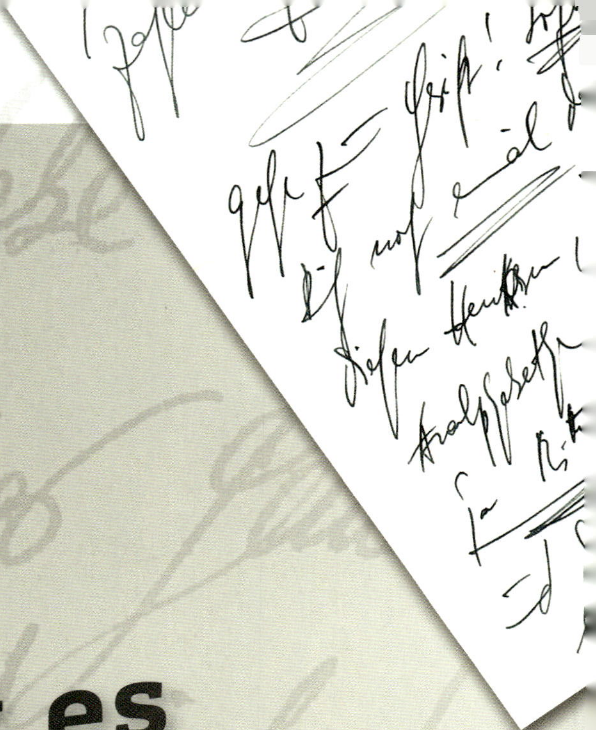

»Um <u>mich</u> herum ist es dunkel und in mir wächst das Lic

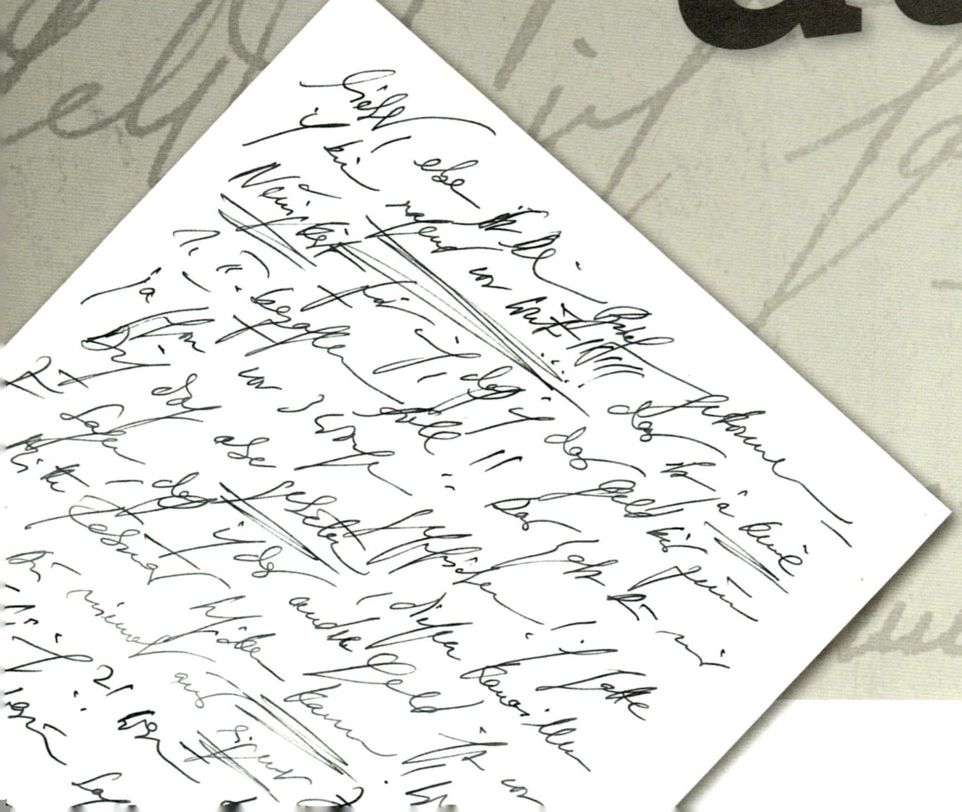

ht«

BRIEFE 1. TEIL

Eine private Abrundung erfährt Klaus Kinskis Selbstbeschreibung in Briefen. Stellvertretend für seine umfangreiche Korrespondenz sollen sieben Lebenszeichen, die er zwischen Dezember 1956 und Juli 1957 Gislinde Kühbeck, seiner ersten Frau, sendet, davon berichten. Es sind keine Liebesbriefe. Die Ehe ist schon einige Zeit geschieden und die beiden hatten ohnehin nie längere Phasen gemeinsamen Quartiers gehabt. Für ihn, das geht auch aus seinen Schreiben klar hervor, steht die Karriere über allem. Hier zeigt sich sogar im Privaten das, was Harald Juhnke einmal über Proben auf der Schauspielschule zu Protokoll gab: ***»Klaus erzählte nicht, er manifestierte.«***[164] Seiner Frau schuldet er Alimentszahlungen, was ihn jedoch nicht daran hindert, ihr Aufträge zu erteilen oder Dienste von ihr einzufordern. Er schreibt viel emotionaler als in seinen sonstigen Texten und erlaubt sich auch Selbstzweifel, die er öffentlich nicht zeigen darf. Wie viel von seinem Elend nur gefühlt ist, bleibt unklar, jedenfalls ist es eindeutig selbst verursacht – fahrlässig, möchte man ergänzen. Die mehrfach angesprochenen Schulden hatten ihm vorrangig zwei Unfälle im Mai 1955 und ein anschließendes Gerichtsverfahren eingebracht. Er fuhr mit seinem Cadillac, sicherlich nicht das Standardgefährt hungerleidender Künstler, in einen LKW und gemeinsam mit Thomas Harlan in einem Motorboot gegen ein mit Gewerkschaftsfunktionären bemanntes Ruderboot auf dem Starnberger See, der wiederum nicht als passender Ort der Sommerfrische für einen kleinen respektive leeren Geldbeutel bekannt ist. Aber auch die Kosten der Scheidung und die Alimente für Gislinde und seine Tochter Pola belasten seine Finanzen. Hier zeigt sich seine lebenslange Misere, denn obwohl Kinski gut verdient, reichen seine Einkünfte nie. Selbst als er 1969 in einer Schlosskirche in Rom mit beachtlichem Personal und Luxuslimousinen-Fuhrpark residiert, hat sich daran nichts geändert. Er lebte immer über seine Verhältnisse, verdiente, was er bereits ausgegeben hatte. Während der Zeit vor seinem Durchbruch als Rezitator ist Kinskis ökonomische Lage aber besonders prekär, zumal er obendrein seinem Bruder Arne, bei dem ein Gehirntumor diagnostiziert wird, finanziell beisteht. Ein erhofftes Engagement an der Wiener Burg platzt nach einem Gastauftritt am 13. März 1956, bei dem er gegen die dort herrschende Tradition Kusshände an sein Publikum verteilt. Seine in den Briefen ausgedrückte Hoffnung auf ein festes Engagement ist ebenso weltfremd wie die Wiederaufnahme seiner Prinzenrolle in Fritz Kortners ***Heinrich IV.*** am Münchner Residenztheater, die er nach einem Zwischenfall am 9. November 1956, bei dem er hinter der Bühne Statisten getreten und mit seinem Holzschwert bedroht haben[165] und die er sechs Tage später freiwillig abgegeben haben soll.[166]

Zum besseren Verständnis sei noch gesagt, dass Rudolf Amesmaier Kinskis viel beschäftigter Rechtsanwalt war und Erika Remberg eine Schauspielkollegin und Affäre Kinskis. Das Stück, welches so schlecht lief, dass er im sechsten Brief über die Wiener und ihren Tagesablauf sinniert, hieß ***Fortsetzung auf Seite 2***, ist von Michael Clayton Hutton geschrieben und von Friedrich Kalina am Kleinen Theater im Konzerthaus inszeniert worden. Besondere Aufmerksamkeit verdient aber der fünfte Brief, da Kinski hier an der Wiege seines überwältigenden Erfolgs als Rezitator von François Villons Gedichten das noch zarte Pflänzchen mit seinen eigenen Worten beschreibt.

164 Harald Juhnke: *Na wenn schon. »Die Kunst ein Mensch zu sein«. Erinnerungen.* Aufgezeichnet von Inge Dombrowski und Rudolf Borchert, München 1987, S. 132 f.
165 *Rififi im Staatsschauspiel.* In: Abendzeitung, München, 12. November 1956
166 Leserbrief des Intendanten Kurt Horwitz. In: Abendzeitung, München, 15. November 1956

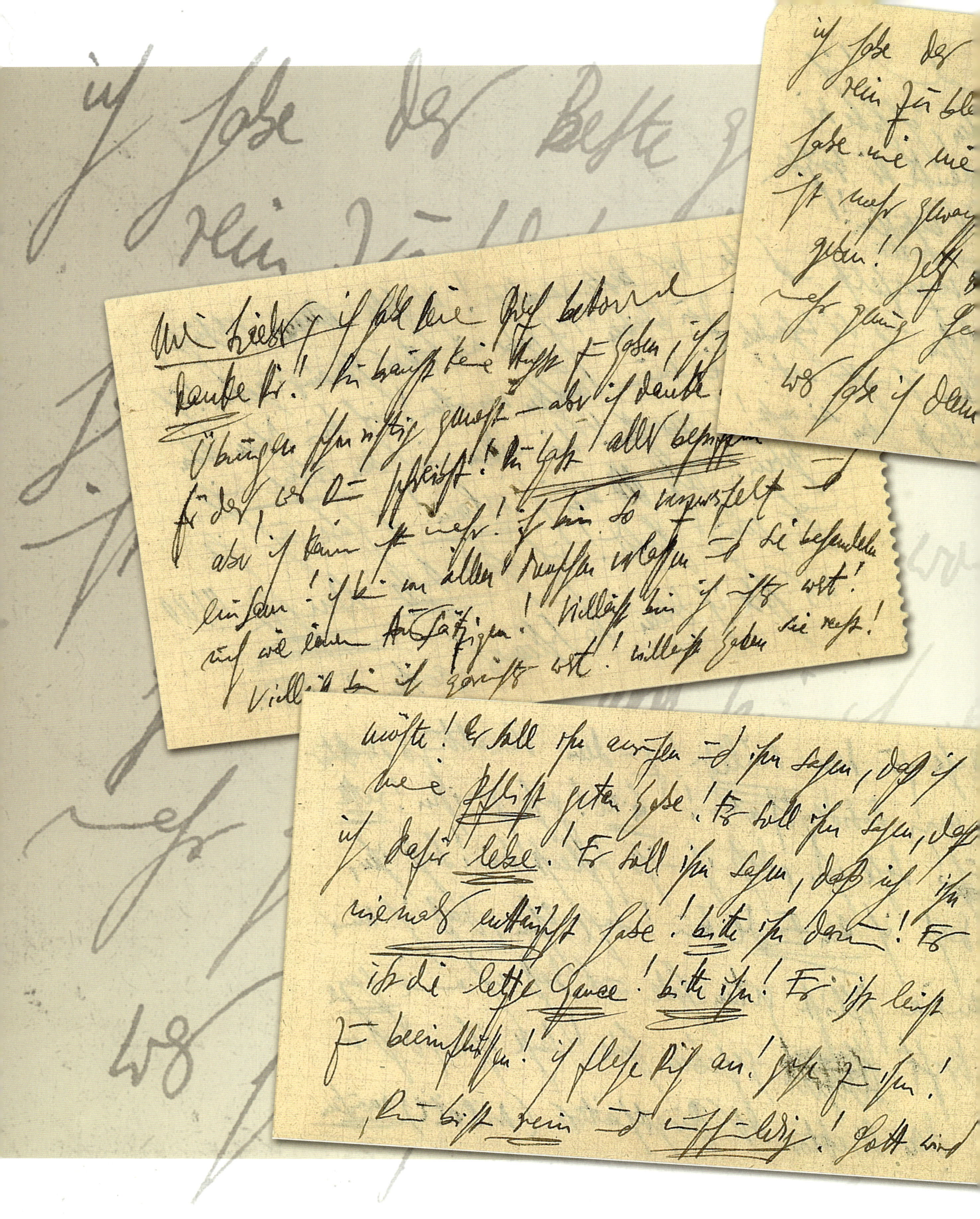

ich habe das Beste g…
rein zu …

ich habe das
rein zu bl…
habe nie …
ist mehr gewo…
geben! Jetzt …
mehr genug …
was habe ich dem…

Mein Liebes, ich habe deinen Brief bekommen und
danke dir! Du brauchst keine Angst zu haben, ich …
Übungen sehr richtig gemacht — aber ich danke …
für das, was du schreibst! Du hast alles begriffen
aber ich kann jetzt nicht mehr! Ich bin so verzweifelt — und
[illegible]! Ich [illegible] aus allen Kräften schlagen — und sie behandeln
mich wie einen Aussätzigen! Vielleicht bin ich nichts wert!
Vielleicht bin ich gar nichts wert! Vielleicht haben sie recht!

möchte! Er soll ihn anrufen — und ihm sagen, daß ich
keine Schlechtigkeit getan habe! Er soll ihm sagen, daß
ich dafür lebe! Er soll ihm sagen, daß ich ihn
niemals enttäuscht habe! Bitte ihn darum! Es
ist die letzte Chance! Bitte ihn! Er ist leicht
zu beeinflussen! Ich flehe dich an! Gehe zu ihm!
Du bist rein und unschuldig! Gott wird

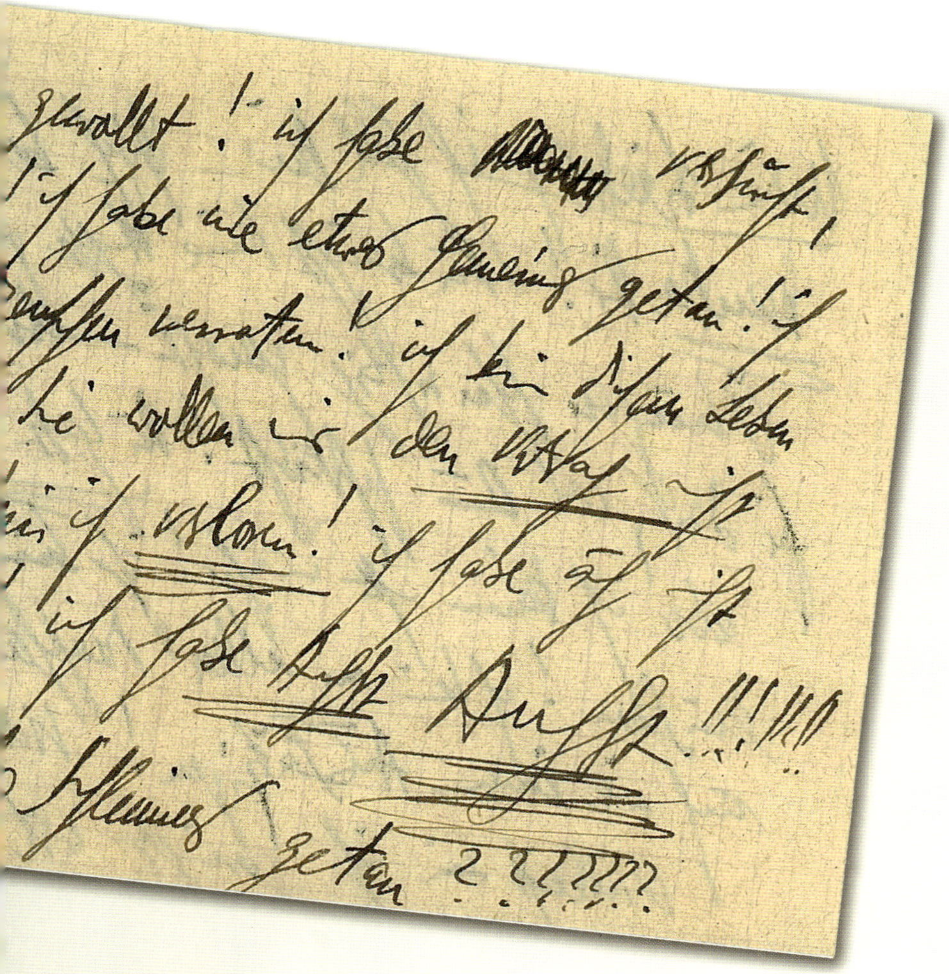

Mein Liebes,

ich habe Deinen Brief bekommen! Ich danke Dir! Du brauchst keine Angst zu haben, ich habe die Übungen schon richtig gemacht – aber ich danke Dir trotzdem für das, was Du schreibst! Du hast alles begriffen!

Aber ich kann nicht mehr! Ich bin so verzweifelt und einsam! Ich bin von allen Menschen verlassen und sie behandeln mich wie einen Aussätzigen! Vielleicht bin ich nichts wert! Vielleicht bin ich gar nichts wert! Vielleicht haben sie Recht! Ich habe das Beste gewollt! Ich habe versucht, rein zu bleiben! Ich habe nie etwas Gemeines getan! Ich habe nie einen Menschen verraten! Ich bin diesem Leben nicht mehr gewachsen! Sie wollen mir den Vertrag nicht geben! Jetzt bin ich verloren! Ich habe auch nicht mehr genug Geld! Ich habe Angst Angst!!!!!!! Was habe ich denn so Schlimmes getan???????

Forts. S. 142

Gehe zu dem Müller! Zu dem Verwaltungsdirektor am Residenztheater! Bitte! Gehe zu ihm! Rette mich! Sage ihm, dass ich nicht schlecht bin! Sage ihm, dass ich am Ende bin! Sage ihm, dass ich immer meine Pflicht getan habe und dass ich meine ganze Kraft gegeben habe! Sage ihm, dass er den Direktor des Burgtheaters (Dr. Rott) anrufen möchte! Er soll ihn anrufen und ihm sagen, dass ich meine Pflicht getan habe! Er soll ihm sagen, dass ich dafür lebe! Er soll ihm sagen, dass ich ihn niemals enttäuscht habe! Bitte ihn darum! Es ist die letzte Chance! bitte ihn! Er ist leicht zu beeinflussen! ich flehe Dich an! Gehe zu ihm! Du bist rein und unschuldig! Gott wird Dir die Kraft geben, ihn zu überzeugen! Wenn er hier in Wien den Direktor anruft, dann wird vielleicht noch alles gut! Sage ihm, dass mein armer Bruder in Berlin im Sterben liegt! Sage ihm, dass unser Kind nichts zu essen hat, wenn ich kein Geld verdiene! Sage ihm, dass ich auch die Vorstellungen von »Heinrich IV« weiterspielen würde, wenn er will! Er wird mir helfen, wenn Du ihn bittest! Er kann es Dir nicht abschlagen! Gehe hin! Ich bitte Dich um Christi Willen! Ich weiß nicht mehr, was ich machen soll!
Ich bin am Ende! Ich bin am Ende!!!
Ich liebe Euch – aber ich bin am Ende.

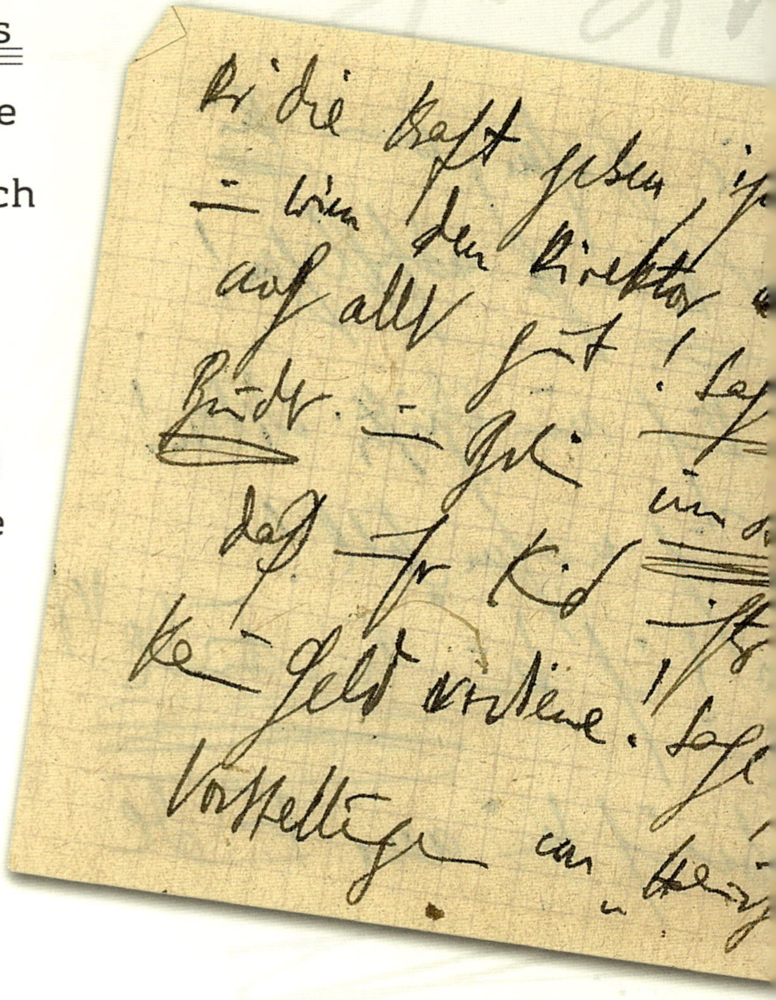

Dezember 1956

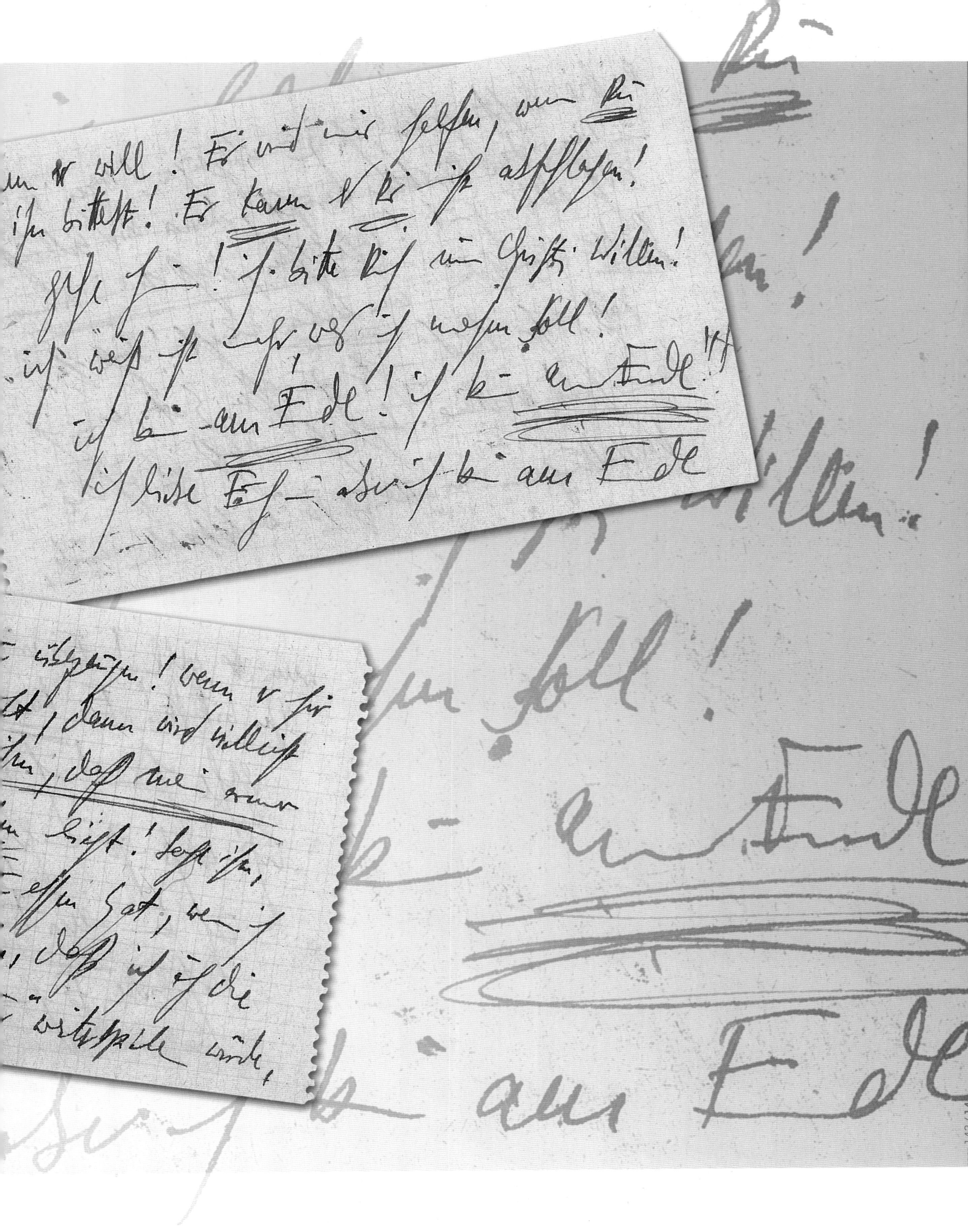

Mein Liebes,

Wie geht es Dir? Du hast schon lange nicht mehr geschrieben. Warst Du bei Müller? Oder hast Du ihn angerufen? Bitte schreibe mir gleich, wenn Du etwas Neues weißt! Vor Neujahr kann ich hier nichts erfahren – aber in den ersten Tagen des Januar hoffe ich, dass ich vom Burgtheater vielleicht Bescheid bekomme – bitte, bitte doch den Müller, dass er mir eine Abschrift schickt von dem Brief, den er ans Burgtheater geschrieben hat! Bitte, Liebes, tue mir noch zwei Dinge zu Gefallen!

1) Rufe bitte den Amesmaier an! Ich habe ihm, seit ich in Wien bin, zwei Mal geschrieben – aber keine Antwort bekommen! Ich hatte ihn gebeten, sich mit mir wegen der Schulden in Verbindung zu setzen – Du weißt, dass das Gericht schon im Sommer mich verhaften wollte wegen der 3000,- Gerichtsschulden! Sie haben sich dann darauf eingelassen, dass ich monatlich 200,- abzahle – aber seit Dezember ist nichts mehr bezahlt worden, glaube ich – jetzt habe ich Angst, dass ich vielleicht Schwierigkeiten bekomme! Frage ihn auch, ob er endlich das Geld vom Theater freibekommen hat, das ich seit September verdient habe – es sind immerhin fast 2000,- ! Ich verstehe nicht, warum er mir nicht antwortet! Ich habe ihm schon vor Wochen geschrieben – zwei Mal! Bitte rufe ihn an! (373070)

2) Bitte rufe diesen Journalisten an, der den großen Artikel über mich schreiben wollte (oder schon geschrieben hat) – auch er hat auf zwei Briefe keine Antwort mehr gegeben! Bitte frage ihn, ob er die Briefe bekommen hat! Sage ihm, dass ich unbedingt aus bestimmten Gründen Antwort haben müsste – ich habe ihm doch fast 60 Bilder zur Verfügung gestellt – ich begreife nicht, warum auch er mir nicht antwortet! Bitte, rufe auch ihn an! Die Nummer ist: 482929. Sein Name ist Katz! Sage ihm bitte, dass er so gut sein möchte und mir schreiben! Wie geht es dem geliebten polnisch-russischem Engel Politschka? Küsse sie von mir! Bitte!

Und schreibe bald – ich umarme Euch ganz lang –

Euer Nikolaus

Bitte rufe auch den THOMAS HARLAN an!
Er hat mir auch auf meine Briefe nicht geantwortet!
Er hat mir aber versprochen, ein bestimmtes Manuskript zu schicken!
294449

Poststempel 4. Januar 1957

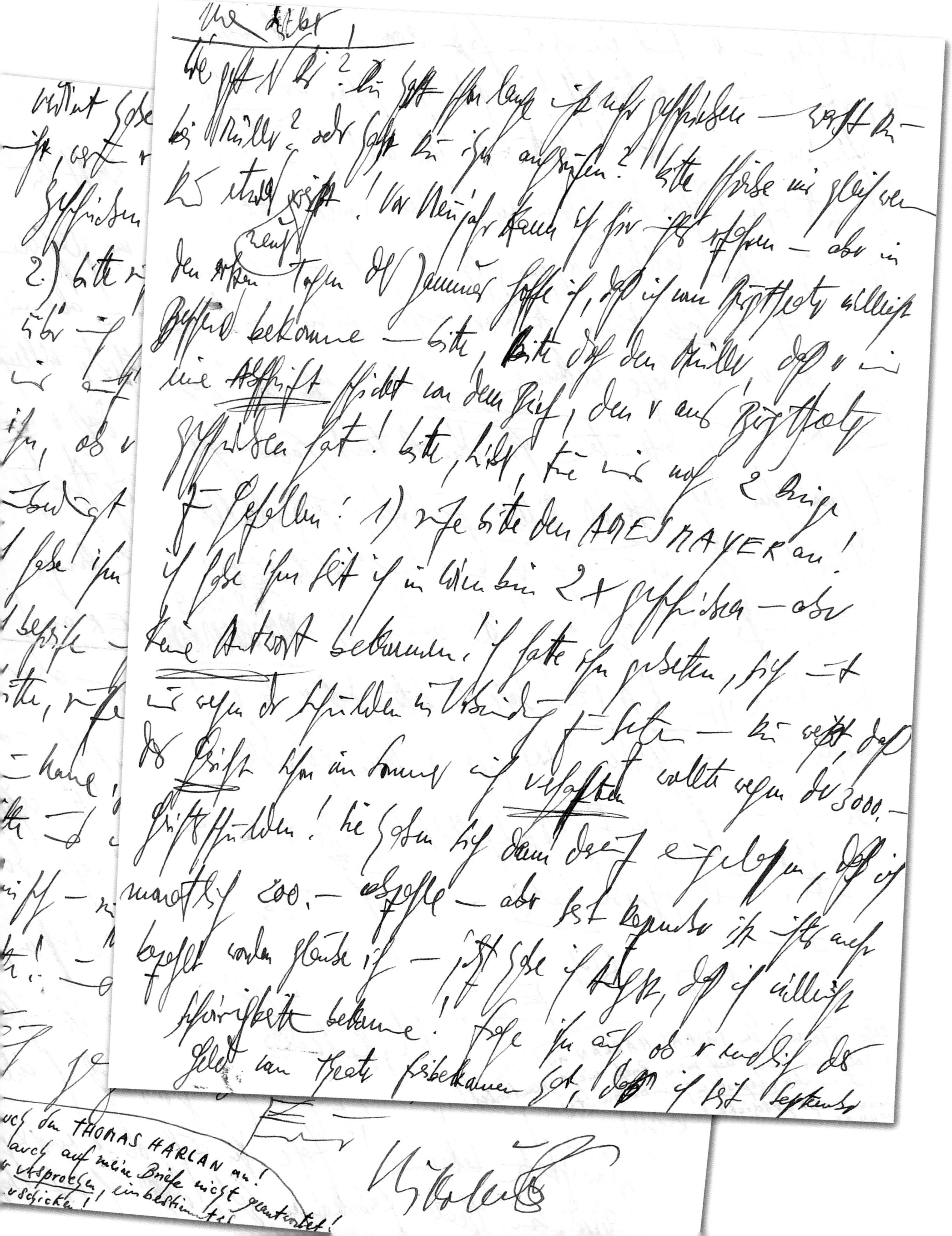
1) rufe bitte den ARESTMAYER an!
ich habe ihm seit ich in Wien bin 2x geschrieben – aber
keine Antwort bekommen!
monatlich 200.– abzahle – aber
Schwierigkeiten bekomme!
Geld vom Theater
auch den THOMAS HARLAN an!
auch auf meine Briefe nicht geantwortet!
versprochen, einen bestimmten
verschicke!

Und sage diesen **Her**

diesen **Analphabe**

dass ich das Geld ja M

Februar schicken wer

Und dass sie mich bis

in Ruhe lassen sol

kern,

ten,

itte

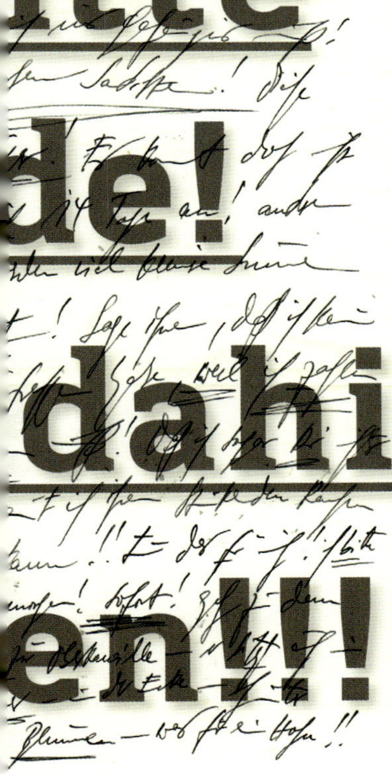

de!

dahin

en!!!!

Liebes, eben ist Dein Brief gekommen – ich bin rasend vor Wut!!!!! Das ist ja keine Neuigkeit für mich, dass ich das Geld bis zum 1. Februar bezahlen soll!! Das hast Du mir ja schon vor 3 Wochen geschrieben! Ich hatte Dich doch aber gebeten, diesen Kanaillen zu sagen, dass ich das andre Geld nicht vor Mitte Februar schicken kann! Warum tust Du niemals aus eigener Initiative etwas für mich?! Warum kämpfst Du nicht für mich! Warum sagst Du diesen deutschen Nazi-Aasgeiern nicht ins Gesicht, dass sie mich in Ruhe lassen sollen! Dass ich 14 Stunden täglich schufte, damit ich dieses Scheißgeld bezahlen kann! Was wollen sie denn noch mehr?!!!!!
Was heißt hier: »Schwierigkeiten« zu vermeiden! Was haben sie denn davon, mir Schwierigkeiten zu machen!!!!!!!!!!!!!! Wenn ich das Geld doch 14 Tage später bezahle!! Naziland! Mörderland!!!!!!!!
Deutsche Kloakenschweine!
Mehr noch – schleimig noch! Mir bleibt die Luft weg – aber Du! Warum tust Du das nicht frei! Fremde Menschen haben so etwas für mich getan! Was ist, wenn ich krank werde, weil ich nichts fresse bei dieser Arbeit?! Was ist?! Ich schufte ja sowieso nur, um zu zahlen zu zahlen zu zahlen!
Gehe zu Gericht! Sofort! Ich bitte Dich noch einmal darum! Und sage diesen Henkern, diesen Analphabeten, dass ich das Geld ja Mitte Februar schicken werde! Und dass sie mich bis dahin in Ruhe lassen sollen!!!!!! Was haben sie denn davon, wenn ich ins Gefängnis muss! Diese perversen Sadisten! Diese Totschläger! Es kommt doch nicht auf diese 14 Tage an! Anderen Leuten werden viel kleinere Summen gestundet! Sage ihnen, dass ich kaum etwas zu fressen habe, weil ich zahlen und zahlen muss! Dass ich sogar Dir nichts gebe, damit ich ihren stinkenden Rachen stopfen kann!! Tu das für mich! Ich bitte Dich! Nicht morgen! Sofort! Geh zu dem Alten, zur Obstkaurille – er sitzt auch in dem Zimmer – in der Ecke – hinter Blumen – was für ein Hohn!! Die armen Pflanzen – in einem von Mördern verpesteten Loch! Geh zu ihm! Er hat damals auch die Verhaftung aufgehoben – genügt es Dir nicht, dass ich allein deswegen schon zweimal im Gefängnis war! Lass Dich mal verhaften, dann wirst Du sehen, wie das ist – schreib mir gleich! Ich kann jetzt nichts sagen sonst – Ich bin zu erregt!

Ich umarme Euch,
Euer Nikolaus

Januar 1957

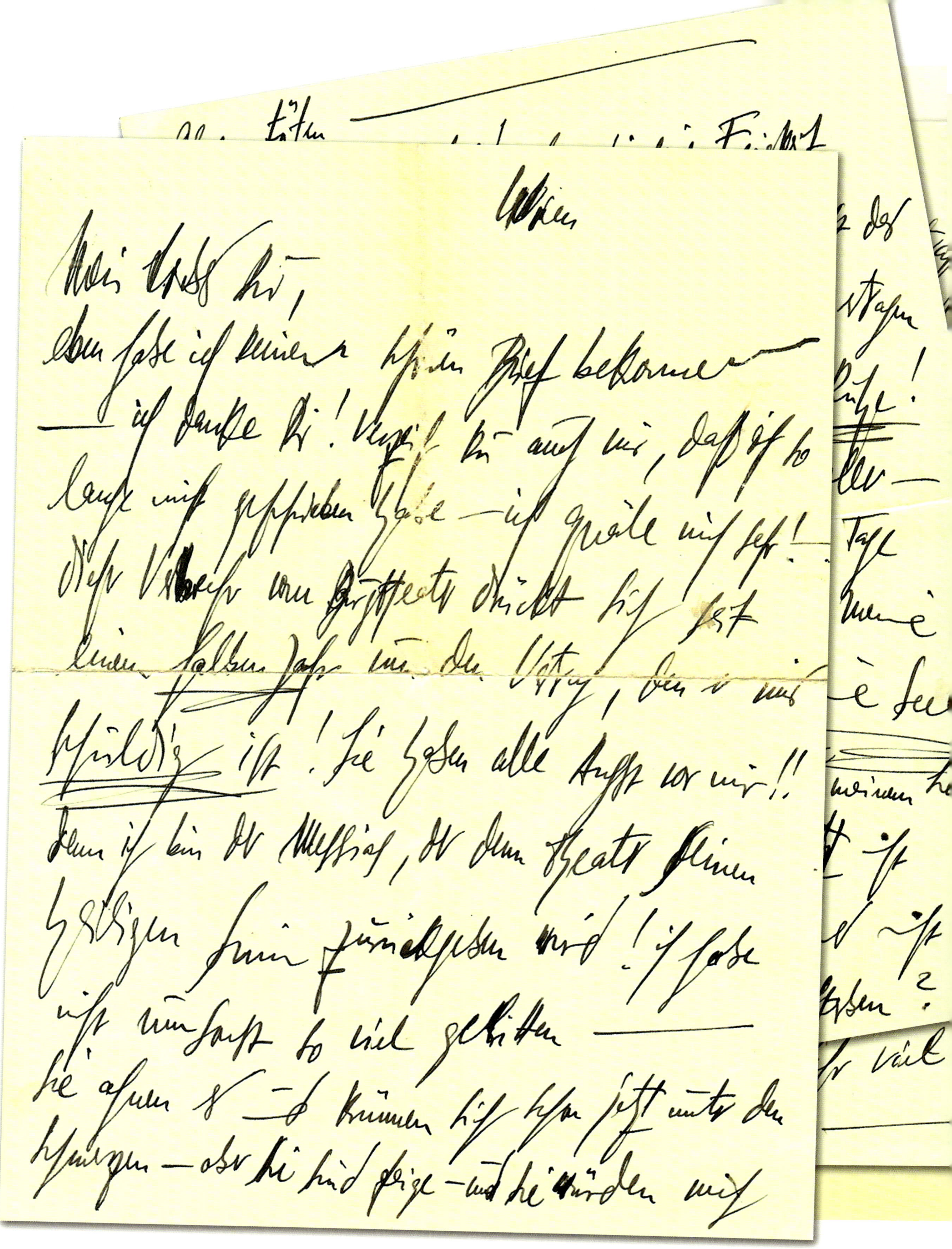
Wien

Mein liebes Kind,

eben habe ich deinen schönen Brief bekommen — ich danke Dir! Verzeih Du auch mir, daß ich so lange nicht geschrieben habe — ich quäle mich sehr! — Diese Verbrecher vom Burgtheater drücken sich seit einem halben Jahr um den Vertrag, den sie mir schuldig sind! Sie haben alle Angst vor mir!! Denn ich bin der Messias, der dem Theater seinen heiligen Sinn zurückgeben wird! Ich habe nicht umsonst so viel gelitten — Sie ahnen es — sie krümmen sich schon jetzt unter den Schmerzen — aber ich bin der Sieger — und sie würden mich

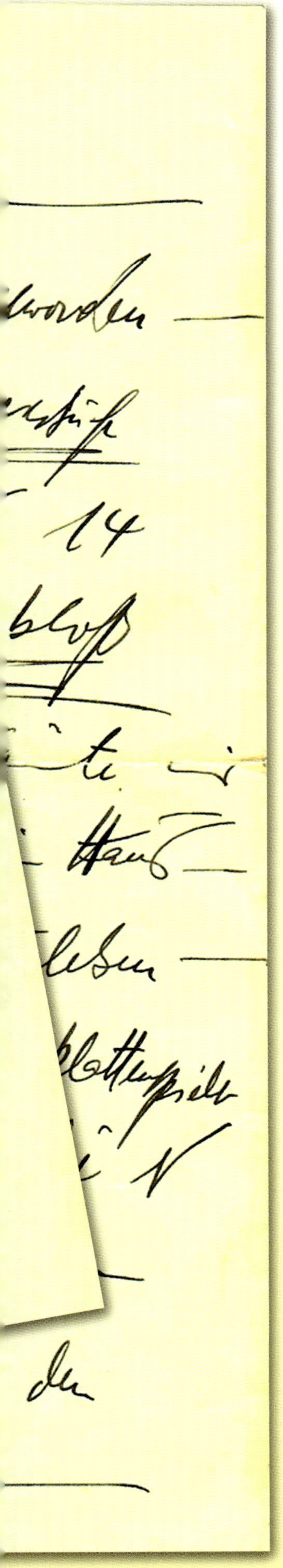

Mein liebes Du,
eben habe ich Deinen schönen Brief bekommen – ich danke Dir! Verzeih Du auch mir, dass ich so lange nicht geschrieben habe – ich quäle mich sehr! Dieser Verbrecher vom Burgtheater drückt sich seit einem halben Jahr um den Vertrag, den er mir schuldig ist! Sie haben alle Angst vor mir!! Denn ich bin der Messias, der dem Theater seinen heiligen Sinn zurückgeben wird! Ich habe nicht umsonst so viel gelitten – sie ahnen es und krümmen sich schon jetzt unter den Schmerzen – aber sie sind feige – und sie würden mich gerne töten – Für mich ist jede Stunde fast wie eine Ewigkeit in der Hölle – diese Wohnung ist fast das Schlimmste, was ich in der Beziehung je ertragen habe – und ich brauche so sehr Ruhe!
Meine Stimme wird immer größer und voller – und ich beherrsche die Technik mit jedem Tage mehr, an dem ich erwache – aber meine Nerven! Meine Seele!!!!!!! Meine Seele ist krank! Ich weiß nicht, was aus meinem Leben werden soll, wenn ich den Vertrag jetzt nicht bekomme! Warum begreifen sie es nicht? Warum muss ich so oft sterben? Ich lebe doch!!!!!!!!!Ich könnte das Elend nicht mehr ertragen – nicht mehr! Ich bin zu verwundbar geworden – ich schlafe viel – das heißt – ich versuche zu schlafen – ich brauche mindestens 14 Stunden Schlaf – wenn ich bloß den Vertrag bekomme! Ich könnte mir eine große Wohnung mieten oder ein Haus – und ich würde nur noch für meine Arbeit leben – wenn ich Geld habe, werde ich Dir einen Plattenspieler schenken und die schönsten Platten, die es gibt – Du kannst sehr viel lernen davon – ich habe auch sehr viel von den großen Sängern gelernt – Die Bilder von Politschka sind schön! Du musst mir immer alle Bilder schicken – ich freue mich, dass Du begriffen hast, wie man den Prinzen darstellen muss – geh nicht mehr in die deutsche Oper – der Lokusgeruch verdirbt den Instinkt! Wenn ich am Burgtheater spiele, werde ich Dir das Fahrgeld bezahlen, damit Du mich sehen kannst – ach Gott! Das Leiden nimmt kein Ende – aber ich will nicht klagen, wenn ich nur arbeiten kann – bete für mich! Ich glaube, es hat einen Sinn, wenn reine Menschen beten – ich bin traurig und verzweifelt und ich sehne mich nach Sonne – Küsse das heilige unschuldige Kindlein von mir

Euer Nikolaus

Poststempel 31. März 1957

Mein Liebes,

Sei mir bitte nicht böse, dass ich jetzt erst schreibe – aber glaube nicht, dass es Gleichgültigkeit ist! Es tut mir sehr leid – vor allen Dingen, weil Du so krank bist!!!! Bitte sage mir gleich, wie es Dir geht! Sage es mir, so oft Du kannst, denn ich beunruhige mich sehr! Ich wollte Dir eigentlich schon jeden Tag schreiben – aber ich bin sehr erschöpft – denn ich spreche das ganze Programm jetzt jeden Abend – und Du kannst Dir vielleicht vorstellen, was es bedeutet, fast 2 Stunden allein seine ganze Seele zu entblößen – heute Abend ist es das 12. Mal, dass ich hier den Villon vortrage – bis jetzt war es immer ausverkauft und die Leute sitzen 2 Stunden lang atemlos und wagen nicht, sich zu rühren – Ich bin sehr dankbar und froh darüber – Gestern haben Zuschauer gesagt, dass sie seit der Duse nichts Derartiges mehr gesehen haben wie mich – Ich bin natürlich unvergleichlich besser als früher – sprachlich viel reifer und souveräner geworden – und mein Ausdruck ist gewaltiger und tiefer als früher – Du wirst ja auch noch Gelegenheit haben, mich als Villon zu hören – Eine Schallplattenfirma wird jetzt Aufnahmen von mir machen und mich am Gewinn beteiligen! Wie viel ich damit verdiene, kann ich im Voraus nicht sagen – aber jedenfalls werden sie Langspielplatten machen, die beiderseitig eine volle Stunde Spieldauer haben – und man wird die Platten dann überall kaufen können – in Deutschland, Österreich und in der Schweiz – und Du wirst sie Dir anhören können so oft Du willst! Die Aufnahmen werden wahrscheinlich in 1–2 Wochen zu Ende sein – Einen Teil haben sie schon aufgenommen – Sofort werde ich wahrscheinlich kein Geld dafür bekommen oder nur eine Anzahlung – aber es ist ja wichtig, dass die Aufnahmen überhaupt gemacht werden – und vielleicht werde ich auch noch in Zürich gastieren – außerdem wollen sie später vielleicht noch weitere Schallplattenaufnahmen von mir machen – Ich werde dann Monologe aus berühmten Rollen sprechen – Mit dem Burgtheater wird es nicht gut ausgehen jetzt – ich werde mit diesem Verbrecher nicht fertig – aber ich werde hier in Wien an diesem kleinen Theater jetzt ein Stück geben – und zu den Festspielen im Juni vielleicht den »Lebenden Leichnam« von Tolstoi! Auch den Oswald in »Gespenster« will ich noch in diesem Jahr in Wien geben! Wir werden sehen – das Residenztheater hat mir geschrieben, dass sie den »Heinrich« doch nicht vor Ende April aufnehmen können! Aber ich werde hier so viel verdienen, dass ich leben kann – und Dir auch noch Geld schicken! Sei mir nicht böse, dass ich es noch nicht getan habe – ich hatte bis jetzt noch sehr zu kämpfen und dabei habe ich doch sehr wenig gegessen und mir fast nichts geleistet – aber in ein paar Tagen vielleicht kann ich schon etwas schicken – und auch den KREISEL für das heilige Engelchen werde ich gleich Montag kaufen – und eine Peitsche dazu! Bitte, sage dem Politschka Kindlein, dass es kein böser Wille von mir war, dass ich es bis jetzt vergessen habe! Küsse sie von mir! Und sage ihr, wie unsagbar ich sie liebe!

Du wolltest noch wissen, wie ich den Villon hier spreche: Die Bühne ist schwarz mit Vorhängen ausgeschlagen – Ich selbst trage ein langes schwarzes kuttenartiges Gewand – so dass das Schwarz des Kostüms in die dunklen Vorhänge übergeht und nur das Gesicht und die Hände die ganze Aufmerksamkeit auf sich lenken – zwischen den einzelnen Balladen: verlöschen die Scheinwerfer und das Licht im Zuschauerraum geht an – ich verschnaufe dann hinter der Bühne einen Augenblick – spüle den Mund etc… dann wird das Licht im Zuschauerraum wieder ausgeschaltet – ich trete im Dunkeln auf die Bühne, und die Scheinwerfer, die genau auf mich ausgerichtet sind, erfassen mich von Neuem – das wiederholt sich den ganzen Abend. – Nach der 10. Ballade ist eine Pause – denn ich spreche 15 Balladen – und das »große Testament« dauert allein fast eine halbe Stunde. – Ich werde Dir auch Bilder schicken sobald ich sie habe – in den Zeitungen waren auch Bilder – aber es sind nicht die Besten. – Ich hoffe, dass ich in ein paar Tagen schon welche habe – wie lange die Abende noch gehen, weiß ich nicht – vielleicht noch 5-6 Mal – jedenfalls ist das Publikum fast jeden Abend so gut, wie ich es mir immer wünschen würde – wie es sein muss!

Bitte schreibe auch bald – und sei nicht traurig, wenn ich nicht so regelmäßig schreibe – ich habe oft nicht die Nerven dazu – ich denke, dass ich nächste Woche schon mit den Proben beginne. –

Ich umarme Euch mit meiner Liebe

Euer Nikolaus

Poststempel 7. April 1957

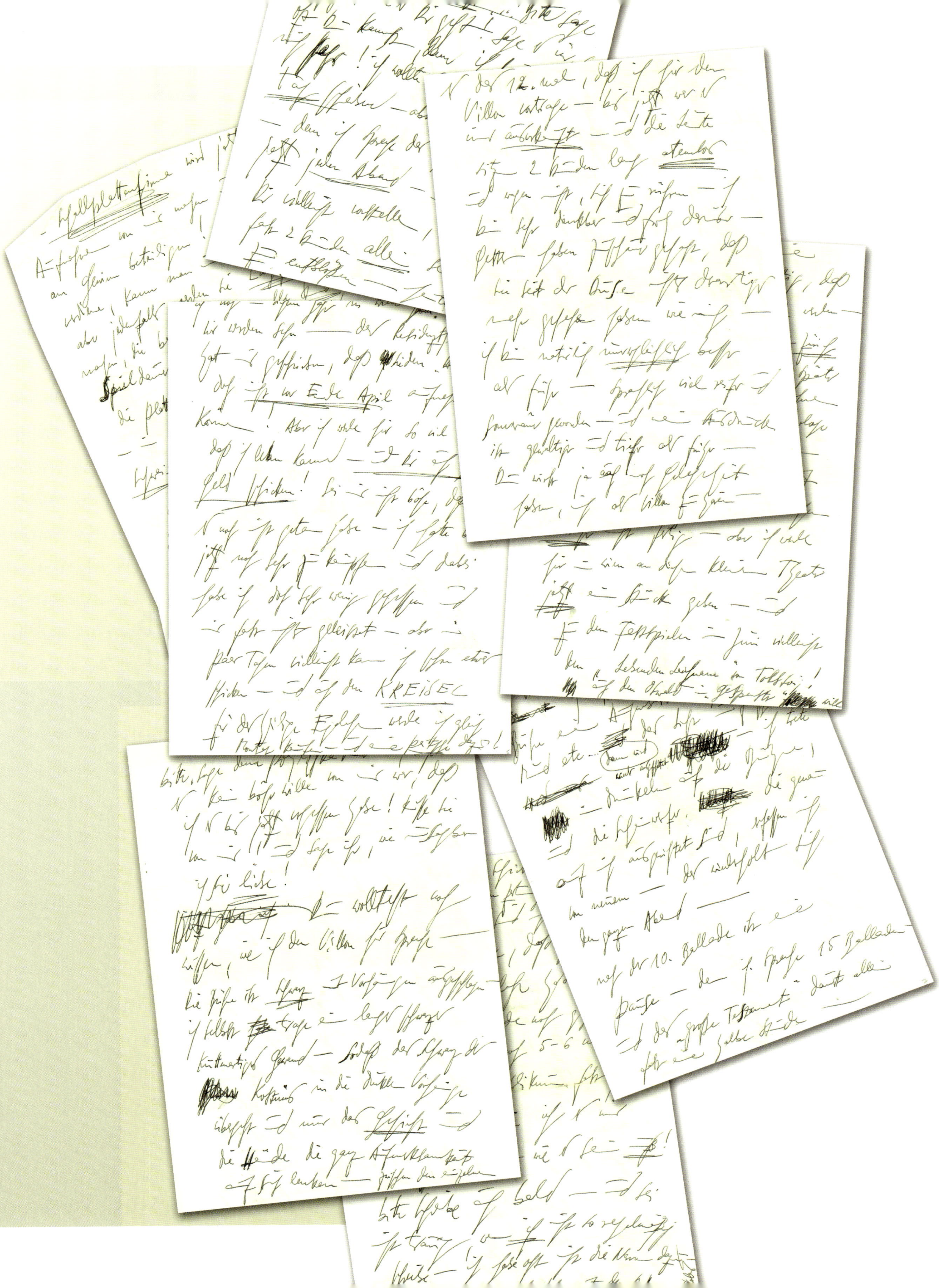

Die Kunst macht mir Spaß – denn ich erkenne mit jedem Tag gewaltiger und klarer, dass sie das wahre Leben ist!

Liebes,
es hat keinen Zweck, wenn Du mir böse bist – ich quäle mich selbst sehr mit meiner Stimme – ich wollte Dir jeden Tag schreiben – aber ich bin oft gar nicht im Stande dazu – es ist immer dasselbe – und es wird höchstens schlimmer – vielleicht wird das anders werden – eines Tages – wenn ich wirklich und richtig arbeiten kann – wenn ich weiß, wo ich sein kann – leben und arbeiten, wie ich leben und arbeiten muss –
Denke nicht, dass ich ohne Mut und ohne Hoffnung bin – im Gegenteil! Sie können mir nichts mehr anhaben – Sie können mich nicht mehr aufhalten – nur quälen können sie mich noch – quälen mit dem Leben, das ich immer noch führen muss – quälen mit den Theatern, in denen ich auftreten muss, und mit diesen Leuten! Quälen mit den Sorgen, weil das Geld nie reicht – aber ich weiß, dass der Weg, den ich gehe, der richtige Weg ist. – Verzeih mir – es tut mir ja weh, dass ich Euch so wenig Geld geben kann – aber es wird sicher anders werden! Sie werden mir zahlen, was ich verlange!!!!!!!!! Ich lasse mich auch durch nichts mehr zerstören – Die Kunst macht mir Spaß – denn ich erkenne mit jedem Tag gewaltiger und klarer, dass sie das wahre Leben ist! Und dass ich in diesem Leben lebendig werde! Die Qualen in mir – nach den Schmerzen hat keiner gefragt – aber die Geburt wird Licht verbreiten – darum frage ich nicht, wie lange ich leiden muss – verstehst Du nicht? Um mich herum ist es dunkel – und in mir wächst das Licht – oh ich dachte oft, ich könnte diese Dunkelheit, die die Blindheit der Menschen ist, nicht überstehen – aber woran glaubt eine Frau wenn sie das Leben trägt?! Vor der äußeren Not will ich Euch bewahren! Solange ich lebe, will ich das! Ich weiß, ich bin ungeschickt im täglichen Leben – ich mache die groteskesten Verträge – aber ich bleibe ungeschickt – ich kann mit dem Geld, das ich verdiene, nicht umgehen – und dabei leiste ich mir so gut wie nichts – aber das ist es nicht allein – Dieses Stück, in dem ich jetzt auftreten muss, geht sehr schlecht – die Menschen, die es gesehen haben, sind sehr erschüttert – aber es hat eine schlechte Presse gehabt – vielleicht macht das doch sehr viel aus – diese Wiener verbringen die Hälfte des Tages mit Zeitung lesen – und die meisten machen sich gar nicht die Mühe, sich selbst zu überzeugen, ob es gut oder schlecht ist, worüber man schreibt – und wer von denen kann es schon beurteilen!

Forts. S. 156

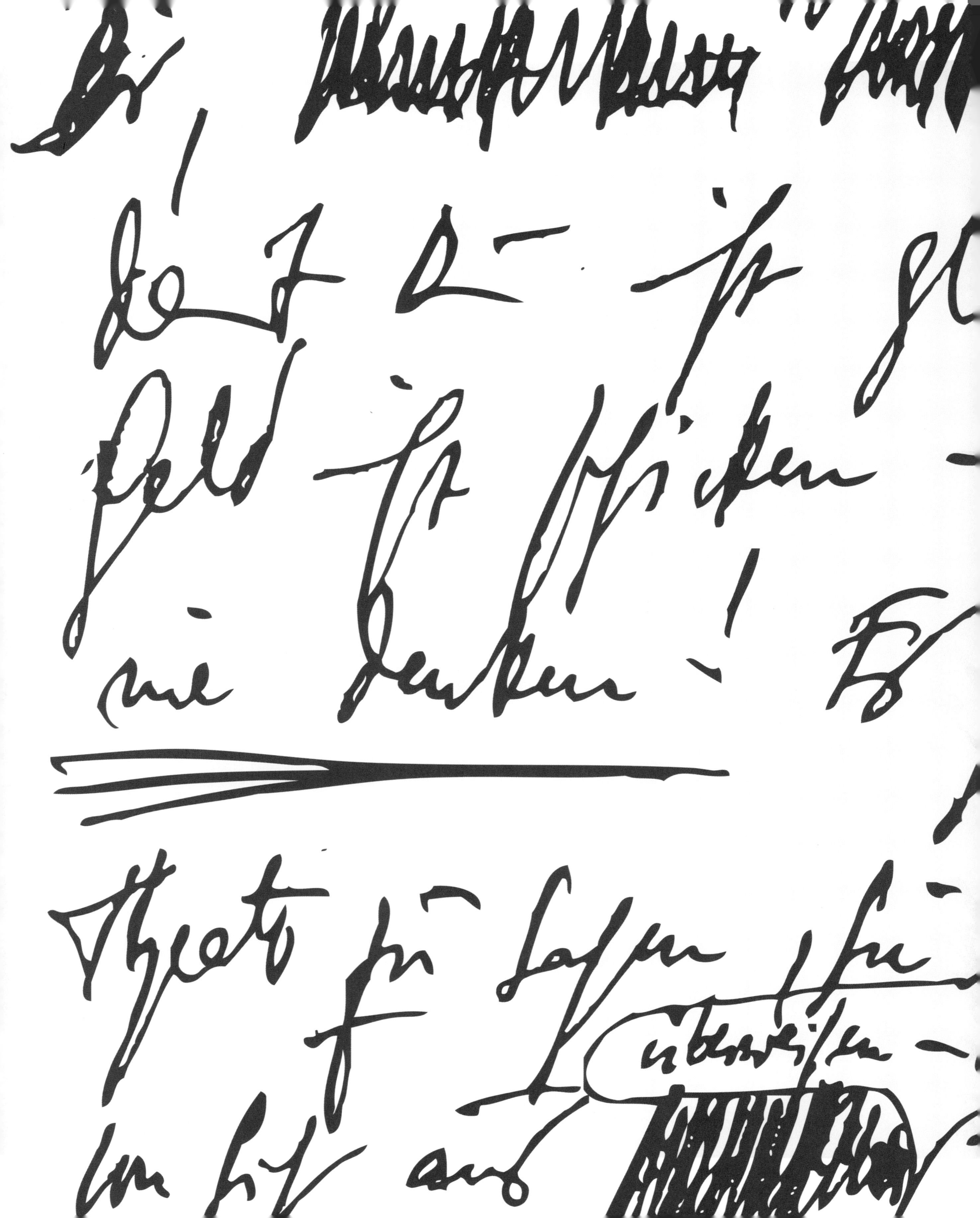

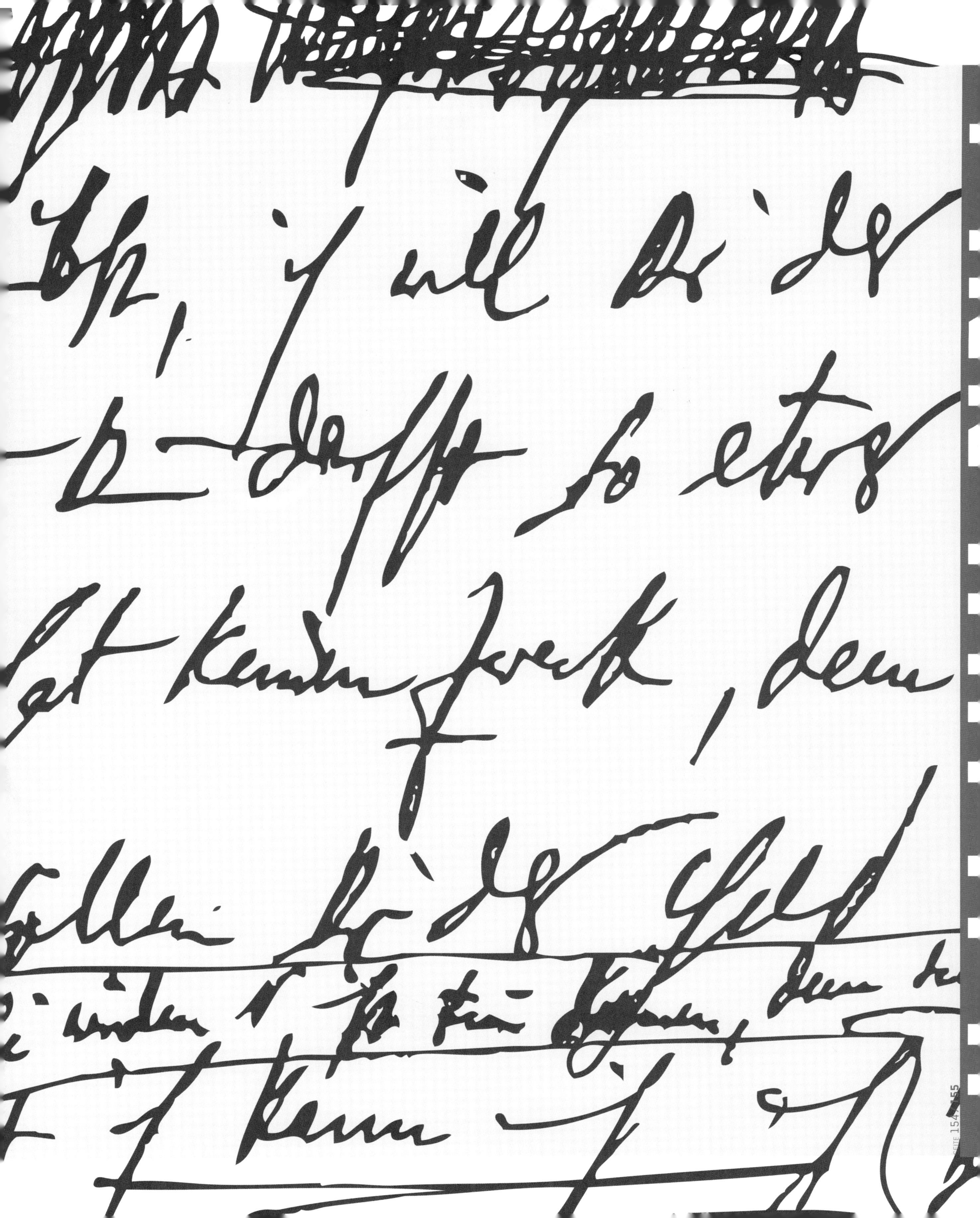

An einem Abend musste die Vorstellung abgesagt werden, weil nur 6 Leute gekommen waren – Ich bin selbst sehr betroffen davon – denn bis jetzt sind die Menschen immer gekommen, wenn ich aufgetreten bin! Es ist auch wohl eine schlechte Jahreszeit für Theater – hier sind die Tage bis in den Abend schon lange sehr heiß – aber ich hoffe trotz allem, das es langsam besser wird – ich sage das Dir, damit Du nicht glaubst, ich will Dir das Geld nicht schicken – Du darfst so etwas nie denken! Es hat keinen Zweck, dem Theater zu sagen, sie sollen Dir das Geld von sich aus überweisen – Sie würden es nicht tun können, denn sie haben keinen Büro-Betrieb und ich kann mich auch nicht darauf verlassen – Sie haben mir für die letzten Vorstellungen nur die Hälfte von dem bezahlt, was ich pro Abend bekomme, weil sie einfach nicht mehr in der Kasse hatten – es ist erbärmlich – aber ich bin machtlos dagegen – lasse Dich bitte von allem nicht entmutigen – ich bitte Dich! Ich werde Dir auf alle Fälle in den nächsten Tagen das erste Geld schicken können – ich hätte es schon längst getan – aber auch die Premiere war um Tage verschoben worden, und gerade die ersten Vorstellungen sind so weit auseinander gezogen, dass ich Angst hatte, ich könnte die Miete am 1. gar nicht bezahlen – denn ich bekomme das Geld immer erst, nachdem ich aufgetreten bin ---------

Ich danke Dir für Deinen lieben Brief – küsse das Kindlein von mir – Du weißt vielleicht nicht, wie sehr ich selber glücklich bin, wenn ich diesem Engel alles kaufen kann, was er von mir verlangt – ich umarme Euch und küsse Euch

Euer Nikolaus

P. S. Ich habe noch einen langen Brief an Kortner geschrieben! Ich glaube ganz fest daran, dass er die nächste Arbeit mit mir macht – Glaube! Ich werde leben!

Poststempel: 25. Mai 1957

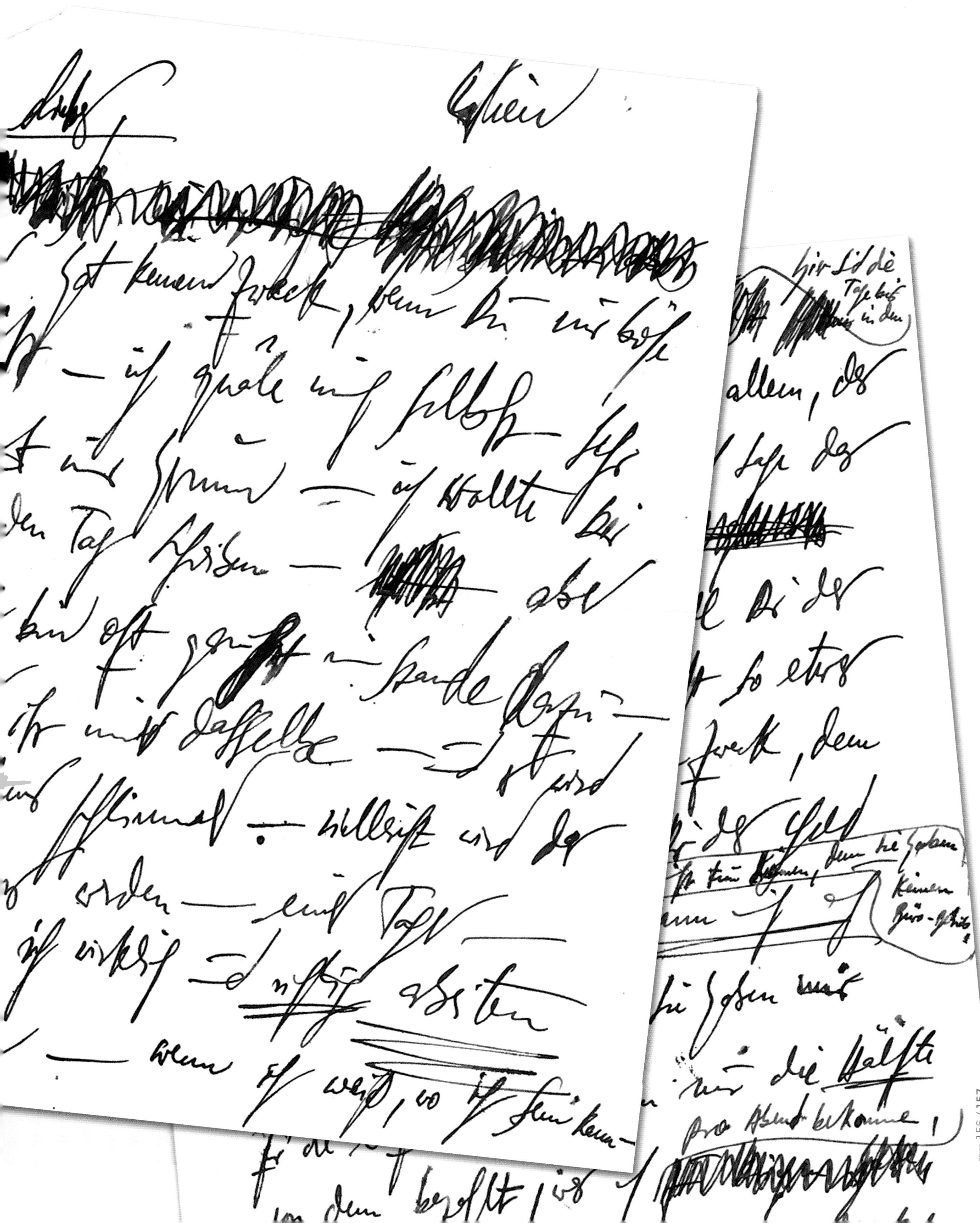

– aber ich werde
nicht untergehen!
ich werde arbeiten! ich
werde alles unternehmen!
alles versuchen!
immer wieder – bis es
mir gelingt!!!!!!!!!!!!!!!!!!

Liebes,
ich habe bis jetzt nicht geschrieben, weil mir noch immer der Schreck in den Gliedern saß, den ich auf meiner Rückfahrt nach Wien erfahren hatte –Stell Dir vor, was mir geschehen ist! An der Grenze in Salzburg haben mich diese Polizistenschweine nachts aus dem Zug geholt, weil ich im »Fahndungsbuch« stand wegen der Geldstrafe für den Unfall auf dem Starnberger See, die ich nicht bezahlt hatte!
Sie stellten mich vor die »Wahl«, das Geld (300 Mark) sofort zu bezahlen, oder ins Gefängnis zu gehen! Ich hatte ja nicht so viel Geld, und in meiner Verzweiflung habe ich Erika Remberg vom Bahnhof aus in Wien angerufen und sie gebeten, das Geld telegraphisch zu schicken – das war nachts um 3:00 – Am nächsten Vormittag um 11:00 kam das Geld, – dann konnte ich weiterfahren – So habe ich fast 9 Stunden auf dieser stinkenden Polizei zugebracht, und Du kannst vielleicht empfinden, wie mir zumute war!!! Ausgerechnet jetzt! In dieser erbarmungswürdigen Situation!!!!! Als wenn ich nicht genug Quälereien hätte! Du siehst, wieder ist es das dreckige Geld! Ich habe so genug davon!!!!! Aber wenn diese Kanaillen denken, dass sie mich kleinkriegen können, dann haben sie sich geirrt – Meine Energie und mein Glaube gehen ins Unermessliche! ich kämpfe wie ein Ertrinkender – aber ich werde nicht untergehen! ich werde arbeiten! ich werde alles unternehmen! alles versuchen! immer wieder – bis es mir gelingt!!!!!!!!!!!!!!!!!
Nächste Woche werde ich wieder nach München kommen – Es nimmt mich wahrscheinlich jemand mit dem Auto mit – dann werde ich noch einmal mit Müller sprechen – Vielleicht fahre ich auch nach Berlin – irgendwo werde ich etwas erreichen – es gibt genug, die an mich glauben – und ich glaube! Küsse das Kindlein und halte es ganz fest – ich danke Dir für Deine Liebe, die Du ihr gibst – ich umarme Euch
Euer Nikolaus

Poststempel 17. Juli 1957

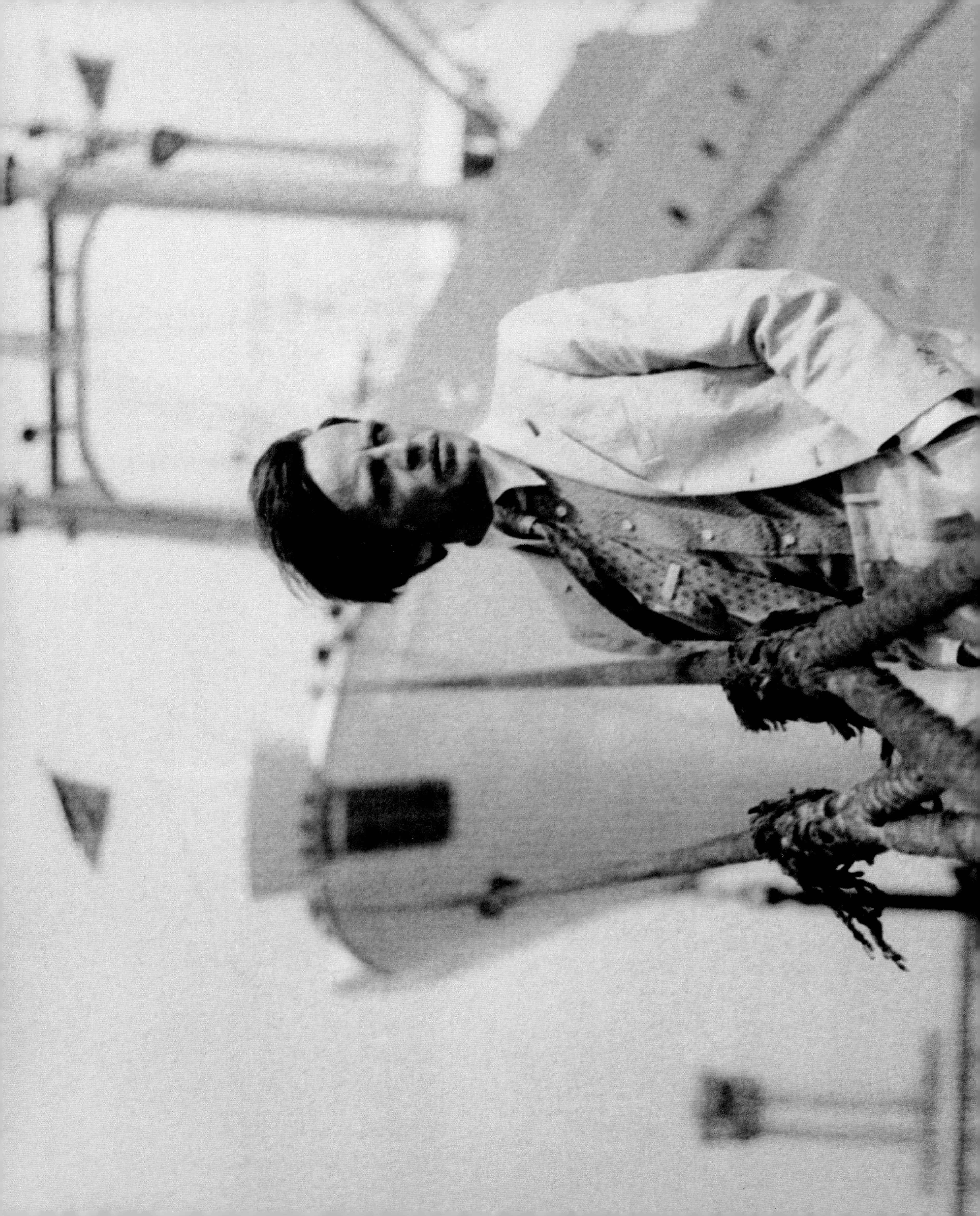

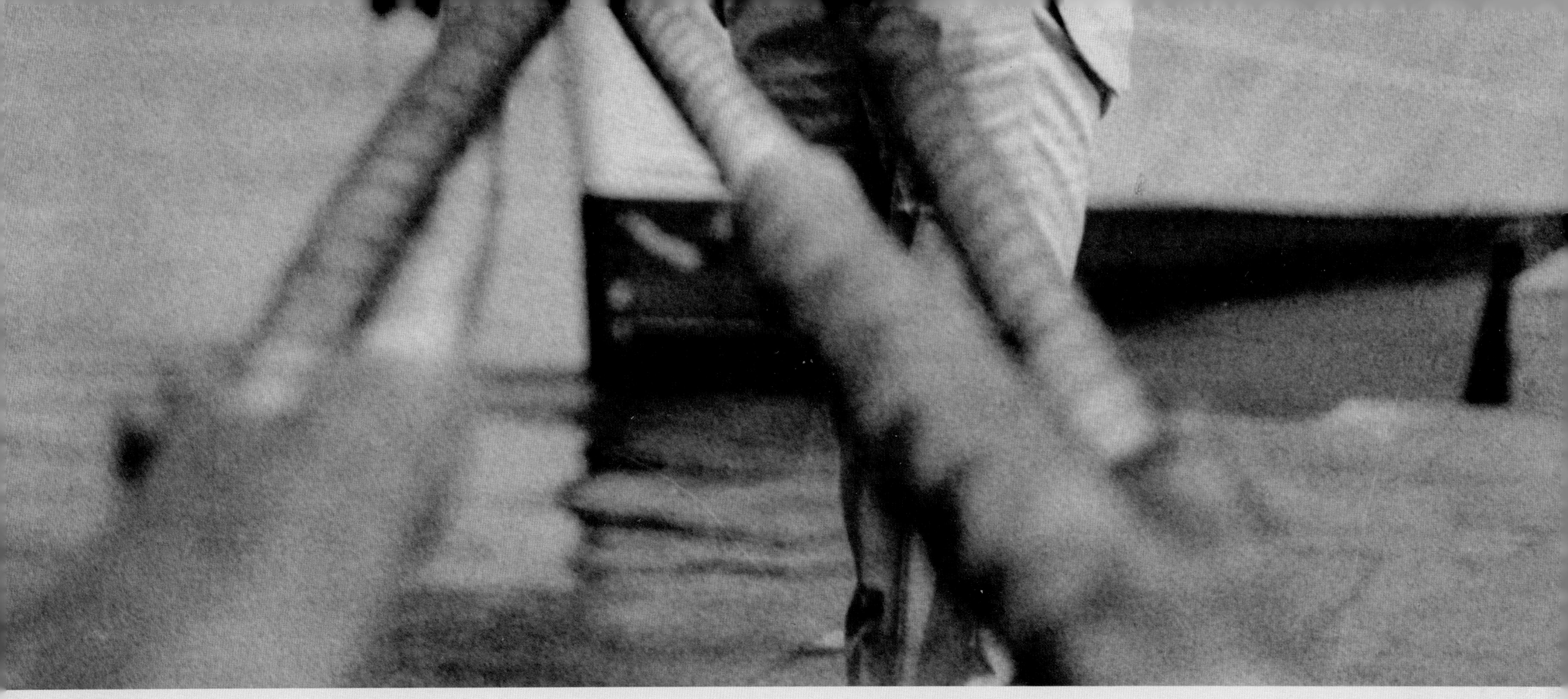

Ein Reporter hatte Moitessier gefragt, nachdem er 20 Jahre lang die Welt allein umsegelt hatte, ob er denn während dieser Zeit nicht furchtbar allein gewesen sei. Moitessier antwortete mit einem entgeisterten Gesichtsausdruck völliger Verständnislosigkeit: »Allein? Wieso allein? Auf dem Meer ist man doch nicht allein. Hier, in Paris, inmitten von Millionen Menschen, da bin ich allein. So allein, dass ich denke, dass ich sterben muss vor Einsamkeit.«[167]

167 *Ich brauche Liebe*, ebd., S. 340f.

Hinten [illegible] (Alle Abstände – Lichtspiel – Schattenspiel)

Aussen

(Cockpit) Umdrehung nicht deutlich im Cockpit
[illegible] finden im abgedunkelten Teil? wegen Schatten des
Endigend von Wasserwellen bis ausgespülten Cockpit —

[illegible] (viel deutlich [illegible])

Cockpit

Seeling, Rechnungsnetze. Schiffsname auf Tafel —
Ballon Bug — Schiffsname Metall-
Ballon Heck — Buchstaben —
Antwort

Wind
[illegible]

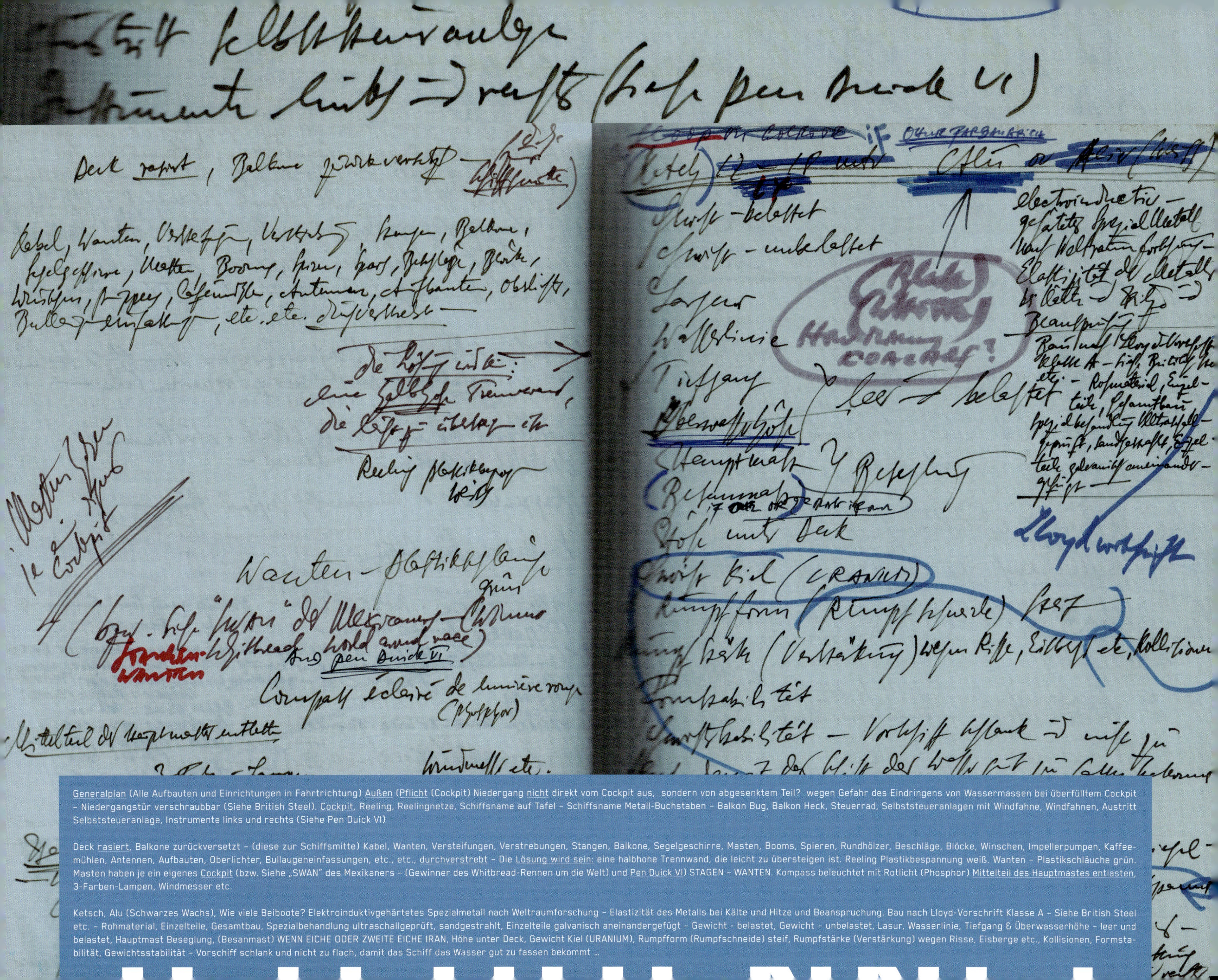

Generalplan (Alle Aufbauten und Einrichtungen in Fahrtrichtung) Außen (Pflicht (Cockpit) Niedergang nicht direkt vom Cockpit aus, sondern von abgesenktem Teil? wegen Gefahr des Eindringens von Wassermassen bei überfülltem Cockpit – Niedergangstür verschraubbar (Siehe British Steel). Cockpit, Reeling, Reelingnetze, Schiffsname auf Tafel – Schiffsname Metall-Buchstaben – Balkon Bug, Balkon Heck, Steuerrad, Selbststeueranlagen mit Windfahne, Windfahnen, Austritt Selbststeueranlage, Instrumente links und rechts (Siehe Pen Duick VI)

Deck rasiert, Balkone zurückversetzt – (diese zur Schiffsmitte) Kabel, Wanten, Versteifungen, Verstrebungen, Stangen, Balkone, Segelgeschirre, Masten, Booms, Spieren, Rundhölzer, Beschläge, Blöcke, Winschen, Impellerpumpen, Kaffeemühlen, Antennen, Aufbauten, Oberlichter, Bullaugeneinfassungen, etc., etc., durchverstrebt – Die Lösung wird sein: eine halbhohe Trennwand, die leicht zu übersteigen ist. Reeling Plastikbespannung weiß. Wanten – Plastikschläuche grün. Masten haben je ein eigenes Cockpit (bzw. Siehe „SWAN" des Mexikaners – (Gewinner des Whitbread-Rennen um die Welt) und Pen Duick VI) STAGEN – WANTEN. Kompass beleuchtet mit Rotlicht (Phosphor) Mitteltell des Hauptmastes entlasten, 3-Farben-Lampen, Windmesser etc.

Ketsch, Alu (Schwarzes Wachs), Wie viele Beiboote? Elektroinduktivgehärtetes Spezialmetall nach Weltraumforschung – Elastizität des Metalls bei Kälte und Hitze und Beanspruchung. Bau nach Lloyd-Vorschrift Klasse A – Siehe British Steel etc. – Rohmaterial, Einzelteile, Gesamtbau, Spezialbehandlung ultraschallgeprüft, sandgestrahlt, Einzelteile galvanisch aneinandergefügt – Gewicht - belastet, Gewicht – unbelastet, Lasur, Wasserlinie, Tiefgang & Überwasserhöhe – leer und belastet, Hauptmast Beseglung, (Besanmast) WENN EICHE ODER ZWEITE EICHE IRAN, Höhe unter Deck, Gewicht Kiel (URANIUM), Rumpfform (Rumpfschneide) steif, Rumpfstärke (Verstärkung) wegen Risse, Eisberge etc., Kollisionen, Formstabilität, Gewichtsstabilität – Vorschiff schlank und nicht zu flach, damit das Schiff das Wasser gut zu fassen bekommt …

…einstiege, Glasdruckspiegel — besonders starke "Stahlbänder"
…küstungen (Montierbar) —
…schloss, wenn nötig, mit 2 Metallkugeln gegen
…Magnetisierung —

Alle Abgase, Abflüsse, Ausflüsse etc. über Wasserspiegel

…Sprechrohre, Nebelhorn, Sirenen, Licht, Lampen, Be-
…leuchtungen, electr. Anlagen, Kontakte, Antennen, Abzugrohre,
…Ventilatoren, Ventile, Luftzufuhr, Motor, Pumpen etc.,
…besonders spezial isoliert und abgesichert —

~~[illegible]~~ FAHNEN Flags

…licht (Cockpit)
Alarm-Möglichkeit von außen nach innen (Druckknopf od.
…Glocke, Sirene etc.), vom Cockpit aus zu bedienen —
…selbstbewegung, [illegible] wasserdicht Teil, [illegible] Abdeckung

Einstiege, Glaskuppel – besonders starke Stahlbandverstärkungen (montierbar) – Bussolas, wenn nötig, mit 2 Metallkugeln gegen Magnetisierung – Alle Abgase, Abflüsse, Ausflüsse etc. über Wasserspiegel – Lautsprecherröhren, Nebelhörner, Sirenen, Lichter, Lampen, Beleuchtungen, elektr. Anlagen, Kontakte, Antennen, Abgasrohre, Ventilatoren, Ventile, Luftzufuhr, Motor, Pumpen etc., besonders spezialisoliert und abgesichert – Pflicht (Cockpit) (LANDESFAHNEN) Flaggen Alarm-Möglichkeit von außen nach innen (durch Knopf oder Hebelbewegung, Sirene etc.), von Cockpit aus zu bedienen – offene und verschlossene wasserdichte Fächer und Ablagen, Stauräume Cockpitausrüstung, Stauräume Schlauchboot Nr. I mit Motor, Stauraum Rettungsboot (Beaufort, Avon, NASA) Nr. I, Stauraum Notausrüstung Nr. 1 – Sonnen- und Schutzdach, Leitern, Strickleitern, Taue, Schwimmwesten, Haltegurte, Sicherheitsgurte, Zeisinge, Sonnen- und Schutzbrillen, Schutzhelm, Notsignale, Kappmesser, Warn-Signale-Gürtel, Winschkurbeln, Reffkurbeln, Wantenspanner, Rettungsringe, alle für Deck benötigten Werkzeuge, Bilgenpumpe (Hand und elektr.), Schalllote, Eliograf, Seile, Leinen, Taue, Schnüre, Segeltuchbänder, Feuerlöscher, Sand, Taschenlampen (wasserdicht), Unterwasserlampen, Metallfolien gegen Blitze, wasserdichte Stirnlampen, an Handgelenk anschnallbare Taschenlampen, Schwimmwesten mit Licht …

PRIVAT ALBUM

1. TEIL

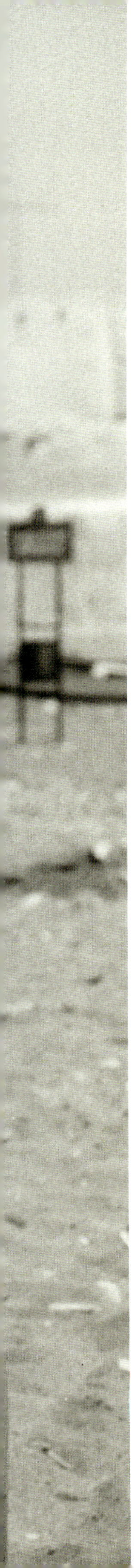

[SEITE 167] Klaus Kinski während der Dreharbeiten von »Für ein paar Dollar mehr«, *Almeria, April 1965*

PHOTOGRAPHIE: LOTHAR WINKLER © HIPP-FOTO

Klaus Kinski mit seiner zweiten Ehefrau Ruth Tocki, am Strand von Almeria, *April 1965*

PHOTOGRAPHIE: LOTHAR WINKLER © HIPP-FOTO

[SEITE 170] Klaus Kinski und Ruth mit der gemeinsamen Tochter Nastassja am Strand von Almeria, *April 1965*

PHOTOGRAPHIE: LOTHAR WINKLER © HIPP-FOTO

[SEITE 171] Klaus Kinski mit Ruth und Nastassja im Fels am Fuß der Alcazaba, *Almeria, April 1965*

PHOTOGRAPHIE: © CINETEXT / SAMMLUNG BEYL

Klaus Kinski vor seiner Schlosskirche in der Via Appia Antica, *Rom 1968*

PHOTOGRAPHIE: HERBERT ROWAN
© PICTURE ALLIANCE - FOTOREPORT

Klaus Kinski mit Ruth und Nastassja in einem der Torbögen in der Via Appia Antica, *Rom 1968*

PHOTOGRAPHIE: © CINETEXT / SAMMLUNG BEYL

Klaus Kinski mit Tochter Pola vor seinem Rolls Royce Silver Cloud II, *Rom 1968*

PHOTOGRAPHIE: © CINETEXT / SAMMLUNG BEYL

Klaus Kinski mit Ruth und Nastassja vor seinem Rolls Royce Silver Shadow Convertible, *Rom 1968*

PHOTOGRAPHIE: © CINETEXT / SAMMLUNG BEYL

Klaus Kinski mit Ruth und Nastassja vor seinem Rolls Royce Silver Cloud III, *Rom 1968*

PHOTOGRAPHIE: © CINETEXT / SAMMLUNG BEYL

Klaus Kinski mit seiner zukünftigen, dritten Ehefrau Minhoi Loanic in seinem Rolls Royce Phantom V, *Rom 1969*

PHOTOGRAPHIE: LOTHAR WINKLER

Klaus Kinski mit Minhoi hinter einem der Torbögen in der Via Appia Antica, *Rom 1970*

PHOTOGRAPHIE: LOTHAR WINKLER © HIPP FOTO

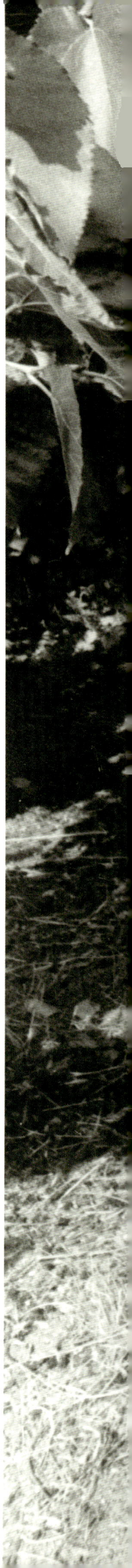

[SEITE 186/187 & DIESE SEITE] Klaus Kinski mit Minhoi im Garten in der Via Appia Antica, *Rom 1971*

PHOTOGRAPHIE AUS DEM NACHLASSARCHIV

Klaus Kinski mit Nastassja bei einem Picknick,
München 1971

Die Weltumsegler Chichester und Clay Blyth, ihre Schiffe und ihre Erfahrungen, die Rekorde von Tabarly und die Einsamkeit von Moitessier sind meine Vorbilder. Ihre Bücher werden meine Bibel und die einzigen Bücher, die ich überhaupt noch lese. Ich lese Tag für Tag. Nacht für Nacht. Wo ich gehe und stehe. Immerzu.[168]

Item	per day	days	(lbs.)
Corned	4	4	8
Corned	4	2	4
Ch	3	4	6
	4	2	4
	4	2	4
	1½	6	4½
Precooked rice	2	4	4
Carrots	2	3	3
Cabbage	2	2	2
Beets	2	2	2
Onion soup	½	10	2½
Chicken noodle	½	2	½
Beef	½	3	¾
Hemo	½	15	3¾
Pilot bread	⅛ can	15	15 cans
Pudding and Jell-O			5
Additional meats			15

HIGH-CAMP FOOD LISTS

(based on eight men—55 days above Camp I)

Item	Oz. per man per day	No. of days	Total weight (lbs.)
Breakfast			
Apple flakes	1½	30	22½
Orange juice	1½	25	19
Ralston	4	20	40
Oatmeal	2	20	20
Corn cereal	2	15	15
Klim	1½	55	42
Tea bags	3 bags	55	1320 bags
Sugar	4 oz.	55	110
Salt		55	4

299

168 Ich bin so wild nach deinem Erdbeermund, ebd., S. 386

Wachs/flüssig Plastik, Bürsten, Metallbürsten, Gummibürsten,
Sandpapier, Haken, Ösen, Wandeinhaken, Nieten, Doppelsplinte,
Eimer, Näpfe, Äxte, Beile, Teer, Schlauchplastik, Schlauchgummi,
Schlauchmetall, Teerlösungen für Tauenden, Kombinationsstücke
aller Art, Stiefel, Gummischuhe und Lappen, Gummibänder,
Mörtel, Scheuermittel auch für Hände, Seifen, Gewindeschneider,
elect. Leitungen, Leitungen aller Art, Kontakte aller Art, Lötzeug aller
Art, Cabel, harte und biegsame Rohre, Bimssteine, Metall-
folien, Gummituch, Ölpapier, Metallpapier, Fettpapier, Plastikmaterial, Lupen, Verschlussgläser, Reinigungsmittel aller Art und
für Bootskörper, Vaseline, Feuerschutzfette für Anschlüsse, Isolierungs-
sprays gegen Kälte-Nässe-Rost-Lecks, Bolzen aller Materialien,
Keile, Bolzenschneider, Rüststücke, Mischmittel, Walfischöl,
Pinzetten, Schaber (z. Entfernen von Muschelbewuchs) Harken, Spaten,
Feldspaten, Schaufeln, Nähmaschine, Messzeug, Rep.-Werkzeug f. Schlauch-
[illegible] Öl (Fischöl) zur Wollpflege [illegible]

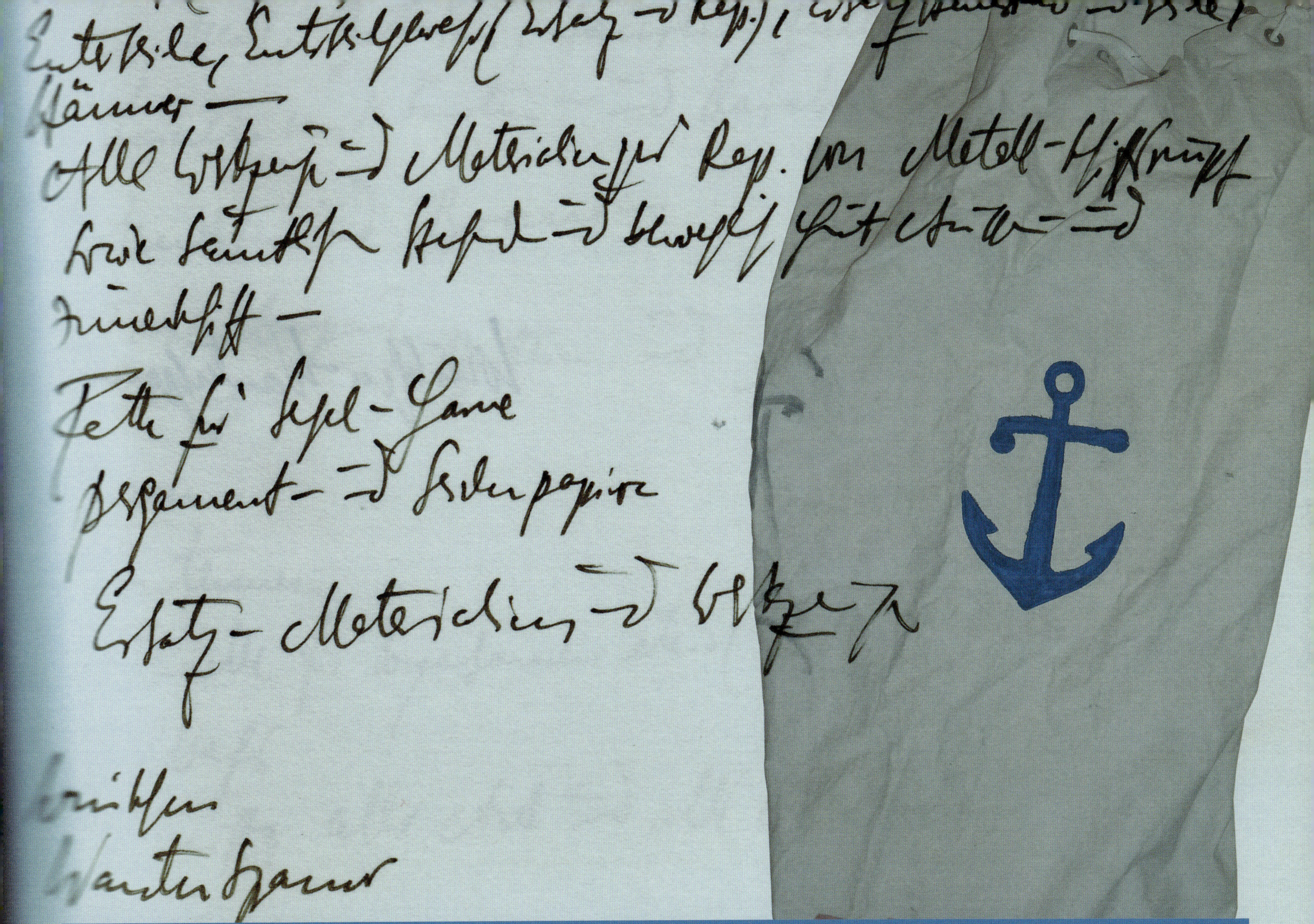

Wachs, flüssiges Plastik, Bürsten, Metallbürsten, Gummibürsten, Sandpapiere, Haken, Ösen, Karabinerhaken, Nieten, Köpfe, Splinte, Eimer, Näpfe, Äxte, Beile, Teer, Schläuche Plastik, Schläuche Gummi, Schläuche Metall, Teerlösungen für Tauenden, Kombinationsstücke aller Art, Stiefel, Gummistreifen und Lappen, Gummibänder, Mörser, Scheuermittel – auch für Hände, Seifen, Gewindeschneider, elektr. Leitungen, Leitungen aller Art, Kontakte aller Art, Sicherungen aller Art, Kabel, starre und biegsame Rohre, Bimssteine, Metallfolien, Gummitücher, Ölpapiere, Metallpapiere, Fettpapiere, Plastikmaterial, Lupen, Vergrößerungsgläser, Reinigungsmittel aller Art und für Bootskörper, Vaseline, Säureschutzfette für Anschlüsse, – Batterieset, Sprays gegen Kälte – Nässe – Rost – Lecks, Bolzen aller Materialien, Keile, Bolzenschneider, Rührstöcke, Mischmittel, Walfischöl, Pinzetten, Schaber (+ zum Entfernen von Muschelbewuchs), Hacken, Spaten, Feldspaten, Schaufeln, Nähmaschine, Nähzeug, Reparaturwerkzeug für Schlauchboote, (leichtes –) und schweres Öl (Fischöl) zur Wellenglättung, Segelbändsel, Enterseile, Enterseilgewehr (Ersatz und Reparatur), Ersatzsteuerrad und – seile, Hämmer – Alle Werkzeuge und Materialien zur Reparatur von Metall-Schiffrumpf sowie sämtlichem stehendem und beweglichem Gut Außen- und Innenschiff – Fette für Segel – Garne, Pergament- und Seidenpapiere, Ersatz-Materialien und Werkzeuge, Winschen, Wantenspanner ...

[illegible]wasser Leitwasser für [illegible] (Geiger (Kopf)), Steigeisen,
[illegible]mannschaft, Tabellen f. Signale etc., Kl.-Sender u. Radio,
[illegible]taschen, Werkzeuge, Ersatzteile, Hacke, Beil, Laterne,
[illegible]-Zeug (Nebelbomben, Raketen, Leuchtpistol, Nebelkerzen,
[illegible]waffen etc. etc., Trillerpfeife), Luftschutz-Kombinationen mit
Gürtel mit Ösen u. Karabinerhaken, Rucksack, Tabletten,
[illegible]flaschen, Essgeschirre, Bestecke, Explosiv, Brandschutz
[illegible] [illegible], Waale, Schiffe, Fackeln, Handsirene,
[illegible], Werkzeug, Handtuch, 2 x 600 mtr
[illegible]-Leinen mit Anker, Karabinerhaken etc., Gift, Nebelkerzen,
[illegible]wetter, Werkzeug, Thermosflaschen, Geiger (Kopf) u.
Batterie, Rauchmaske, Öl in Kanister, Ersatz [illegible]-Rucksack,
[illegible]-pack A (Überlebungspaket), Elektr. Solar, Kabel,
[illegible] S.-A. [illegible] komplett, aufklappbare

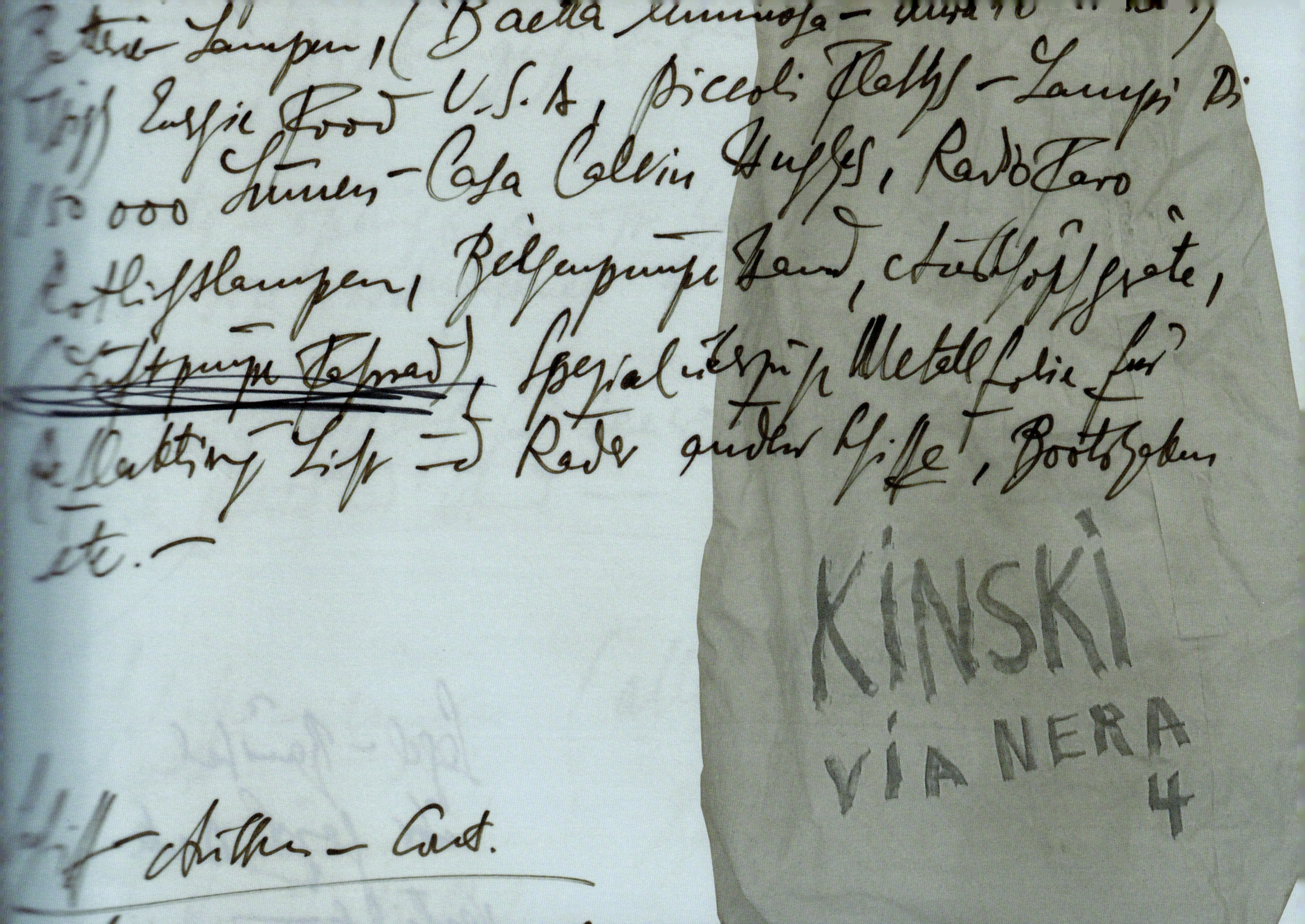

... aus Meerwasser Trinkwasser zu machen, (Spirituskocher), Sturzhelm, Almanachs, Tabellen für Signale etc., kleiner Sender – Radio, Signalfahnen, Werkzeuge, Ersatzteile, Scharfes Beil, Harpune, Signal-Zug (Nebelbomben, Raketen, Leuchtpistole, Nebelton, Megaphon etc. etc., Trillerpfeife), Sicherheitskombinationen mit Gürtel mit Ösen und Karabinerhaken, Rucksack, Taschen, Feldflaschen, Essgeschirre, Bestecke, Sprengstoff, Geräuschmacher gegen Haifische, Wale, Schiffe, Fackeln, Handsirene, Regenwasserauffanganlage, Waschzeug, Handtücher, 2 x 600 Meter Lifeleinen mit Knoten, Karabinerhaken etc., Licht, Nebelton, Schwimmwesten, Wetterzeug, Thermosflaschen, Erhitzer (Kocher) – Batterie, Rauhringe, Öl im Kanister, Ersatzsegel – Ruder etc., Food-pack A (Überlebenspaket U.S.A), Sonnenschutzmittel, Kabel, Seile, vollständige Lebensrettungsgürtel, aufhängbare Batterie-Lampen (Boetta Luminosa – 16 Tage Dauer), hochenergetische Nahrung, U.S.A, Kleine Blitzlichter – Lampen mit 150.000 Lumen von Kelvin Hughes, Funkfeuer, Rotlichtlampen, Bilgenpumpe Hand, Ausschöpfgeräte, (Luftpumpe Fahrrad), Spezialüberzüge, Metallfolie für Reflektierung Licht und Radar anderer Schiffe, Bootshaken etc. Schiff - Aussen - Forts. ...

Viet

1969 lernt Klaus Kinski in Rom auf einer seiner allabendlichen Partys die Franco-Vietnamesin Minhoi Loanic kennen. Sie wird am 2. Mai 1971 seine dritte Ehefrau, nachdem es ihr zuvor gelungen war, sein Leben gehörig umzukrempeln. Er entsagt seiner sinnlosen Verschwendungssucht, trennt sich von Schlosskirche und Fuhrpark und kehrt mit seinem eigenen Text *Jesus Christus Erlöser* im Herbst 1971 – leider nur für zwei Abende – auf die Rezitationsbühne zurück. Kritische Töne gegen den Vietnamkrieg zieren sein Evangelium. Sein Zorn inspiriert sich an den Schilderungen seiner Frau und einem Artikel von Marielouise Jurreit[169], den er im September 1970 aus der Jugendzeitschrift *Twen* reißt und bis zu seinem Tod bei seinen Unterlagen belässt. Es gelingt ihm sogar, alle erforderlichen Dokumente zu erhalten, um im April 1972 mit seiner Gattin den Süden des bekriegten Landes zu bereisen. Im Frühjahr 1973 schreibt er schließlich die folgende Filmerzählung. Er gibt ihr keinen Titel, führt sie aber in seinen unzähligen Listen über noch zu realisierende Projekte unter der Bezeichnung *Vietnam*.

Betrachtet man die Geschichte des szenischen amerikanischen Vietnamfilms, so wäre Kinskis Streifen in mehrfacher Hinsicht eine Pionierleistung gewesen. Zwar widmet John Wayne bereits 1968 mit *Die grünen Teufel* diesem Krieg einen Film, der aber die amerikanische Intervention nicht infrage stellt, sondern heroisiert. Die ersten kritischen Stimmen des New Hollywood klingen in den frühen Siebzigern nur metaphorisch in einigen Western an. Arthur Penn behandelt in *Little Big Man* (1970) den sinnlosen Völkermord an den Indianern und veranlasst die amerikanische Großkritikerin Pauline Kael zu der Feststellung, dass die *»Indianer vietnamesische Gesichter«*[170] hätten und eine in Zeitlupe getötete Squaw *»definitiv Asiatin«* war. Gemeint sind Szenen, die ebenso wie das im gleichen Jahr von Ralph Nelson gedrehte *Wiegenlied vom Totschlag* das Sand Creek-Massaker zum Thema haben. Die Abschlachtung friedlicher Zivilisten in einer Cheyenne-Siedlung im Jahr 1864 weist viele Parallelen zum Massaker von *My Lai* (Kinski folgt der vietnamesischen Bezeichnung *Sung My*) von 1968 auf, dessen juristische Aufarbeitung Teile der amerikanischen Öffentlichkeit empfindlich gegen den Krieg sensibilisierte. Besonders prophetisch betätigt sich indessen Michael Winner, der in *Chatos*

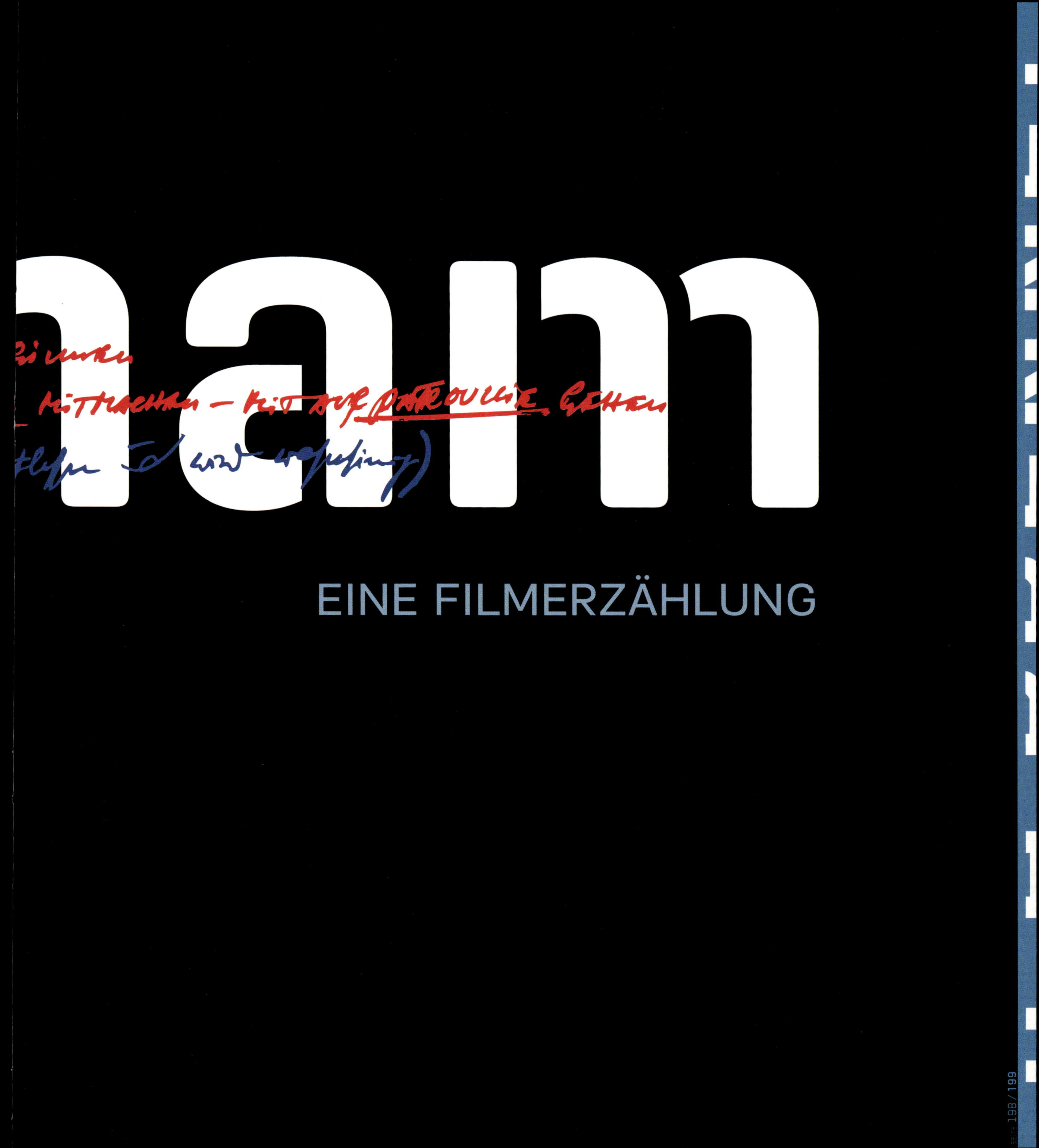

nam

EINE FILMERZÄHLUNG

Land (1972) sogar den Ausgang des Krieges vorwegnimmt, indem er seinen gejagten indianischen Titelhelden gegen eine feindliche Übermacht zum Jäger macht und obsiegen lässt, weil er sein Land besser kennt. Erst Ende der 1970er Jahre werden Spielfilme folgen, die den Krieg direkt thematisieren. Einzig Jane Fonda, die sich als Friedensaktivistin bereits den Beinamen »Hanoi Jane« erworben hat, versucht ab 1972 in *Coming Home* eine Abrechnung mit dem Vietnamkrieg zu machen, wird von der Industrie aber so lange torpediert, dass der Film erst 1978 fertiggestellt werden kann. Der Bannstrahl Hollywoods oder wenigstens die Furcht davor verhindert ansonsten die frühe amerikanische Auseinandersetzung mit dem Vietnamkrieg und sogar die bis dahin kometenhaft verlaufene Karriere von Arthur Penn gerät nach *Little Big Man*, trotz seines beachtlichen finanziellen Erfolges, merklich ins Stocken. Die Macht der amerikanischen Filmindustrie und deren patriotischen political correctness bekommt 1970 auch die Berlinale zu spüren. Michael Verhoeven, der Sohn von Paul Verhoeven (SIEHE S. 79), stellt mit *o.k.*, einem Film, der die wahre Begebenheit der Mehrfachvergewaltigung eines einheimischen Mädchens durch Soldaten, 1966 in Vietnam, in bayerischer Mundart und Landschaft zeigt, den offiziellen deutschen Festivalbeitrag. Nach den Bemühungen des amerikanischen Jury-Präsidenten George Stevens, den Film in Widerspruch zu den Statuten des Festivals, nämlich die Vorschrift der Förderung der Völkerverständigung, zu stellen, zerstreitet sich die Jury. Daraufhin ziehen einige Filmemacher ihre Werke zurück und das Festival muss zum ersten und einzigen Mal in seiner Geschichte abgebrochen werden.

Dass 1973 ausgerechnet Klaus Kinski, der in der vorherigen Dekade zum ungekrönten König des Italienischen Western avanciert war, der Erste sein will, der den Vietnamkrieg filmisch in den Dschungel zurückholt, entbehrt nicht einer gewissen Komik. Dass Kinskis kompromissloser Freiheitsdrang aber auch zum ersten und einzigen klaren westlichen Spielfilmbekenntnis zugunsten der Vietcong geführt hätte, nötigt einem Respekt ab, erklärt aber auch das Nichtzustandekommen des Projekts.

Klaus Kinski war lebenslang erklärter Pazifist, sein Kollege Günter Lamprecht will sogar mit ihm gegen die Wiederbewaffnung Deutschland demonstriert haben.[171] Seine Motive sind nicht politischer Natur, sondern tragen ausschließlich seinem besonders ausgeprägten Freiheitsbedürfniss Rechnung. Kriegsfolgen wie Tod, Versehrtheit oder Gefangenschaft sollen keinen Menschen treffen.[172] Etwaigen Missverständnissen, die aus der Lektüre der Rahmenhandlung seiner Filmerzählung entstehen könnten, sei daher gleich vorgebeugt: Keinesfalls möchte er die Kriegsinvaliden durch die Betonung ihrer Handicaps verhöhnen, sondern im Gegenteil die Einschränkung ihrer einstmaligen Bewegungsfreiheit der amerikanischen Regierung zum drastischen Vorwurf machen.

Erwähnt sei noch, dass die weibliche Hauptrolle, eine Vietcong-Soldatin, den Namen von Kinskis dritter Ehefrau trägt, die wie diese als Vierjährige in eine Tigerfalle gestürzt war. Das rechts abgebildete Photo hat die echte Minhoi beigesteuert. Klaus Kinski hatte es neben seiner Schreibmaschine stehen und dann in die Handlung einfließen lassen (SIEHE S. 201). Die Episode mit dem kleinen Jungen, der einem (amerikanischen) Schauspieler eine Sterbeszene vorspielt, soll er 1972 selbst in Vietnam erlebt haben, jedenfalls stellt er es in seiner Autobiografie so dar.[173]

---

169 Marielouise Jurreit: *Vietnam überleben: Sagt Charlie, wir gehen nach Hause.* In: Twen, Nr. 9, September 1970
170 Pauline Kael: *Conversations with Pauline Kael.* Jackson, Mississippi 1996, S. 45ff.
171 Deutscher Schauspieler; zit. nach einem Interview *(Günter Lamprecht: »Und deshalb bin ich Pazifist«)* mit Matthias Maruhn. In: NRZ, 20. Oktober 2008
172 Vgl. hierzu auch: *Ich brauche Liebe*, ebd., S. 483f.
173 ebd., S. 297.

- FLASHBACKS des Pacific -

[redacted] die Journalistin laesst

[illegible]

otel in Honolulu - [redacted]

Hawaii – Hotel Typ Hilton – Portiers in Livre, Kellner, Gepäckträger, Taxis –

Die Gäste des Hotels sind Amerikaner, auch Schwarze, alle sind sehr jung – und alle tragen Hawaii-Hemden – auch die meisten Frauen sind jung – alles an ihnen ist amerikanisch, ihre Gesichter, ihr Make-up, ihre Kleider, ihre Hüte, ihr Gepäck, ihre Sprache, ihre Art sich zu bewegen, ihr Benehmen und ihr Appetit – und alles ist beschienen von der Sonne Hawaiis – Ferienparadies nach Postkarten-Klischee.

Langsam wird klar, dass es sich bei den männlichen Gästen des Hotels um Invaliden handelt, Invaliden ohne Arme, ohne Beine, Metallgreifer als Hände, auf Krücken, im Rollstuhl, blind, ohne Nase, ohne Gesicht –

Aber das scheint die Harmonie dieses Paradieses nicht zu stören – überall Freizeitgestaltung, Einteilen von Truppen wie bei Reisegesellschaften, Ausflüge, Mietwagen, Motoryachten, Treffen, Wiedersehen, Abschiednehmen, Berge von Koffern, Souvenirs, Hallo-Rufe, Umarmungen, Weinen, Lachen, und Photoapparate, überall und immer wieder Photoapparate – eine »Braut« lässt sich mit ihrer Eroberung photografieren, ihr »Held« hat nur ein Bein – Ein anderer umarmt seine »Auserwählte« mit den Metallgreifern seiner »Hände« – alles ist unterlegt mit süßlicher Hawaii-Musik –

Bis zur Ankunft unserer JOURNALISTIN wird die Scenerie im Hotel immer wieder durch kurze SCHNITTE unterbrochen: Das Innere eines Linien-Flugzeuges der PAM, in welchem sich die JOURNALISTIN befindet, und das zum Anflug auf Honolulu ansetzt –

Die JOURNALISTIN ist sehr jung, fast noch ein Kind, klares positives Gesicht –

Banale Details aus dem Inneren des Flugzeuges – Ansagen der Stewardess – Passagiere, die sich die Augen reiben – wegräumen der letzten Tabletts – ein Passagier kotzt in eine Tüte – letzter Verkauf von Duty-free-Waren – Stimme des Piloten – Passagiere, die vor der besetzten Toilette warten – Babys in Tragetaschen – Passagiere, die ihre Utensilien zusammenpacken, sich Kaugummi in den Mund stopfen – andere machen Photos durch die Fenster-Luken – Decken und Kissen werden weggeräumt – Taschen werden geschlossen – und immer wieder, von der Piloten-Kanzel aus gesehen, Hawaii – die Inseln – Palmen – das Meer – der Pacific –

Später Details der Landung – Pass-Formalitäten – Umhängen von Blumenketten etc. etc. –

Viele im Hotel tragen Badekleidung – auch Invaliden, auch die im Rollstuhl, auch die ohne Arme, ohne Beine – ein Invalide ohne Gesicht leckt Eiscreme – ein Blinder stößt ein Glas um, Lachen, Hilfsbereitschaft –

Spiele – Cocktails – Herumgestehe – Herumgesitze – immer wieder dasselbe Bild – gemeinsames Essen – Selbstbedienung an langen Tischen, man wartet in langen Reihen bis man dran ist, den Teller in der Hand – dann Hühnerbeine, Pommes Frites, Obstsalat, Ananas Eiscreme, Orangensaft – vorher jede Menge

Aperitivs – Dialoge – Wortfetzen – ein Invalide ohne Arme wird gefüttert –

Am schneeweißen Strand dasselbe Bild – Herumliegen – Ferienspiele, soweit die Betreffenden sich bewegen können – organisierte Fröhlichkeit – Sonnenbaden mit Staniol-Reflektor, Photografieren, dilettantischer Versuch von Wellenreiten etc. – eine Bastmatte ist wie ein riesiger Dollarschein bedruckt –

Das Meer – der Pazific – der für einen Augenblick alles vergessen lässt – sauber - endlose Reihen von donnernden Wellen, die heranrollen –

Alles beginnt – abgesehen von den Invaliden – wie in ganz normaler, banaler Film –

Die JOURNALISTIN ist angekommen – in Jeans, Hose, Hemd, Kamera, auch sie hat eine Blumenkette umgehängt – sie ist völlig unbefangen, selbstständig, etwas schlaksig – ein typisches Exemplar der neuen Generation –

Sie geht auf ihr Zimmer, nachdem sie die Ankunftsformalitäten erledigt hat – zieht sich um – Bikini – rennt über den Strand – wirft sich in die schäumenden Wellen – lacht aus vollem Hals als eine riesige Welle sie niederschmettert – lässt sich auf dem Rücken treiben – erholt sich, genießt dieses Paradies, als wäre es für sie das Selbstverständlichste von der Welt – für sie, eine junge Amerikanerin –

EINBLENDEN – durcheinander sprechende vietnamesische Kinder – diese fremdartig klingenden Laute, die wie gesungen scheinen –

Die junge JOURNALISTIN ist beeindruckt von allem, was sie sieht – passt sich an, kameradschaftlich, hilfsbereit, gibt willig Auskünfte über den Grund ihrer Reise, nimmt Einladungen an, tanzt –

Wir befinden uns bei dem geschilderten Hotel in einem vom amerikanischen Staat eingerichteten Erholungs-Hotel, als Übergangsstation für Militär-Invaliden aus Vietnam, die hier, bevor sie nach Amerika zurückkehren, Kontakt zu Frauen aufnehmen können, die sich ihrerseits bereit erklärt haben Invaliden aus Vietnam zu helfen, ihnen die Eingliederung in das bürgerliche Leben zu erleichtern, und – sie eventuell zu heiraten –

Unter diesen Frauen befinden sich auch die typischen Profit-Jäger, die sich bei einem hochausgezeichneten US-Helden, möglichst einem Offizier, eine entsprechende Rente versprechen – oder auch solche, die einfach nur pervers sind – der Rest ist ehrlich –

Immer wieder und immer öfter wird die schreibende SCHREIBMASCHINE der JOURNALISTIN eingeblendet, sowie Flashs von geschossenen Photos –

Die JOURNALISTIN profitiert von dem herrlichen Strand so oft sie kann – sie ist eine gute Schwimmerin, sportlich, durchtrainiert – und während sie sich auf den Wellen des Pacific treiben lässt – wieder die EINBLENDUNGEN von durcheinander sprechenden vietnamesischen Kindern – und das Lachen dieser Kinder, das wie Glocken klingt –

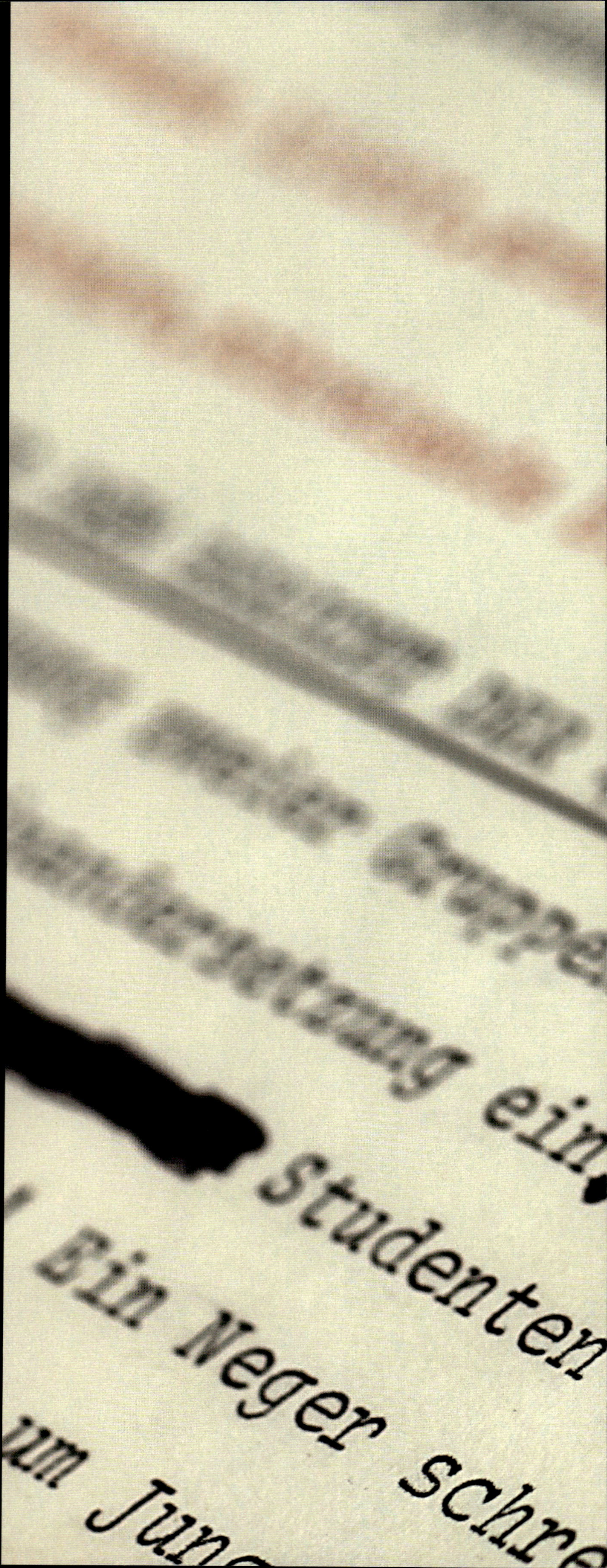

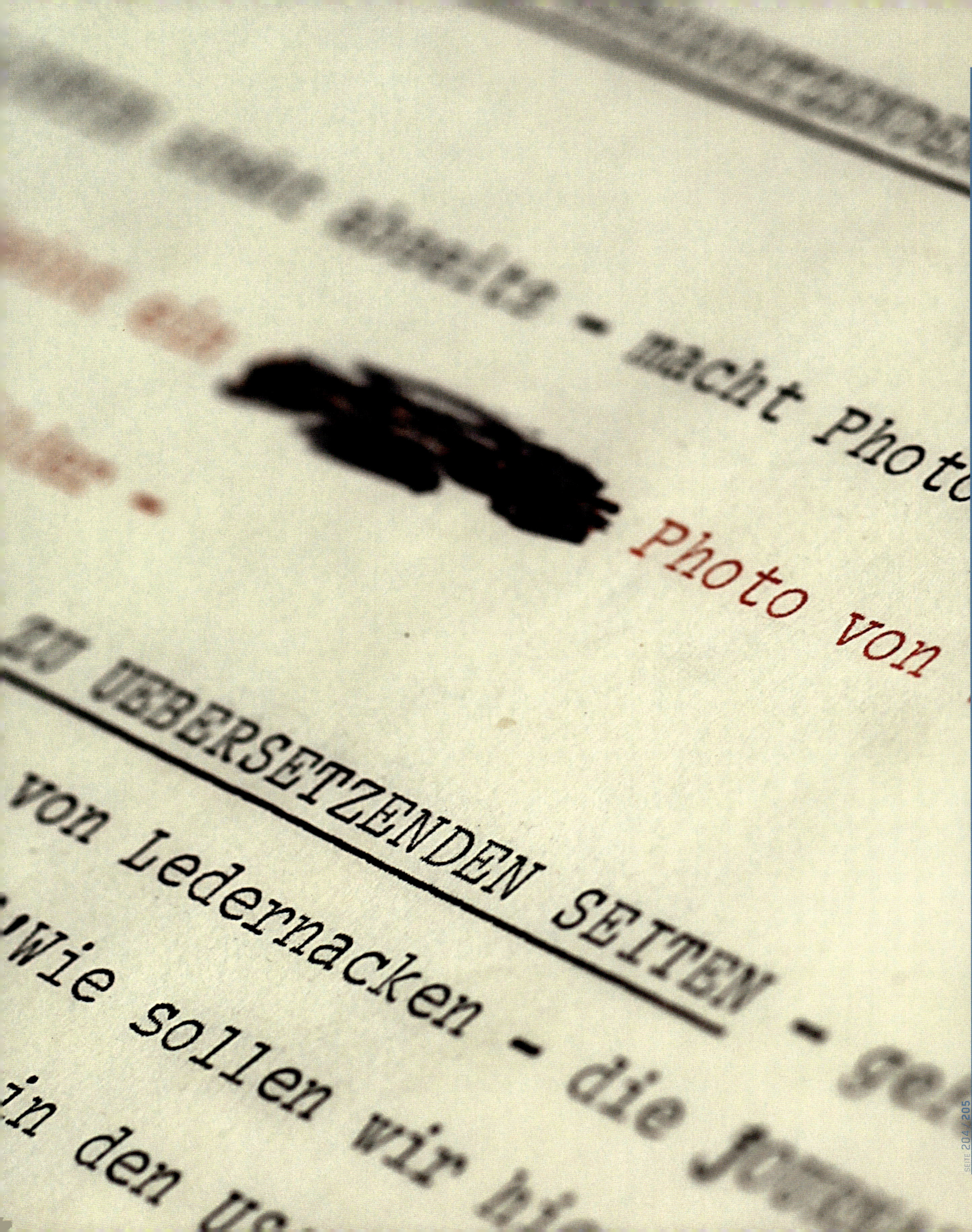
macht Photo
Photo von
UEBERSETZENDEN SEITEN -
von Ledernacken - die
Wie sollen wir
in den

– Diese Kinderstimmen werden auch später, im Hotel, und während anderer Szenen eingeblendet –

Die Invaliden weigern sich, oder entscheiden sich nur ungern, auf Fragen der Journalistin, über Vietnam zu sprechen – die Antworten sind zögernd, schleppend, als könnten sie sich nicht erinnern – und niemand will sich erinnern, niemand – auch die oberflächlichen Mädchen stellen dumme unsinnige Fragen, und werden je nachdem von den Invaliden durch Zoten oder Albernheiten abgelenkt und zum Schweigen gebracht – andererseits lenken die ernsthaft an den Invaliden interessierten Frauen ihrerseits taktvoll vom Thema ab, als wolle man die armen Jungs vergessen machen und alles tun, um diese bösen Erinnerungen aus ihrem Leben auszulöschen, und sie auf ein neues Leben vorzubereiten – kurz und gut, man spricht nicht über Vietnam – wie sollte man auch, hier, in Hawaii – und das Leben kann noch so schön sein –

Die Journalistin respektiert die Gefühle dieser Männer, die sie als Kämpfer für Frieden und Freiheit verehrt und bewundert – und sie ist stolz auf das, was sie vorhat: der Welt einen Bericht zu liefern über den Kampf dieser amerikanischen Helden – Erholt und braungebrannt reist sie ab, zur Front, nach Vietnam –

FRONTSTÜTZPUNKT DER »LEDERNACKEN« –
DER SPEZIALEINHEIT DER MARINES

Es handelt sich bei diesem Frontabschnitt um die Eroberung der HÖHE X – und um nichts, als um die Eroberung der HÖHE X, die von den US-Einheiten erobert wird und wieder verloren wird, erobert wird und wieder verloren wird, erobert wird und wieder verloren wird – immer wieder, den ganzen Film hindurch –

DETAILS AUS DEM BERICHT DER 4 ZU ÜBERSETZENDEN SEITEN

Die Journalistin im Militärflugzeug – Sie ist jetzt in amerikanischer Dschungel-Kleidung, zusammen mit vielen anderen jungen Amerikanern, die von ihrem bisherigen Leben sprechen, keiner spricht von Vietnam – scherzen, lachen, Unsinn – auch die Journalistin lacht mit ihnen, macht Photos, lässt sich photografieren, tauscht Adressen aus – akustische EINSCHNITTE wie vorher: die wie Musik klingenden Laute vietnamesischer Kinder – ihr Lachen, das wie Glocken klingt –

– Ohne Übergang befindet sich die Journalistin jetzt in einem Militärhubschrauber, zusammen mit anderen Kriegsberichtern und Soldaten – der Hubschrauber gerät ins Feuergefecht – Kampfszenen – neben ihr wird ein junger Soldat erschossen – ein Soldat wird von einem anderen Hubschrauber aus dem Kampfgebiet geangelt und hängt an einem Stahlseil – er stirbt, noch bevor er in den Hubschrauber gezogen werden kann – verzweifelte Schreie von Verwundeten, Schießen, Rufe, sinnebetäubende Motorengeräusche der Hubschrauber – die Kriegsberichter machen Aufnahmen mit Filmkameras und Photoapparaten, routinemäßig, abgebrüht, – ein Soldat schießt wie ein wahnsinnig Gewordener aus dem Hubschrauber nach unten, ins Nichts, schreit, hasserfüllt, Schaum vor dem Mund – dann stürzt er aus dem Hubschrauber in die Tiefe – die Garben der Maschinengewehre schlagen durch die Wände des Hubschraubers – neben der Journalistin hat ein anderer junger Soldat den Kopf des gefallenen Kameraden in seine Arme genommen und weint wie ein Kind – die Reporter machen auch davon Aufnahmen, flüstern leise, arbeiten professionell – sie ermuntern auch die Journalistin Aufnahmen zu machen – erklären ihr ihre eigene Kamera wie einem Kind, erklären ihr, wie man Photos »schießt« ohne selbst erschossen zu werden – die Journalistin ist zuerst nicht imstande – dann, langsam, beginnt sie zu photographieren, erregt, verwirrt –

Der Hubschrauber landet unter großen Schwierigkeiten auf dem Stützpunkt, dem Ankunftsziel der Journalistin – andere Hubschrauber landen, unzählige, die wie ein Schwarm von bösartigen Insekten heranschwirren – ihre Kanzeln sind wie aufgerissene Tier-Rachen bemalt, mit fletschenden Zähnen –

Auf den ersten Blick scheint die Szenerie auf dem Stützpunkt ein hysterisches Durcheinander, wilde Rufe, Kommandos, Schreie, Schmerzensschreie Verwundeter, Rufen nach dem Militärkaplan etc. – Sterbende, Tote, Sanitäter, und immer wieder Tote, Tote – alles geschieht in unfassbarer Eile – aber bei genauerem Hinsehen funktioniert alles, ist alles organisiert, geschieht alles mechanisch – als hätten diese Menschen in ihrem Leben nie etwas anderes getan –

Aus dieser wilden Szenerie formen sich für das Ohr des Hörers präzise Kommandos, Anordnungen, Radio-Telefon etc., wodurch wir erfahren, dass die HÖHE X wieder einmal von den US-Einheiten erobert worden ist, zum so und so vielsten mal – niemand nimmt noch Notiz davon, niemand interessiert sich mehr für die Eroberung der HÖHE X – außer dem Oberkommando –

DETAILS AUS DEM BERICHT DER 4 ZU ÜBERSETZENDEN SEITEN

Inmitten dieser Szenerie – wie deplaziert, und von niemand erwartet – die Journalistin – sie wird von den Lederjacken nicht einmal als Frau wahrgenommen (welche Frau kommt schon auf die perverse Idee freiwillig hierher zu kommen) – sie wird eher wie ein Soldat betrachtet und ganz mechanisch von irgendjemand nach ihren Dokumenten gefragt und in ihre Unterkunft eingewiesen – alles das geschieht mit derselben Routine, mit der der Militärkaplan einem Sterbenden die Absolution erteilt – ein Abstrich auf der Ankunftsliste, das ist alles – kein Gruß, keine Fragen, kein Interesse, nichts –

Gefangene Vietcongs werden, an den Hälsen mit Draht miteinander verkettet, vorbeigetrieben – die meisten Ledernacken beachten sie gar nicht - DETAILS AUS DEM BERICHT DER 4 ZU ÜBERSETZENDEN SEITEN – ein Ledernacken stürzt sich auf einen Vietcong und tritt ihm in die Hoden, der Vietcong windet sich – die anderen Ledernacken lassen ihn gewähren –

Die Journalistin starrt angewidert und erschreckt auf die Vietcongs, die »verantwortlich« sind für den Tod so vieler amerikanischer Kameraden –

Trommelfeuer der Nordvietnamesen auf HÖHE X und den US-Stützpunkt – die Beschießung scheint nie enden zu wollen – akustische EINSCHNITTE – Dialoge aus DEM

BERICHT DER 4 ZU ÜBERSETZENDEN SEITEN –

Die Journalistin in ihrer Unterkunft – FLASHBACKS des Pacific – die donnernden, schäumenden Wellen – die Journalistin lässt sich auf dem Rücken treiben – dann Szenen aus dem Hotel in Honolulu – herzzerreißendes Weinen von Kindern –

Die Journalistin wälzt sich schweißgebadet auf ihrem Feldbett – die Beschießung durch die Nordvietnamesen nimmt kein Ende – sie steht auf, raucht, schreibt auf der Schreibmaschine – immer wieder die Schreibmaschine, die schreibt und schreibt, und die so sinnlos, so deplaziert, so abstrakt wirkt –

ORIGINALAUFNAHMEN ARCHIV – Johnson in TV, der neue Waffen für den Vietnamkrieg begutachtet – lacht – dazu die SCHREIBMASCHINE und das Weinen von Kindern –

Der nächste Tag ist kampflos – keine Beschießung – kein Gefecht – kein Geräusch, außer dem Routinebetrieb – Vorbereitungen zum Appell - DETAILS AUS DEM BERICHT DER 4 ZU ÜBERSETZENDEN SEITEN – die wenigen und sämtlich verwundeten Überlebenden des gestrigen Angriffs auf HÖHE X werden mit Orden ausgezeichnet – vor Allen, ein Captain (den wir in der Folge einfachhalber CAPTAIN nennen) – auch die Gefallenen werden nach einer Liste aufgerufen und ausgezeichnet – ein Militärkaplan nimmt die Orden entgegen, aber es sind so viele, dass ihm jemand behilflich sein muss – während dieser Szene kurze eingeschnittene FLASHS: Kriegs-Souvenirs für Militär und Touristen in Saigon – Nights – Bordells – Einhaken von Bomben an US-Bomber –

Über dem sinnlosen Gerede des Orden verleihenden Offiziers: DIALOGFETZEN AUS DEM BERICHT DER 4 ZU ÜBERSETZENDEN SEITEN

Die JOURNALISTIN steht abseits – macht Photos – jedes Mal wenn die Kamera klickt, erscheint ein Photo von vietnamesischen Kindern, unfassbare, schreiende Bilder –

DETAILS AUS DEM BERICHT DER 4 ZU ÜBERSETZENDEN SEITEN – gefährliche Auseinandersetzung zweier Gruppen von Ledernacken – die JOURNALISTIN greift in die Auseinandersetzung ein: *»Wie sollen wir hier für den Frieden kämpfen, wenn Studenten in den USA die ›Glory‹ (die amerikanische Fahne) verbrennen!«* Ein Schwarzer schreit ihr ins Gesicht: *»Kämpfen für den Frieden ist wie Ficken um Jungfrau zu werden!«* – Die Situation ist explosiv, einige ziehen ihre Pistolen – Der CAPTAIN ist plötzlich unter ihnen, reißt die JOURNALISTIN aus dem Handgemenge, geht mit ihr weg – Dann erklärt er ihr, was sie bis jetzt nicht begriffen hat: die Verzweiflung seiner »Jungens«, die Drogen nehmen, die an nichts glauben, die keinen Halt mehr haben – aber die kämpfen, die kämpfen! Und das ist die Hauptsache! Die für ihr Vaterland, für Amerika kämpfen! Für Freiheit und Frieden! – Und für ihn seien alle gleich, ob sie rote, schwarze, gelbe oder weiße Hautfarbe haben – wenn sie tapfer waren, werden sie befördert und basta –
Dann spricht er von Amerika, von sich selbst, von seinen Eltern, und dass er selbst den Krieg nicht *»liebe«* – aber dass man die Vietcongs hassen müsse – auch die anderen Vietnamesen – aber vor allem die Vietcongs –

Und dann erzählt er ihr, dass er, trotz allem, drei kleine vietnamesische Kinder adoptiert habe, die er mit nach Amerika nehmen will – während er spricht und seine Worte in den Hintergrund treten: EINBLENDUNG einer Sendung des französischen Fernsehens über die Anklage des CAPTAINS wegen Massenmord, wegen Ausrottung des Dorfes SONG MY – und während der CAPTAIN mit der JOURNALISTIN weiter über die Adoption der Kinder spricht – Aufnahmen der toten Frauen und Kinder aus der Sendung der französischen TV –

– Die JOURNALISTIN ist fasziniert von dem, was der CAPTAIN sagt – sie fühlt sich zu diesem Mann hingezogen, der in dieser Hölle einen klaren Kopf behalten hat, der gerecht ist und tapfer, der diesen heldenhaften Kampf der Amerikanschen Truppen verkörpert, diesen Kampf, den sie der Welt berichten will, und deswegen sie diese Strapazen auf sich genommen hat, freiwillig, und sich nicht beklagt –

Es würde sich jetzt um eine ganz normale leidenschaftliche Liebesszene handeln, bei der die Beteiligten sich auf dem Boden der Unterkunft des CAPTAIN herumwälzen, stöhnen, Liebesworte stammeln – und einen Augenblick lang vergessen wir wirklich, wo wir uns befinden – wenn nicht bei jedem Blick des CAPTAIN, bei jedem herumwälzen, unter ihm oder über ihm eine junge Vietnamesin den Platz der JOURNALISTIN einnehmen würde – es sind nur ganz kurze FLASHS – die Vietnamesin stöhnt – wendet ihr Gesicht ab – dieses undefinierbare mysteriöse Gesicht der Vietnamesen, diese Augen, in denen man nichts lesen kann als den unbeugsamen Willen zu überleben – dazu akustisch Dialog-Fetzen AUS DEM BERICHT DER 4 ZU ÜBERSETZENDEN SEITEN

Die Ledernacken stürmen wieder einmal die HÖHE X, die inzwischen von Nordvietnamesischen Einheiten zurückerobert worden war –

– jedes Mal wenn die US-Truppen die HÖHE X stürmen, müssen sie durch ein dichtes Dschungel-Gebiet, wo die Vietcongs über sie herfallen und die meisten von ihnen schon vor dem Angriff auf die HÖHE X töten –

Bevor die Sturm-Abteilung zum Angriff loszieht – Abschiedsszene zwischen dem CAPTAIN und der JOURNALISTIN – keiner der Ledernacken mokiert sich, keine Zoten oder Bemerkungen – die Meisten wenden sich ab – es ist allen klar, dass die JOURNALISTIN den CAPTAIN liebt, oder zumindest wild nach ihm ist –

Szene zwischen dem CAPTAIN und der JOURNALISTIN – geflüsterte, hastige Worte – von Liebe – von Zukunft – von einem Leben in Amerika –

Bombardement und Kanonenbeschuss

IM DSCHUNGEL – Der Angriff der US-Einheit schlägt fehl – es scheint, dass alle Soldaten fallen, schon im Dschungelgebiet, das sie durchqueren müssen –

Bombardement und Kanonenbeschuss haben aufgehört – kein Laut – nur die fremdartigen Geräusche des Dschungels –

Eine junge Vietcong (die wir in der Folge MINHOI nennen

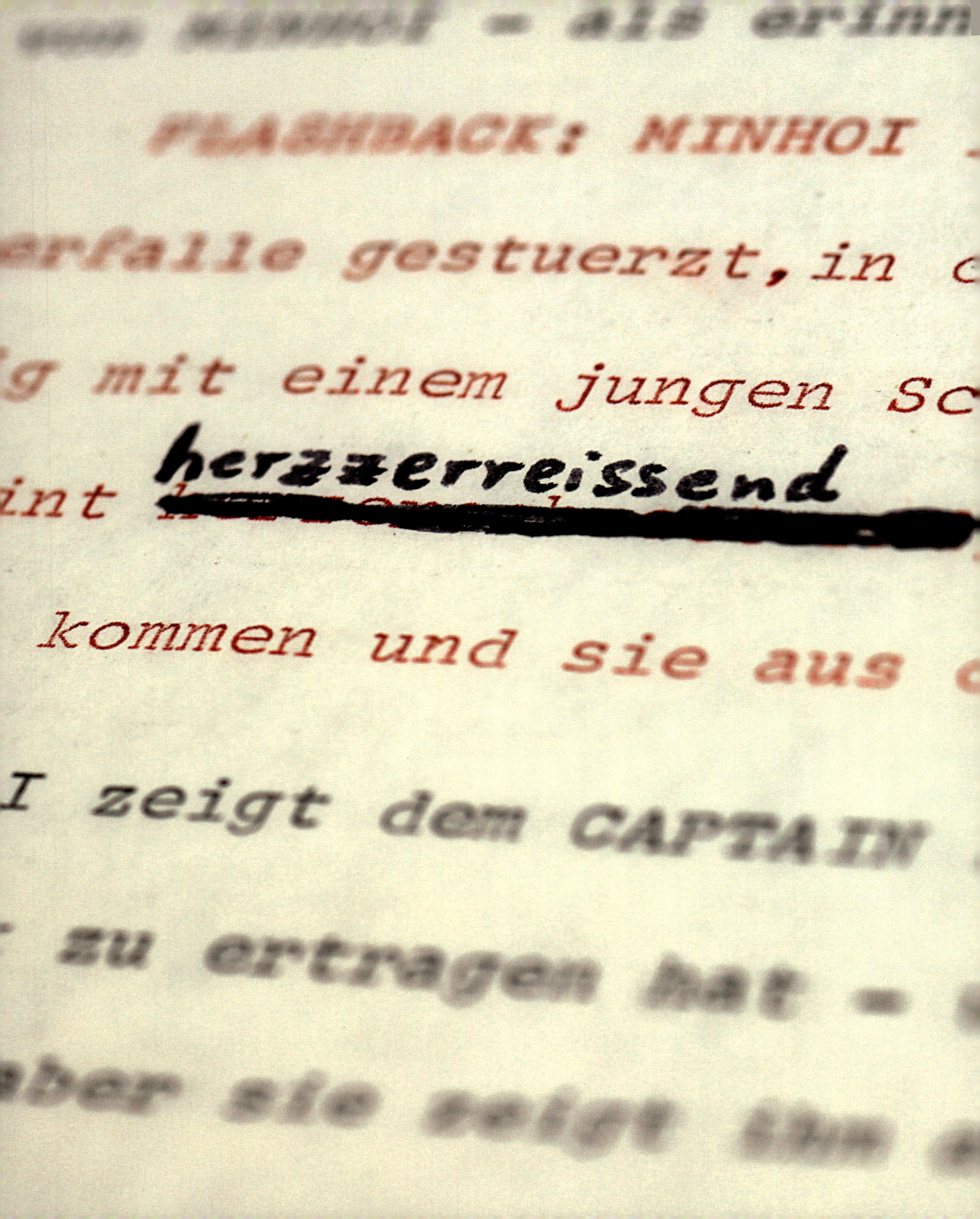
FLASHBACK: MINHOI
erfalle gestuerzt, in
g mit einem jungen Sc
herzzerreissend
int
kommen und sie aus
I zeigt dem CAPTAIN
zu ertragen hat -
aber sie zeigt ihm

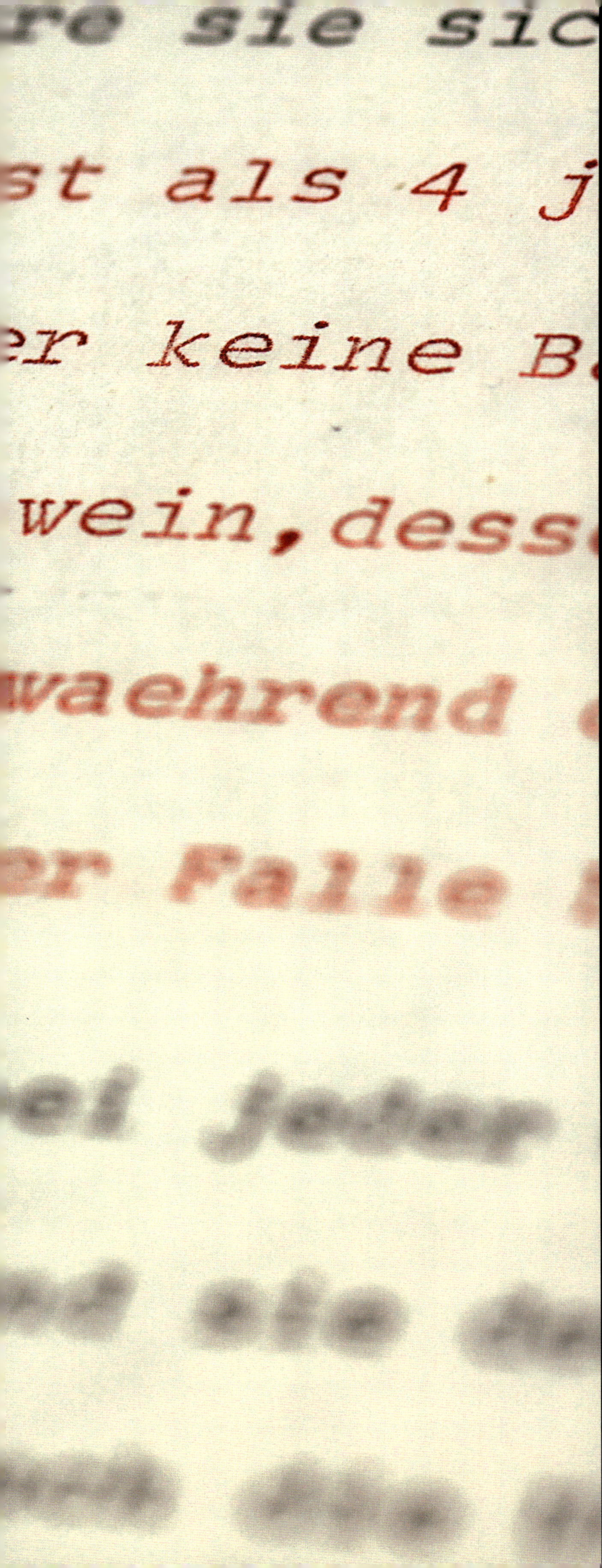

werden) erscheint, die Maschinenpistole im Anschlag – sie steht am Rand einer »Tiger-Falle« (eine Grube, die ursprünglich mit Palmenblättern überdeckt war, und auf deren Grund Bambusspieße befestigt sind) –

Der CAPTAIN ist in diese Grube gestürzt – er ist nicht tot, aber wie es scheint schwer verletzt – MINHOI steigt vorsichtig in die Grube hinab und befreit den CAPTAIN von den Bambusspießen, die ihn wie durch ein Wunder nicht getötet haben – sie geht dabei sehr fachmännisch vor, als habe sie diese Grube selbst konstruiert – alles geschieht mit leichten geschmeidigen Bewegungen – aber sie ist ständig bereit dem CAPTAIN das Magazin ihrer Maschinenpistole in den Leib zu jagen; sobald sie dazu gezwungen sein sollte – sie ist wachsam, leise und wachsam – aber ihr Gesicht ist ohne Hass – eher traurig, schmerzlich – aber voll Entschlossenheit –

Der CAPTAIN ist völlig hilflos und auf Minhoi angewiesen – aber in seinem Ausdruck ist Hass, nichts als Hass – dieser Hass, von dem er mit der JOURNALISTIN gesprochen hat – er ist unfähig sich zu wehren, sich zu bewegen, er blutet stark – und die Mündung der Maschinenpistole von MINHOI folgt jeder seiner kleinsten Reaktionen –

MINHOI zieht den CAPTAIN an Lianen, die sie ihm um den Körper geschlungen hat, aus der Grube – schleppt ihn in ein Versteck, wo nur Kinder sind und alte Männer und Frauen, die jetzt alle um den CAPTAIN stehen und ihn stumm ansehen
– MINHOI spricht mit den anderen Vietnamesen in vietnamesisch, das wir nicht verstehen, und die anderen ziehen sich zurück – auch das geschieht alles leise und ohne Aufregung –

MINHOI verbindet den CAPTAIN, nachdem ein kleiner Junge Verbandszeug gebracht hat, und nachdem sie ihm die Wunden gesäubert hat –

MINHOI kann nicht englisch sprechen, und der CAPTAIN spricht nicht vietnamesisch – sie macht sich durch Zeichensprache verständlich, die für den CAPTAIN einfach und leicht zu verstehen ist – dabei gibt sie manche Laute von sich, die wie Musik klingen – während der ganzen Zeit bewacht sie den CAPTAIN aufmerksam, Tag und Nacht – als sie ihm Wasser zu trinken reicht, wendet der CAPTAIN voll Hass den Kopf ab – und als er das Bewusstsein verliert und fiebert, befeuchtet MINHOI seine trockenen Lippen –

Die Stille des Dschungels wechselt immer wieder ab mit Trommelfeuer und Bombardements – und man weiß nie, wer schießt, und wer die Bomben wirft – einzelne Salven – Feuerstöße – manchmal Rufe, die sich entfernen – Schreie von Affen und merkwürdigen Vögeln, und manchmal riesige Schmetterlinge –

Während der CAPTAIN fiebert – EINBLENDEN der Dialoge zwischen dem CAPTAIN UND DER JOURNALISTIN – MINHOI betrachtet ihn – seine Lippen bewegen sich – manchmal stammelt er abgerissene Sätze – MINHOI betrachtet ihn merkwürdig und fremd –

Der Kampf um HÖHE X geht weiter – man weiß nicht mehr, wer die HÖHE X gerade angreift und wer sie besetzt hält – das alles wird nebensächlich und tritt in den Hintergrund vor der Unendlichkeit des vietnamesischen Dschungels, vor der erschütternden und faszinierenden Atmosphäre dieser Vietnamesen, die seit Generationen nichts kennen, als Mord und Sterben und Elend, und die nichts anderes wollen als diesem Leid ein Ende zu bereiten, zu überleben und in Frieden leben –

MINHOI zeigt dem CAPTAIN Gräber, viele Gräber, und macht ihm durch Zeichensprache klar, dass das die Gräber ihrer Familie sind, ihrer ganzen Familie – und sie deutet dabei auf den CAPTAIN, als wolle sie ihm klar machen, dass sie seinetwegen gestorben sind –

STÜTZPUNKT DER LEDERNACKEN - SZENEN AUS DEM BERICHT DER 4 ZU ÜBERSETZENDEN SEITEN

– Der CAPTAIN kann jetzt hinkend gehen, er stützt sich dabei auf eine Krücke, die ihm MINHOI angefertigt hat – sie ziehen weiter, von Versteck zu Versteck – aber wir haben das Gefühl, als ob der CAPTAIN und MINHOI ständig von anderen Vietcongs begleitet werden – unsichtbar – aber greifbar nahe – manchmal hört man das stoßweise Atmen der Männer, sieht ein Gebüsch sich bewegen – aber man sieht nie jemand, nie –

– Überall, wo MINHOI auf andere Vietnamesen trifft, wechselt sie mit ihnen einige Worte – und überall wird ihr Essen angeboten und ein Lager angewiesen und Proviant mitgegeben –

– Der CAPTAIN ist jetzt ruhiger geworden, besser gesagt reaktionsloser – er ist sehr schwach, aber er hat bisher jede Nahrung abgelehnt, die ihm von MINHOI gereicht wurde – wenn er schläft betrachtet MINHOI ihn – er ist abgemagert und sieht jetzt eher hilflos als gefährlich aus – ein flüchtiges Lächeln huscht über das traurige, schöne Gesicht von MINHOI – als erinnere sie sich an etwas, was lange zurückliegt, lange –

FLASHBACK: MINHOI ist als vierjähriges Kind selbst in eine wirkliche Tigerfalle gestürzt, in der keine Bambusspieße sind, sondern ein kleiner Käfig mit einem jungen Schwein, dessen Geruch den Tiger anlocken soll – sie weint herzzerreißend, während die Bewohner ihres Dorfes herbei gelaufen kommen und sie aus der Falle befreien –

– MINHOI zeigt dem CAPTAIN bei jeder Gelegenheit das furchtbare Leid, das ihr Volk zu ertragen hat – und sie deutet dabei immer auf ihn, den CAPTAIN; aber sie zeigt ihm auch die Unbesiegbarkeit ihres Volkes –

STÜTZPUNKT DER LEDERNACKEN - SZENEN AUS DEM BERICHT DER 4 ZU ÜBERSETZENDEN SEITEN

– MINHOI und der CAPTAIN begegnen einer jungen toten Frau, die über ihr weinendes Kind gefallen ist – andere Vietnamesen kommen und tragen die Frau leise weg und nehmen das weinende Kind mit sich mit –

– FLASHBACK: MASSAKER DES CAPTAINS IN SONG MY –

– DSCHUNGELPFADE DER VIETCONGS – Vorbereitungen der Vietcongs – nie endende Vorbereitungen auf einen nie enden wollenden Kampf –

– MINHOI und der CAPTAIN begegnen einem riesigen, fetten US-Piloten, der von den Vietnamesen abgeschossen worden war – hinter ihm, die Maschinenpistole im Anschlag,

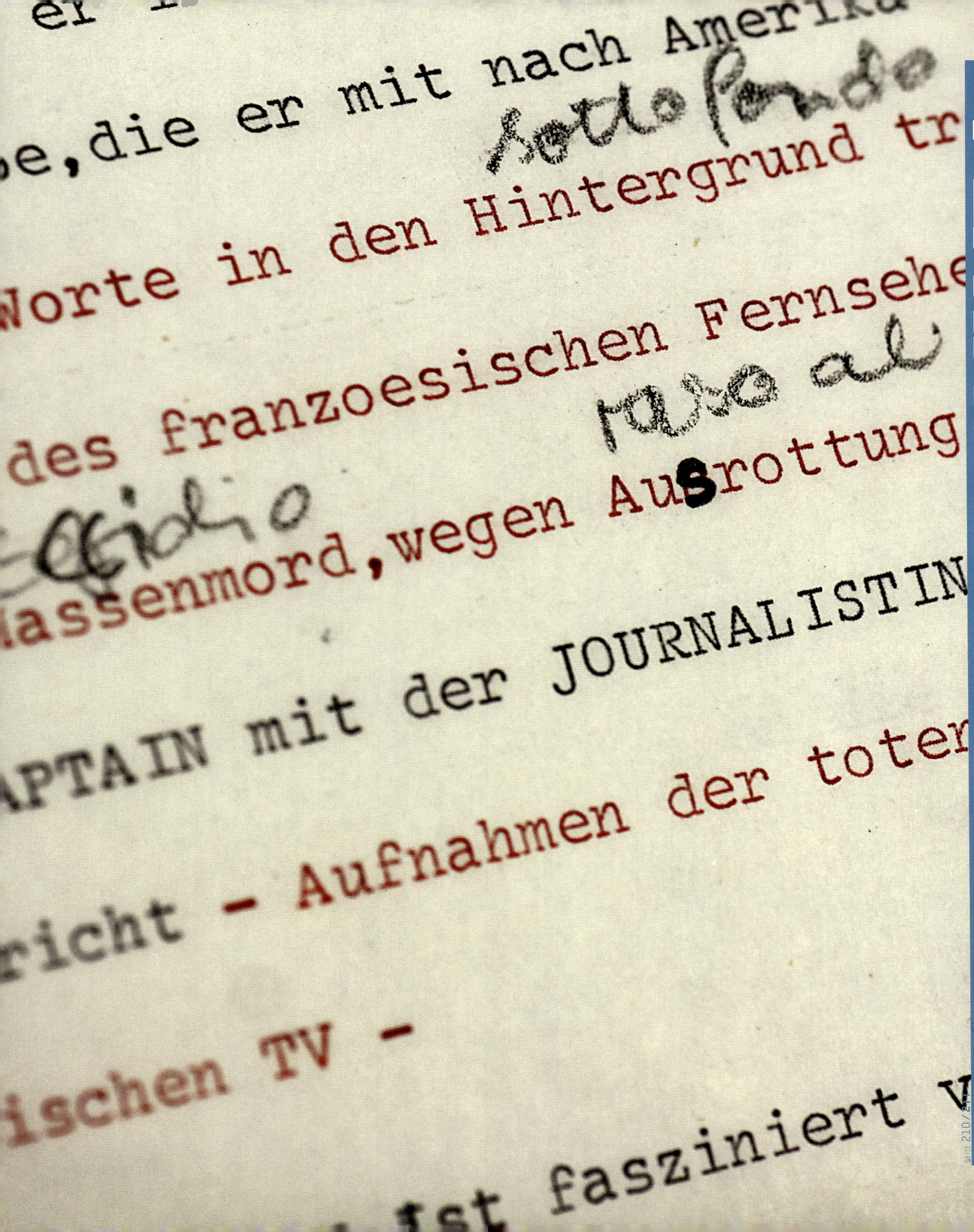

er

e,die er mit nach Amerika

sottofondo

Worte in den Hintergrund tr

des franzoesischen Fernsehe

raso al

eccidio

Massenmord,wegen Ausrottung

APTAIN mit der JOURNALISTIN

richt - Aufnahmen der toten

ischen TV -

ist fasziniert V

eine kleine zierliche Vietnamesin – dann ziehen Bauern vorbei, die die Reste des abgeschossenen US-Flugzeuges auf ihren Karren abtransportieren –

STÜTZPUNKT DER LEDERNACKEN – Der CAPTAIN ist als vermisst gemeldet, d. h. für tot erklärt – keiner der LEDERNACKEN ist von dem Angriff zurückgekehrt – Hubschrauber bringen einige Tote zurück, die sie aus dem Kampfgebiet herausgefischt haben – Jemand will den toten CAPTAIN gesehen haben, habe ihn aber nicht aufnehmen können wegen Feindbeschuss –

Die JOURNALISTIN rennt wie betäubt zu den Toten, dreht jeden Toten um, sieht jedem Toten ins Gesicht, betastet ihn – sie sucht den CAPTAIN – als sie einen Toten umdreht, starrt ihr eine entstellte Fratze entgegen – sie bricht zusammen – wird weggetragen – ein Arzt gibt ihr eine Spritze – dann lässt er ein paar Drogen in ihrer Unterkunft zurück –

IM DSCHUNGEL – Der CAPTAIN bedroht einen kleinen vietnamesischen Jungen mit der Maschinenpistole, die, wie er glaubt, von MINHOI unvorsichtshalber einen Augenblick liegen gelassen worden war – plötzlich das Lachen von MINHOI – die Maschinenpistole ist nicht geladen – sie hat eine andere, geladene Maschinenpistole im Anschlag und nimmt dem CAPTAIN die Maschinenpistole ab –

DIE NÄCHSTEN SZENEN WECHSELN AB:

STÜTZPUNKT – Auszeichnung des »gefallenen« CAPTAIN –

DSCHUNGEL – Minhoi zeigt dem CAPTAIN die endlosen Flüchtlingskolonnen, die über Verbindungsstraßen ziehen – ein kleines Kind schleppt ein anderes kleines Kind – ein alter Mann schleppt eine Frau – die Variationen der Bilder sind endlos, und eines erschütternder als das andere – und immer wieder die Augen, die Augen der Kinder – FLASHBACK: der CAPTAIN läßt sich lächelnd mit den drei von ihm adoptierten Kindern photografieren –

STÜTZPUNKT – die JOURNALISTIN nimmt Orden für den CAPTAIN entgegen – sie sagt dem Kommandanten, dass sie die drei Kinder, die der CAPTAIN adoptiert hat, mit nach Amerika nehmen und sie den Eltern des CAPTAIN übergeben will –

DSCHUNGEL – der CAPTAIN und MINHOI sehen während eines Tiefflieger-Angriffs, wie vor ihnen eine ganze Kolonne von Flüchtlingen niedergemetzelt wird – MINHOI weint, und einen Augenblick ist Hass in ihrem Ausdruck, ihre Augen werden fiebrig und haben einen gefährlichen Glanz – Hass gegen den CAPTAIN, Hass gegen diesen sinnlosen Mord, der nicht mehr zu ertragen ist – als der CAPTAIN sie ansieht, erscheint zum ersten mal auf seinem Gesicht so etwas wie Verwirrtheit –

ARCHIV-MATERIAL: KONFERENZEN IN GENF UND PARIS – KISSINGER – WEIHNACHTEN 1972 – WAFFENSTILLSTAND – UND DANN TOTE – TOTE – TOTE

– FRÖHLICHE WEIHNACHTEN IN AMERIKA – WEIHNACHTSBÄUME, LICHTER –

DISNEYLAND IN AMERIKA –

WEINENDE KINDER IN VIETNAM –

AUSBILDUNG VON NORDVIETNAMESEN –

AUSBILDUNG VON SÜDVIETNAMESEN –

AUSBILDUNG VON AMERIKANISCHEN SOLDATEN –

STÜTZPUNKT DER LEDERNACKEN – Auch die JOURNALISTIN raucht jetzt Marihuana – und schreibt auf ihrer SCHREIBMASCHINE, schreibt und schreibt – die Seiten häufen sich zu Bergen und verschnürten Paketen – sie weint immer wieder während sie schreibt – und immer wieder Trommelfeuer, Tag und Nacht – sie raucht und schreibt und raucht und weint und schreibt –

ARCHIV-MATERIAL: MISSHANDLUNGEN VON VIETCONGS DURCH US-SOLDATEN – BEERDIGUNGEN VON VIETNAMESEN – UNERTRÄGLICHE SZENEN – FRIEDENSBOTSCHAFT DES PAPST IN ROM – MISSHANDLUNGEN VON VIETCONG DURCH SÜDVIETNAMESISCHE TRUPPEN – EINE GANZE FAMILIE VON VIETNAMESISCHEN FLÜCHTLINGEN DURCHWATET EINEN FLUSS – SIE SIND FAST NACKT –

IM DSCHUNGEL – MINHOI und der CAPTAIN sehen, wie US-Soldaten Vietcongs massakrieren – MINHOI schießt wild auf die Amerikaner und tötet alle – Der CAPTAIN will sich auf MINHOI stürzen – aber sie richtet die Maschinenpistole auf ihn – und dann zeigt sie ihm einen jungen erwürgten Vietcong – der CAPTAIN ist völlig verwirrt, sieht auch die US-Soldaten, einer bewegt sich noch, sieht die toten Vietcongs, die Frauen und Kinder – die Augen, die Augen der Kinder – FLASHBACK: die Augen der Frauen und Kinder in SONG MY – der CAPTAIN weint, er weint hysterisch, windet sich wie in Krämpfen – in den Augen von MINHOI, die ihn bewacht, ist Mitleid, endloses schmerzliches Mitleid –

ARCHIV-MATERIAL: BILDER DER ZERSTÖRUNG – BEVÖLKERUNG HANOIS KOMMT NACH BOMBENANGRIFF AMERIKANISCHER FLIEGER AUS UNTERIRDISCHEN LÖCHERN GEKROCHEN – DEMONSTRATIONEN IN DER GANZEN WELT UND IN ALLEN SPRACHEN GEGEN DEN KRIEG IN VIETNAM – DEMONSTRATIONEN IN SAIGON MANIFESTATIONEN IN HANOI – HINRICHTUNG VON NGUYEN VAN TROI, ER SCHREIT *»NIEDER MIT DEN MÖRDERN«*, DANN KRACHEN DIE SALVEN DER MASCHINENGEWEHRE – BUDDHISTEN ÜBERGIESSEN SICH MIT BENZIN UND VERBRENNEN SICH AUF DEN STRASSEN VON SAIGON – VERBRANNTE VIETNAMESEN DURCH AMERIKANISCHE NAPALM-BOMBEN – VERHAFTUNG VON BUDDHISTISCHEN MÖNCHEN DURCH SÜDVIETNAMESEN NACH EINER DEMONSTRATION – TOTE ERMORDETE BUDDHISTEN VOR DER AMERIKANISCHEN BOTSCHAFT IN SAIGON – STUDENTEN WERFEN MIT STEINEN DIE FENSTERSCHEIBEN DER AMERIKANISCHEN BOTSCHAFT IN PARIS EIN – US-SOLDATEN IN EINEM TRAININGSLAGER IN SAIGON – SIE MACHEN BODENÜBUNGEN – KLEINE VIETNAMESISCHE KINDER SEHEN DURCH DIE STACHELDRAHTABGRENZUNG ZU –

VERTEIDIGUNGSVORBEREITUNGEN DER VIETCONGS –

KONSTRUIEREN VON FALLEN – SCHREIENDE WEINENDE VIETNAMESIN, DIE AUF DER STRASSE VOR EINEM VERSCHNÜRTEN PAKET KNIET, IN DEM SICH IHR VERSTÜMMELTER MANN BEFINDET – SAIGON – GEWEHRMÜNDUNGEN – SANDSÄCKE – PATROULLIEN – MÄDCHEN IN NATIONALKLEIDUNG, AUF MOPEDS, AUF FAHRRÄDERN, ZU FUSS – MÄRKTE – SOUVENIRS – PROSTITUIERTE – RIKSHAS – HOTELS – TOURISTEN, DIE SICH BEI EINEM SCHNEIDER DIE NATIONALKLEIDUNG ANFERTIGEN LASSEN, EIN GESPENSTISCHES BILD – EIN JUNGER AMERIKANISCHER OFFIZIER WEINT, DAS GESICHT IN DEN HÄNDEN VERGRABEN –

ARCHIV-MATERIAL: AMERIKANISCHE VERÖFFENTLICHUNG »ONE WEEKS DEAD«

ERTRÄNKUNG EINES VIETCONG IN EINEM FASS –

OFFENES MASSENGRAB MIT VIETCONGS, AMERIKANISCHE SOLDATEN MACHEN PHOTOS –

US-SOLDATEN STECKEN EIN DORF IN FLAMMEN – EIN KLEINES WEINENDES KIND BLEIBT AUF DER STRASSE ZURÜCK –

ARCHIV-MATERIAL: TV-ANSAGER IN EUROPA SAGT, DASS VIETNAM DIE TITELSEITEN-AKTUALITÄT VERLOREN HABE –

TV-NEWS IN ALLEN SPRACHEN –

BÜCHERVERBRENNUNGEN AMERIKANISCHER BÜCHER DURCH VIETNAMESISCHE STUDENTEN –

SCHREIENDE VIETNAMESISCHE FRAUEN HINTER STACHELDRAHT –

EINE GRUPPE VON KINDERN AUF DER STRASSE NACH CAP-SAINT-JACQUE – DIE KINDER SIND ALLE BLIND – SIE HABEN SCHILDER UMGEHÄNGT, AUF DENEN STEHT, DASS DIE AUTOS SIE NICHT ÜBERFAHREN MÖCHTEN –

HOTELDIREKTOR IN SAIGON ERKLÄRT TOURISTEN DAS IN DER HALLE AUSGESTELLTE MODELL DES ZUKÜNFTIGEN NEUEN HOTELS, DAS EINES TAGES AUF DEM PLATZ DES ALTEN ENTSTEHEN WIRD –

ARCHIV-MATERIAL: ERSCHIESSUNG EINES VIETCONG DURCH DEN CHEF DER POLIZEI IN SAIGON AUF OFFENER STRASSE –

KENNEDY – NIXON – JOHNSON – DER PAPST – VERSTÜMMELTE VIETNAMESISCHE KINDER IN EINEM HOSPITAL IN DEUTSCHLAND –

WAISENKINDER IN EINEM AUFFANGLAGER, DAZU DIE STIMME EINES SPRECHERS, DER ALLE GUTEN CHRISTEN DER WELT AUFFORDERT SICH EINES DIESER KINDER ANZUNEHMEN –

STÜTZPUNKT DER NORDVIETNAMESEN IM DSCHUNGEL, die während einer Kampfpause ihr Nationalspiel, eine Art Schach, spielen –

AMERIKANISCHES TV – die bürgerlichen Eltern des CAPTAIN küssen die amerikanische Fahne – der Sprecher sagt dazu, dass diese schmerzgeprüften amerikanischen Bürger, trotz der Ermordung des CAPTAIN durch die Vietcong, die von dem CAPTAIN adoptierten vietnamesischen Kinder als ihre Enkelkinder aufziehen werden –

IN EINEM LUXURIÖSEN VIETNAMESISCHEN RESTAURANT IN PARIS – die Gäste essen genießerisch mit Stäbchen und sprechen über Vietnam –

STÜTZPUNKT DER LEDERNACKEN – die JOURNALISTIN spritzt sich jetzt selbst Drogen, wie selbstverständlich, und schreibt, schreibt –

ARCHIV-MATERIAL: ANSPRACHE VON NIXON, DER SICH DEN DEMONSTRIERENDEN STUDENTEN STELLT UND DAS EINSTELLEN DER BOMBARDIERUNGEN VERSPRICHT

KLEINE KINDER IN VIETNAM REITEN AUF EINER NICHT EXPLODIERTEN BOMBE –

Der Krieg geht weiter – unerbittlicher, sinnloser als je zuvor –

SAIGON – Touristen kommen aus einem vietnamesischen Restaurant – auf der Straße erkennt ein kleiner vietnamesischer Junge unter den Touristen einen amerikanischen Schauspieler, den er in einem Kriegsfilm in einer Sterbeszene gesehen hat – er führt das Sterben des Schauspielers im Film noch einmal vor – die Szene hat etwas Grauenerregendes, um so mehr, als der kleine Junge dabei Grimassen zieht, von denen man nicht genau sagen kann, ob sie Spiel sind – denn das Gesicht des kleinen Jungen erscheint plötzlich alt, gezeichnet –

IM DSCHUNGEL – der CAPTAIN isst eine Schale Reis – wir erkennen an der Art, wie er die Stäbchen handhabt, dass er schon vorher, schon seit langer Zeit gewohnt war mit Stäbchen zu essen –

Immer wieder Trommelfeuer – immer wieder Angriff auf HÖHE X

Eine Patrouille von Ledernacken kommt ganz nah an MINHOI und dem CAPTAIN vorbei – sie werden von anderen Vietcongs, die wir nicht sehen, überfallen und niedergemacht – der CAPTAIN wendet sich zuerst ab, verzweifelt – dann schlägt er MINHOI nieder und entreißt ihr die Maschinenpistole – FLASHBACK SONG MY – aber er kann nicht schießen, und er sieht auch keinen der Vietcongs – einer der US-Soldaten ist entkommen – MINHOI und der CAPTAIN schneiden ihm den Weg ab – entwaffnen ihn – jetzt erscheinen zum ersten Mal die anderen Vietcongs, fast noch Kinder – sie erscheinen, als wäre alles vereinbart gewesen zwischen MINHOI und ihnen – ihre Gesichter und Gestalten lösen sich aus dem dichten Dschungel – einer von ihnen spricht etwas englisch und sagt dem CAPTAIN, dass er diesem amerikanischen Soldaten berichten solle, was er selbst mit eigenen Augen gesehen habe, seit er ihr Gefangener sei – die Wahrheit über diesen schmutzigen Krieg, über diesen Massenmord – der Captain berichtet dem Soldaten, was er gesehen hat, und sagt ihm, dass er es allen anderen amerikanischen Soldaten berichten soll, und der JOURNALISTIN, die ihn liebe – damit sie die Wahrheit schreiben soll, sie solle die Wahrheit über diesen Krieg in die ganze Welt hinausschreien – und dass sie die von ihm adoptierten Kinder in Vietnam lassen soll – dann wendet der

CAPTAIN sich ab – dem gefangenen US-Soldaten werden von den Vietcongs die Augen verbunden, dann führen sie ihn durch die Kampflinien, und sind plötzlich spurlos verschwunden –

Der CAPTAIN, der jetzt zusammengekauert und abgewandt auf der Erde hockt – MINHOI kommt von hinten an ihn heran –

STÜTZPUNKT DER LEDERNACKEN – ein Hubschrauber wartet, der die JOURNALISTIN aus dem Kampfgebiet bringen soll – ihre Sachen sind gepackt – sie ist in ihrer Unterkunft – allein – sieht sich um – akustisches EINBLENDEN der Liebesszene zwischen dem CAPTAIN und der JOURNALISTIN – die JOURNALISTIN nimmt das riesige Paket ihrer Berichterstattung in ihre Arme, wie etwas Wertvolles, wie einen Teil von ihrem Leben –

Ein Hubschrauber hat den von den Vietcongs entlassenen US-Soldaten zurückgebracht – er stottert – lallt – seine Sprache überschlägt sich – erzählt wirr durcheinander, schreit – will zur JOURNALISTIN geführt werden, man bringt ihn hin – jemand steckt ihm eine Marihuana zwischen die Lippen – draußen, vor der Unterkunft der JOURNALISTIN hören die anderen Ledernacken zu, stumm – der Soldat berichtet der JOURNALISTIN alles, auch dass sie die drei Kinder in Vietnam lassen soll –

– Der kommandierende Offizier kommt in die Unterkunft der JOURNALISTIN und sagt ihr, dass es sich bei dem Soldaten um einen typischen Fall von Vietnam-Koller handelt, dass sie das alle einmal durchmachen müssten, auch er selbst habe es durchgemacht – dass dieser Soldat aber ein guter Kämpfer sei – die JOURNALISTIN schneidet ihm das Wort ab – dann sagt sie, dass der Offizier ihre Unterkunft verlassen soll – sie spricht ruhig, unheimlich ruhig – der Offizier geht hinaus – der Soldat wird von Sanitätern mit Gewalt aus der Unterkunft der JOURNALISTIN gezerrt – die JOURNALISTIN ist wieder allein – die SCHREIBMASCHINE, die nicht mehr schreibt – das riesige Paket ihrer Berichterstattung – die JOURNALISTIN steckt sich eine Zigarette an und raucht, unheimlich ruhig – ihr Gesicht ist wie versteinert – draußen hört man den wahnsinnig gewordenen Soldaten schreien – die Journalistin steht auf, lässt die SCHREIBMASCHINE und das Paket ihrer Berichterstattung zurück und geht hinaus – draußen kämpft der wahnsinnig gewordene Soldat mit den Sanitätern, die ihn in ein Lazarett-Auto zwingen – das Auto fährt ab – wir hören noch die sich entfernenden Schreie – die JOURNALISTIN geht auf den Hubschrauber zu –

– Wieder fliegt der Hubschrauber durch Kampfgebiet – wieder Verwundete und Tote – wieder Schreie und Rufe – aber die JOURNALISTIN scheint es gar nicht wahrzunehmen – sie raucht eine Zigarette nach der anderen – plötzlich ein Schrei: Gas!

Es sind die eigenen Gasbomben der Amerikaner, die von ihren Bombern abgeworfen wurden, und deren Gas bis zu den sehr tief fliegenden Hubschraubern aufsteigt – die Soldaten im Hubschrauber streifen sich ihre Gasmasken über die Gesichter – die JOURNALISTIN reagiert nicht – einer der Piloten streift ihr mit Gewalt eine Maske über, sie wehrt sich nicht – EINSCHNITTE von zukünftigen Demonstrationen in Amerika, an denen sich die JOURNALISTIN beteiligt – sie wird von Polizisten brutal gestoßen – die Demonstranten werden mit Tränengas auseinandergetrieben – die Journalistin reißt sich die Gasmaske herunter – ihr Gesicht ist völlig verwandelt, gereift, entschlossen –

BAMBUSWÄLDER IM DSCHUNGEL – arbeitende Frauen, die den Bambus schneiden – über ihnen in einiger Entfernung amerikanische Düsenjäger – ein Jäger wird abgeschossen und stürzt weiter entfernt ab – die Frauen sehen für einen Augenblick in die Richtung, in der das Flugzeug abgestürzt ist, dann setzen sie ihre Arbeit fort –

– Der CAPTAIN wird von MINHOI zu Nordvietnamesischen Einheiten gebracht – unterwegs begegnen sie Nordvietnamesischen Panzern – Frauen eines Dorfes bringen den Besatzungen der Panzerwagen Bananen und Zuckerrohr –

FLUGPLATZ SAIGON – auf dem die JOURNALISTIN in ein Linienflugzeug umsteigt – US-Bomber werden beladen – ein Pilot lässt sich inmitten der um ihn herum aufgebauten Bomben von einem anderen Soldaten photografieren –

TV-ANSAGER IN EUROPA, DER SAGT, DASS VIETNAM VON SEINER TITELSEITENPOPULARITÄT VERLOREN HABE –

Ein amerikanischer Soldat auf dem Flugplatz in Saigon schreit: *»Sagt Nixon, dass wir ihm das weiße Haus unter dem Arsch hochjagen, wenn er uns nicht nach Hause holt!«*

Hawaii – Honolulu – wie vorher – nur dass die Kamera jetzt, mit den Augen der JOURNALISTIN gesehen, die Details dieser gespenstischen Szenerie erbarmungslos herausprojiziert –

– Die Krüppel in ihren entsetzlich bunten Hemden amerikanischer Massenkonfektion, von denen es nur eine einzige Größe zu geben scheint, und die einem in den Augen wehtun – sie wirken in ihrer grotesken Verkleidung wie Wesen von einem anderen Planeten – Blinde, die auf ihre Blumenkette treten – ein Blinder, der sich mit Eiscreme bekleckert – Einbeinige, die nicht Schritthalten können mit ihren jungen «Bräuten« – jemand ohne Hände, der mit seinen Metallgreifern die Kamera nicht halten kann, um seine »Auserwählte« zu photografieren – ein anderer im Rollstuhl, am Meer, der sieht, wie seine zukünftige Frau sich in die Wellen wirft – ein anderer Krüppel mit seinem Mädchen in seinem Zimmer, beide ziehen sich aus um ins Bett zu gehen, der Mann hat keine Beine – ein anderer, in einem anderen Zimmer, kann nicht Wasser lassen, weil er keine Hände hat, und eine Frau macht ihm die Hosen auf und hält ihn über die Toilette – etc. etc. - Bis zur Unerträglichkeit –

Wieder sieht die JOURNALISTIN den Pacific – und wieder werden die fremdartigen süßen Stimmen vietnamesischer Kinder eingeblendet – und dann das Weinen der Kinder, das kein Ende nimmt – und das noch fortgesetzt wird, wenn der Film längst zu Ende ist, und die Zuschauer das Kino verlassen –

ENDE

Bei dem mehrfach in die Handlung verwobenen BERICHT DER 4 ZU ÜBERSETZENDEN SEITEN handelt es sich sehr wahrscheinlich um den vierseitigen Artikel ***Vietnam überleben: Sagt Charlie, wir gehen nach Hause*** der Journalistin und Autorin Marielouise Jurreit in der Zeitschrift *Twen* im Herbst 1970. Klaus Kinski hat diesen Bericht handschriftlich auf vier Seiten bearbeitet, dabei weitestgehend jedoch die Formulierungen von Frau Jurreit übernommen.

BERICHT DER 4 ZU ÜBERSETZENDEN SEITEN

*Sagt Charly, wir gehen nach Hause – oder –
Fuck you very much Vietnam!*

Sie kommen nur nach Vietnam, um Vietnam zu überleben. Mehr ist nicht geblieben von der stolzen Moral, mit der sie nach Indochina zogen, um Freiheit und Demokratie zu verteidigen. Den Krieg können die amerikanischen Militärs nicht gewinnen. Aber bisher mussten 43.000 ihrer Soldaten sterben in einem Land, dessen Bevölkerung sie hasst. Unsere Reporterin verbrachte 6 Tage bei einer Ledernacken-Kompanie, nördlich von Da Nang.

Sind sie nur brutalisierte Killer? Oder sind sie die Opfer? Was denken die GI's und Ledernacken über den Krieg? Was denken sie über Kriegsgegner und Studenten, die die amerikanische Fahne verbrennen?

Für die GI's in dem Camp und auf Patrouille – bei 50 Grad Hitze, mit 160 Pfund Marschgepäck durchs Elefantengras – gibt es keine ideologische Lösung, keine moralische Orientierung mehr. Sie killen aus Angst. Aus Sadismus oder sie werden dinky (wahnsinnig).

Aber alle haben denselben Gedanken: Vietnam überleben!

Die es geschafft haben, sitzen auf dem Flugplatz von Saigon, die Kameras umgehängt, und warten auf ihr Flugzeug, im Vulkanfiber-Koffer eine sowjetische 9 mm Pistole oder eine vietnamesische Bartzupfpinzette, die sie einem toten Vietcong abgenommen haben als Souvenir. So wie sie sich geben und reden und ihre letzten Fotos schießen, weiß man, dass ihnen nichts mehr dazwischen kommen kann. »Nam« haben sie überlebt – den Glauben an Gott und what is right about America werden sie daheim bei Billy Graham und Spiro T. Agnew wiederfinden. Den anderen hat ihr Präsident es versprochen: 150 000 gehen bis zum Frühjahr nach Hause zurück. Sie schießen die letzten Fotos, um den letzten Farbfilm zu verbrauchen: die letzte Vietnamesin im hochgeschlossenen Ao-Dai, und das allerletzte Foto vom »Pentagon-East«, dem amerikanischen Oberkommando in Vietnam, am Flugplatz von Saigon. Sie geben die letzten pappa-san dem Ober, der die Coke bringt, und danach wollen sie nichts anderes, als die Namen all dieser vietnamesischen Dörfer vergessen, in die sie den Krieg hineingetragen haben.

Klaus: (zu Dr. Rieth)

(legt die Zeitung ab) … *»Mann! Diese Namen mit den fremden Betonungszeichen auf den Vokalen habe ich mir nie richtig einprägen können, geschweige denn aussprechen, geschweige denn schreiben.«*

Dr. Rieth:

»Du warst lange in Vietnam, ja?«

Klaus:

»Ja. Mann! Die M 106 macht Pagoden und Bäume kaputt. Mann! Leute, die davor stehen und Leute, die dahinter stehen, boom, boom, oh …

(zeigt Dr. Rieht Tätowierung des Marine-Corps-Emblems)

Mann, ich war ein richtiger Lümmel, war ich! Ich hatte viele Autos geknackt und mit Kodeintabletten gehandelt.

»PARIS ISLAND« STAND-SHOTS

Geschnappt hatten sie mich, als ich mit einem geknackten Chevrolet-Impala einen Unfall baute. Der Richter stellte mich vor die Wahl: Gefängnis oder ›Paris-Island‹, die Killerschule für Ledernacken in South-Carolina. Neunzig Prozent sind Freiwillige. Die meisten tun es, weil sie sich von dem viehische Drill mehr Überlebenschancen in Vietnam ausrechnen, als wenn sie zur Armee eingezogen würden. Da wird man 'n richtiger Killer, Mann. Wer den Kampfruf ›Killing the communists‹ nicht schnell genug begreift, dem wird er mit dem Kolben seines eigenen Gewehres auf Brustkasten und Rücken eingedroschen als Antikommunismus und Verfolgungswahn: ›Wenn ihr sie in Vietnam nicht aufhaltet, dann stehen sie auf einmal in Disneyland in Kalifornien.‹

EINBLENDEN: 17-jährige Vietnamesin, die sich breitbeinig mit nacktem Unterleib auf einer Bambusmatte räkelt. Klaus im Kämpferanzug mit geschlossener Hose fickt sie.

Ich sag es so: Lieber kill ich den Gook (etwas verschämt) das heißt Vietcong, die Marines nennen ihn auch Charly oder Gook, Chuck oder Zip oder einfach Vici …

Also ich dachte, lieber kill ich den Gook und hab, wenn ich da rauskomme, saubere Papiere. Die Behörden sind bereit verschiedene Strafen aus dem Strafregister zu streichen, wenn einer in Vietnam gekämpft hat. Aber an Killen hatte ich nie gedacht. Aber dann … ich killte jeden Gook. Und dann dachte ich immer wieder, Charly is smart, aber Charly won't make it, I will make it. Oh Mann! Ich war 'n richtiger Lümmel, aber 'n Menschen umzulegen das war wirklich nie in meinem Kopf. Aber dann dachte ich, wenn ich hier draußen liege, nur noch, kill them …

Jetzt denke ich von den Marines nur noch, das sind Motherfuckers …

Jetzt will ich nichts mehr vom Killen wissen, Mann …«

(Klaus macht wieder die Zeitung auf, liest.
Liest völlig durcheinander, mal oben, mal unten etwas) –
(alles wird als eine Szene gezeigt):

Wo ein Zentimeter Platz ist, graben sie das Friedenszeichen ein. Sie schnitzen es in die Bäume rund um das Camp und in ihre Kolben der M 79, der Granatgewehre und in die Balken der Latrine. Sie malen es auf Sandsäcke, tätowieren es auf ihre Brust und kerben es in ihre Schuhsohlen: *»Wir kämpfen für den Frieden«* – Die Verlogenheit dieses Satzes haben ihnen amerikanische Studenten und Kriegsgegner längst drastisch klar gemacht: *»Fighting for peace is like fucking for chastity!«*

Und auf einmal kann ihnen die »Vietnamisierung«, die »De-Amerikanisierung« des Krieges nicht schnell genug gehen. Ihr Präsident hat es ihnen versprochen: 150 000 gehen bis zum Frühjahr in die Heimat zurück.

Am Flughafen von Saigon schreit ein GI einem Heimkehrer durch die Halle nach: *»Sagt Nixon, wir werden ihm das WEISSE HAUS unterm Hintern hochjagen, wenn er uns nicht nach Hause holt!«*

Und dann die Studenten! Auf das Stichwort haben sie nur gewartet: *»Die soll man alle abknallen, hundert Runden mit dem Maschinengewehr, dann wäre wenigstens zu Haus Frieden!« – »Bomben drauf« – »Hungern lassen« – »people at home need a kick in the ass.«*

In Wirklichkeit hat der Krieg, in den sie geraten sind, keine ideologischen Züge mehr – er ist ein Kampf zwischen feindlichen Stämmen und Amerikas feigster Krieg seit der Ausrottung der Indianer. Und während Nixon daheim unter Jubel erklärt: *»what is right about America«*, schneiden seine GI's den toten Vicis die Ohren ab – fabrizieren seine Ledernacken aus den Ohren der toten Vicis Halsketten und pflanzen Vietcong-Köpfe auf ihre Fahrzeuge. Auf Höhe 190 waren einige Marines auf ein anderes Spielchen verfallen. Es hieß *»Roll him over«* und bedeutete, aus toten Vietcongs Stücke heraus zu schießen, so viele wie möglich, ganz langsam, genüsslich. Einer war dinky dran. Er raste ununterbrochen hin und her und heulte dabei wie ein Wolf: *»Am Weihnachtsabend, Charly hat nicht damit gerechnet, dass wir draußen sind, haben wir 31 Vicis gekillt.«* Er lachte glucksend durch die Zahnlücke: *»Charly wollte sein Weihnachtsgeschenk. Er hat es gekriegt.«*

Sie hatten ein Mädchen gekillt. Sie war eine der drei Prostituierten des Dorfes, die sie tagsüber im Hinterstübchen bei Mamma-san gestreichelt und geliebt hatten. Nachts arbeitete sie als Vietcong.

»Man muss diesen Leuten eine Chance geben, Demokratie zu lernen«, sagen die Marines in Quang Nam. *»Sie lernen es ganz langsam, aber eines Tages ...«*

Und die bürgerlich-ideologischen Ignoranten von »Stars and Stripes« können nicht begreifen, dass ihre buddies nicht mehr ohne Marihuana leben können. Daheim in Amerika sitzen ratlose Psychologen und versuchen den Rückfall ihrer »kids« in Atavismus und magische Feindvernichtung zu analysieren.

Von den 40 Ledernacken, mit denen ich auf Höhe 190 zusammen kam, schrieben mehr als 10 Gedichte. Das ist an der vietnamesischen Front ebenso verbreitet, wie das rauchen von POT. In den Redaktionen von »Overseas Weekly« und »Stars and Stripes« kommen täglich Ladungen miserabler GI-Lyrik an. Hilflose Versuche mit Vietnam fertig zu werden.

Unentwegte Bekenntnisse zur Größe der Nation, Beschwichtigung von Ängsten, Suchen nach Sinn und Ausweg, Zweifel, Hilferufe:

»Dear Lord, lieber Gott, ich bin mir nicht sicher. Was soll ich tun? Ich bitte Dich um Deine Hilfe! Was ist los mit unserer Welt? Wir töten überall, nicht nur in fremden Ländern, sondern sogar zu Hause. Der schwarze Mann kämpft mit dem weißen, doesn't anyone love any more? In der Kirche nur Missgunst, in der Regierung nur Korruption. Und auf dem Campus Gewalt. Alles scheint zu gedeihen in Amerika, nur die Liebe nicht ... mein Lord...« und so weiter, ein Dreiseiten-Gebet.

Ich war dabei, als ein farbiger, hoch dekorierter Ledernacken das Gebet dem Marine-Corps-Pfarrer gab mit der Bitte, ob dieser es nicht irgendwohin nach Amerika schicken könne, damit man es in einer Kirche vorlese. Dann las er mir Sprüche aus den Korinther-Briefen vor, die er sich in all den Monaten in Vietnam herausgepickt hatte: *»M'am, ich liebe die Bibel«*.

Er sagte: *»Über Nacht kann hier jeder dein Feind sein, auch deine eigenen buddies. Wenn irgendeinem in deinem Killer-Team etwas passiert durch deine Schuld, oder wenn sie bloß denken, dass es deine Schuld war, dann machen sie dich fertig, entweder sie killen dich eines Nachts, und sie sagen, es war der Vici, oder sie schlagen dich, oder, das ist am schlimmsten, sie sprechen nicht mehr mit dir.*

Irgendeine Stimmung kann dich das Leben kosten. Ich lebe mit drei Weißen und zwei anderen Soulbrothers in einer Hütte. Ich habe schon gesehen, wie die Weißen mit entsicherter M 16 vor uns saßen, weil meine schwarzen buddies manchmal halbgegessene Konserven auf den Boden schmeißen, auf die sich dann die Fliegen setzen und die Kakerlaken, und die hätten beinah abgedrückt. Ich habe gesehen, wie meine schwarzen buddies ihre M16 anlegten, weil ihre weißen buddies unbedingt Country-Musik von AFVN Saigon hören wollen und die Soulbrothers hassen nichts mehr als Country-Musik und wollen einfach Soul von ihren eigenen Tonbändern. Oh M'am, wenn da 'n weißer Offizier kommt und 'n Blick reinwerfen will, der tut mehr weh, als 'ne Claymore-Mine, Ma'm!«

Die einzige Lösung, die er gefunden hatte: Beten, Beten, jeden Morgen und jeden Abend. *»Ja M'am, ich liebe die Bibel!«*

Ein anderer, der von einer Operation zurück kam, bei der sie ein ganzes Dorf samt Frauen und Kinder vergiftet hatten, rief mir zu: *»He M'am, sagen Sie doch etwas zu mir, ich bin Gott junior, müssen Sie wissen, ich bin Gott junior ...«* Dann jagte er sich eine Kugel in den Kopf –

Die anderen lagen im Gras, Flakweste und Helm noch auf, ausgepumpt, sie schwiegen. Ein schwarzer Marine lag in Embryo-Stellung gekrümmt da und schlief. Die Zigarette, die er sich hatte anzünden wollen, hing in seinem Mundwinkel. Sein Feuerzeug war ins Gras gefallen. Ich entzifferte die Inschrift: *»Wenn ich krepiere, verscharrt mich mit dem Gesicht nach unten, damit der President of the United States meinen Arsch küssen kann.«*

WEITERHIN IST NOCH FOLGENDE, ERGÄNZENDE LISTE ZU VIETNAM ERHALTEN:

PATROUILLEN U.S. – KILLEN VIETCONGS
PATROUILLE U.S. WO JUNGE VIETNAM-HURE ERSCHOSSEN WIRD
(SZENEN HUREN)

(FLASH – MINHOI WEINT)
ALLE U.S. HABEN EINE KAMERA (DEN GANZEN FILM HINDURCH
DAS »KLICKEN« VON GESCHOSSENEN FOTOS)
WASSERBÜFFEL JAGEN U.S.
ELEFANTENGRAS
M 16 RAKETENGESCHÜTZ
OPERATIONEN IN LAZARETTEN / U.S. LASSEN VIETCONGS VERBLUTEN
RASSENHASS / WEISSE – GELBE
WEISSE – SCHWARZE
SCHWARZE – GELBE

KAUGUMMI
»SOUVENIRS«
PORNOGRAPHISCHE HEFTE U. FILME
COMIC STRIPS U. FILME
DROGEN
TRANSISTOREN (FICK-AUFNAHME)
FOTOS, DIE SOLDATEN BEI SICH HABEN (BRIEFE)
»TROPHÄEN«
FORCES NETWORK
DETAILS CAPLANE
VIETNAM BEVÖLKERUNG
VIETNAM VIETCONGS (SIEHE TV. ITAL.)
SCHÖNHEIT VIETNAMS
MYSTIK / LEBENSWILLE
BORDELLS / ST. JACQUE / SAIGON
CABARETS / NIGHTS
BEERDIGUNGEN VIETNAMS
BEERDIGUNGEN VIETCONGS
BEERDIGUNGEN U.S.
KINDER IN ALLEN NUR DENKBAREN SITUATIONEN
(SZENE KL: JUNGE VOR POST SAIGON)
ATMOSPHÄRE SAIGON ALTSTADT
ATMOSPHÄRE NORDVIETNAM

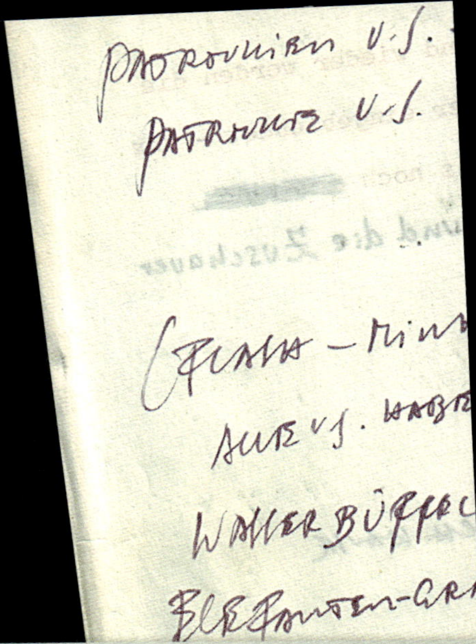
PATROUILLEN U.S.
PATROUILLE U.S.
(FLASH – MINH
ALLE U.S. HABE
WASSERBÜFFE
ELEFANTEN-GRA

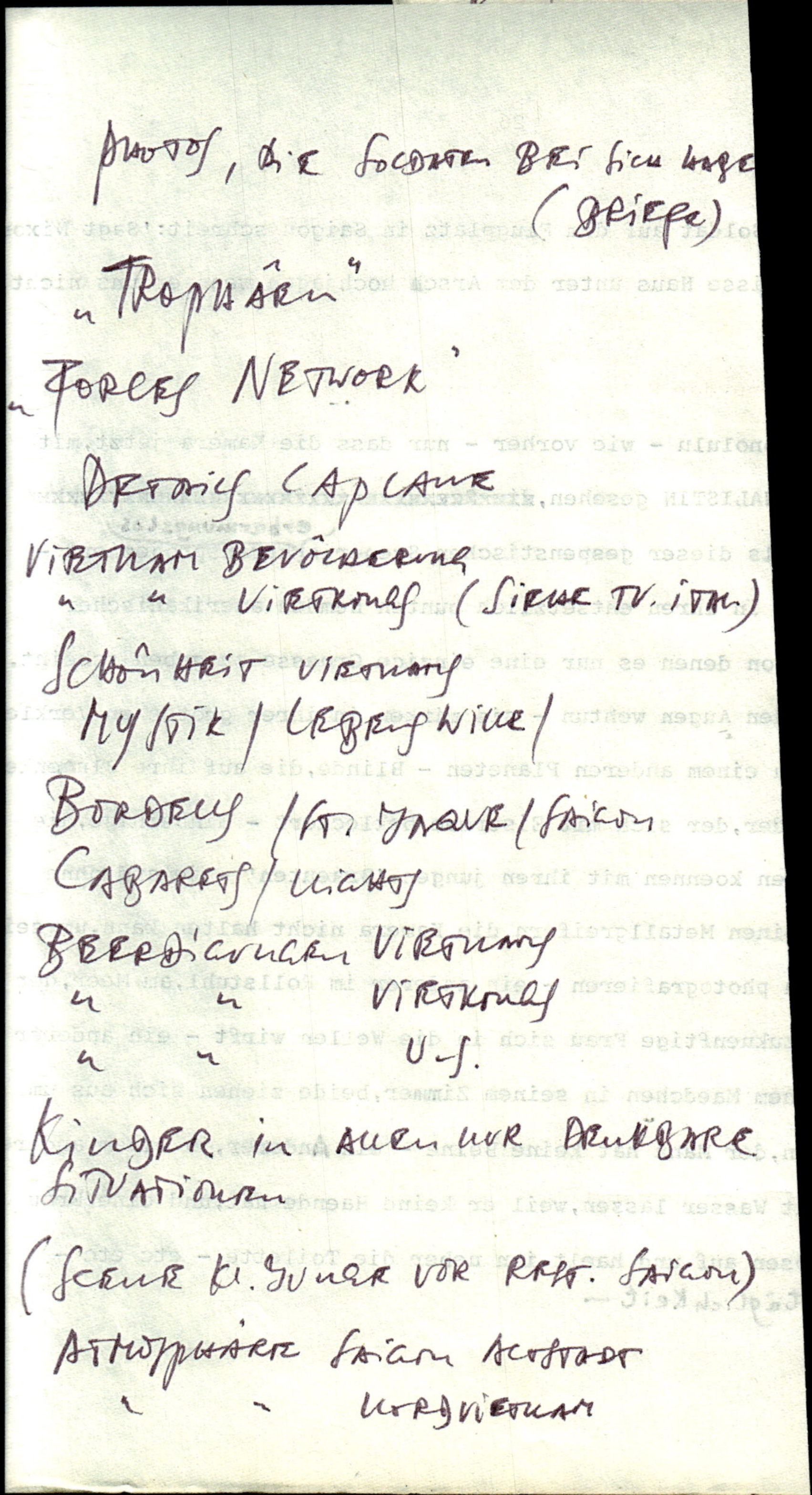
PHOTOS, DIE SOLDATEN BEI SICH HABE
(BRIEFE)
„TROPHÄEN“
„FORCES NETWORK“
DETAILS CAPLANE
VIETNAM BEVÖLKERUNG
„ VIETCONGS (SIEHE TV. ITAL)
SCHÖNHEIT VIETNAMS
MYSTIK / LEBENSWILLE /
BORDELLS / ST. JACQUE / SAIGON
CABARETS / NIGHTS
BEERDIGUNGEN VIETNAMS
„ „ VIETCONGS
„ „ U.S.
KINDER IN ALLEN NUR DENKBARE
SITUATIONEN
(SCENE KL. JUNGE VOR POST. SAIGON)
ATMOSPHÄRE SAIGON ALTSTADT
„ „ NORDVIETNAM

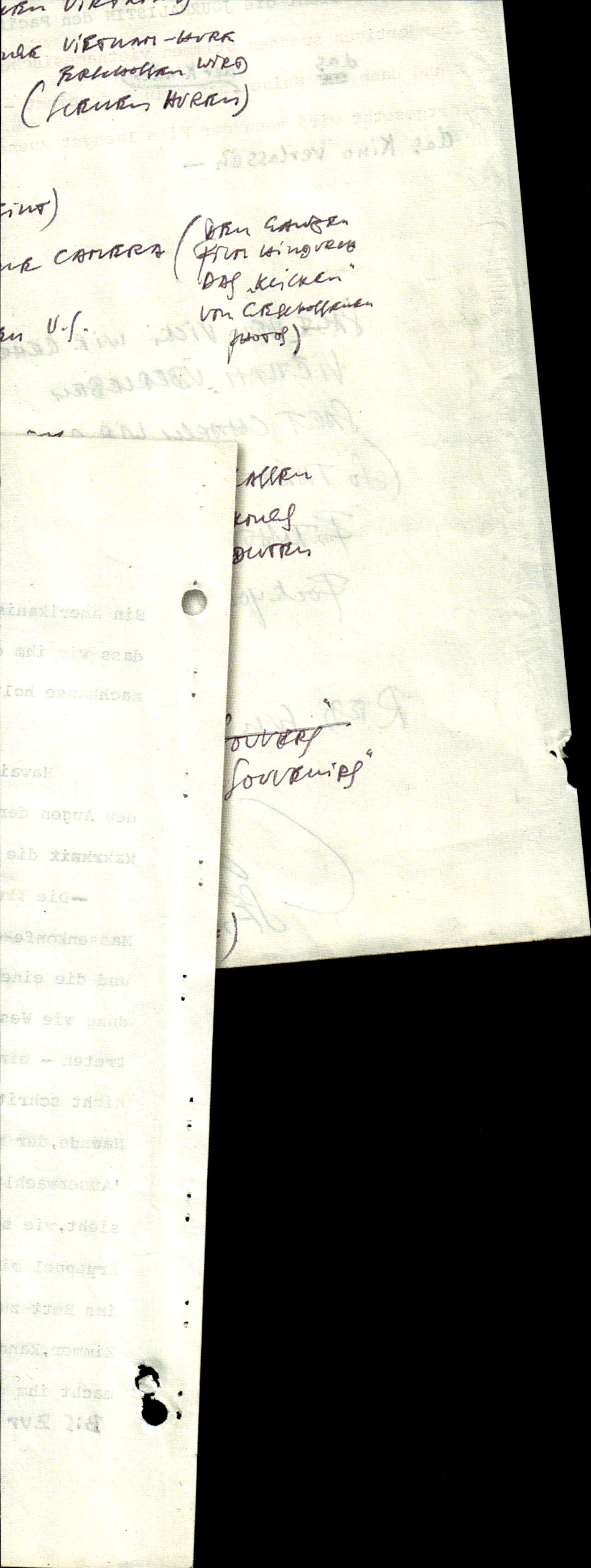

HANDSCHRIFTLICHE BEMERKUNGEN AM ANFANG:

FILM MUSS MIT RIESIGER WELLE BEGINNEN

JOURNALISTIN MUSS NATÜRLICH ANGRIFFE

MITMACHEN –
MIT AUF PATROUILLE GEHEN
– (CAPTAIN wird am Schluß von Vietcongs
entlassen und wird wahnsinnig)

HANDSCHRIFTLICHE BEMERKUNGEN AM ENDE:

SAGT DEM VICKI WIR GEHEN NACH HAUSE VIETNAM ÜBERLEBEN

SAGT CHARLY WIR GEHEN NACH HAUSE
(SO THAT THEY CAN ENJOY DEMOCRACY)

FIGHTING FOR PEACE IS LIKE FUCKING FOR

CHASTITY

FUCK YOU VERY MUCH VIETNAM

RED SUN VERY RED WHO SHINE IN YOUR HEART

Unter all den hier versammelten Rollen, in denen Klaus Kinski sich lange Zeit sah, darf natürlich auch eine Neuverfilmung von Fritz Langs *M – Eine Stadt sucht einen Mörder* nicht fehlen. Im Nachlass finden sich eine italienische und eine deutsche Fassung dieser Filmerzählung, wobei kurioserweise letztere eine leicht überarbeitete Übersetzung ersterer darstellt. Ergänzt wurden eigentlich nur kleine Details wie Rollschuhe und Walkman, was zumindest darauf deutet, dass die finale Version in den frühen 80ern des letzten Jahrhunderts entstanden ist. Die Handlung setzt einige Zeit nach April 1974 ein, lange genug, als dass der Doppelmord schon als ungelöster Problemfall gilt, aber auch nicht viel später als 1976, der Kontinuität der Mordserie wegen. Der zugefügte Walkman ist definitiv anachronistisch, kam erst im Juli 1979 auf den Markt. Auch die Kameraüberwachung von Einkaufszentren war im fraglichen Zeitraum Science Fiction à la Dr. Mabuse, aber immerhin denkbar. Berücksichtigt man diesen Umstand, so könnte die Entstehung des ursprünglichen Skriptes auch noch weiter zurückreichen, die ganze Handlung einstmals in der Zukunft angesiedelt gewesen sein. Das mag nicht unbedingt befriedigen, aber mehr lässt sich derzeit zur Entstehungsgeschichte nicht ermitteln. An dem absurden, angeblich von Sergio Leone in die Welt gesetzten Gerücht, er habe nach dem Erfolg von *Für eine Handvoll Dollar* 1965 eigentlich ein Remake von *M* mit Klaus Kinski anstatt *Für ein paar Dollar mehr* drehen wollen[174], ist indessen nichts dran, jedenfalls wenn es nicht nur ein Gedankenspiel ohne weitere Kommunikation war. Kinski lernt Leone erst wenige Wochen vor Drehstart des Italowestern-Sequels kennen, knapp genug, um noch darin mitzuwirken. Im Übrigen entbehrt auch die in diesem Zusammenhang weit verbreitete Geschichte, dass David Lean Kinski nach Sichtung des Leone-Films für *Doktor Schiwago* engagiert habe[175], jeder Grundlage. Kinski hatte vor Drehstart von *Für ein paar Dollar mehr* seinen Part bei Lean bereits abgeliefert, reiste sodann innerhalb Spaniens von einem Set zum anderen, von Madrid nach Almeria. Wahrscheinlich hat Sergio Leone rückblickend ein paar Ereignisse verdreht, schließlich soll Kinski mit ihm und auch mit Guiliano Montaldo, dem Regisseur seines Filmes *Top Job*, über sein Skript verhandelt haben. Das behauptet jedenfalls der Leone-Biograph Carlos Aguilar, dessen Angaben schon allein deshalb glaubwürdig erscheinen, weil er mit der Information aufwartet, dass der Protagonist ein Pilot – wenn auch auf der Strecke Berlin-Barcelona – sei.[176] Leider konnte sich Aguilar auf Rückfrage nicht mehr an die exakte Quelle dieses Details erinnern, bestätigte aber, dass Guiliano Montaldo ihm von Kinskis Projektanfrage und seiner Absage persönlich berichtet habe. Der Regisseur hätte zum einen Fritz Langs *M* für unschlagbar gehalten und zum anderen nie mehr mit Kinski drehen wollen.[177]

Auch Minhoi Loanic kann sich nur an Kinskis Obsession für *M* im Allgemeinen und Peter Lorre im Besonderen erinnern.[178] Weil Kinski immer auf Deutsch schrieb, wusste sie nie, woran er gerade arbeitete, da sie seiner Muttersprache nicht mächtig war. Das deutsche Skript, welches der italienischen Übersetzung zugrunde gelegen haben muss, ist leider verschollen.

Betrachtet man Kinskis sonstigen, kompetitiven Umgang mit besonderen Rollen und Vorbildern, seinen Wunsch mehr herauszuholen, sich filmhistorische Unsterblichkeit zu sichern, so vermag *Lasst die Kleinen Mädchen nicht hinaus* auch inhaltlich zu verwundern. Ausgerechnet über die Szene. in der viele Verbrecher über den Mörder Gericht halten, in der Peter Lorre sich mit so viel verzweifelter Empörung ins kollektive Gedächtnis der Betrachter verteidigt, schreibt Kinski lapidar hinweg. Langs Trick, den Täter als Opfer erscheinen und Mitgefühl ernten zu lassen, Betroffenheit und Reflektion der Zuschauer über Massenhysterie und Lynchjustiz zu erzeugen, ist bei Kinski nicht vorgesehen. Sein Mörder ist kalt und ein wenig gehetzt. Er verdient sich kein Mitleid. Direkte Bezüge zum Vorbild, die in Kinskis italienischem Skript noch vorkommen, wie das titelgebende Kreidezeichen auf dem Rücken des Mörders oder Kinder, die einen Abzählreim singen, streicht er für seine finale, hier abgedruckte Fassung mit leichter Hand. Dass die »Mörder unter uns« sind, so Langs einstiger Arbeitstitel, spürt man nur in Andeutungen, am ehesten noch, wenn der unschuldige Günther beinahe vom Mob hingerichtet wird. Ansonsten verkümmert Kinski das psychologische Drama zu einem eindimensionalen TV-Aufguss, einem Polizeithriller mit Actionszenen. Das wiederum macht er anständig, kann aber eigentlich nicht sein Ziel gewesen sein. Die Vermutung, er habe die Filmerzählung am Set oder unter dem Einfluss seines deutschen Trivialfilms *Das Netz* im Herbst 1975 begonnen, drängt sich abschließend nicht nur ob der zeitlichen Stimmigkeit auf.

174 Christopher Frayling: *Something to do with death*. London 2000, S. 165. Außerdem ohne Quellenangabe: Christian David: Kinski. Die Biographie, ebd., S. 169
175 Zum Beispiel Christopher Frayling: Audiokommentar zu *Für ein paar Dollar mehr*. DVD, Unterföhring 2008
176 Carlos Aguilar: *If he wasn´t like that, that´s how he should have been.* In: Deutsches Filmmuseum: *Ich, Kinski*. Kinematograph Nr. 16, Frankfurt a. M. 2001, S. 104f.
177 Schreiben von Carlos Aguilar an den Autor, 3. März 2011
178 Gespräche mit dem Autor

LASST DIE KLEINEN MÄDCHEN NICHT HINAUS

EINE FILMERZÄHLUNG

Cockpit eines Jumbo-Jets. Über die Köpfhörer der Piloten werden Landeanweisungen auf Englisch durchgegeben. Die Maschine beginnt mit ihrem Anflug auf Hamburg.

Die Tür des Cockpits wird von einer jungen, hübschen Stewardess geöffnet. Sie nimmt mechanisch das Kaffeetablett, das der Bordmechaniker ihr gibt, während sie ihren Blick auf den Kapitän wirft. Im Gang nimmt sie das Mikrofon und sagt die Landung auf Deutsch und auf Englisch an.

Die anderen Stewardessen bringen die letzten Tabletts der Passagiere in die Bordküche, räumen auf, verschließen und verriegeln die Boxen, und sie schnallen sich in ihren Sitzen an. Die Maschine beginnt den Landeanflug.

Landung, Aufsetzen, Bremsen, Rollen, Einfahren usw.

Der Kapitän verlässt als erster die Maschine. Er ist sehr in Eile und dermaßen in Gedanken vertieft, dass er sich beinahe von seinen Kollegen nicht verabschiedet. Die junge, hübsche Stewardess beißt sich auf die Lippen. Der Co-Pilot hat ihre Reaktion bemerkt und sagt ihr, während er ihren Po berührt: »Mach' dir nichts draus. Während des Fluges nach Hongkong ziehst du ihn dir mit Kaviar schon wieder hoch.« Die Stewardess verfolgt den Co-Piloten mit dem Blick und sagt wie zu sich selbst: »Hurenbock!«

Hamburg, Rummelplatz, Sonntag.

Die Parkplatzwächter schaffen es nicht mehr und rennen gestikulierend von einem Kunden zum anderen. Das Areal um den Rummelplatz ist mit Autos überfüllt, aus denen immer weitere Personen aussteigen. Touristenbusse blockieren in unendlich langen Schlangen den Zugang zum Rummelplatz bis hin zu den anliegenden Straßen. Sonderstraßenpatrouillen versuchen vergebens, etwas Ordnung in das Chaos zu bringen.

Die Tür eines der Autobusse wird vehement geöffnet, und eine Gruppe von zehn- bis zwölfjährigen Mädchen stürzt sich schreiend und lachend auf die Straße, vorbei an den festgefahrenen Wagen, Richtung Rummelplatz. Die dreißig Mädchen sind gleich angezogen. Sie tragen kurze dunkle Mäntelchen, runde Hütchen und weiße Kniestrümpfe. Zwei Nonnen laufen, einige Namen laut rufend, ihnen hinterher, da sie in Gefahr sind, dass sie sich in dem Durcheinander der Leute, die von allen Seiten Richtung Rummelplatz drängen, verlieren. Endlich schaffen sie es, sie wie eine Herde von Flüchtlingen zusammenzutreiben. In Dreierreihen lassen sie sie Richtung Rummelplatz marschieren. Eine der Nonnen führt sie. Die andere macht das Schlusslicht. Die Mädchen gehen eingehakt oder halten sich an der Hand. Sie kichern laut, und im großen Durcheinader singen sie, lachen sie und werden von den beiden Nonnen sicher durch die Menge geführt.

Im Dschungel des Rummelplatzes entsteht ein großer Krach. Jedes Kind will etwas anderes. Schaukel, Tierausstellung, Riesenrad, Achterbahn, Teller werfen, Karussell, Zentrifuge, Autoscooter, Zelt der Liliputaner, Todesgänge, Glücksfischen, Glücksrad, Eis, Bälle werfen, Lutscher, kandierte Äpfel, gebrannte Mandeln, Pistazien, Popcorn, Zuckerwatte, Spiegelkabinett, Irrgarten und vor allem die Geisterbahn.

Auch die Mädchen wollen unbedingt in die Geisterbahn, und sie sprechen aufgeregt mit den Nonnen. Aber sie gehen nicht in die Geisterbahn. Die beiden Nonnen versuchen vergebens, die Mädchen davon zu überzeugen, dass das Fahren in der Geisterbahn gefährlich sei; denn der Zug fährt schnell lange Wege im Dunkeln, und es sind schon Unfälle passiert. Die Mädchen sind enttäuscht, protestieren und sind weinerlich. Aber die berauschenden Geräusche der Vergnügungen, die von überall her eindringen, sind dermaßen stark, dass sie schon kurz danach nicht mehr wissen, was sie ihre Aufmerksamkeit schenken sollen. Die Nonnen beschließen, zuallererst das Riesenrad zu besuchen.

Während der vorhergehenden Szene ist ein Mann in der Nähe der Mädchen stehen geblieben und hat mit lebhaftem Interesse ihre Unterhaltung verfolgt. Sein Gesicht war nicht sichtbar.

Ein Mädchen, eine kleine elfjährige Blondine, schafft es, sich von der Gruppe zu trennen, indem sie, als sie an dem Zelt der Lilliputaner vorbeigehen, unter die Zeltplane kriecht. Während die anderen Mädchen sich mit den beiden Nonnen in Richtung Riesenrad entfernen, hebt das blonde Mädchen das Zelt hoch, um aus seinem Versteck hervorzukommen. Sie sieht den Mann, der sich vorher in der Nähe der Gruppe aufhielt und ihr jetzt zulächelt. Sein Gesicht ist nicht genau erkennbar, da er im Gegenlicht steht, während das Mädchen von der Sonne geblendet wird.

Die Gruppe der Mädchen hat in der Zwischenzeit mehrere Gondeln im Riesenrad belegt, das sich langsam in Bewegung setzt. Niemand hat die Abwesenheit des blonden Mädchens bemerkt, weil die anderen Mädchen so sehr mit ihrer eigenen Aufregung beschäftigt sind und die zwei Nonnen große Mühe haben, ihre kreischenden Küken zusammen zu halten. Langsam steigen die Gondeln immer höher und allmählich kann man das ganze Gebiet des Rummelplatzes sehen. Aber niemand in den Gondeln des Riesenrades sieht jenen Fremden, der zwei Karten an der Kasse der Geisterbahn kauft und der mit dem blonden Mädchen in den »Bahnhof« eintritt.

Das Riesenrad dreht sich weiter und beim Steigen der Gondeln bietet sich dem Auge ein großartiges Panorama. Tief unter dem Riesenrad drehen sich die Karusselle des Rummelplatzes und die farbige Menschenmenge wird immer kleiner, so dass sie einem Ameisenhaufen ähnelt.

In den verschiedenen Gondeln spielt sich immer das Gleiche ab. Eltern, die ihre Kinder in den Arm nehmen, so dass sie besser sehen können, und die ihnen die Wahrzeichen der Stadt erklären. Ferngläser werden weitergereicht oder aus der Hand gerissen. Filmkameras laufen und es werden Fotos vom Panorama gemacht. Auch die Mädchen werden von den Nonnen fotografiert.
Im überfüllten »Bahnhof« der Geisterbahn warten die Reisenden der nächsten Runde und drängeln ungeduldig zum Zug, der gerade zurückkommt, um sich sofort in die leer gewordenen Wagen zu stürzen und sich einen Sitzplatz zu sichern. Das schwarze Loch des letzten Tunnels mündet direkt in den »Bahnhof«.

Schon hört man die hysterischen Schreie und das Gelächter der Reisenden, die zurückkehren, bevor der Zug sichtbar wird.

Endlich sind wir angekommen. Der Zug fährt in den »Bahnhof« ein. Und während die einen lachend und kreischend wie Betrunkene aus den Wagen steigen, werfen sich die anderen auf die freien Plätze. Ein hässlicher, brutal aussehender Mann, der sich gerade einen Sitzplatz erobert hat, zieht etwas unter seinem Hintern hervor. Er gibt das kleine dunkle Mäntelchen weiter, wobei er es zwischen Daumen und Zeigefinger hält wie einen alten Lappen. Aber es gehört keinem der Fahrgäste, die sich, ohne weiter nachzudenken, in die überfüllten Wagen drücken und die sich nicht im Geringsten für ein Mäntelchen interessieren, das weder ihnen noch ihren Kindern gehört. Der Zug setzt sich schon in Bewegung, und das Mäntelchen endet unter den trampelnden Füßen der Leute. Es liegt auf dem »Bahnhof«, nachdem der Zug ihn schon verlassen hat. Es wird auch nicht weiter beachtet, als es jemand aufhebt und am Schalter abgibt.

Das Drehen des Riesenrades ist beendet. Die Gruppe der Mädchen kommt langsam wieder zum Vorschein, nachdem eine Kabine nach der anderen wieder am Boden angelangt ist. Die beiden Nonnen zählen die Mädchen. Sie zählen wieder, sie zählen noch einmal. Gerade in diesem Moment bemerken sie, dass das blonde Mädchen fehlt. Die Nonnen fragen verschiedene Mädchen aus der Gruppe, um wen es sich handelt, und die Mädchen fragen sich untereinander, bis eine ausruft: »Gisela!«

Und immer mehr Stimmen, und immer lauter: »Gisela!« Aber Gisela antwortet nicht.
Immer mehr Leute aus dem Publikum starren gemeinsam mit den beiden Nonnen und dem Mädchen auf die Kabinen, die noch in der Luft geblieben sind, als ob sie hoffen würden, dass Gisela noch in einer der Kabinen sei. Es dauert eine Ewigkeit, bis das Rad wieder seine Umdrehung gemacht hat, und die Spannung und die Angst werden immer unerträglicher, zumal auch die Kontrolle der Kabinen sich als unnütz erweist und das Mädchen verschwunden bleibt. Nun ist es allen klar, dass Gisela nicht zum Riesenrad gekommen ist. Der erste Gedanke der Nonnen gilt der Geisterbahn.

Der Zug fährt durch die stockdunklen Tunnel und durchfährt kreischende Kurven, bremst ganz plötzlich, fährt im Rückwärtsgang usw., usw. Ein Skelett wird für den Bruchteil einer Sekunde erleuchtet. Und schon ist es wieder in dem unheimlichen Dunkel verschwunden.

Hinrichtungsszenen erscheinen in dem dämmernden und zitternden Licht. Zu kurz und zu undeutlich, um genau sagen zu können, wovon sie handeln. Vielleicht hätte man etwas erkennen können, wenn das Licht heller gewesen wäre und nicht so verschwommen: den nackten Körper eines elfjährigen Mädchens, eingekeilt zwischen den Figuren der Hinrichtungsszene. Aber, wie gesagt, das Licht war zu verschwommen und der Moment ist zu kurz, und außerdem sind alle von der eigenen wirklichen oder simulierten Angst vor den Geistern eingefangen, so dass niemand auf die Idee gekommen wäre, dass der nackte Körper des Mädchens ein menschlicher Körper sein könnte.

Die Reise geht weiter, zwischen tief hängenden nassen Lappen hindurch, die den Fahrgästen ins Gesicht schlagen. Man hört Aufnahmen unendlich vieler Schreie von Männern in panischer Angst, die die Fahrgäste zu Eis werden lassen, und sie schreien und lachen. Betäubende elektronische Klänge, das Rollen des Zuges usw., usw.
Eine der Nonnen hat atemlos die Kasse der Geisterbahn erreicht. Sie fragt die Kassiererin nach einem blonden Mädchen. Die Kassiererin erinnert sich nach einer genaueren Beschreibung des Gesichtes des Mädchens. Die Nonne fasst wieder Mut, und während sie vorbeigeht, um in den »Bahnhof« zu kommen, sieht sie das blaue Mäntelchen von Gisela am Seitenfenster der Kasse hängen. Und während sie den Mund zum Schrei öffnet, hört man das hysterische Gelächter der Passagiere im letzten Tunnel, das die Rückkehr des Zuges ankündigt.

DER DRITTE MORD INNERHALB VON ZWEI MONATEN. DIE ELLENLANGEN TITEL DER PRESSE VERLANGEN NACH LÖSUNG DES FALLES. SIE VERLANGEN GERECHTIGKEIT, SIE VERLANGEN DIE WIEDEREINFÜHRUNG DER TODESSTRAFE, UND SIE SPRECHEN VON DER UNFÄHIGKEIT DER POLIZEI UND IHRER ROLLE, DIE SIE BEI DEN MORDEN SPIELT.

DER INNENMINISTER ERWARTET EINEN BERICHT VOM POLIZEIPRÄSIDENTEN. DIESER RICHTET SICH SEINERSEITS AN DEN INSPEKTOR, DER MIT DEM FALL BEAUFTRAGT IST. DER INSPEKTOR SEINERSEITS BRÜLLT SEINE LEUTE

AN, WEIL DIE ERMITTLUNGEN KEINE ERGEBNISSE GEBRACHT HABEN.

Die Beauftragte Mordkommission hat nicht viele Anhaltspunkte. Die Untersuchung der Tatorte und die Feststellung der Todesursachen der Opfer (Erwürgen nach Vergewaltigung) haben bisher zu keinem Resultat geführt, das auf eine Spur führen könnte.

FERNSEHEN UND RADIO ÜBERTRAGEN IMMER WIEDER ZUSAMMENFASSUNGEN VON DEN MORDEN UND DEREN UNTERSUCHUNGEN DURCH DIE POLIZEI. DIE GESAMTE BEVÖLKERUNG WIRD UM MITARBEIT GEBETEN, UND DIE TELEFONNUMMERN DER BEAUFTRAGTEN KOMISSION WERDEN IMMER WIEDER UND STÄNDIG AUF EINEM KLEINEN BILDSCHIRM AUSGESTRAHLT. ELTERN UND FAMILIENANGEHÖRIGE VON MINDERJÄHRIGEN MÄDCHEN WERDEN DARAUF AUFMERKSAM GEMACHT, DASS SIE DIE MÄDCHEN NICHT ALLEINE HINAUSGEHEN LASSEN, SOLANGE DER SCHULDIGE NOCH IN FREIHEIT SEI.

Die Bürgersteige vor den Schulen sind voll von Vätern und Müttern, die kommen, um ihre Kinder abzuholen, und schon lange vor Schulschluss warten.

In einem der verkehrsreichsten Gebiete Hamburgs versucht ein zehnjähriges Mädchen die Straße zu überqueren. Aber immer, wenn sie versucht, die gegenüberliegende Seite zu erreichen, wird sie genötigt, wieder auf den Bürgersteig zurückzukehren, da der Fluss der vorbeirasenden Wagen nicht abbricht, und keiner der Autofahrer ist bereit, sie vorbeizulassen. Ein Fußgänger hat die Szene beobachtet, geht zu dem Mädchen, nimmt sie unter den Arm und bringt sie sicher auf die andere Seite, indem er mit der Hand die vorbeirasenden Wagen anhält. Einige Fußgänger beobachten die Szene mit einem vertrauensvollen Ausdruck, und während einer nach dem anderen stehen bleibt, bildet sich eine Art Auflauf. Der Mann sieht seinerseits den Auflauf, der ihn anstarrt, und er lässt schnell das Mädchen los, und ohne ihr »Danke« zu hören, versucht er, so schnell wie möglich den Blicken der Leute zu entkommen.

Im Wohnzimmer eines bürgerlichen Hauses sehen drei Personen fern. Martha Schauffer, eine Frau um die Dreißig, ihre Tochter Romy und die Schwiegermutter. Das Fernsehen überträgt ein Spiel der Fußballnationalmannschaft. Von der Straße her erklingt eine Hupe, die dreimal ertönt. Martha begibt sich eilig zum Fenster, öffnet es vehement und schaut lächelnd hinaus. Im Flur nimmt sie den Mantel von der Garderobe. Sie will aus der Haustür gehen, als die zwölfjährige Romy aus dem Wohnzimmer kommt und ärgerlich fragt, wohin sie gehe. Dann bittet sie flehend, dass sie doch bliebe.

Die Mutter antwortet liebevoll, dass Romy sich keine Sorgen machen müsse und dass sie doch nicht lange fortbleiben werde. Aber Romy dreht sich um, während die Mutter ihr einen Abschiedskuss geben will.

Im Wohnzimmer blickt die Schwiegermutter unbewegt auf den Bildschirm. Auch sie schafft es nicht zu verbergen, dass sie über das Weggehen von Martha verärgert ist. Martha geht auf die Straße. Günther, ein sympathischer junger Mann, zieht Martha, die vor der Haustür wartet, in den Wagen und küsst sie leidenschaftlich, bevor er den Motor in Gang setzt. Romy verfolgt traurig und verstört, das Gesicht gegen das Glas gedrückt, am verschlossenen Fenster des Wohnzimmers den abfahrenden Wagen. Dann kehrt sie schweigend zurück zum Fernsehen. Das Fußballspiel ist zu Ende, und der Nachrichtensprecher sagt die Nachrichten an. Es folgt eine Sondermeldung über die Sexualverbrechen und Informationen über die Untersuchungen der Polizei.

Die Schwiegermutter will nicht, dass Romy die Reportage über die Morde verfolgt, und sagt ihr, dass sie schlafen gehen solle. Sie selbst wird aufbleiben, bis die Mutter wieder zurückkommt. Romy sagt »Gute Nacht« und verlässt das Zimmer. Aber während sie die Tür schlagend schließt, drückt sie wieder die Türklinke hinunter und zwar so, dass das Schloss nicht klickt, und die Tür bleibt angelehnt. Dann öffnet sie die

Tür zu ihrem Zimmer, um sie wieder kräftig zuzuschlagen, während sie selbst draußen bleibt. Dann überquert sie langsam wieder den Korridor und presst ihr Ohr gegen die angelehnte Wohnzimmertür. Während sie den Bericht über die Vergewaltigungen von minderjährigen Mädchen hört, wird ihr Gesichtsausdruck immer erregter, und ihre Augen bekommen einen eigenartigen fieberhaften Ausdruck. Am Ende der Nachrichten geht sie wieder schleichend durch den Korridor, öffnet leise ihre Zimmertür, schlüpft hindurch und schließt sie wieder ganz langsam.

Auf dem Nachttisch neben ihrem Bett steht ein Bild von ihrem Vater, an dem ein Trauerband befestigt ist. Romy legt sich mit dem Foto auf das Bett und schaut ihren Vater lange wehmütig an. Dann küsst sie es mit feuchten Lippen, und sie schläft so ein.

Die Mordkommission unter Inspektor Wilke führt gemeinsam mit Interpol Untersuchungen durch, wie viele und auf welche Art und Weise Morde in anderen Ländern in den letzten Jahren Parallelen zu den Verbrechen in Hamburg aufzeigten. Außerdem geht die übliche Routine mit voller Kraft weiter.

Alle Personen, wie während der letzten Jahre wegen Sexualdelikten im Gefängnis oder in Nervenheilanstalten eingesessen hatten und dann freigelassen wurden, werden wieder befragt. Ihre Fälle werden genauestens untersucht, wobei man Ähnlichkeiten der Symptome und der Indizien sucht, die mit den Verbrechen der letzten Monate übereinstimmen könnten. Die Arbeit der Polizei ist langweilig und tödlich.

DIE UNTERWELT VON HAMBURG SCHLÄGT SICH MIT DER POLIZEI HERUM.

Der Drogenabteilung schon bekannte Händler und Verteilerringe von Drogen gehen hoch, und unzählige Verhaftungen werden vorgenommen. Nachtlokale und Glücksspielhäuser und Bordelle werden geschlossen. Der gesamte Hafen wird abgesperrt. Bahnhöfe, Flughäfen und sogar die öffentlichen Toiletten werden alle 24 Stunden überprüft. Straßensperren werden in den Außenbezirken und auf den Zugangsstraßen der Stadt vorgenommen. Der gesamte Autoverkehr wird unter die Lupe genommen.

Jede auch nur im Geringsten verdächtige Person wird verhört und mit rigorosen Mitteln ausgequetscht. Die Polizei hält ständig die Presse über die Resultate dieser Aktion auf dem Laufenden, damit die öffentliche Meinung nicht den Eindruck hat, dass die Polizei schlafe.

DIE MITARBEIT VON INTERPOL BRINGT DIE ERSTEN ERGEBNISSE.

Inspektor Wilke hat eine Liste in der Hand, die die wichtigsten Internationalen Sexualverbrechen enthält, die in den letzten Jahren vorgekommen sind, bis jetzt nicht gelöst wurden und den Verbrechen von Hamburg alarmierend ähneln.

TUNIS, FEBRUAR 1972 – DREIZEHNJÄHRIGES MÄDCHEN WURDE ERMORDET AUFGEFUNDEN, NACHDEM DER WÜRGER SIE VERGEWALTIGT HATTE.

MARSEILLE, AUGUST 1973 – EIN ELFJÄHRIGES MÄDCHEN WIRD VON EINEM UNBEKANTEN VERGEWALTIGT, SCHAFFT ES JEDOCH, VON EINER STICHWAFFE GETROFFEN, ZU ENTKOMMEN, NACHDEM SIE PASSANTEN UM HILFE GEBETEN HAT. DAS MÄDCHEN IST SO GESCHOCKT, DASS SIE NICHT IN DER LAGE IST DEN TÄTER ZU BESCHREIBEN.

NEW YORK, MÄRZ – APRIL 1974. ZWEI ZWÖLFJÄHRIGE MÄDCHEN WERDEN ERWÜRGT IM CENTRAL-PARK GEFUNDEN. DAS IST DER MYSTERIÖSESTE FALL, DA FESTGESTELLT WURDE,

DASS DIE MÄDCHEN KURZ VOR DEM TOD GESCHLECHTSVERKEHR HATTEN, ABER AUF DEM KÖRPER WURDEN KEINE SPUREN EINES KAMPFES GEFUNDEN. ...

Inspektor Wilke legt die Liste hin. Gibt es eine Beziehung zwischen diesen und denen aus Hamburg? Wenn es zutrifft, ist es klar, dass es sich um eine Person handelt, die aufgrund ihrer Arbeit gezwungen ist, ständig zu reisen oder aus freier Wahl ständig Stadt, Land und Kontinent wechselt.

Ein Diplomat, ein Geschäftsmann, ein Schauspieler, ein Seemann, ein Pilot. Es gibt viele Berufe, die ein solches Nomadenleben mit sich bringen.

Inspektor Wilke versammelt seine Mitarbeiter. Warum sollte man den Mörder nicht bei der Besatzung eines Schiffes oder eines Flugzeuges suchen? Es ist eine vage Vermutung, aber es ist möglich, dass die Untersuchungen eine Spur bringen. Jede der Städte, die Schauplatz der Sexualverbrechen der letzten Jahre waren, hat einen Hafen und einen Flughafen. Wenn der Mörder der Mädchen immer die gleiche Person ist, dann ist es nicht auszuschließen, dass es sich um einen Seemann oder um einen Piloten handelt, wenn es auch sehr weit hergebracht ist, dass ein Pilot oder Steward ein Mörder sein könnte. Und damit beginnt von neuem die unglaublich komplizierte Arbeit der Polizei.

1) Welche Kriegsschiffe oder Schiffe der Handelsmarine befanden sich zum Zeitpunkt der Verbrechen in den jeweiligen Häfen? Das gleiche gilt für die Luftwaffe und die zivile und private Luftfahrt.

2) Welche Männer hatten auf den betreffenden Schiffen oder in den betreffenden Flugzeugen Dienst? Welches dieser Schiffe oder Flugzeuge, die in Frage kommen, hat die verschiedenen oder alle Häfen oder Flughäfen angelaufen?

Es werden von allen Verteidigungsministerien, Hafenkommandanturen, Reedereien, Flughafengesellschaften – unter absoluter Geheimhaltung – die Zurverfügungstellung der notwendigen Listen und Aufzeichnungen angefordert.

Ein Wintergarten mit seltenen tropischen Pflanzen umschließt den luxuriösen Salon des Millionärsapartments in einem Hochhaus im Zentrum von Hamburg. Auf einer modernen Stahlliege liegt halbnackt ein dicker Mann mittleren Alters.

Es ist der bekannte Hamburger Industrielle Adolf Müller.

Neben ihm, wegen der großen Hitze, die von den Quarzlampen ausgestrahlt wird, vor Schweiß triefend sein Sekretär, der stenografiert, was Müller für eine Wohltätigkeitsorganisation zugunsten der blinden und taubstummen Mitbürger diktiert. Ein Klingeln zeigt an, dass die Zeit des Sonnenbadens vorüber ist. Und die Lampen gehen automatisch aus. Adolf Müller trocknet sich den Schweiß vom Körper ab und bittet um die Tageszeitung. Er ist besonders an einer Anzeige interessiert:

Große Menge gefrorener Anchovis erworben. Weitere Informationen bei der Fischbank um 17 Uhr.

Fünf verschiedene Stadtteile, fünf verschiedene Männer, die interessiert die gleiche Anzeige lesen.
Ein Mercedes 600 fährt mit hoher Geschwindigkeit Richtung Hafen. Bei der Fischbank öffnet ein Angestellter verschiedene schwere Schiebetüren von enormen Kühlzellen, in denen unzählige Tonnen Fisch aufbewahrt werden. Der Angestellte hilft Adolf Müller beim Eintritt in eine Art Sonderkeller, der ihn vor der mörderischen Kälte, die in dem Raum herrscht, schützen soll. Die zwei kommen durch verschiedene Kühlzellen, bis sie sich endlich vor einer Panzertür befinden, die sie über ein Nummernschloss öffnen. Adolf Müller betritt den Raum hinter der Panzertür, während der Angestellte die Tür automatisch wieder verschließt.

Adolf Müller geht durch die Büros, die mit jeglichem Komfort ausgestattet und deren Wände mit Landkarten und topografischen Karten von allen Ländern der Welt verhängt sind, und erreicht endlich einen Versammlungssaal. Um einen Tisch herum, der an der Wand von unzähligen Fernsehbildschirmen eingerahmt ist, sitzen die fünf Männer, die in den fünf verschiedenen Stadtteilen die Anzeige der Fischbank gelesen haben. Bei Eintritt von Müller erheben sie sich respektvoll und warten darauf, dass er sich setzt.

Die fünf für die verschiedenen Gebiete der Unterwelt Hamburgs Verantwortlichen wenden sich einer nach dem anderen an Adolf Müller, ihren Vorgesetzten und den Kopf der Organisation.

FRIEDRICH HUMBOLT, Prostitution, zwei Kontrollen am Tag in der Gegend zwischen Hunterstraße und Leberstraße. Das Geschäft in der Hafengegend ist total gelähmt. Verlust ca. 2.500.000 bis 4.000.000 Mark.

ARNE HOLTZ, Glücksspiel und Währungsschwarzmarkt, fünf Razzien und Schließungen in den letzten drei Tagen. Totalverlust ca. 6.000.000 Mark.

ULRICH VAN HUTEN, Geldspielautomaten, zwölf Beschlagnahmungen und Einzug der Lizenzen für Automaten für Minderjährige, Verlust zwischen 5.000.000 und 7.000.000 Mark.

LUDWIG FLEISCHER, Drogen und Alkoholschmuggel. Der gesamte Verteilerring ist verhaftet worden. Die Ankunft neuer Ware ist unmöglich, da die Zollzone gesperrt wurde. Der Gesamtverlust ist nicht kalkulierbar, aber mindestens 10.000.000 bis 14.000.000 Mark.

KLAUS GRO, Taschendiebstahl und Raub – 180 Verhaftete in den letzten zehn Tagen, verursacht durch die ständigen Kontrollen der Polizei und der Sicherheitsabteilung, als Passanten getarnt. Verlust 3.000.000 bis 5.000.000 Mark.

NACH DIESER KATASTROPHALEN BILANZ ENTSCHEIDET ADOLF MÜLLER, DASS EINGEGRIFFEN WIRD, UM WEITERE VERLUSTE, DIE ZUM ZUSAMMENBRUCH DER ORGANISATION FÜHREN KÖNNTEN, ZU VERMEIDEN. DIESE WIRD SICH SELBST MIT DER JAGD DES MÖRDERS BEFASSEN UND IHM SEINE VERDIENTE STRAFE VERPASSEN. DIE POLIZEI WÄRE DANN IHRERSEITS VERPFLICHTET, DEN DRUCK GEGEN DIE GESCHÄFTE DER ORGANISATION AUFZUHEBEN.

Ein gemeinsamer Aktionsplan wird diskutiert.

Eine Straße im Zentrum Hamburgs. Vor einem Damen-Reizwäscheladen, in dessen Schaufenster besonders pikante Unterwäsche ausgestellt ist, steht ein Mann. Er ist nur zur Hälfte von hinten zu sehen, aber an den vier goldenen Streifen auf dem Ärmel kann man einen Flugkapitän erkennen. Im Schaufenster spiegelt sich das Gesicht eines etwa zwölfjährigen Mädchens wider, das sich auf Rollschuhen mit einem Walkman nähert. Das Mädchen entfernt sich, nachdem es einen Blick auf die ausgestellten Sachen geworfen hat.

Der Mann in Uniform folgt ihr in deutlichem Abstand, aber nahe genug, um sie nicht aus den Augen zu verlieren. Das Mädchen läuft schneller und hüpft und singt ein aktuelles Poplied (Walkman).

Auch der Mann beschleunigt seinen Schritt, jedoch immer den Abstand einhaltend, damit er nicht bemerkt wird. Das Mädchen geht um die Ecke und erreicht eine kleine enge Gasse. Plötzlich verschwindet sie im Eingangsbogen eines Hauses. Dem Mann gelingt es, rechtzeitig um die Ecke zu kommen, um sie hineingehen zu sehen. Er beschleunigt seine Schritte, und auch er tritt in den dunklen Eingang ein. Drinnen herrscht Totenstille. Der Mann horcht aufmerksam auf eventuelle Schritte, und es scheint ihm, als höre er den Atem des jungen Mädchens. Der Atem hört auf. Plötzlich dreht er schnell seinen Kopf, da er das Geräusch einer sich öffnenden, quietschenden Tür hört. Der Mann rennt keuchend durch den labyrinthartigen Eingang. Er hat sie fast erreicht und berührt fast ihre Schulter, als sie eine zweite Tür aufdrückend öffnet und der Mann von einem Choralgesang erfasst wird. Dem Mädchen gelingt es, durch die Tür zu verschwinden, nachdem es für den Bruchteil einer Sekunde sein Gesicht ge-

sehen hat und es dabei seinerseits ihm sein verschwitztes sinnliches Gesicht zeigt. Der Mann begreift, dass er es nicht weiter verfolgen kann. Seine Hände umklammern sich, und die Fingernägel dringen in den Handrücken der anderen Hand ein, wie es die Drogenabhängigen tun, wenn sie keine Droge bekommen.

Adolf Müller hat den Plan des Vorgehens der Organisation vorbereitet. Die sechs Männer befinden sich jetzt in einem der Räume, die mit Landkarten tapeziert sind, auf denen die einzelnen Sektoren, die Gebiete eingezeichnet sind, für die die einzelnen Aktionen diskutiert werden. In ihr Vorgehen ist unter anderem einbegriffen:

1) Alle Prostituierten, die minderjährige Töchter haben, werden die Mädchen in den Dienst der Aktion stellen, und sie werden sich, wie die anderen Prostituierten, gemeinsam auf die Gefangennahme des Mörders konzentrieren.

2) Für jedes Mädchen wird ein Leibwächter zur Verfügung gestellt. Er darf sie nicht aus den Augen verlieren, und er muss jeden ihrer Schritte überwachen. Die Leibwachen werden aus den Dieben, Hippies, Dealern, Zuhältern, Währungshändlern usw. rekrutiert. Die können sich leicht unter die Passanten mischen und so unbeobachtet ihrer Arbeit nachgehen.

3) Alle von der Organisation kontrollierten Taxis müssen ständig über Funk mit der Zentrale der Organisation in Kontakt bleiben und sie Tag und Nacht über die Situation in den verschiedenen Gebieten informieren.

Die gesamte Aktion tritt sofort in Kraft.

Die nervtötende Arbeit der Polizei erscheint nicht nutzlos. Von den Ministerien, Hafenkommandanturen, Reedereien und Luftfahrtgesellschaften kommen Tausende von Berichten an. Aus der Überprüfung dieser Berichte resultiert, dass unter anderem ein gewisser Karl Weiss, zurzeit Co-Pilot einer Maschine der Lufthansa, sich zu den angegebenen Zeitpunkten in allen vier Städten befand. Er hat für verschiedene Luftfahrtgesellschaften gearbeitet. Nur in einem Punkt führt die Spur nicht zum Ziel. Während des dritten Sexualverbrechens in Hamburg befand sich seine Maschine mit ihm als Co-Pilot auf dem Weg nach Hongkong.
Dennoch entscheidet Inspektor Wilke, diese Spur genauestens zu verfolgen, und beauftragt seinen Vertreter Schleif, sich mit der Luftfahrtbehörde von Hamburg in Verbindung zu setzen und herauszufinden, wo er jetzt sei und die Maschine zu finden, auf der er sich jetzt als Co-Pilot befindet. Außerdem ist ein Funk-Bild von Karl Weiss sofort nach Marseille zu übersenden, um es dem 1973 vergewaltigten Mädchen zur Identifizierung vorzulegen.

Flughafen Hamburg. Das übliche Bild. Passagiere, die abfliegen und ankommen, Willkommens- und Abschiedsszenen, Flugpersonal, Kontrollschalter oder Ticketschalter, Polizei, Zollkontrolle usw., usw.
Aus dem Ausgang für das Flugpersonal kommt Karl Weiss in der Pilotenuniform. In einer Hand hält er eine Flugtasche, während er mit der anderen Hand die Autoschlüssel sucht. Er geht schnell zum Parkplatz und steigt in einen Mini Cooper ein. Und der Wagen fährt mit wahnsinniger Geschwindigkeit ab.

Einen Moment später hält ein Wagen der Kriminalpolizei vor dem Gebäude, aus dem Karl Weiss herausgekommen ist. Der Offizier Schleif springt aus dem Wagen, und fast rennend begibt er sich zum Flughafengebäude.

Günther, der junge Liebhaber von Martha, klingelt an der Tür des Hauses der Familie Schauffer. Die Tür wird von Romy geöffnet, und sie schaut Günther mit einem eigenartigen Blick an – kalt. Sie sagt, dass ihre Mutter nicht zu Hause ist und dass auch die Oma erst am Abend zurückkehren werde, so dass sie allein ist und nicht einmal hätte die Tür öffnen sollen. Günther lacht über die übertriebene Vorsicht von Romy und geht in das Haus, ohne auf die Einladung von Romy zu warten. Im Wohnzimmer lässt er sich in einen Sessel fallen und versucht, mit ihr eine Unterhaltung zu beginnen, indem er sagt, dass er darüber glücklich sei, einmal mit ihr allein zu sein und mit ihr reden zu können. Er sagt, dass sie sich fast nicht kennen würden, dass er ihre Muter liebe und sie heiraten möchte. Romy lässt ihn reden, ohne darauf zu reagieren. Es scheint sogar, dass sie nicht zuhört, sondern sich lediglich für das Fenster des Wohnzimmers interessiert, durch das sie fasziniert die Arbeiter beobachtet, die die Straße vor der Häuserfront mit ihren Drucklufthämmern aufreißen. Plötzlich dreht sie sich mit einem freundlichen Lächeln zu Günther um, und sie fragt ihn sogar, ob er einen Drink wünsche. Günther ist angenehm überrascht von dem plötzlichen Wechsel und bedankt sich bei ihr für die freundliche Einladung, und Romy geht aus dem Wohnzimmer hinaus. Als sie kurz danach nicht wieder hereinkommt, steht Günther auf, geht in dem Zimmer herum und ruft sie schließlich.

Aber es kommt keine Antwort. Er ruft noch einmal stärker und geht Richtung Wohnzimmertür. Er öffnet sie und horcht in den Korridor, aber selbst dort ist kein lebendes Wesen. Neugierig und gleichzeitig vergnügt, weil er glaubt, dass Romy sich versteckt hat, ruft er scherzend, aber immer lauter: »Gut, wo hast du dich versteckt? Ungezogene, warte, wenn ich dich finde, wirst du schon sehen, was mit dir passiert!« Den letzten Satz hat er in die Küche gerufen, dessen Fenster zur Straße hin geöffnet ist.

Die Eingangstür wird vehement aufgerissen, und Romy eilt schreiend, am ganzen Körper bebend, auf die Straße. Ihr Kleid ist zerrissen, ihr Gesicht ist vor Angst verzerrt, und ihre schönen roten Haare sind total zerzaust. Sie hat blutige Kratzer am Hals. Sie rennt in Richtung der Arbeiter, die ihre Drucklufthämmer ausschalten, und sie zeigt schreiend und schluchzend auf das offene Fenster von ihrem Haus, während Günther laut die schon gesagten Sätze wiederholt. Plötzlich erscheint er an einem der Fenster, und er beobachtet völlig erstaunt die Szene, die sich dort unten abspielt. Er schafft es nicht, mit Sicherheit zu begreifen, ob Romy diese Komödie in Szene gesetzt hat, um sich an dem Liebhaber der Mutter zu rächen, oder ob ihr wirklich etwas passiert ist. Es scheint, als hätte sie wirklich einen hysterischen Anfall. Mit Worten voller Hass und Drohungen beschuldigt sie Günther, versucht zu haben, sie zu vergewaltigen, dass sie es nur durch Zufall geschafft habe, ihm zu entkommen, dass die Arbeiter ihre einzige Rettung seien und dass sie ihr helfen müssten.

In der Zwischenzeit ist Günther auf die Straße geeilt, und die Arbeiter nähern sich ihm, wobei sie ihn auf vulgäre Weise beleidigen. Sie krempeln schon ihre Ärmel hoch. Günther scheint nicht zu verstehen, worum es sich handelt, und er ist dermaßen überrascht, dass er nicht wegläuft und nicht versucht, sich zu verteidigen, nicht einmal mit Worten.

In diesem Augenblick kehrt die Großmutter Romys zurück, und jetzt handelt es sich nur um Sekunden. Sie sieht ihre Enkelin in dieser Verfassung, den Haufen Arbeiter, die Günther bedrohen, den Mann, der versucht, den Platz ihres verstorbenen Sohnes einzunehmen, und den auch sie hasst. Sie eilt zu Romy, die weint, reißt sie in ihre Arme und schreit: »Was hat dir dieses Ungeheuer angetan?« Das ist das Zeichen für die brutalen Arbeiter, die Günther schon umzingelt haben. Fast gleichzeitig werfen sie sich auf ihn. Ihre wütenden Fäuste gehen auf seinen Kopf nieder. Sie treten ihm mit ihren Stiefeln in den Magen, und sie hätten ihn sicherlich umgebracht, wenn nicht jemand eine Polizeipatroullie gerufen hätte, die diese Lynchjustiz unterbrach. Und sie bringen Günther in Sicherheit. Er ist bewusstlos, aber er lebt.

Rummelplatz. Später Nachmittag. Auf einem der fliegenden Sitze des Kettenkarussells saust die dreizehnjährige Wiltrud mit großer Geschwindigkeit, vor Freude lachend und schreiend, durch die Luft. Es ist eine von den vielen Lockvögeln, die die Organisation der Hamburger Unterwelt ausgesetzt hat, um den Mörder zu fangen. Hinter Wiltrud folgt auf einem der anderen Sitze Karl Weiss, der wiederum Zivilkleidung trägt. Er versucht, ebenfalls lachend, die Kette von Wiltruds Sitz zu ergreifen, um ihn an sich zu ziehen, wie es alle Jungen und Mädchen miteinander machen, die in der Luft fliegen. Die vom Wind angehobenen Röcke lassen die Baumwollunterhöschen sichtbar werden. Aber jedes Mal, wenn er versucht, eine der zwei Ketten von Wiltrud zu ergreifen, tritt Wiltrud gegen seinen Sitz, und mit einer plötzlichen Bewegung dreht er sich um seine eigene Achse, so dass die Kette sich immer weiter verheddert, um sich dann plötzlich in entgegengesetzter Richtung mit wahnsinniger Geschwindigkeit um die eigene Achse zurückzudrehen. Die Tour geht dem Ende entgegen. Wiltrud springt von ihrem Sitz, als das Karussell gehalten hat, und Karl Weiss, der magnetisch von ihr angezogen ist, folgt ihr mit vorsichtiger Distanz. Noch ein weiterer Mann folgt der kleinen Wiltrud, ein junger, langhaariger etwas

schlaksiger Typ, der zum Rummelplatz gehört und sicherlich die Aufgabe hat, Wiltrud zu bewachen.
An ein Taxi auf dem Parkplatz des Rummelplatzes wird eine Nachricht gesendet. Der Taxifahrer steigt aus und begibt sich schnell zum Rummelplatz, wobei er sich gründlich umsieht. Endlich entdeckt er Robert, der in der Zwischenzeit Wiltrud erreicht hat und sie nicht aus den Augen verliert, während er mit der Kassiererin vom Glückfischen flirtet, die er anscheinend gut kennt. Der Taxifahrer hat Robert erreicht und erzählt ihm atemlos, als sei er gerettet worden, dass der Mörder gefangen worden ist und dass die gesamte Aktion unterbrochen wurde. Robert schlägt ihm auf die Schulter, als wolle er ihm sagen: »Du bist ein tüchtiger Kerl!«, und er wendet sich wieder an die hübsche Kassiererin.

Scheiben schießen. Betrunkene amerikanische Seeleute schießen wie die Verrückten auf Scheiben. Der Preis für den Gewinner ist ein Foto von sich selbst, das von einer Polaroidkamera aufgenommen wird, die hinter den Scheiben angebracht ist und automatisch ausgelöst wird, sobald der Schütze die Scheibe trifft. Die betrunkenen Seeleute treffen ununterbrochen die Scheibe, auch wenn sie sich nicht mehr auf den Füßen halten können, und machen sich über die hässlichen Fotos lustig, die sie dann beiläufig wegwerfen. Der Besitzer des Standes ist glücklich, als sie weggehen, und während er die Fotos aufhebt, um sie in den Eimer zu werfen, stoppt er wie gelähmt. Auf einem der Fotos ist ganz deutlich im Hintergrund Wiltrud zu erkennen, und es scheint, als ginge sie Hand in Hand mit einem fremden Mann fort. Der Besitzer der Baracke schaut sich alarmiert um, aber von Wiltrud ist keine Spur. Er rennt zum Glücksfischen. Der kleine Bruder der Kassiererin sagt, dass seine Schwester mit Robert im Wohnwagen sei. Er begibt sich eilig dort hin, und mit den Fäusten hämmert er gegen die Tür. Robert erscheint, nur halb bekleidet, und knöpft seine Hose zu, während der Besitzer des Standes das Foto in die Luft hält und Robert anschreit. Robert rennt so weg, wie er ist, ohne Schuhe, nur mit Hose und Hemd bekleidet. Er kennt den Rummelplatz wie seine Westentasche und rast von einem Stand zum anderen, stolpert über die Seile der Zelte. Er stößt mit Leuten zusammen und rennt sogar einen Polizisten um. Er informiert alle Standbesitzer, denen er begegnet, und am Ende sieht er in weiter Entfernung, und zwar schon am Ausgang des Rummelplatzes, den Mann (Karl Weiss) mit Wiltrud in ein Taxi steigen. Robert rennt wie um sein eigenes Leben, um das Taxi zu erreichen. Karl Weiss ist noch dabei einzusteigen, während Wiltrud schon drinnen sitzt. Das Taxi, das sofort anfährt, verschwindet im Verkehr. Robert rennt zu einem anderen Taxi, und man sieht aus der Entfernung, dass der Taxifahrer durch das Mikrofon spricht.

INTERPOL BESTÄTIGT DIE IDENTIFIZIERUNG VON KARL WEISS DURCH DAS MÄDCHEN AUS MARSEILLE.

Der Offizier Schleif telefoniert vom Flughafen mit Inspektor Wilke und informiert ihn, dass der Pilot Karl Weiss heute Nachmittag mit seiner Linienmaschine aus Tokio zurückgekehrt ist, dass jedoch die Besatzung des Flugzeuges den Flughafen vor Ankunft der Polizei verlassen hat und dass der Pilot Karl Weiss mit großer Wahrscheinlichkeit der gesuchte Mörder ist, da für seine Maschine zum Zeitpunkt des letzten Mordes, wo sie auf dem Flug nach Hongkong sein sollte, der Flug gestrichen worden war, da im letzten Moment die Fluglotsen gestreikt hatten. So war Karl Weiss in Hamburg, der Abflug des Flugzeuges war für den nächsten Morgen festgelegt. Leutnant Schleif teilt ihm auch die Adresse der Junggesellenwohnung von Karl Weiss in Hamburg mit.

Inspektor Wilke veranlasst, dass verschiedene Streifen und eine Spezialeinheit zur Adresse von Karl Weiss fahren, und mit drei weiteren Beamten verlässt er eilig das Büro, nachdem er telefonisch die Entlassung von Günther Richert veranlasst hat.

Im Polizeigefängnis spielt sich eine dramatische Wiedersehenszene zwischen Günther und Martha ab. Beide weinen und umarmen sich.

Das Taxi, in dem sich Karl Weiss und Wiltrud befinden, hat sie entgegen seinem Willen in das Zentrum gebracht und ist jetzt beim Europa-Center angelangt. Karl Weiss protestiert gegen die Entführung und steigt mit Wiltrud aus, nachdem er die Fahrt bezahlt hat. Der Taxifahrer nimmt das Mikrofon und setzt sich mit der Zentrale in Verbindung. Inzwischen verlässt Karl Weiss das Mädchen und rennt wahnsinnig schnell durch die Türen des Europa-Centers und gelangt schließlich in ein großes Kaufhaus, wo er sich auf die Rolltreppe stürzt.

Keiner seiner Verfolger ist bis jetzt sichtbar, aber man fühlt, dass seine Jäger schon in der Nähe sind. Hinter den Schaufenstern der Stände an den Ausgängen der verschiedenen Stockwerke, in den Fahrstühlen, auf den Treppen der Notausgänge, in den Toiletten, unter den Kunden, die das Kaufhaus verlassen, so dass sich der Kreis um den Flüchtenden immer mehr zusammenzieht, der ihn ohne Gnade festnagelt und ihm keinen Fluchtweg lässt.

Adolf Müller wird davon informiert, dass sich der Mörder wie vorprogrammiert im Europa-Center befindet (einem Gebäudekomplex, der Adolf Müller gehört, in dem sich Banken, Büros, Läden, Boutiquen, Supermärkte, Restaurants, Snackbars, Bowling-Bahnen und verschiedene Kinos befinden). Das Taxi ist gerade noch rechtzeitig angekommen, um ihn in diesen Gebäudekomplex hineinzulassen, bevor er am Abend geschlossen wird. Dort soll er vom Überwachungsdienst eingeschlossen werden. Jedenfalls sind alle Portiers, die die Türen schließen, und der Überwachungsdienst unter Kontrolle der Organisation, und für den Mörder gibt es keine Möglichkeit zu entfliehen.

Inspektor Wilke und seine Leute haben das Haus, in dem sich die Wohnung von Karl Weiss befindet, umstellt. Ausgewählte Scharfschützen in Zivil und Polizisten in Uniform mit kugelsicheren Westen und Gasmasken mit Maschinengewehren und Gewehren für Gaspatronen werden an den Fenstern und auf den Dächern der gegenüberliegenden Häuser postiert, und die Wohnung von Karl Weiss wie auch alle Stockwerke des Hauses sind bis unter das Dach mit schwer bewaffneten Männern besetzt.

Ein Nachtwächter ist dabei, die schweren Stahlgitter der Einganstüren des Europa-Centers zu schließen. Der Wächter öffnet noch einmal das Gitter, um einen Kollegen hineinzulassen, der nur mal eben gegangen war, ein Bierchen zu trinken, und während er das Tor wieder schließt, schlägt er dem Kollegen die Pistole auf den Kopf. Er zieht ihn hinter die Zementsäule, zieht ein Funksprechgerät heraus, dessen Antenne er auszieht.

In seinem Arbeitszimmer der Fischbank, das mit Mikrofonen und Fernsehkameras ausgestattet ist, verfolgt Adolf Müller jede Phase des letzten Teiles der Aktion. Die Fernsehkameras und die Lautsprecher – unsichtbare Alarmanlagen –, die im Europa-Center in den verschiedenen Räumen installiert sind, sind direkt mit der Fischbank und Adolf Müller verbunden. Er verteilt die verschiedenen Gruppen in den einzelnen Gebäuden und Stockwerken des enormen Komplexes. Einbrecher, Fassadenkletterer, Schläger, Judoexperten, Trapezartisten, Techniker und Spezialisten aus den verschiedensten Gebieten werden eingesetzt.

Ein Dieb, der im Auftrag der Aktion steht und sich einen Moment unbeobachtet glaubt, füllt sich gerade seine Taschen mit Armbanduhren, als die energische Stimme Adolf Müllers aus einem der unsichtbaren Lautsprecher erklingt und ihm befiehlt, die Uhren wieder auf ihren Platz zu legen. Der Dieb ist dermaßen erstaunt und erschreckt, dass er wie ein Roboter die Uhren auf ihren Platz zurücklegt, und zwar mit den gleichen schnellen Bewegungen, wie er sie auch genommen hatte.

Der Nachtwächter, der von einem der Männer Adolf Müllers niedergeschlagen wurde, ist wieder zu sich gekommen und löst das Alarmsystem aus, das direkt mit der Polizeizentrale in Verbindung steht.

Auf einem der Bildschirme in Adolf Müllers Arbeitszimmer erscheint Karl Weiss, und zum ersten Mal sieht er den Mann, für den diese ganze riesige Aktion in Bewegung gesetzt wurde. Es scheint, als würde Karl Weiss ihn direkt ansehen. Das alles dauert nur einen Augenblick, und dann ist Karl Weiss wieder im Halbdunkel verschwunden.

Inzwischen ist wegen des Auslösens der Alarmanlage Panik unter der Einsatztruppe ausgebrochen. Alle Teilnehmer rennen zu den Ausgängen, springen auf die Feuerschutztreppen, flüchten auf die Dächer, hangeln sich an den Fassaden hinunter und versuchen, sich irgendwie zu retten.

Schon sind am Europa-Center die ersten Polizei- und Feuerwehrwagen angekommen, und die Einbrecher, die weglaufen, werden geschnappt und in den Polizeiwagen eingeschlossen.

Dann verteilt sich die Polizei im ganzen Gebäudekomplex des Europa-Centers, und die Jagd beginnt.

Adolf Müller ist verzweifelt. Über Funk befiehlt er seinen Leuten, ihre Plätze wieder einzunehmen, und teilt den letzten Standort des Mörders mit, der sich zurzeit im vierten Stock des Kaufhauses befinden müsste, genau in der Spielwarenabteilung. Er befiehlt mit bedrohlichem Ton, dass die Aktion zu Ende gebracht werden muss, koste es, was es wolle, und auf jeden Fall.

Der Wettlauf mit der Zeit beginnt. Die Polizei darf nicht in die Spielwarenabteilung gelangen, bevor nicht der Mörder in den Händen der Organisation ist.

Die Anweisungen Adolf Müllers, die jetzt laut über die Lautsprecher übertragen werden, sind in allen Stockwerken zu verstehen. Karl Weiss schreckt zusammen. Tastend geht er durch die Spielwarenabteilung des Kaufhauses. Ausgestellte Puppen, die in langen Reihen mit dem gleichen Plastiklächeln ausgestellt sind, sehen so aus, als würde sie ihn mit ihren blauen Glasaugen anschauen.

Aus den Lautsprechern hört man wieder die Stimme Adolf Müllers tönen, der seine Leute mit unerhörter Eile antreibt. Die Polizei hat schon die unteren Stockwerke besetzt. Es ist nur noch eine Frage von Minuten für sie, bis sie die Türen des vierten Stockes des Kaufhauses erreicht hat, und dann würde die ganze Aktion fehlschlagen.

Die starken Vibrationen der Lautsprecher wirken sich auf die aufgereihten sprechenden Puppen aus und sie beginnen zu sprechen. Hunderte von Puppen öffnen den Mund und wiederholen immer wieder den gleichen Satz: »Warum kämmst du mir nicht meine blonden Haare?« Karl Weiss ist terrorisiert. Er hat den Kopf verloren. Er sucht ein Versteck. Er stolpert, er fällt hin und schlägt mit dem Gesicht auf. Er flieht verzweifelt weiter. Aber von allen Seiten erscheinen Schatten. Die Leute der Organisation haben ihn eingekreist. Sie schnappen ihn mit einem Netz und werfen sich auf ihn wie eine Herde Wölfe. Dann stecken sie ihn in einen Sack, und der letzte Mann schafft es, in dem Moment durch den Notausgang zu entfliehen, als die Türen des vierten Stockwerkes eingeschlagen werden und die ersten Polizisten in die Spielwarenabteilung eilen.
Der Nachtwächter, der die Alarmanlage ausgelöst hat, liegt auf der Erde ausgestreckt mit aufgerissenen Augen. Er ist tot. Aus einer Schädelverletzung fließt Blut. Techniker und Sachverständige machen die üblichen Fotos, nehmen Fingerabdrücke, zeichnen die Lage der Leiche mit Kreide auf die Erde, messen Abstände usw., usw.

Nacht. Ein Theater in Hamburg. Diebe, Prostituierte, Zuhälter, Betrüger, Drogenhändler, Glücksspieler haben die Sitzplätze des Theaters bis hinauf in die letzten Ränge besetzt, und nachdem Adolf Müller seinen Platz in der Ehrenloge eingenommen hat, beginnt der Prozess der Organisation gegen den Mörder Karl Weiss.

Karl Weiss allein auf einer enormen leeren Bühne, bedeckt seine Augen mit den Händen, da er von den kräftigen Scheinwerfen, die auf ihn gerichtet sind, geblendet wird.

Über den Lautsprecher erreicht ihn die eisige Stimme eines Mitgliedes der Organisation, die ihm die Entscheidung des Tribunals mitteilt, Todesstrafe.

Plötzlicher Tumult, der von den Mikrofonen aufgezeichnet und dann über die Lautsprecher übertragen wird, unterbricht die bedrückende Stille, die eingetreten war, als das Urteil verkündet wurde. Das gesamte Publikum, das das Theater bevölkert, gerät in Bewegung. Panik bricht aus. Männer und Frauen springen von ihren Sitzen auf und schreien ohne Sinn, und sie treten sich, während sie sich den Ausgängen nähern, um sich in Sicherheit zu bringen. Karl Weiss versteht nicht, was passiert, fällt auf die Knie und umarmt die Beine eines

Mannes, der mit einer auf ihn gerichteten Maschinenpistole vor ihm steht. Er ist dermaßen von dem grässlichen Licht der Reflektoren geblendet, dass er nicht bemerkt, dass er einen Polizisten umarmt.

In diesem Moment hat jemand die Beleuchtung des Theaters ausgeschaltet, und die Scheinwerfer gehen aus. Als die Polizei es geschafft hat, die Beleuchtung des Theaters wieder in Gang zu setzen, werden die Mitglieder der Organisation in Massen verhaftet, und Karl Weiss ist verschwunden.

Jetzt beginnt von Seiten der Polizei die Jagd auf den Mörder, der sich immer noch im Theater befinden muss, da alle Ausgänge hermetisch abgeriegelt sind.

Karl Weiss hat die letzten Stufen der Wendeltreppe, die zur Bühne führt, erreicht, öffnet die Eisentür und springt auf die Bretter, die die Reflektoren halten. Tief unter ihm jagen sie ihn. Es scheint eine Theaterszene zu sein. Er macht einen falschen Schritt, rutscht aus, und fallend klammert er sich mit den Händen an den Brettern der Scheinwerfer fest. Er bleibt in der Schwebe. Die Geräusche, die von seinem Ausrutschen verursacht wurden, und der Schreckensschrei, während er fiel, lassen alle Personen im Theater auf ihn aufmerksam werden.

Keiner bewegt sich. Alle starren stumm auf den Mann, der dort oben in einer Höhe von 20 Metern hängt – im Halbdunkel –, in der Leere über der Bühne, angeleuchtet von den starken Schweinwerfern, um sein Leben kämpft.

Der Strahl eines Scheinwerfers nähert sich ihm langsam. Er sucht ihn. Die Befehle, die von Inspektor Wilke ausgehen, werden über die Lautsprecher übertragen; denn im gesamten Chaos ist vergessen worden, dass sie noch in Betrieb waren.

Die Kraft von Karl Weiss lässt langsam nach. Die Finger, die sich in seiner Todesangst um die Tische geklammert haben, öffnen sich einer nach dem anderen, und als der erste Polizist langsam durch die Eisentür tritt, kommt ihm Karl Weiss zuvor. Mit einem dumpfen Schlag fällt er auf die Bühne, und dort liegt er unbeweglich wie eine verrenkte Puppe.

»Die Vorstellung ist beendet.«

Die letzten Worte Inspektor Wilkes verlieren sich in dem immer lauter werdenden Geräusch der Sirene eines Krankenwagens.

ENDE

[illegible], [illegible], Pumpen, [illegible] etc., [illegible]
[illegible] Art, absolut zuverlässig, [illegible] —
[illegible], schnelle Segelwechsel —

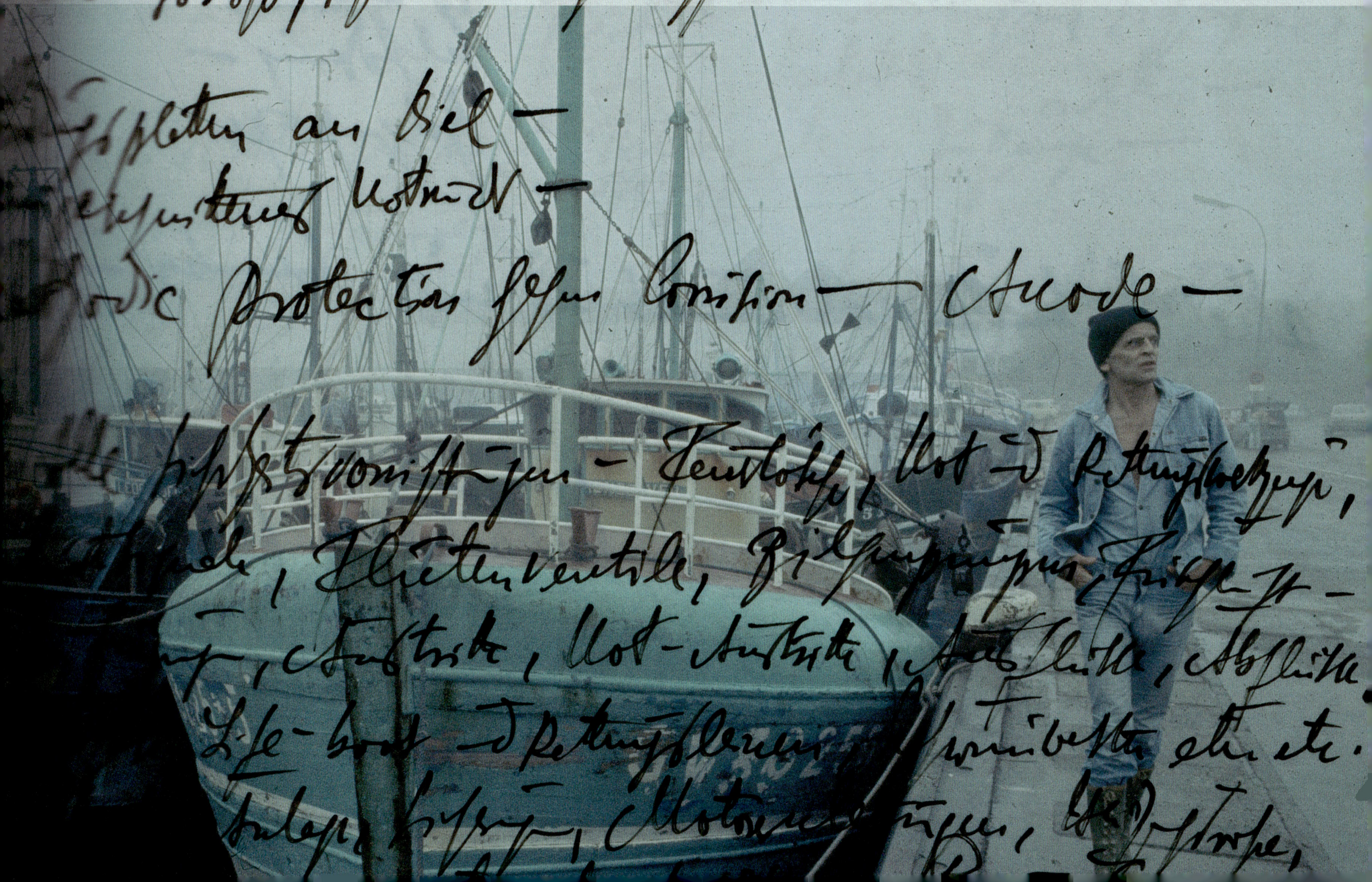

[illegible] am Kiel —
[illegible] —
[illegible] Protection gegen Korrosion — Anode —

[illegible] — [illegible], Not- und Rettungs[illegible],
[illegible], [illegible]ventile, [illegible]pumpen, [illegible] —
[illegible], [illegible], Not-[illegible], [illegible], [illegible],
Life-boat und Rettungs[illegible], [illegible] etc. etc.
[illegible], Motoren[illegible], [illegible],

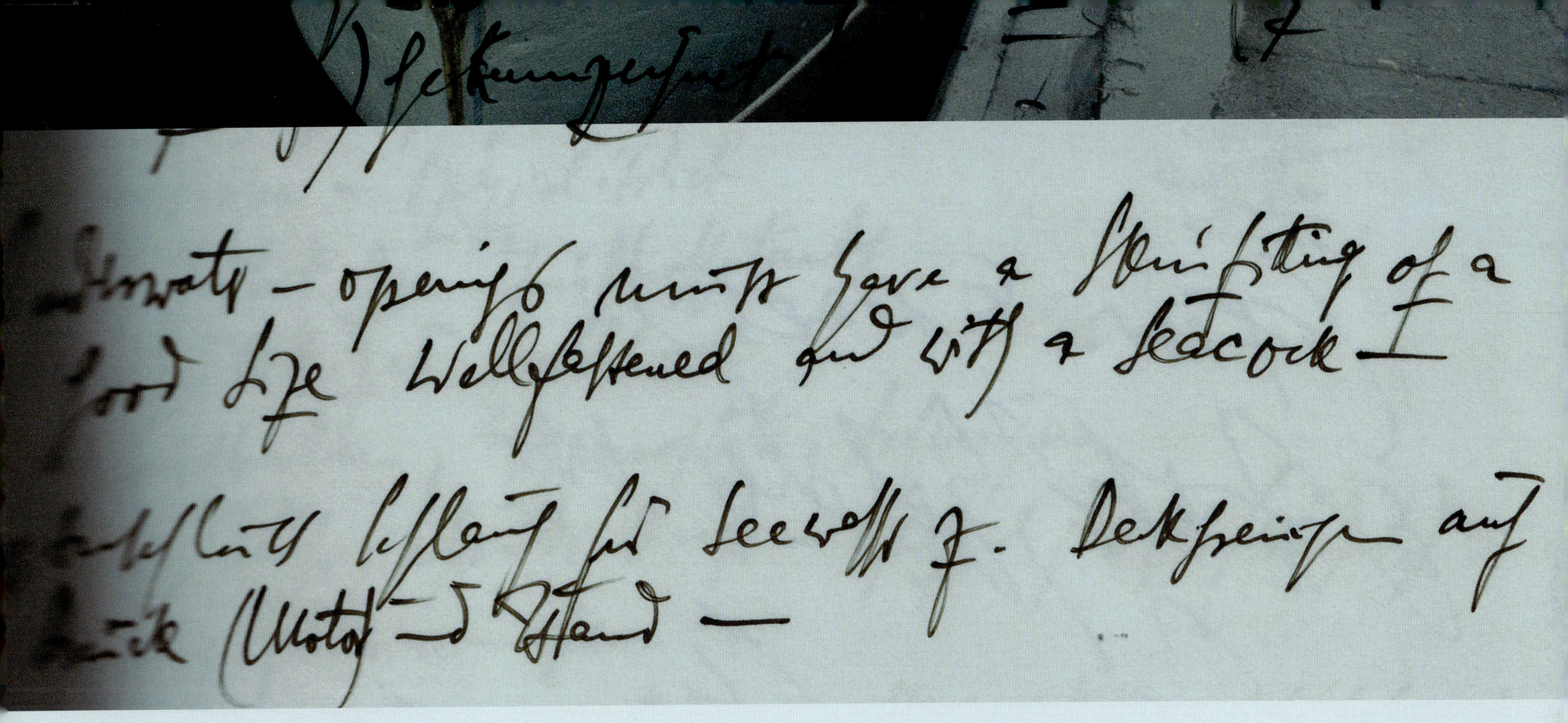

Seit wir in der Flaminia wohnen, übe ich mich im Segeln, und beschäftige mich mit meinem Schiff. Ich sitze bis in die Nächte, arbeite Pläne aus, entwerfe Rumpf und Segelriß und stelle Proviant- und Materiallisten zusammen.[179]

179 *Ich bin so wild nach deinem Erdbeermund*, ebd., S. 386

Kabelwinschen, Winschen, Impellerpumpen, Kaffeemühlen etc., nach modernster Art, absolut zuverlässig, für Solitär – reibungsloser, schneller Segelwechsel – Erdungsplatten an Kiel – eingeschnittenes Notruder – Kathodischer Schutz gegen Korrosion – Anode – Alle Sicherheitsvorrichtungen – Feuerlöscher, Not- und Rettungswerkzeuge, Notsignale, Flutventile, Bilgenpumpen, Frischluftzuführungen, Austritte, Not-Austritte, Ausflüsse, Abflüsse, Abgase, Rettungsboot und Rettungsleinen, elektr. Anlagen, Sicherungen, Motorenleitungen, Heizungsrohre, Wasserzuführungen etc., etc., müssen ROT (bzw. andersfarbig) gekennzeichnet sein – Unterwasser-Öffnungen müssen einen Borddurchlass in guter Größe haben, gut befestigt und mit einem Seeventil – Anschluss Schlauch für Seewasser zum Deckreinigen auf Druck (Motor) und Hand – …

(Kompass etc. éclairé de lumière rouge) bzw. Stoppuhr
(Log: elektr. – nicht Walker-Log!)

Alle Instrumente vollständig, robust, zuverlässig, stoßsicher gelagert und montiert!

Kompasse und andere Instrumente dürfen sich nicht verändern durch Schiffsmagnetismus, Landnähe mit unterschiedlichem Magnetismus, Einwirkungen der südlichen Halbkugel, sowie durch harte Beanspruchung, Seeschlag etc. —

A Fix

B Transportable

A – Apparat zum Empfang des um die Erdkugel gefundenen Signals (Satellit), nach welchem man die Position bestimmen kann —

A/B Kompasse (wenn nötig mit 2 Metallkugeln wegen Metall des Schiffes – und auf die südliche Halbkugel justiert)

B Kompass à point sèche

B Kompass de Revelement (da applicare a livello)

B Brio-Kompass

A/B Kompasse Handpeiler

B Super Navitech Recepteur Gonio Lokatoren...

(Kompass etc. rote Lichtblitze) bzw. Phosphor, (Log: elektr. – nicht Wasser-Log!), Alle Instrumente rostfrei, robust, zuverlässig, stoßsicher gelagert und montiert – Kompasse und andere Instrumente dürfen sich nicht verändern durch Schiffsmagnetismus, Landnähe mit unterschiedlichem Magnetismus, Misswertungen der südlichen Halbkugel, sowie durch harte Beanspruchung, Seeschlag etc. – A Fix B Transportabel A – Apparat zum Empfang des um die Erdkugel gefundenen Signals (Satellit), nach welchem man die Position bestimmen kann – A/B Kompasse (wenn nötig mit zwei Metallkugeln wegen Metall des Schiffes und auf die südliche Halbkugel justiert) B Trockenkompass B Peilkompass (Zur Anwendung mit Fernglas) B Dunkel-Kompass A/B Kompasse Handpeiler B Récepteur Gonio Super Navitech Vermieter von Kompass-Zubehör ...

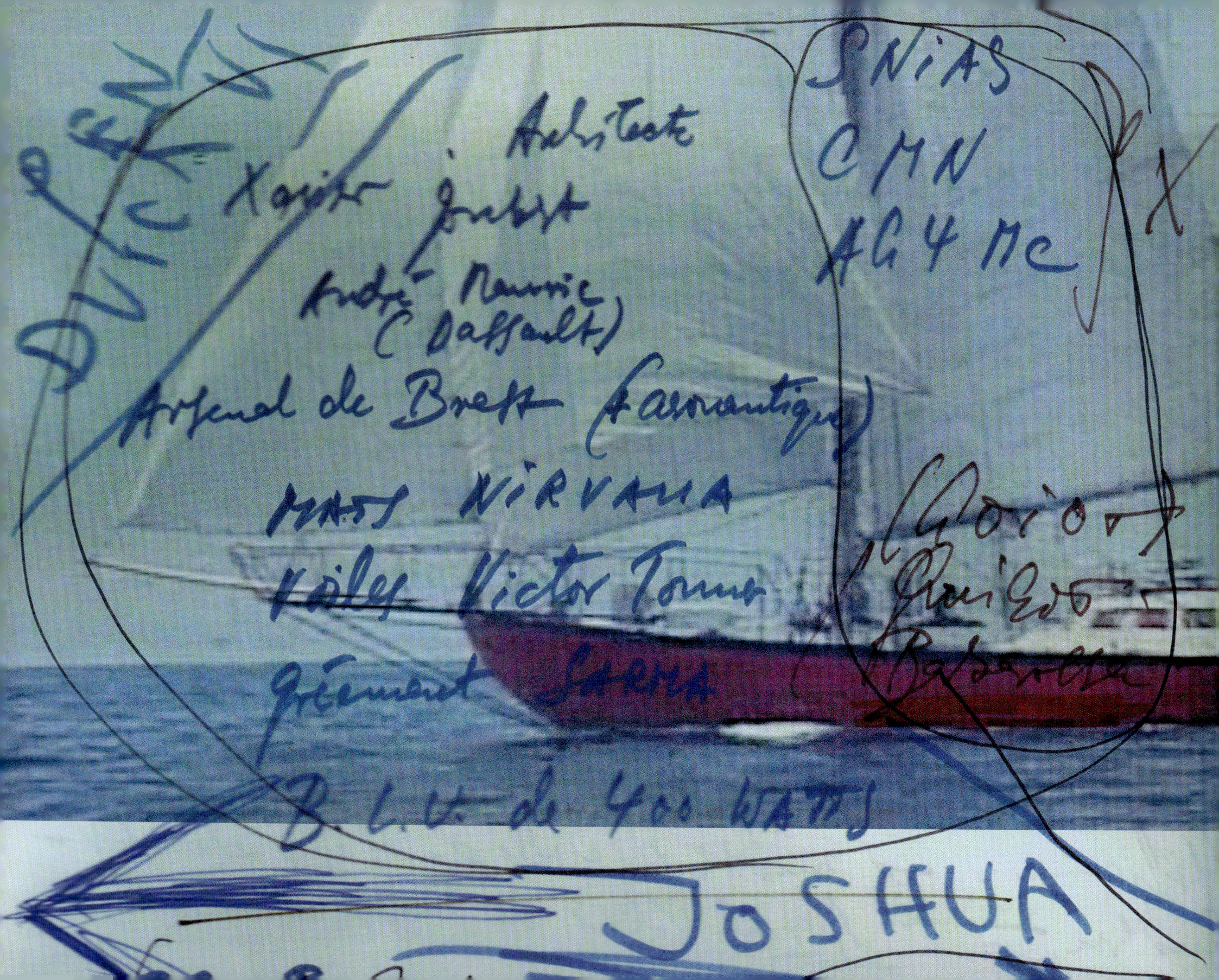

SNIAS
CMN
AG 4 MC
Architecte
(Dassault)
Arsenal de Brest
NIRVANA
SARMA
B.L.U. de 400 WATTS
JOSHUA

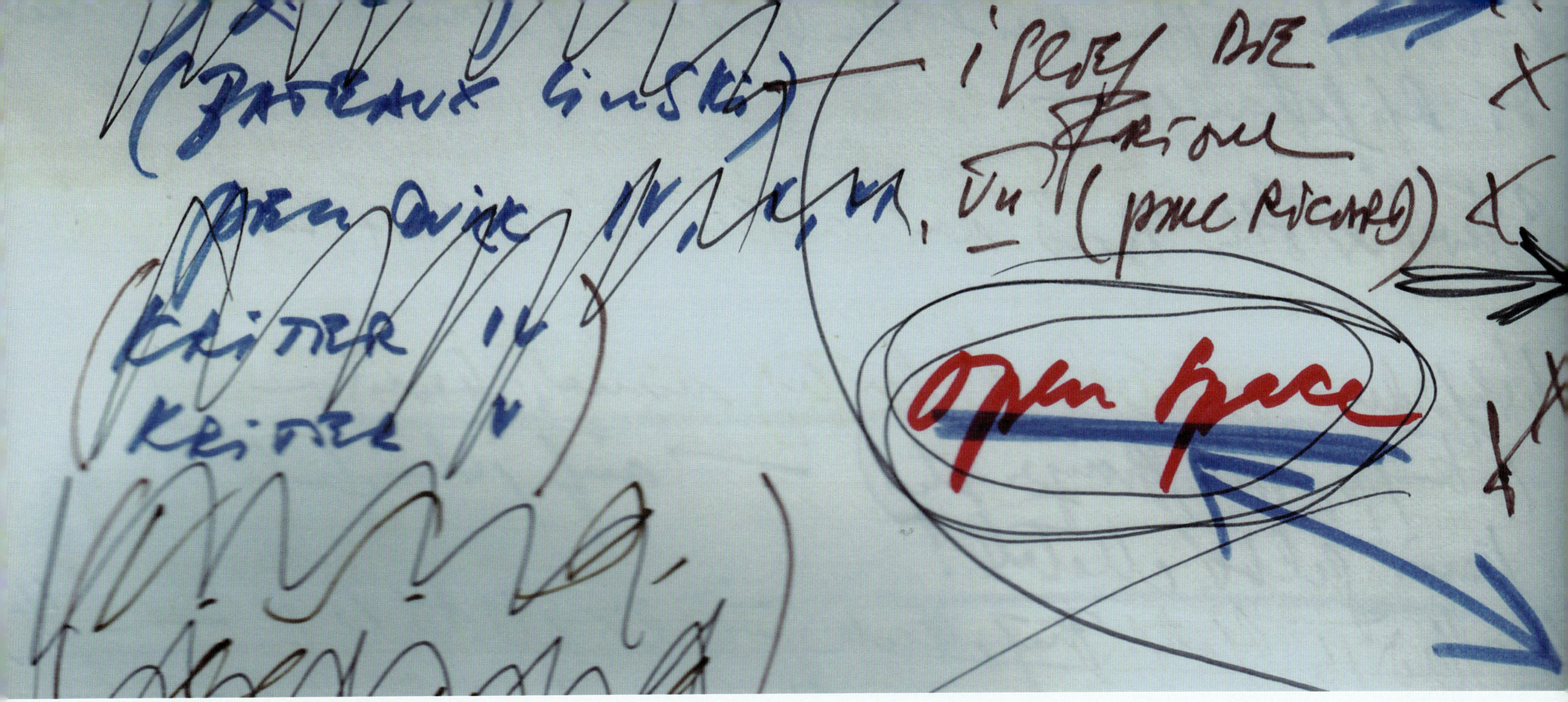

In der Bucht in Mexiko wird die *Joshua* von einem Hurrikan gepackt und so lange von einer Seite auf die andere geworfen, bis die Masten zusammenbrechen, die Rigg zerfetzt und alles unter Deck zertrümmert. Bernard Moitessier und ich können uns retten, aber die *Joshua* muss als Wrack geborgen werden.[180]

180 *Ich brauche Liebe*, ebd., S. 440f

PEN DUICK VI Architekten Xavier Joubert, André Mauric (Dassault), Arsenal de Brest (und Aeronautik), MASTEN NIRVANA, Segel Victor Tonnere, Takelage SARMA, B. L. U. mit 400 Watt. SNIAS, CMN, AG4 MC, (GOIOT) – GWI EDS, Barbarossa – JOSHUA, (BOOT KINSKI) –Frioul-Inseln PEN DUIK VII (PAUL RICARD), weiter Raum ...

A Radiotelefon – MARCONI KESTREL
Spezial präpariert für alle Küsten und möglichst größte Entfernungen über die ganze Welt
Hull Moore 255 – SSB
11 CHANNELS in BAND FROM 2 TO 23 MHZ + 44 ADDITIONAL CHANNELS
A/B Tabellen Radiotelefon, Tonsignale Kol. Morse
A Morseanlage (auf Fuß od. Handgeberbetrieb)
B kleines Taschen Rundgerät (Fuß- Fernbedienung – Hand- Kurbelbedienung)
A/B Radio di Emergenza
A/B Radios
B ARD Zenith transportable per stop ORARI Notiziari und Wettervorhersage
A/B WWV für Zeitsignale

A ([illegible]) Di Emergenza und Tabellen –

A/B Tabellen Wellenstationen alle Radios –

A Teleco Radio Sonden Empfänger und Tabellen –

A/B Calcolatore automatico con alarme della distanza percorsa fuori rotte und Tabellen –

(A RADAR)

(A/B TABELLEN, RADAR, TONSIGNALE ETC)

B Sextanten, gross und klein (farbige Gläser) (Paris Yacht-Chandler Sextant)

A Kursabweichungsanzeiger mit Alarm

A Radiotelefon – MARCONI TASTENANSCHLAG Spezialpräpariert für alle Küsten und möglichst größte Entfernungen über die ganze Welt (Hulls Model 255- SSB) 211 Kanäle in Bandweite von 2 zu 23 MHZ + 44 zusätzliche Kanäle. A/B Tabellen Radiotelefon, Tonsignale etc. Morse Morseanlage (auch Fuß- oder Handgekurbelt) B Kleines tragbares Funkgerät (Fuß- Tretbedienung – Hand-Kurbelbedienung) B Notfallradio B Radios ARD Zenith für Stoppzeiten, Nachrichten und Wettervorhersage A/B WWV für Zeitsignale A (610 Clifford and Snell) Life-Line-Radio-Apparat für Notfall und Tabellen B Tabellen Wellenstationen aller Radios – A Teleco Radio Echolot, Recorder und Tabellen A/B Automatische Rechner mit Distanzalarm außerhalb der Route und Tabellen (A RADAR) (A/B TABELLEN, RADAR, TONSIGNALE ETC.) B Sextanten, groß und klein (farbige Gläser) (Paris Yacht-Krämer Sextant) A Kursabweichungsanzeiger mit Alarm ...

PRIVAT ALBUM

2. TEIL

[SEITE 247 & DIESE SEITE] Klaus Kinski mit Minhoi am Strand vor seinem Lieblingsrestaurant De Mastino, 28 km südwestlich von Rom in Fregene, *Fiumicino, 1971*

PHOTOGRAPHIE: © KEYSTONE / KEYSTONE

[SEITE 170] Klaus Kinski und Minhoi. Hochzeit im Senatorenpalast in Rom, *2. Mai 1971*

PHOTOGRAPHIE: © ROMEO BIANCONI

[SEITE 252/253] Klaus Kinski mit seinem erst drei Tage alten Sohn Nikolai in seiner Wohnung in der Rue Aubriot, *Paris, 2. August 1976*

PHOTOGRAPHIE: © MINHOI LOANIC

Klaus Kinski mit Nikolai in der Wohnung in der Rue Aubriot, *Paris, September 1976*

PHOTOGRAPHIE: © DOMINIQUE ISSERMANN / TRUNKARCHIVE.COM

Klaus Kinski mit Minhoi und Nikolai in der Wohnung in der Rue Aubriot, *Paris, Oktober 1976*

PHOTOGRAPHIE: © CATHERINE FAUX

Klaus Kinski mit Nikolai am Golf von Akaba,
Dezember 1976

PHOTOGRAPHIE: © MINHOI LOANIC

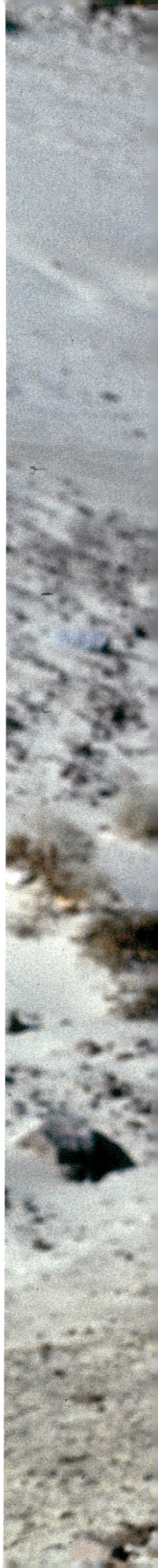

Klaus Kinski mit Nikolai vor dem Felsendom, *Jerusalem, Dezember 1976*

PHOTOGRAPHIE: © MINHOI LOANIC

Klaus Kinski mit Nikolai in einer verlassenen Siedlung bei Jericho, *Dezember 1976*

PHOTOGRAPHIE: © MINHOI LOANIC

Klaus Kinski mit Nikolai im Umland Jerichos,
Dezember 1976

PHOTOGRAPHIE: © MINHOI LOANIC

Klaus Kinski mit Minhoi und Nikolai vor Notre-Dame,
Paris, Februar 1977

PHOTOGRAPHIE: © CATHERINE FAUX

Klaus Kinski mit Nikolai in der Wohnung in der Rue Aubriot und im Bois de Bologne, *Paris, März 1977*

PHOTOGRAPHIE: © MINHOI LOANIC

Klaus Kinski mit Nikolai im Bois de Bologne,
Paris, Februar 1977

PHOTOGRAPHIE: © MINHOI LOANIC

Klaus Kinski mit Minhoi und Nikolai im Wald von Fontainebleau,
Juli 1977

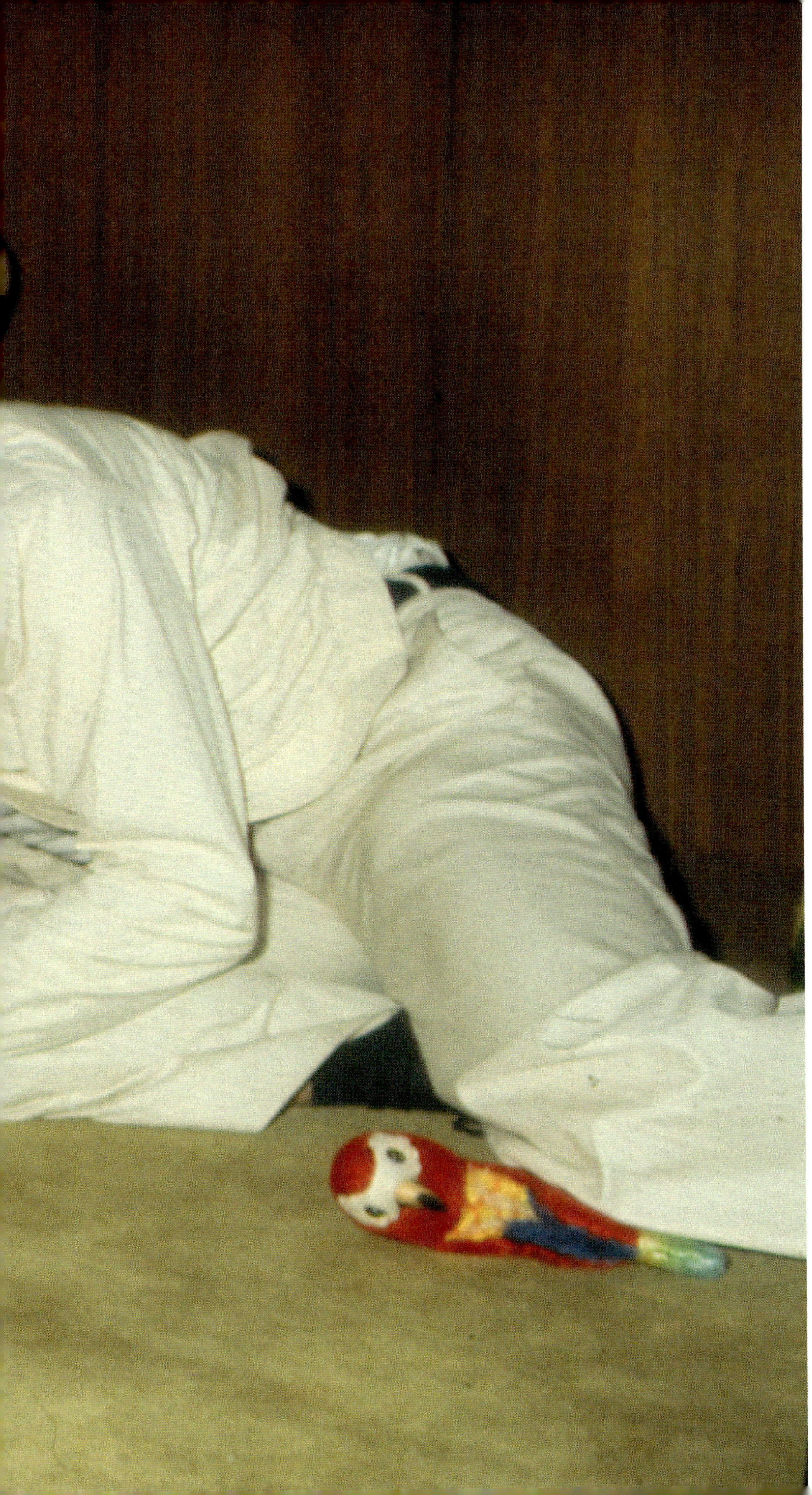

Klaus Kinski mit Minhoi und Nikolai
in seiner Wohnung in der Avenue Foch
an Nikolais erstem Geburtstag,
Paris, 30. Juli 1977

PHOTOGRAPHIE: AUS DEM NACHLASS-
ARCHIV

Klaus Kinski mit Minhoi und Nikolai während der Dreharbeiten für *Rolandslied* in der Hochebene des Larzac bei Millau, *Oktober 1977*

PHOTOGRAPHIE: © MICHEL VAURIS GRAVOS / SYGMA / CORBIS

AVIATION

[S. 278/279] Klaus Kinski mit Nikolai am Strand auf den Bahamas, Nassau, August 1978

PHOTOGRAPHIE: © MINHOI LOANIC

[SEITE 280/281] Klaus Kinski mit Minhoi und Nikolai auf dem Balkon seiner Suite im Plaza Hotel am Central Park, *New York, Oktober 1979*

PHOTOGRAPHIE: © DOMINIQUE ISSERMANN / TRUNKARCHIVE.COM

[SEITE 282/283] Klaus Kinski auf dem Balkon seiner Suite im Plaza Hotel am Central Park, *New York, Oktober 1979*

PHOTOGRAPHIE: © DOMINIQUE ISSERMANN / TRUNKARCHIVE.COM

[SEITE 284/285 & 286/287] Klaus Kinski im Garten seines Hauses in der Stone Canyon Road, *Los Angeles, September 1981*

PHOTOGRAPHIE: © TONY KORODY / SYGMA / CORBIS

Klaus Kinski mit Nikolai am Strand von Limantour Beach, 30 km entfernt von seinem letzten Wohnsitz in Marin County, *Lagunitas, Oktober 1990*

PHOTOGRAPHIE: © GÉRARD RANCINAN

Klaus Kinski mit Nikolai am Strand von Limantour Beach, 30 km entfernt von seinem letzten Wohnsitz in Marin County, *Lagunitas, Oktober 1990*

PHOTOGRAPHIE: © GÉRARD RANCINAN

[S. 292/293] Klaus Kinski mit Nikolai am Strand von Limantour Beach, *Lagunitas, Oktober 1990*

PHOTOGRAPHIE: © GÉRARD RANCINAN

[S. 294/295] Klaus Kinski mit Nikolai und allein auf dem 16 Hektar großen Areal seines letzten Wohnsitzes in Marin County, *Lagunitas, Oktober 1990*

PHOTOGRAPHIE: © GÉRARD RANCINAN

[S. 296/297/298/299] Klaus Kinski beim Bearbeiten seiner Autobiographie *Ich brauche Liebe* auf dem Areal von Marin County, *Lagunitas, Oktober 1990*

PHOTOGRAPHIE: © GÉRARD RANCINAN

TOMCAT

»Wir haben den gleichen

Geist

und die gleiche Richtung

im Univers

…um«

BRIEFE 2. TEIL

Auch Kinskis Ehe mit Minhoi Loanic scheitert an seiner Maßlosigkeit. Sie wird später sagen: *»Er war zu viel von allem«*[181]. Die von ihr initiierte Scheidung wurde im Februar 1979 vollzogen. Dennoch blieben sich die beiden lebenslang verbunden, nicht nur für und wegen des gemeinsamen Sohnes Nikolai (Nanhoi). Die Briefe, die er den beiden schreibt, sind sehr emotional und nicht – wie die an seine erste Ehefrau – von seinem schauspielerischen Ehrgeiz überlagert. Anfangs schickt er Minhoi großformatige Liebeserklärungen, meist in Verbindung mit kleinen Geschenken oder ausgerissenen Fotos. Doch auch längere Zeit nach der Trennung schreibt er ihr weiter sehr gefühl- und liebevoll. Besondere Beachtung verdient der Brief (AUF S. 303) vom August 1980. Kinski dreht in Hongkong *Früchte der Leidenschaft*, Minhoi und Nikolai sind auf großer Japan-Rundreise. Kinski versucht seine Lieben davon zu überzeugen, dass ihre – wenn auch nicht unbedingt gemeinsame – Zukunft in Amerika läge und Nikolai dort aufwachsen solle. Kinskis berufliche Aussichten scheinen zu jener Zeit in den Vereinigten Staaten vielversprechender zu sein als in Europa. Im Brief wird auch deutlich, dass für ihn die bereits geschiedene Ehe noch nicht endgültig verloren scheint, er auf die Erneuerung der Partnerschaft hofft. Was er zu diesem Zeitpunkt noch nicht wissen kann, ist, dass Minhoi frisch in den holländischen Kunsthändler Frank Wiggers verliebt ist. Mit ihm möchte sie nach der Rückkehr aus Asien einen zweiwöchigen Urlaub in Marin County verbringen, der schließlich dazu führt, dass sich die neue Patchwork-Familie in Nordkalifornien niederlässt. Kinski findet noch im gleichen Herbst ein Haus in Los Angeles, zieht aber schon ein Jahr später ebenfalls nach Marin County, in die Nähe seines Sohnes. Er ist alles, was ihm privat geblieben ist, und er fokussiert nun seine ganze Liebe auf ihn. Zeugnis dafür legen die Briefe an Nikolai ab, der 1987 in Kinskis einziger Regiearbeit *Paganini* seinen Sohn spielt. Zurück vom Dreh erreicht den Schüler in Marin County ein begeistertes Dankschreiben seines vereinsamten Vaters. Liebe zu und Sehnsucht nach Nikolai prägen die weitere Korrespondenz.

181 Zit. nach: *Babyboy*. Dokumentarfilm des Autors, 2001

Mes amours.

C'est long toujours trop long sans
[vo]us et je suis trop seul —
Mais le plus important es[t]
bien !!! et ... heureu[x]
lus car l...
embrasse...
Depu[is]
toi pou[r]
avec toi
tu le
Vot[re]
c'est
Vos
pour
t'a...

terrain —
voiture et
americaine —
Je ne
Paris que pour
plus de Paris
de souvenir de
C'est le passé
nous —
Manfoi Votre fils
de l'esprit et de la
être sain et fort !!!
Tu a tous fait pour
naissance — tu es
es pure — tu es forte —
et tu le sais comme ... que nous d'avoir
partir !!! Nous nous avons le même ...

Vos disputes nos ... c'é[tait]
que la confusion d'une douleur dése[spérée]
C'était ~~[illegible]~~ le poison qui est
de moi comme le soleil fait sor[tir le]
poison de la terre au printemps !
J'ai tous compris grâce à toi...
qu'[je] t'aime — je t'ai toujours aimé
furieusement aimé —
Vous êtes ma vie

Amours

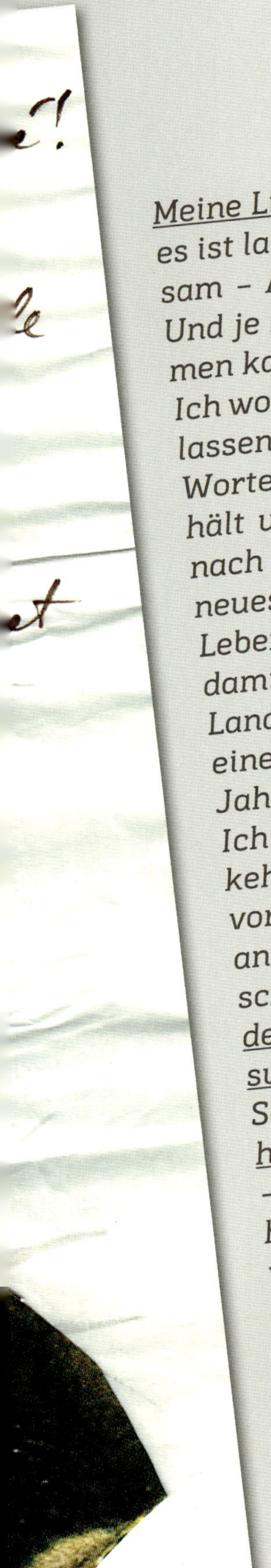

Meine Lieben,
es ist lange, immer zu lange ohne euch und ich bin zu einsam – Aber am wichtigsten ist, dass es euch gut geht!!! Und je mehr sich der Tag nähert, an dem ich euch umarmen kann, werde ich glücklicher!!!
Ich wollte mit dir schon immer darüber reden, dich wissen lassen, dass ich mit dir in Verbindung stehe – auch ohne Worte – aber das weißt du schon alles – Das Universum hält unsere Zukunft bereit. Unser Schicksal steuert uns nach Amerika – in den weiten Raum!!! Für uns wird ein neues Leben beginnen – auch wenn es kein gemeinsames Leben sein wird – Bereits in ein paar Monaten kann ich damit anfangen ein Haus in Amerika zu kaufen mit etwas Land – Ich werde dir ein Auto kaufen und ein Konto bei einer amerikanischen Bank eröffnen – das alles wird vor Jahresende geschehen!!!
Ich möchte nicht, dass ihr noch einmal nach Paris zurückkehrt, außer um eure Sachen zu holen – Ich habe Angst vor Paris – Angst vor Europa – Angst vor der Erinnerung an sinnloses Leiden – Das ist Vergangenheit!!! Das liegt schon hinter uns – Unser Sohn Nanhoi soll in der Freiheit des Geistes und der Natur aufwachsen – und er wird gesund und stark werden!!!
Seit seiner Geburt hast du alles dafür getan – du bist seine heilige Mutter – du bist rein – du bist stark – ich weiß das – und wie ich weißt du, dass wir fortziehen müssen!!! Wir haben den gleichen Geist und die gleiche Richtung im Universum – Unsere Streitigkeiten, unsere Kämpfe waren nur die Verwirrung eines verzweifelten Schmerzes! Das war das Gift, das mich jetzt verlassen hat, so wie die Sonne im Frühling dafür sorgt, dass das Gift die Erde verlässt!

Ich habe alles verstanden, dank dir!!!
Ich liebe dich – ich werde dich immer lieben und ausschließlich lieben –

Ihr seid mein Leben

Liebe

HONGKONG HILTON
AIR MAIL
HONGKONG $2
HONGKONG 80c
HONGKONG $1
MINHOÏ ET NANHOÏ KINSKI
c/o JEAN-MARIE MENDIANT
49 SHIMO GAMO MATSUBARACHO
SAKYO-KU
KYOTO
JAPAN
HONGKONG HILTON
EXPRESS
別配達
2 Queen's Road C., Hong K... .O. Box 42 · Cables: Hiltels Hong Kong · Tel: 5-233111
KLAUS KINSKI, ROOM 2438
AIR MAIL
EXPRESS

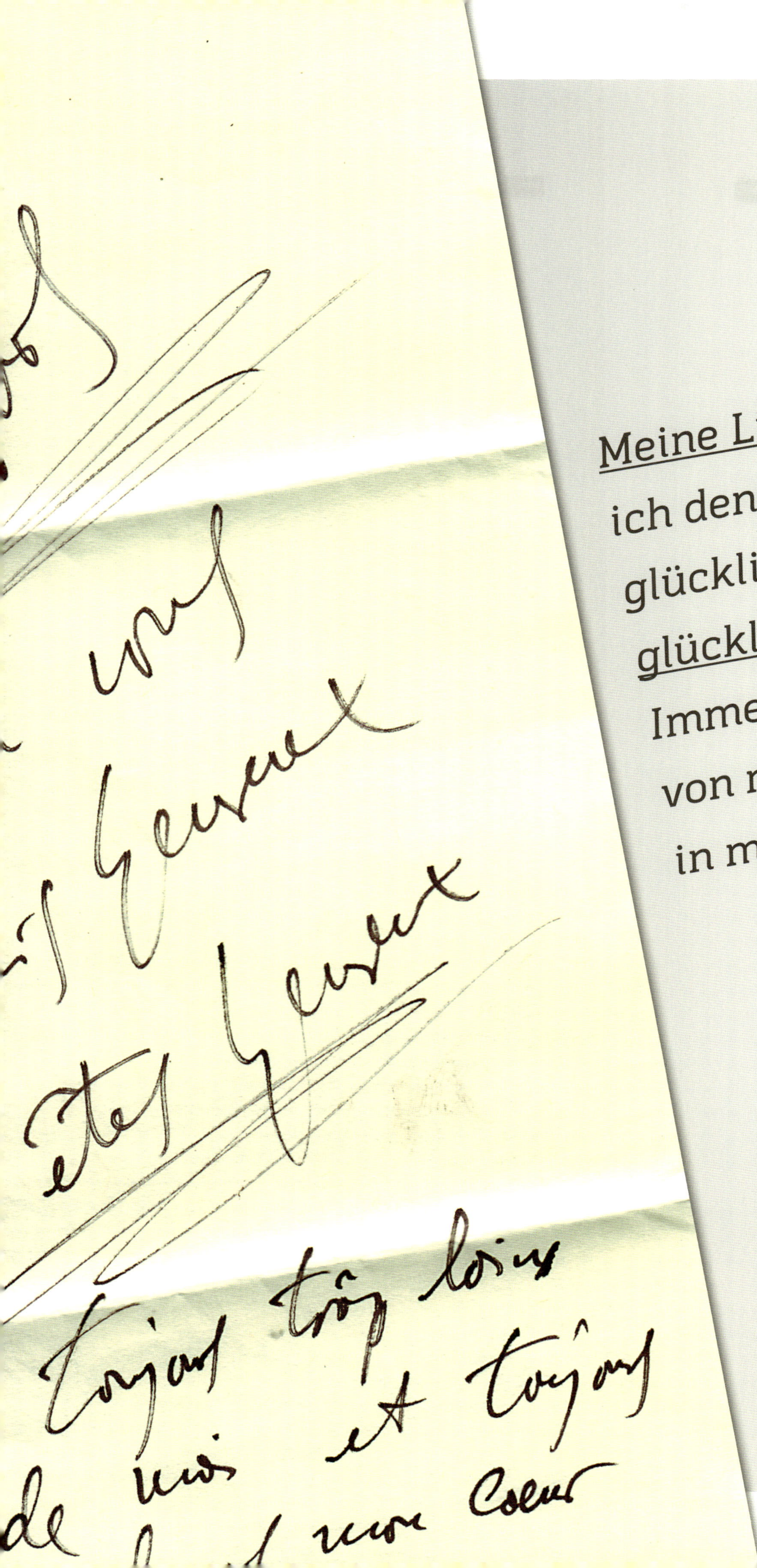

Meine Lieben,
ich denke an euch und bin
glücklich, wenn ihr beide
glücklich seid.
Immer zu weit weg
von mir und immer
in meinem Herzen.

My Wacko:
My Baby Boy
My Love

I miss you!!!

I am very sad
since you have
left!!!

Why did you
go away?

I need you!!!

I cannot believe
that you're not coming to t[...]
shooting anymore — embarrass[...]
me, kissing me all the

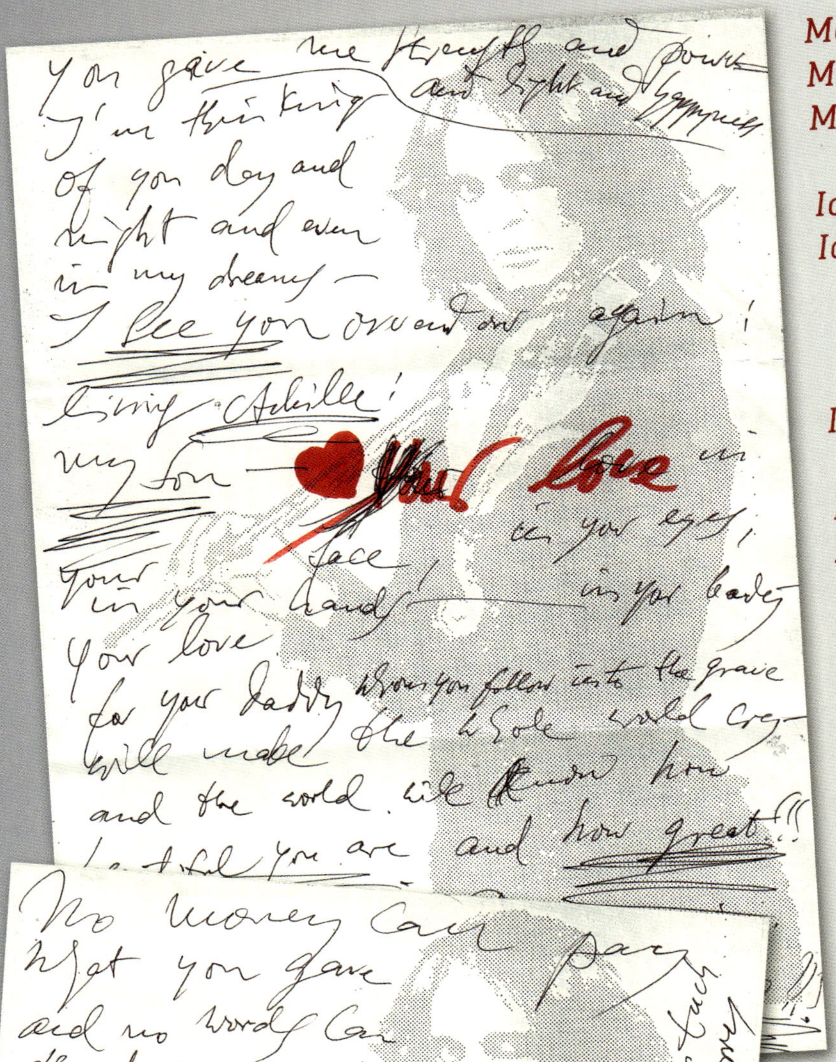
You gave me strength and power and light and happiness
I'm thinking of you day and night and even in my dreams —
I see you over and over again!
living Achille!
my son — your love in your face, in your eyes,
in your hands, in your body
your love for your daddy when you follow into the grave
the whole world cry—will make
and the world will know how
beautiful you are and how great!!

No money can pay what you gave
and no words can thank you —
only my love can make you understand what you mean to me
I'll be soon in touch with you — don't worry
I love you more than anything in the world ever — anything
I love you more than anything in the whole Universe
I am yours for ever
your Daddy

Mein Nanhoi
Mein Babyboy
Mein Liebster

Ich vermisse dich!!!
Ich bin sehr traurig seit du abgereist bist!!!

Warum bist du gegangen???

Ich brauche dich!!!

Ich kann nicht glauben, dass du nicht mehr zum Dreh kommst – mich umarmst, mich die ganze Zeit küsst und zauberhafte Dinge tust!
Ja du bist zauberhaft!!!
Du gabst mir Stärke und Kraft und Licht und Fröhlichkeit.
Ich denke Tag und Nacht an dich und selbst in meinen Träumen – Ich sehe dich immer wieder noch einmal: Achille lebt!
Mein Sohn – deine Liebe in deinem Gesicht, in deinen Augen, in deinen Händen – in deinem Körper – deine Liebe für deinen Daddy, wenn du ihm in das Grab folgst, wird die ganze Welt zu Tränen rühren – und die Welt wird wissen wie schön und großartig du bist!!!
Was du in PAGANINI geleistet hast ist zauberhaft und unsterblich!!
Kein Geld kann bezahlen, was du gegeben hast und keine Worte können dir danken – nur meine Liebe kann dir verständlich machen, was du mir bedeutest.

Ich liebe dich mehr als alles auf der Welt – mehr als alles bisher. Ich liebe dich mehr als alles im ganzen Universum.

Ich bin dein für immer.

Dein Daddy

P.S.: Ich werde mich bald bei dir melden – keine Sorge.

This is exactly
the size
Baby-Lizzard
of the
I'm
on the
think
Comfort
little
And
when
aside
When you

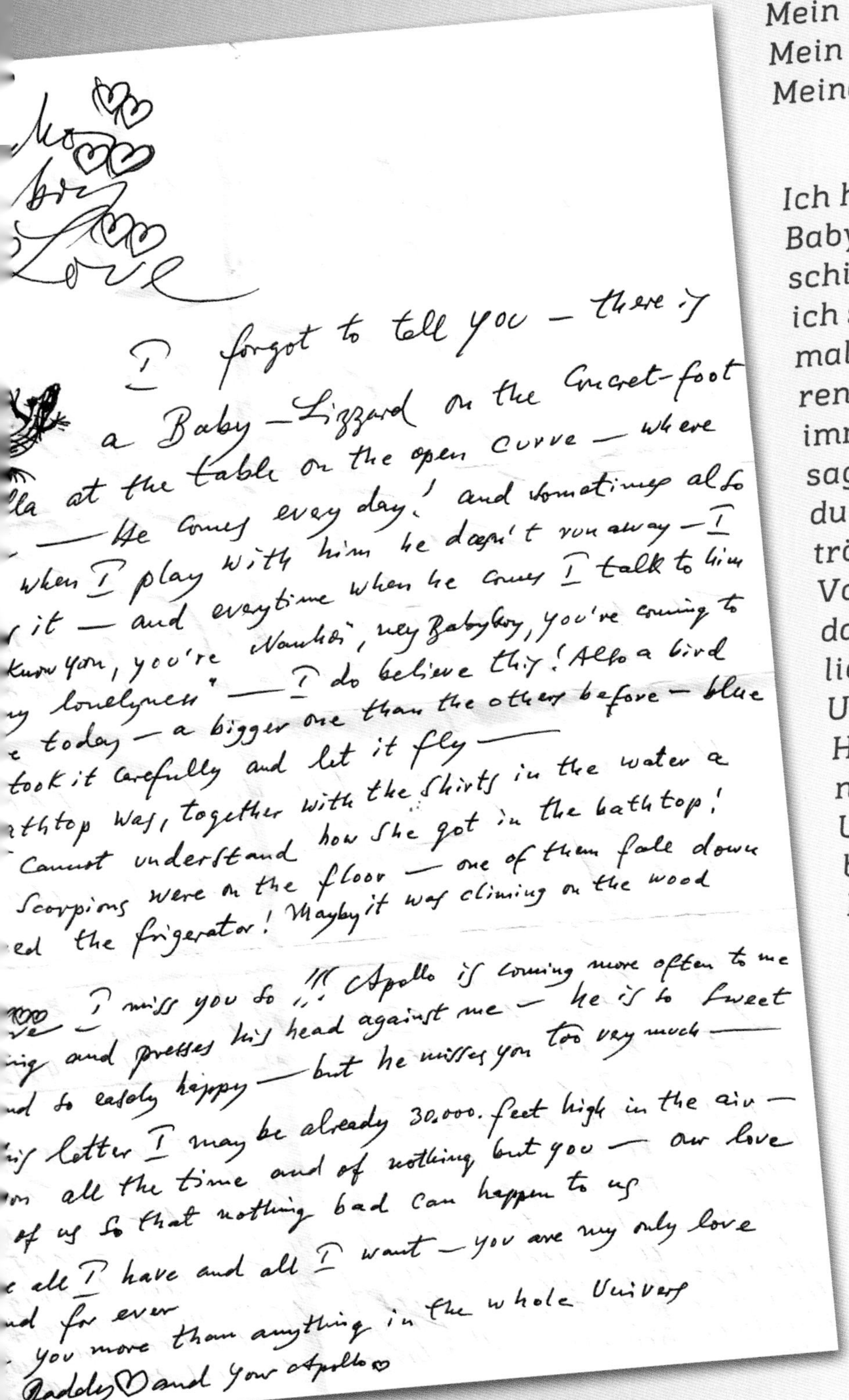

Mo
bo
Love

I forgot to tell you – there is
a Baby-Lizzard on the Concret-foot
la at the table on the open curve – where
– He comes every day! and sometimes also
when I play with him he doesn't run away – I
it – and everytime when he comes I talk to him
know you, you're Nanhoi, my Babyboy, you're coming to
y lonelyness" – I do believe this! Also a bird
today – a bigger one than the others before – blue
took it carefully and let it fly ——
athtop was, together with the Shirts in the water a
Cannot understand how she got in the bathtop!
Scorpions were on the floor – one of them fale down
ed the frigerator! Mayby it was climing on the wood

I miss you so !!! Apollo is coming more often to me
and presses his head against me – he is so sweet
nd so easly happy – but he misses you too very much ——
is letter I may be already 30.000. feet high in the air –
all the time and of nothing but you – our love
of us so that nothing bad can happen to us
all I have and all I want – you are my only love
nd for ever
you more than anything in the whole Univers
Daddy♡ and Your Apollo♡

Mein Nanhoi
Mein Babyboy
Meine einzige Liebe

Dies ist exakt die Größe der Baby-Eidechse

Ich habe vergessen dir zu erzählen, – da ist eine Baby-Eidechse auf dem Zementfuß des Sonnenschirmes am Tisch an der offenen Biegung – wo ich schreibe – Sie kommt jeden Tag! Und manchmal auch auf den Tisch – wenn ich mit ihr spiele, rennt sie nicht weg – ich denke sie mag es – und immer, wenn sie kommt, spreche ich mit ihr und sage: »Ich weiß, du bist Nanhoi, mein Babyboy, du kommst um mich in meiner Einsamkeit zu trösten« – Ich glaube daran! Heute flog auch ein Vogel ins Haus – er war größer, als die anderen davor – blau und rot – ich nahm ihn vorsichtig ließ ihn fliegen –
Und in der Badewanne war, zusammen mit den Hemden eine kleine Ratte im Wasser! Ich kann nicht verstehen, wie sie darein gekommen ist! Und zwei weitere Skorpione waren auf dem Fußboden – einer von ihnen fiel herunter, als ich den Kühlschrank öffnete! Vielleicht war er seitlich am Holz geklettert!
Meine einzige Liebe, ich vermisse dich so!!! Apollo kommt immer öfter zu mir, wenn ich schreibe und presst seinen Kopf an mich – Er ist so süß und good und so leicht zufrieden – aber er vermisst dich auch sehr –
Wenn dich dieser Brief erreicht, bin ich wahrscheinlich schon 9.000 Meter über der Erde – die ganze Zeit an dich denkend und zwar an nichts als dich – unsere Liebe beschützt uns beide, weshalb uns nichts böses passieren kann.
Du bist alles, das ich habe und alles was ich will – du bist meine einzige Liebe, die ich je hatte und haben werde.
Ich liebe dich mehr als alles im ganzen Universum

Dein Daddy und dein Apollo

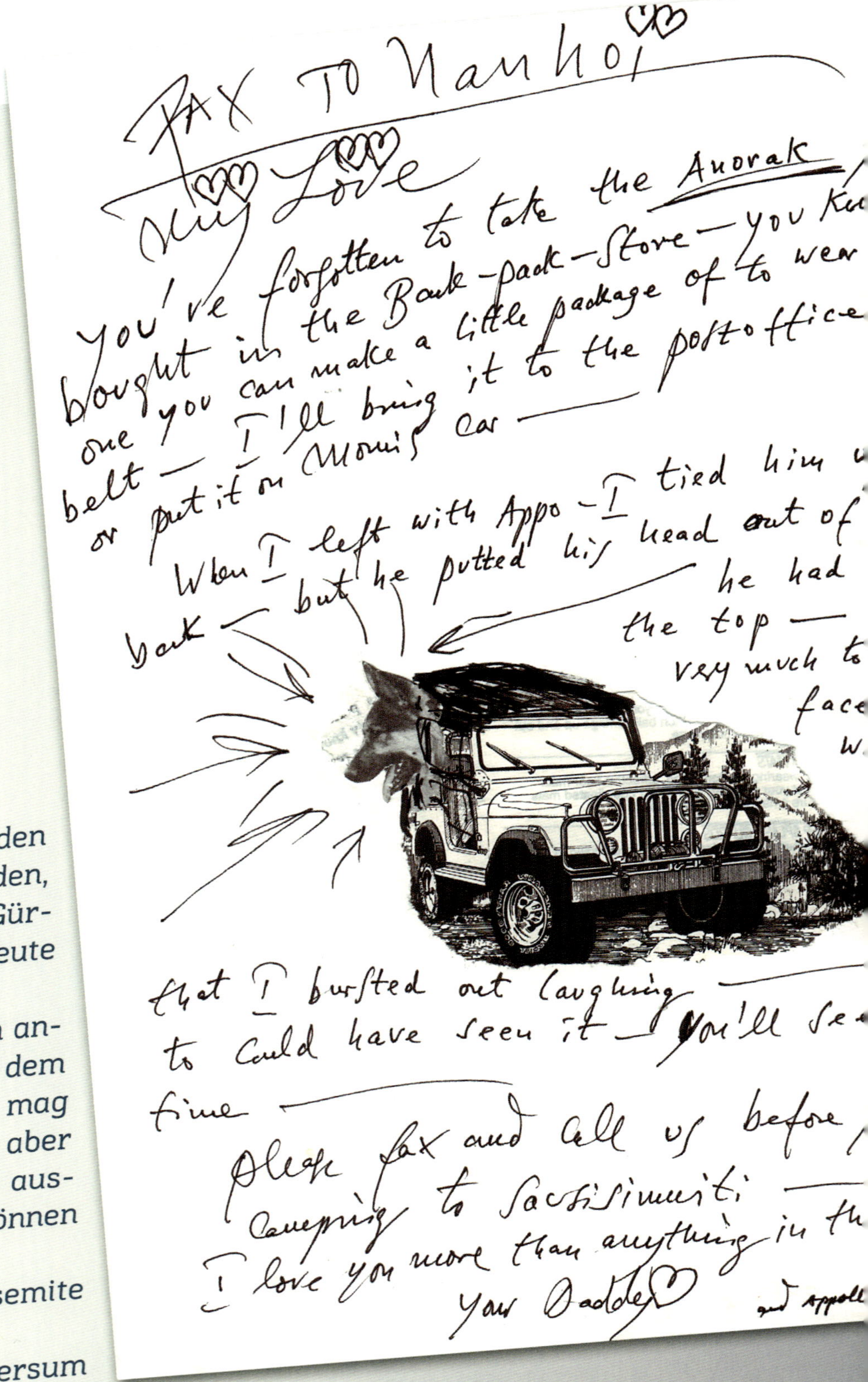
FAX TO Nanhoi

My Love

You've forgotten to take the Anorak you kn
bought in the Back-pack-Store — you kn
one you can make a little package of to wear
belt — I'll bring it to the postoffice
or put it in Momis car —

When I left with Appo — I tied him u
back — but he putted his head out of
he had
the top —
very much to
face
w

that I bursted out laughing —
to could have seen it — You'll se
time —

Please fax and call us before
Camping to Yosimiti —
I love you more than anything in th
Your Daddy
and Appollo

FAX AN Nanhoi

Mein Liebster,

Du hast vergessen den Anorak mitzunehmen, den du im Rucksackladen gekauft hast – Du weißt, den, welchen man so klein falten kann, dass er am Gürtel getragen werden kann – Ich werde ihn heute zur Post bringen oder in Mamis Auto legen –
Als ich mit Apo abfuhr – hatte ich ihn hinten angebunden – aber er streckte seinen Kopf aus dem Loch, dass er ins Verdeck gerissen hatte – Er mag es sehr, sein Gesicht dem Wind auszusetzen – aber das sah so lustig aus, dass ich in Gelächter ausbrach – Ich wünschte, du hättest es sehen können
– Du wirst es nächstes Mal sehen –
Bitte faxe und rufe uns an bevor Du nach Yosemite zum Campen fährst –
Ich liebe dich mehr als alles im ganzen Universum

Dein Daddy und Apollo

e
your
y
the
hole
in
kes
ose his
the
— but
oked
funny
wished
next
90
le Universe

PRIVAT ALBUM

ALLE PHOTOGRAPHIEN
VON KLAUS KINSKI

3. TEIL

PRIVATE PROPERTY
NO TRESPASSING
No Hunting, Fishing or Archery.
No Motorcycles, Motorized Vehicles or Bicycles.
No Running Dogs or Camping.
No Hiking, No Horse Riders or Varmint Hunting.
No Surveyors or Surveying
Without Written Permission.
Violators will be prosecuted under the provisions of Sections 602 and 627, Penal Code of the State of California, and under Sec. 1173, C.C.P.
This property is properly posted in accordance with law. No first warning.
Marin County Ordinance No. 994 & No. 1430.
PENALTY FOR REMOVING, SHOOTING OR OTHERWISE DEFACING THIS SIGN.
PENAL CODE SECTION 19 IS $500 FINE OR 180 DAY IMPRISONMENT.
228.00
WATER TANK
1100
950
512.41
N89°06'12"W
KINSKI
I.N. 82-002434
EXISTING AREA: 40.05± AC
PROPOSED AREA: 20.05± AC
1496.94
RESERVED

PORTOLA AVE.
SIR FRANCIS DRAKE BLVD
FORREST KNOLLS
SCHOOL
LOCATION MAP
NOT TO SCALE
SAN GERONIMO VALLEY GOLF COURSE
N76°43'37"E 101.07
S74°05'23"E 194.72
N68°13'37"E 64.63
N61°51'37"E 188.65
157.43
S82°59'23"E 105.38
S51°18'23"E 115.5
APPROXIMATE LOCATION KINSKI RESIDENCE
1118
1100
1050
722.51
S28°10'W

PRIVATE PROPERTY
NO TRESPASSING Hunting or Archery
Motorcycles or Running Dogs or
Hiking – No Horse Riders or Varmit
Violators will be prosecuted under the provisions of
637, Penal Code of the State of California, and under Sec.
This property is properly posted in accordance with law.

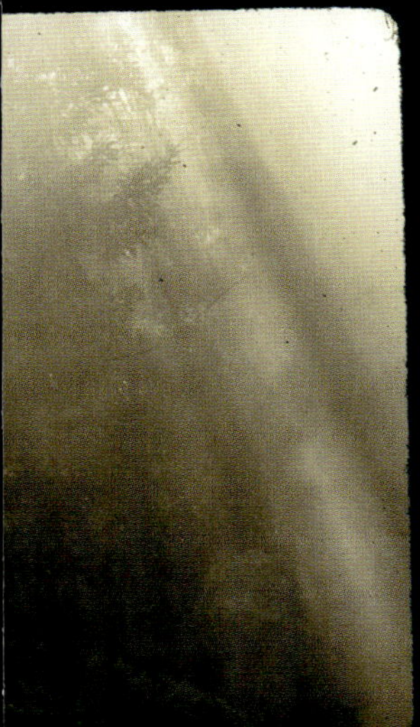

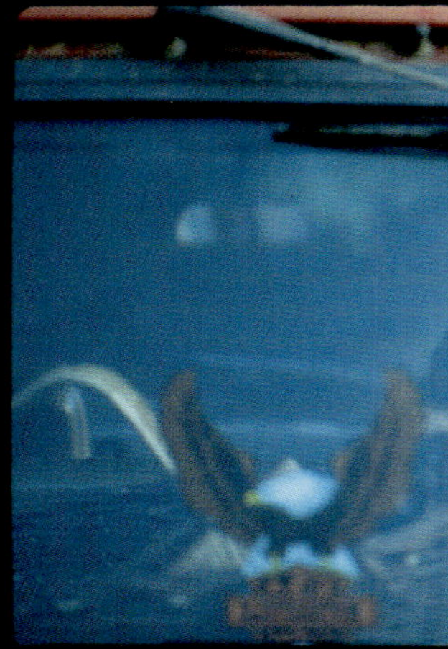
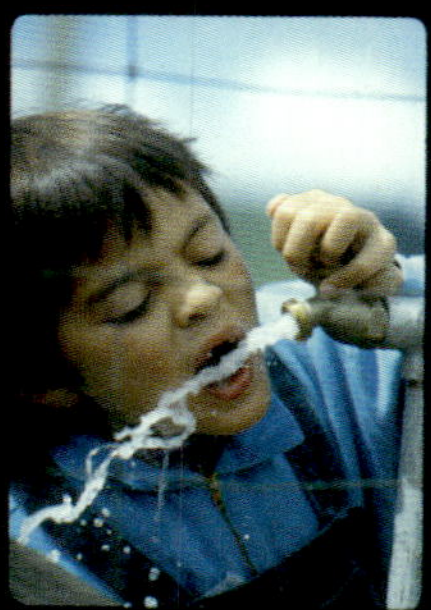

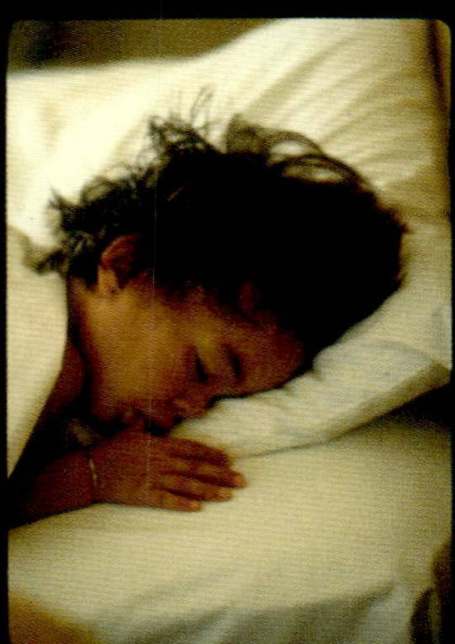

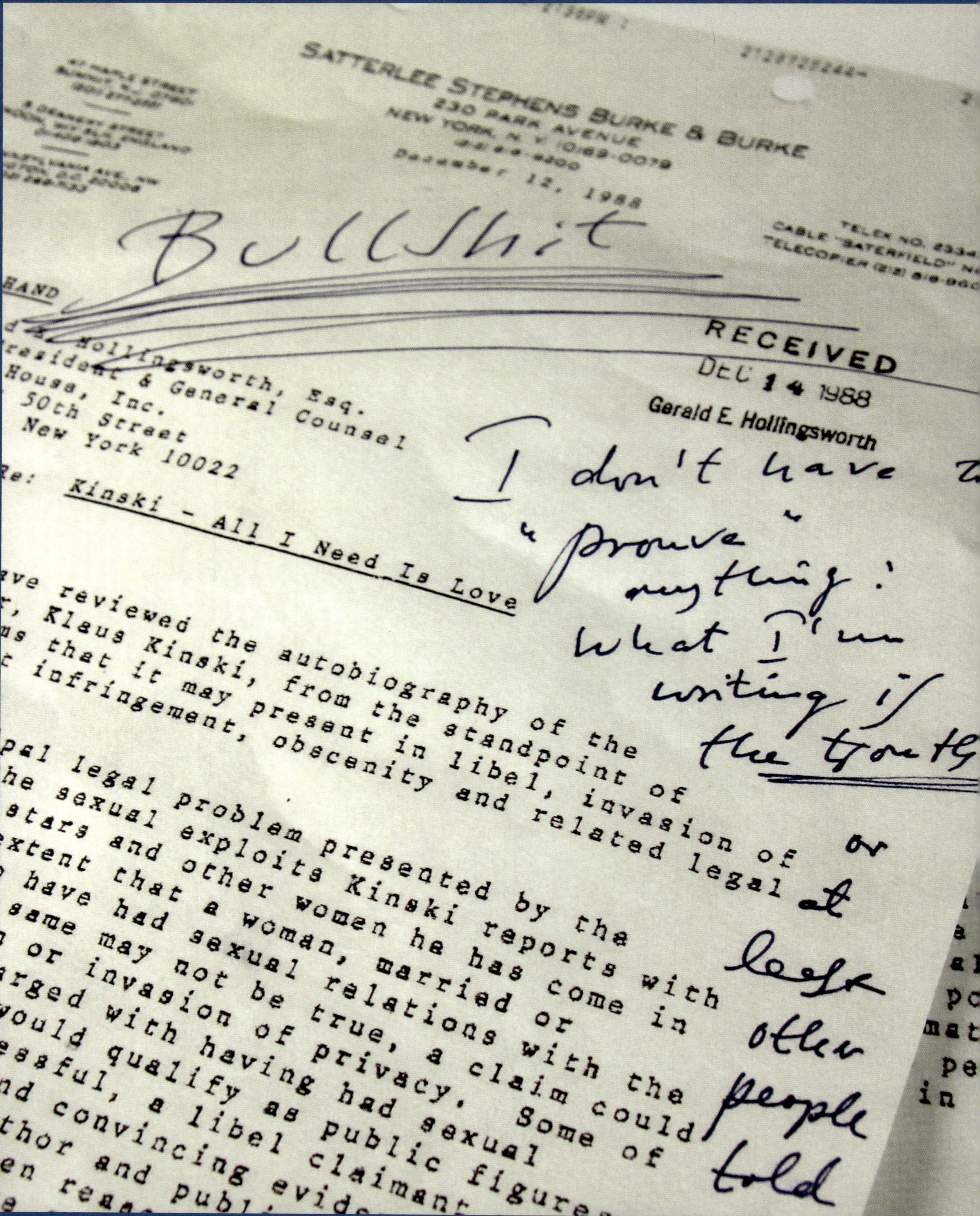

SATTERLEE STEPHENS BURKE & BURKE
230 PARK AVENUE
NEW YORK, N.Y. 10169-0079

December 12, 1988

TELEX NO. 2334
CABLE "SATERFIELD" N
TELECOPIER (212) 818-90

Bullshit

HAND

RECEIVED
DEC 14 1988
Gerald E. Hollingsworth

...d E. Hollingsworth, Esq.
...resident & General Counsel
... House, Inc.
... 50th Street
New York 10022

Re: Kinski - All I Need Is Love

I don't have to "prove" anything: what I'm writing is the truth or at least other people told

...ve reviewed the autobiography of the
..., Klaus Kinski, from the standpoint of
...s that it may present in libel, invasion of
... infringement, obscenity and related legal

...pal legal problem presented by the
...he sexual exploits Kinski reports with
... stars and other women he has come in
...xtent that a woman, married or
... have had sexual relations with the
... same may not be true, a claim could
... or invasion of privacy. Some of
...rged with having had sexual
...would qualify as public figures
...essful, a libel claimant
...nd convincing evide...
...thor and publi...
...en reas...

MÖGLICHE VERLETZUNGEN DER PRIVATSPHÄRE

In den frühen 80ern, im nordkalifornischen Exil, verwandelt sich Klaus Kinski binnen weniger Jahre von einem kritisch-energetischen Weltenbummler in einen zornig-verzagten Einsiedler. Ob dafür ursächlich ist, dass er, obwohl er für den 1982 veröffentlichten Film *Fitzcarraldo* eine halbe Million Dollar und höchste internationale Anerkennung erhält, dennoch pleite ist und keine interessanten Filmprojekte auf ihn warten oder dass er die Liebe Minhois endgültig an einen anderen verloren hat und seinen Sohn nicht so häufig sehen kann, wie ihm lieb wäre, lässt sich im Einzelnen schwer gewichten, summiert sich aber zu einer Last, die ihn erdrückt. Er macht die Schuld in der Zivilisation aus, wendet seine Restbegeisterung der Unschuld von Kindern im Allgemeinen und seines Sohnes im Besonderen sowie der Schönheit unberührter Natur zu. Die letzten Zeilen, die er kurz vor seinem Tod schreiben wird, lauten folgerichtig: *»Seit ich zurück bin, habe ich wieder einen Puma gesehen, einen Berglöwen. Es ist ihr Revier, sie haben hier immer gelebt, lange vor den Indianern, und sie kommen wieder. Ihr Recht zu verlangen.«*[182]

Die Wandlung lässt sich am besten in der Überarbeitung seiner Memoiren *Ich bin so wild nach deinem Erdbeermund* zu *Ich brauche Liebe* nachvollziehen. Ist der erste Teil noch von Liebes- und Lebenslust mit kurzen zynischen Seitenhieben getragen, so steigert sich die Ergänzung zu seitenlangen Hasstiraden gegen die Filmbranche und zu ausufernden Oden an die Natur, die Jugend und Nikolai. Kinski zieht sein Resümee und wartet dabei mit einer misanthropischen Altersweisheit auf. Man könnte aber auch sagen: Er schließt ab.

Die Überarbeitung ist Kinskis finanziellen Rückständen und dem Mangel an Alternativen geschuldet. Am 4. März 1985 unterschreibt er einen Vertrag mit dem New Yorker Verlag Random House, in dem er sich verpflichtet, binnen eines Jahres 100 000 Worte zu Papier zu bringen. Die Erstveröffentlichung soll in englischer Sprache erfolgen, für 120 000 Dollar räumt er weltweite Rechte ein. Seinem Freund Thomas Landshoff, dem Verleger von *Ich bin so wild nach deinem Erdbeermund*, möchte er sich treu erweisen, er besteht in der ergänzenden und abschließenden Bestimmung Nr. 34 auf dessen Vorkaufsrecht an der deutschen Ausgabe. Kinski liefert mit zweijähriger Verspätung, Random House ist zufrieden und bezahlt am 24. Mai 1988 den letzten Teil des Vorschusses in Höhe von 65 000 Dollar. Das Buch soll offiziell am 28. November 1988 veröffentlicht werden, wegen der weltweiten Rechte und der Frankfurter Buchmesse im Oktober können interessierte Kreise es bereits einige Wochen vorher erhalten. Die Schweizer Agentur Mohrbooks wird eingeschaltet, um die deutschen Rechte zu vermitteln. Thomas Landshoff ist seit 1986 nicht mehr bei Rogner & Bernhard tätig. Antje Landshoff, seine Frau und Eigentümerin des Verlages, erhält stattdessen das von Kinski vertraglich vorgesehene Erstkaufrecht und muss feststellen, dass sie als Rechteinhaberin an *Ich bin so wild nach deinem Erdbeermund* etwas angeboten bekommt, wovon ihr gut zwei Drittel ohnehin schon weltweit gehört. Sie versucht zunächst über Mohrbooks den amerikanischen Verlag auf die Problematik hinzuweisen. Als sie bis kurz vor der Veröffentlichung keine Antwort von Random House erhält, meldet am 25. November 1988 schließlich ihr Anwalt Ansprüche auf die aus *Ich bin so wild nach deinem Erdbeermund* annähernd wortwörtlich übernommenen ersten zwei Drittel des Buches an. *All I need is love* erscheint dennoch termingerecht. Die weitere Korrespondenz mutet auf den ersten Blick äußerst wunderlich an. Antje Landshoff, die relativ unproblematisch eine einstweilige Verfügung gegen das amerikanische Buch hätte erwirken können, möchte Kinski schützen und bietet Random House den Erwerb ihrer Rechte an. Thomas Landshoff geht sogar noch weiter und erklärt Random House, dass er in seiner Zeit als Verlagsleiter die amerikanischen Rechte an Kinski zurückgegeben habe. Am 27. Dezember 1988 bestätigt Antje Landshoffs Anwalt diesen Umstand, und am 9. Januar 1989 erklärt er, dass man die amerikanische Veröffentlichung akzeptiere. Nur an den Rechten der deutschen und anderssprachigen Ausgaben möchte man festhalten. Random House wiederum nutzt die Friedfertigkeit des Angriffs, um Zeit zu gewinnen. Die Antworten erfolgen schleppend. Ein Angebot für die fehlenden Rechte bleibt aus. Aber noch möchten die Amerikaner am Buch festhalten und versuchen am 11. Januar 1989, Thomas Landshoffs Großzügigkeit gegenüber Kinski als weltweiten Rechteverzicht zu deuten. Am 24. Januar 1989 hat Antje Landshoff schließlich keine Lust mehr, auf ein Angebot zu warten, und bietet Random House ihre weltweiten Rechte über Mohrbooks für 40 000 DM an. Am 21. Februar 1989 verliert auch ihr Anwalt die Geduld und bittet die schweigende Gegen-

RECEIVED

DEC 14 1988

seite um Stellungnahme. Er bekommt ebenfalls keine Antwort. Gegenüber Mohrbooks lässt Random House am 27. Februar 1989 immerhin verlauten, dass man darauf warte, dass Kinski die 40000 DM an Antje Landshoff zahle, da man ihn ja bereits für weltweite Rechte entlohnt hätte, und dass man zwar wenig Hoffnung, aber trotz Kinskis absolutem Desinteresse immerhin nicht aufgegeben habe. Während Antje Landshoffs Anwalt nun Worte wie *»blöde«* und *»idiotisch«* in die interne Kommunikation einführt, überwindet er sich am 7. März 1989 zu einem weiteren Schreiben. Er schlägt vor, dass Random House doch das Geld zahlen und Kinski später von den Tantiemen für die deutsche Ausgabe abziehen könne. Seiner Klientin sei zu Ohren gekommen, dass der Heyne Verlag bereit sei, die deutschen Rechte für 120000 DM zu erwerben. Es gäbe also keinen Anlass zu weiterem Verzug.

Die Argumentation leuchtet ein und man darf sich wirklich fragen, was Random House eigentlich bezweckte. Als Klaus Kinski später eine Kopie dieses letzten Anwaltschreibens in die Hände bekommt, notiert er zornig: *»Diese Schweine!!! Ich hatte ihnen längst die 40000 DM zugesagt!!!!! Bis zu diesem Zeitpunkt hatte ich überhaupt nichts von dem Briefwechsel dieser Verräter gewusst!!!!!!!!«*

Wieder erhält Landshoffs Anwalt keine Antwort. Neun Tage später kündigt jedoch Random House plötzlich den Vertrag mit Klaus Kinski, vorgeblich wegen der Rechte, die er zugesichert, aber nicht mehr besessen habe. Die 120000 Dollar soll er inklusive Zinsen zurückzahlen und auch für sämtliche weiteren Kosten wie Herausgabe, Produktion, Marketing, Papier, Druck, Bindung und Ausfälle von Nebenrechtsverkäufen haften. Über den genauen Betrag der weiteren Kosten werde man ihn bald unterrichten.

Kaufmännisch ist dieser Paukenschlag kaum nachvollziehbar. Die eigentlichen Gründe für diese Entscheidung dürften eher im nachfolgenden Dokument auszumachen sein. Es handelt sich um ein von Random House nach Antje Landshoffs Einspruch eilig in Auftrag gegebenes Rechtsgutachten. Die Rechtsexperten kommen zu dem Schluss, dass das Buch keine Urheberrechtsprobleme aufweist, die sie bemerkt hätten. Auch bezüglich des im amerikanischen Strafrecht verankerten Obszönitätsparagraphen ist man zuversichtlich, dass mögliche Anklagen in keinem Bundesstaat letztinstanzlich Erfolg haben würden. Da das amerikanische Rechtssystem dem Opfer einer falschen Tatsachenbehauptung die Beweispflicht des Tätervorsatzes auferlegt, geht man auch nicht davon aus, dass mögliche Lügen des Autors unlösbare Probleme nach sich ziehen könnten. Alles in allem fällt das Gutachten für Kinski gar nicht schlecht aus. Lediglich hinsichtlich möglicher Verletzungen der Privatsphäre wiedererkennbarer Personen sieht man potenzielle Gefahren und empfiehlt, den Autor seine Ausführungen bestätigen oder, falls möglich, belegen zu lassen. Obwohl das Gutachten bereits am 14. Dezember 1988 vorliegt, erreicht es Kinski erst Ende Januar 1989. Seine spontanen, in Form und Inhalt den Geschäftsgewohnheiten der übrigen Beteiligten merklich trotzenden Antworten muten Random House scheinbar eine Terz zu rebellisch an und vermögen – mit etwas Nachsicht für moralische Sensibilität – die Abkehr von Kinski ein wenig besser zu erklären, als die dafür angegebenen Gründe.

Nachzutragen bleibt, dass Kinski seinen Vorschuss nie zurückgezahlt hat. Wie ihm das gelungen ist und weshalb er zwei Jahre später dennoch mit Heyne und einigen ausländischen Verlagen Verträge über sein Buch abschließen konnte, war mir bisher nicht abschließend zu ermitteln möglich. Zwar ist aktenkundig, dass Antje Landshoff Kinski seine Rechte gegen ein später verwirklichtes Zahlungsversprechen sofort nach der Kündigung zurück übertrug, das kann aber die Zurückhaltung von Random House hinsichtlich des Vorschusses nicht erklären. Ich vermute, dass er ob der ungefragten Kürzung von 150 Seiten einen Gegenanspruch aufbauen konnte, der nach mehrmonatiger juristischer Hängepartie die einvernehmliche Aufgabe der wechselseitigen Forderungen erwirkt haben dürfte.

Seit 2003 ist Kinski übrigens neuerlich Autor bei Random House. Mit dem Erwerb des Heyne Verlags haben die Amerikaner ihn wieder im Programm.

---

182 Klaus Kinski: *Paganini*. München 1992, S. 330.

Subject to the foregoing general legal considerations, we would ask that the author provide some confirmation that he had sexual relations with those noted below. In many instances, it will the author's word against the woman concerned. However, in certain cases no doubt the relationship was reported in the press or there may be other evidence available to support the conclusion.

<u>Page(s)</u>

12 If the landlord referred to on this page is identifiable and could still be alive, confirm that Kinski's mother might have had to sleep with her landlord in order to further delay paying the monthly rent. Similarly, confirm that the landlord pulled off Mrs. Kinski's wedding ring in attempting to obtain satisfaction for non-payment of the rent.

the landlord is over 100 now and dead

13, 18 If Kinski's father is still alive, confirm the venom directed at him by his wife. Kinski's father is claimed to have stolen expensive medicine needed for Arne's asthma from the pharmacy where he worked (p. 18).

my father was killed when I was 16 1/2

32 The description of Kinski's sexual advances toward his sister Inge should be substantiated, including the fact that she promoted the physical advance and the details concerning their sexual encounter. This description, particularly in view of the incestuous nature of the relationship, should also be considered from the standpoint of potential obscenity.

You want to ask her now? She is 65 — and she wouldn't even remember

34 If the white-skinned, freckled-faced redhead who was married to a garbage collector is identifiable, confirm that she had a sexual encounter with the author.

This is 45 years ago at least — and who would admit this anyway!

49 The wife of the director of <u>Charley's Aunt</u> would no doubt be identifiable. Confirm the quote attributed to her and the fact that she and the author had sexual relations.

even this was 45 years ago!

Vorbehaltlich der vorstehenden allgemeinen rechtlichen Erwägungen, bitten wir, dass der Autor einige Bestätigungen abgibt, dass er sexuelle Beziehungen mit den nachstehend Aufgeführten hatte. In vielen Fällen wird das Wort des Autors gegen das der betroffenen Frau stehen. Allerdings wurde in bestimmten Fällen ohne Zweifel über die Beziehung in der Presse berichtet, oder es könnten andere Beweismittel zur Verfügung stehen, welche die Aussage bekräftigen.

Seite(n)

12 Bestätigen Sie, für den Fall, dass der Vermieter, über den auf dieser Seite berichtet wird, identifizierbar ist und noch am Leben sein könnte, dass Kinskis Mutter mit ihrem Vermieter schlafen sollte, um die Zahlung der monatlichen Miete weiter aufschieben zu können. Bestätigen Sie ebenso, dass der Vermieter im Bemühen, einen Ausgleich für die nicht bezahlte Miete zu erhalten, Frau Kinskis Ehering vom Finger gezogen hat.

Der Vermieter ist schon über 100 und tot.

13, 18 Bestätigen Sie, für den Fall, dass Kinskis Vater noch am Leben ist, die Bosheit, mit der seine Frau ihn behandelt hat. Von Kinskis Vater wird behauptet, dass er teure Medizin, die für Arnes Asthma benötigt wurde, in der Apotheke, in der er arbeitete, gestohlen habe (S. 18).

Er wurde getötet als ich 16 1/2 war.

32 Die Beschreibung von Kinskis sexueller Annäherung an seine Schwester Inge sowie die Tatsache, dass sie die körperliche Annäherung unterstützt hat, und die Details über ihren Geschlechtsverkehr sollten beglaubigt werden. Diese Beschreibung sollte insbesondere im Hinblick auf die inzestuöse Natur der Beziehung auch unter dem Gesichtspunkt möglicher Obszönität betrachtet werden.

Möchten Sie bei ihr nachfragen? Sie ist 65 – und sie würde sich nicht einmal erinnern.

34 Bestätigen Sie, für den Fall, dass die weißhäutige, sommersprossige Rothaarige, die mit einem Müllmann verheiratet war, identifizierbar ist, dass sie einen Geschlechtsverkehr mit dem Autor hatte.

Das war vor mindestens 45 Jahren – und wer würde das schon zugeben?

49 Die Frau des Regisseurs von Charlies Tante dürfte zweifellos identifizierbar sein. Bestätigen Sie das ihr zugeschriebene Zitat und die Tatsache, dass sie und der Autor Geschlechtsverkehr hatten.

Selbst das ist 45 Jahre her!

53 Bestätigen Sie, für den Fall, dass die sechzehneinhalb-jährige Schauspielschülerin identifizierbar ist, dass sie eine Hure war, ebenso wie die 13-jährige Schülerin und dass die Erstere Syphilis und Geschlechtsverkehr mit dem Autor hatte. Bestätigen Sie ebenso, dass die Dreizehnjährige mit dem Autor geschlafen hat. Hinsichtlich einer Identifizierung könnte die Dreizehnjährige diese aufgrund der Tatsache behaupten, dass sie wie beschrieben mit ihrer Mutter in einer kleinen Wohnung in der Nähe des Treptower Parks gewohnt habe. Bestätigen Sie, dass ihre Eltern geschieden waren.

Das war 1946

54 Bestätigen Sie, dass Jutta Friedrich mit dem Autor schläft und die Beschreibung ihrer körperlichen Beziehung.

1946

56 Über Gustl wird behauptet, dass sie Hans Albers Blowjobs gegeben habe. Bestätigen Sie diese Anschuldigung inklusive der Behauptung, dass er „seinen eigenen Samen schlucken" wollte.

Sie ist tot seit ca. 1960

57 Eduard Matzig unterhält ein kleines Atelier, damit er seine Frau betrügen kann. Bestätigen Sie diese Anschuldigung inklusive der Tatsache, dass der Autor auch mit Eduards Frau geschlafen hat.

Ich weiß nicht, ob er immer noch (er wäre wohl 85) lebt.

60 Über Graf Treuberg wird gesagt, dass er ein Lügner sei.

61 Vom Autor wird behauptet, dass er Geschlechtsverkehr mit Edyth Edwards hatte. Über Edith Edwards wird behauptet, dass sie lesbische Beziehungen mit anderen Frauen hatte. Die Beschreibung auf dieser Seite sollte unter dem Gesichtspunkt möglicher Obszönität betrachtet werden.

Sie ist 1948 gestorben.[183]

61 Bestätigen Sie, dass Edwards eine lesbische Beziehung mit Marlene Dietrich hatte.

62-63 Bestätigen Sie, dass Fehling, nachdem er hörte, dass der Autor bei Otto Graf unterschrieben hatte, sich bemühte, den Autor davon zu überzeugen, dass er seinen Vertrag mit Graf breche. Bestätigen Sie ebenso, dass Fehling Einwände gegen eine Zusammenarbeit des Autors mit Gustaf Gründgens hatte und sich darum bemühte, dass der Autor seine Bekanntschaft mit Gründgens beende.

Fehling ist seit ca. 20 Jahren tot.

63 Über Fehling wird behauptet, dass er unmittelbar, nachdem er Leiter des Hebbel Theaters geworden war, wieder gekündigt wurde.

Das ist eine Tatsache!

53 Über Otto wird behauptet, dass er den Autor mit Kokain versorgt habe.

67-68 Bestätigen Sie, dass die Sekretärin, welche die Bühnenfassung von Schuld und Sühne tippte, einen starken Geruch und eine Beziehung mit dem Autor hatte. Sie könnte durch die Tatsache identifizierbar sein, dass es von ihrer Mutter heißt, sie habe als Garderobenfrau in einem Nachtlokal gearbeitet. Der Hinweis auf den Geruch könnte auch auf einen Eingriff in die Privatsphäre hinauslaufen.

1947

71 Über Helga, deren Vater ein Pfarrer war, wird gesagt, dass sie mit dem Autor geschlafen habe.

1948 ca.

72 Bestätigen Sie, dass Achim, der Bruder des Autors, wegen Raubes im Gefängnis war.

1951? Es steht in den Gerichtsunterlagen.

74 Bestätigen Sie, dass der Autor Sexualverhältnisse mit Gislinde und Therese hatte und dass beide schwanger wurden. Über Therese wird behauptet, dass sie auf Wunsch ihrer Familie eine Abtreibung hatte und über Gislinde wird gesagt, dass sie das Baby des Autors behalten habe.

Sie ist die Mutter meiner Tochter Pola.

74-75 Bestätigen Sie, dass Elsas Familie herausfand, dass sie mit dem Autor schlief und sie deshalb zum schwarzen Schaf wurde und keine Unterstützung mehr bekam.

So hat sie es mir erzählt.

75 Elli Silman und Ilse Alexander werden als Zuhälterinnen bezeichnet, die ihre Schauspielagentur wie einen Callgirl-Ring betreiben. Bestätigen Sie den Vorwurf.

Tot.

76 Bestätigen Sie, dass der Autor Geschlechtsverkehr mit Elsa hatte.

Bestätigen? Wie?

76 Bestätigen Sie, dass der Autor den auf dieser Seite beschriebenen Geschlechtsverkehr mit der Frau des New Yorker Fotografen hatte, dessen Name „Kunz", „Schlunz" oder „Punz" war.

Und wie!

78 Dem Autor wird Geschlechtsverkehr mit Herta in der Meineckestraße zur Last gelegt.

Und wie! Was ist falsch daran? Ich habe sogar Namen geändert, um alle zu schützen!

183 Stimmt nicht, Edyth Edwards starb am 6. März 1956.

82 Bestätigen Sie, dass der Autor mit der Bulgarin namens Wanda Verkehr im Englischen Garten hatte, während Wanda ihr Baby ausfuhr.

Wie?

85 Bestätigen Sie die Anschuldigung, dass Dr. Milena Bösenberg Geschlechtsverkehr mit dem Autor gehabt haben soll.

Sie muss heute schon 85 sein.

91 Der Psychiater in der psychiatrischen Anstalt könnte leicht identifizierbar sein. Bestätigen Sie, für diesen Fall, die Andeutung, dass dieser Psychiater Dr. Bösenbergs Zuhälter gewesen sei.

Wer war dieses Arschloch überhaupt?

94 Möglicherweise könnte die israelische Frau, die zur Armee eingezogen werden soll deren Vater in Berlin eine Bar betreibt, identifizierbar sein. Bestätigen Sie, für diesen Fall, dass sie und der Autor ein Treffen hatten.

Das ist wahr.

95 Bestätigen Sie die Beziehung, die der Autor mit Karajans Tochter hatte, inklusive der Enthüllung über ihre Menstruation. Letzteres könnte ebenfalls auf einen Eingriff in die Privatsphäre hinauslaufen.

Sie erzählte mir, dass sie seine Tochter sei.[184]

95 Bestätigen sie die expliziten Details über Erni, die Tatsache, dass sie und der Autor Geschlechtsverkehr hatten und die Beschuldigung, dass ihr Ehemann Paul seiner Frau und dem Autor im Bett zusehen wollte.

Wie? Wo?

96 Bestätigen Sie, dass die Erni zugeschriebenen Zitate über die sexuellen Aktivitäten ihres Mannes und ebenso die Tatsache, dass der Autor, Ernie und Paul eine Dreierbeziehung hatten. Bestätigen Sie, dass Paul die Idee hatte ein Bordell zu eröffnen.

Was ist daran falsch?

100 Die Beschreibung auf dieser Seite sollte unter dem Gesichtspunkt möglicher Obszönität betrachtet weden.

Sie sind verrückt!

102 Bestätigen Sie, dass der Autor Helgas Hose auszog und, dass der Autor Geschlechtsverkehr mit ihr hatte.

Wie könnte ich es tun ohne ihre Hose auszuziehen?

118 Von der hässlichen Ursula wird behauptet, dass sie Sex mit dem Autor hatte.

Ja!

122 Erika – Geschlechtsverkehr mit dem Autor.

Was ist an all dem falsch? Seid ihr Homosexuelle?

122, 124-125 Über Anuschka, die Frau des österreichischen Strumpfwaren-Millionärs wird behauptet, dass sie den Autor sexuell verfolgt habe.

Ja! Sogar sehr!

125 Der Auszug aus dem Brief von O. W. Fischer an Rott, den Direktor des Burgtheaters, sollte unzweifelhaft als angemessene Verwendung durchgehen.

Fragen Sie ihn!

126 Es wird angedeutet, dass Aslan ein Homosexueller ist.

Tot! Jeder weiß das.

127 Sollte Kainz noch leben, könnte die Enthüllung, dass er seinen Vertrag krebskrank abschloss, auf einen Eingriff in die Privatsphäre hinauslaufen.

Kainz starb 1910.

127 Die Anschuldigung, dass Anuschka versuchte Selbstmord zu begehen, sollte bestätigt werden, ebenso die Anschuldigung, dass sie Geschlechtsverkehr mit dem Autor hatte, wonach sich beide geprügelt haben.

Sie schnitt ihre Adern mit einer Rasierklinge durch.

130 Bestätigen Sie, für den Fall, dass das Zimmermädchen identifizierbar sein könnte, dass sie und der Autor Liebe gemacht haben, während Anuschka auf der anderen Seite der Garderobe gewartet hat.

Sie sind wahnsinnig!

131 Über den Autor wird behauptet, dass er eine Beziehung mit Jessica gehabt habe, deretwegen sie schwanger wurde und eine Abtreibung hatte.

Das hat sie mir so erzählt.

131 Über Ingo wird behauptet, dass er die Wohnung des Autors für Verhältnisse mit anderen Frauen benutzt hat.

Warum nicht?

132 ff Bestätigen Sie die Beziehung, die Biggi mit dem Autor hatte und die Tatsache, dass Biggi das Kind des Autors geboren hat.

Sie ist Nastassjas Mutter.

184 Stimmt nicht, von Karajan ist keine Tochter bekannt, die zum fraglichen Zeitpunkt (ca. 1952) überhaupt schon geboren wurde.

137 Bestätigen Sie, für den Fall, dass die englische Gräfin identifizierbar ist, dass sie vom Autor verführt werden wollte und dass sie zu der Zeit ihre Periode hatte. Dies könnte auch die Frage eines möglichen Eingriffs in die Privatsphäre aufwerfen im Hinblick auf die Enthüllung intimer Sachverhalte.

Finden Sie sie –
Mir ist es nicht gelungen.

139 Bestätigen Sie, dass Sonja Speed genommen hat und dass sie und der Autor eine Sexualbeziehung hatten.

Bestätigen Sie es!

140 Bestätigen Sie die Beziehung des Autors mit Barbara.

Sie müssen frustriert sein –
Ich habe viel mehr Frauen
in meinem Leben gefickt!

141–142 Bestätigen Sie, dass Sonja vom Autor schwanger wurde und dass sie eine Abtreibung hatte.

Sie hat es mir erzählt
und ich war überzeugt.

143 Bestätigen Sie, dass der Autor Geschlechtsverkehr mit der Regieassistentin der Heiligen Johanna hatte. Sie wird zweifellos identifizierbar sein.

Ja – in den Wäldern von
Grünwald bei München.

151 Über Olga, das siebzehnjährige tschechische Starlet mit lockigem Haar, wird behauptet, dass sie heimlich für den Playboy Nacktfotos gemacht und herumgehurt hat. Bestätigen Sie, dass sie eine Beziehung mit dem Autor hatte und dass er das gleiche mit Dominique Boschero tat.

Sie war meine Freundin!

153 Bestätigen Sie, dass Dominique vom Autor besessen war und ihn gebeten hat mit ihr zu leben.

Sie ist seit Jahren tot![185]

156–157 Die schmutzigen Einzelheiten, die auf diesen Seiten im Hinblick auf Dominiques Sexualleben vorkommen, und die Tatsache, dass sie auch Sexualbeziehungen mit Mädchen hat, sollten bestätigt werden. Es sollte außerdem überlegt werden, ob möglicherweise Obszönität vorliegt.

Sie hat mir das erzählt –
Sie war besessen davon.

158 Bestätigen Sie, für den Fall, dass die Frau, die ein israelischer Oberst in Zivilkleidung ist, identifizierbar ist, dass sie eine Hure war und dass sie ein Verhältnis mit dem Autor hatte.

Finden Sie sie!

160 Bestätigen Sie, dass der Autor Geschlechtsverkehr mit der Mutter des Jungen hatte, der Doktor Schiwagos Sohn spielt.

174 Der Hinweis darauf, dass Marlon Brando gegen Vonettas Tür poltert, gibt den Schauspieler der Lächerlichkeit preis, wenn das nicht passiert ist. Bestätigen Sie die Anschuldigung. Bestätigen sie ebenso, dass die Schauspielerin wegen Brandos Aggression gezwungen war, das Hotel zu wechseln.

Vonetta war meine Freundin
und sie hat mir das erzählt –

174 Bestätigen Sie, dass die kleine Schwester von Trintignants Frau versuchte, den Autor auf eine LSD-Party zu locken.

Das hat mich die
kleine Schwester gefragt.

176 Bestätigen Sie, dass Bedi den Autor verfolgt hat und er ihr gesagt hat, dass sie ihn nicht mehr anrufen soll.

Ich habe das nicht gesagt –
Ich frag mich, ob diese Leute
überhaupt lesen können.

177 Auch wenn das nicht schwerwiegend ist, wird Roger Vadim beschuldigt, dass er sich wie ein Schwein benommen und das Haus, in dem er mit Jane Fonda wohnte, in einen Stall verwandelt habe.

Ja! Die Vermieterin hat mir das erzählt
und ich habe die Sauerei gesehen.

61 Bestätigen Sie, dass der Autor mit Bedi eine Beziehung hatte.

Das stand in jeder
italienischen Zeitung.

180 Ginos Frau Margareth wird beschuldigt, eine lesbische Beziehung zu haben. Bestätigen Sie ebenso, dass Margareth auf dem Bett onaniert hat, während der Autor mit ihrer Gefährtin tanzte. Letzteres könnte auf einen Eingriff in die Privatsphäre hinauslaufen.

Ja – in Madrid

182 Bestätigen Sie, dass Bedi einen Nervenzusammenbruch hatte.

„(Ausruhen)", das ist, was sie
mir gesagt hat – Sie brauchte
Ruhe. Sie war erschöpft.

182 Bestätigen Sie die vulgären, Toni zugeschriebenen Zitate über den Autor und ihre Sexualbeziehung mit ihm und die Tatsache, dass der Autor und Luna eine Beziehung hatten.

185 Stimmt nicht, Dominique Boschero lebt und ist heute 77 Jahre alt.

184 Bestätigen Sie die Toni zugeschriebenen Zitate und die Tatsache, dass Luna in Drogen verstrickt war.

Luna war ein <u>Junkie</u> und ist vor einigen Jahren in <u>Rom</u> an Drogen gestorben.

187 Es wird unterstellt, dass Minhoi Kokain nahm.

<u>Sie hat mich danach gefragt.</u>

188 Bestätigen Sie die Toni zugeschriebenen Zitate und den Hinweis, dass der Koch betrügerisch war. Der Koch wäre zweifellos identifizierbar.

Ich kann das <u>beweisen</u>!!

191 Bestätigen Sie, dass Minhoi versuchte sich umzubringen, indem sie eine Überdosis Schlaftabletten nahm.

<u>Unglücklicherweise</u>

192 Minhoi wird beschuldigt, Kokain, Haschisch und auch LSD genommen zu haben.

<u>Sie hat es mir erzählt.</u>

192 Die Sekretärin und die Köchin des Autors werden beschuldigt, ihn betrogen zu haben.

<u>Und wie!!</u>

195 Helmut von Gaza wird beschuldigt, gerade aus einem italienischen Gefängnis entlassen worden zu sein.

Das muss in Rom in den Akten stehen – Das war ungefähr 1965/70.

197 Obwohl vieles von der Beschreibung des Regisseurs Herzog als Meinung durchgehen dürfte, sollte der Hinweis darauf, dass er skrupellos sei, bestätigt werden, ebenso die Anschuldigung (S. 202), dass er ein Feigling sei, der grausame Taten begehe, z. B. Mord an einem Lama.

<u>Er ist ein größeres Arschloch, als ich beschreiben könnte!</u>

203 Bestätigen Sie die Herzog zugeschriebenen Zitate und die Anschuldigung, dass er sadistisch, hinterhältig, erpresserisch, feige und ein Lügner sei.

Er ist <u>schlimmer</u>!

205 Bestätigen Sie die Tatsachen, über die Herzog gelogen hat.

Er <u>ist</u> ein <u>Lügner</u>!!

205 Auch wenn das nicht schwerwiegend ist, bestätigen Sie, für den Fall, dass der Amerikaner, der des Autors Leutnant im Film spielt, identifizierbar ist, dass er an einer Leberentzündung erkrankte.

Er ist ein Freund von mir – fragen Sie ihn.

206 Die blonde, sechzehnjährige Peruanerin wäre zweifellos identifizierbar. Bestätigen Sie, dass der Autor und andere Geschlechtsverkehr mit ihr hatten.

Ich habe nicht gesagt, dass ich sie gefickt habe.[186]

208 Bestätigen Sie, dass Joan, die Freundin des amerikanischen Regisseurs, eine lesbische Beziehung mit Maria Schneider hatte und dass Maria Minhoi mit Kokain versorgt hat.

<u>Jeder weiß</u>, dass Maria Schneider mit ihr zusammen war.

224-225 Die Beschreibung in Bezug auf Minhoi auf diesen Seiten könnte im Hinblick auf die Geburt des Kindes möglicherweise in ihre Privatsphäre eingreifen.

Sie hat es mir erzählt und ich habe ihre Reaktion gesehen, als ich zurückkam.

230 Das Roman Polanski zugeschriebene Gespräch über Masturbation und dergleichen sollte bestätigt werden.

Ich kann das bestätigen! Er würde es nicht bestreiten!

244 Bestätigen Sie, dass die Frau von Manitas de Plata zum Autor kam und ihm ihre Telefonnummer zugesteckt hat, obwohl sie verheiratet war.

Zumindest hat er sie (wie viele andere) als seine Frau vorgestellt.

247 Maria Schneider wird beschuldigt, ein Junkie zu sein.

Oh mein Gott! Kein Produzent wollte sie aus diesem Grund noch beschäftigen!!

250 Bestätigen Sie, für den Fall, dass die Geschirrspülerin im Route Mandarin identifizierbar ist, was sie sehr wahrscheinlich sein wird, dass sie Geschlechtsverkehr mit dem Autor hatte.

Finden Sie sie – Das Restaurant ist seit ungefähr 10 Jahren geschlossen.

186 Kinski schreibt auf der fraglichen Seite: »*Aber meine Filmtochter, eine sechzehnjährige, blonde Peruanerin, wurde von beinahe allen gefickt, denke ich.*« Dies ist eine der vielen Passagen, die er nie in die deutsche Fassung von »Ich brauche Liebe« übernommen hat.

256 Bestätigen Sie, dass die Regisseurin von Stumme Liebe vom Autor verführt wurde.[187]

Sie lag mit mir die ganze Zeit auf dem Bett, aber es ist wirklich schwer bei ihr etwas zu erreichen.

261 Dieser Abschnitt sollte unter dem Gesichtspunkt der Obszönitätsgesetze in Betracht gezogen werden.

Wir geben das Buch hiermit zurück.

Mit freundlichem Gruß,

Robert M. Callagy

Bestätigt, dass ihr alle geisteskrank seid.

187 streicht das Wort »verführt« durch. Auf der fraglichen Buchseite erzählt er, dass er es nicht schafft die Regisseurin zu verführen.

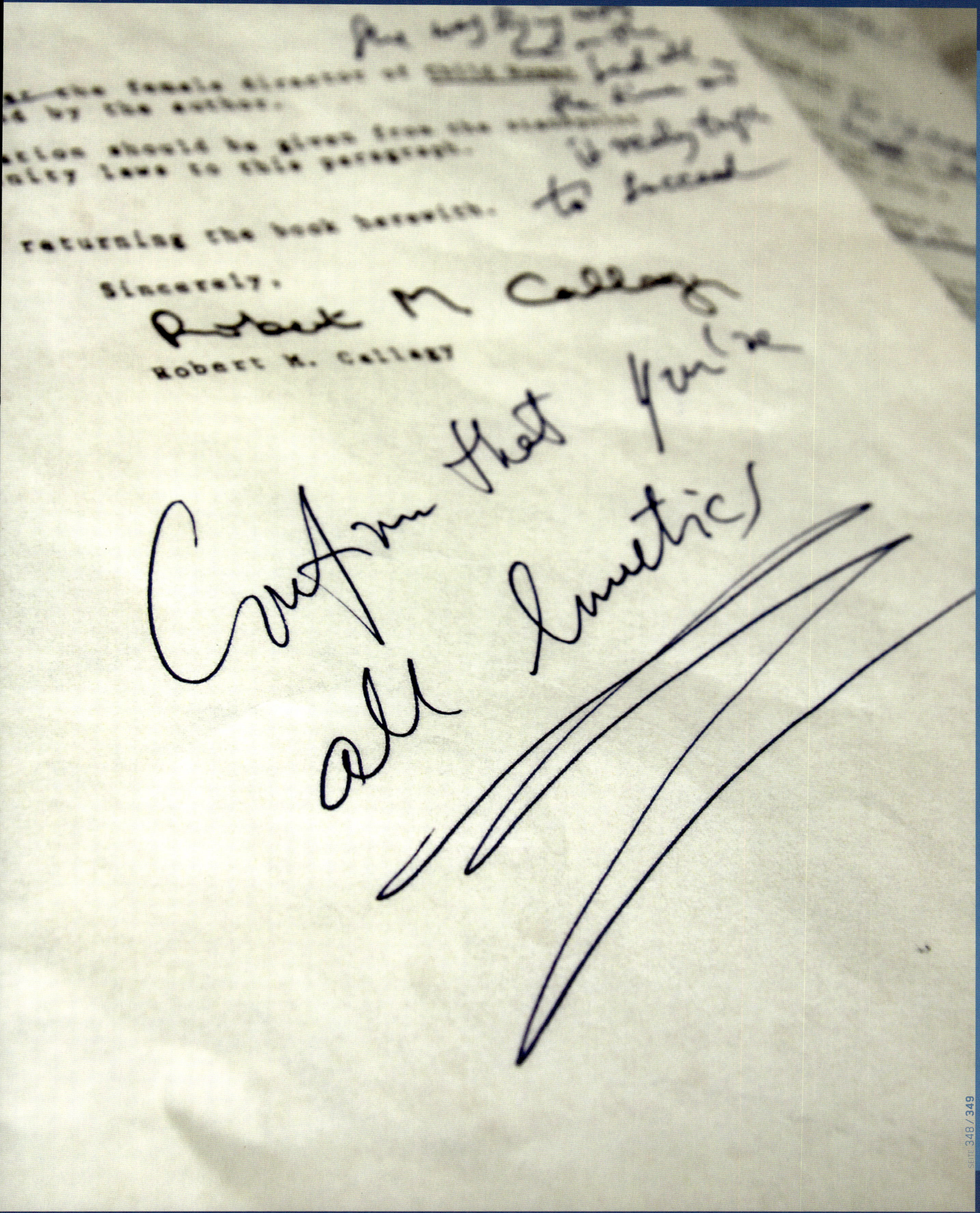
returning the book herewith.
Sincerely,
Robert M. Callagy
Confirm that you're all lunatics

Schnelligkeit d. Strömung — Richtung der Strömung
Windrichtung
Geschwindigkeit des Schiffes
Außentemperatur
Innentemperatur
Barograf
Wettervorhersage automatisch (Satelliten auswertung für die nächsten 24 Stunden-Rundbilder)

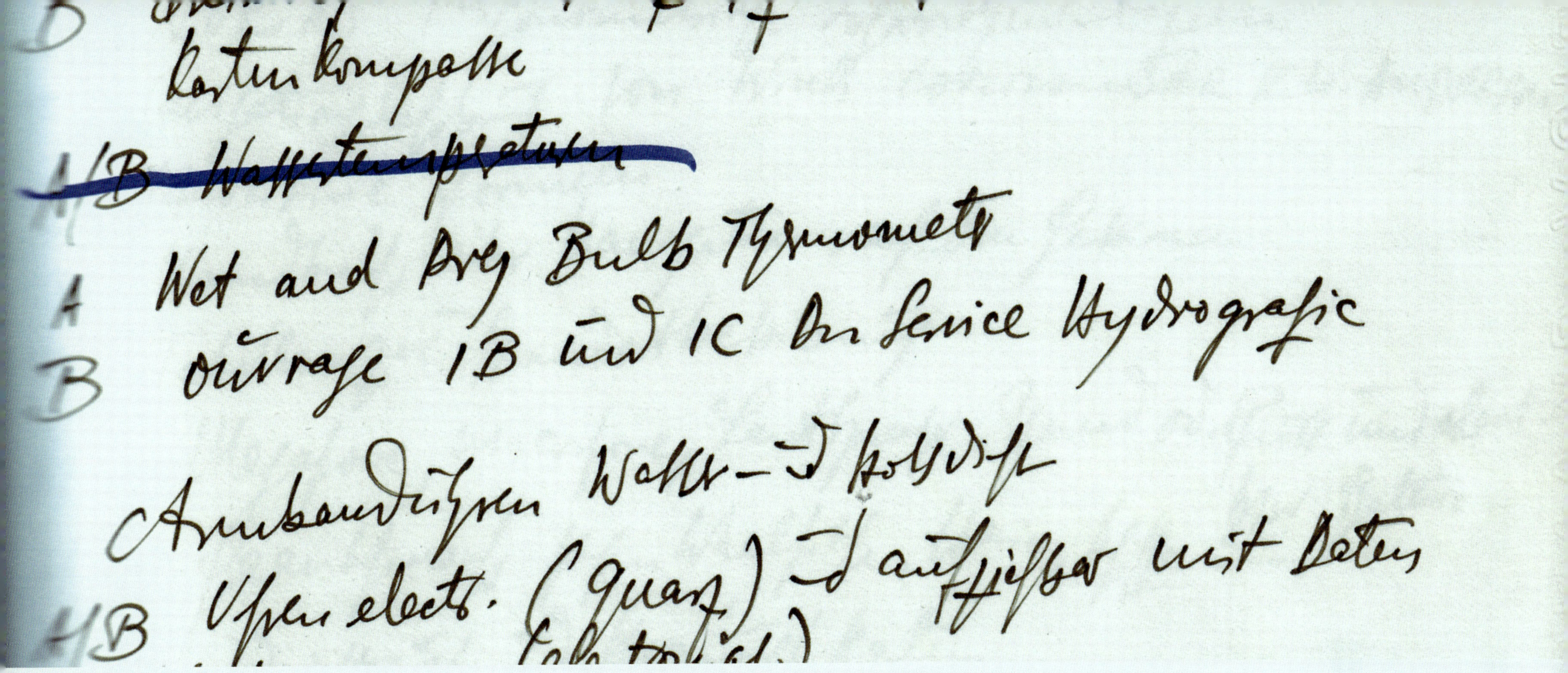

In der Bretagne, wo die Flut bei Sturm den Point du Raz überflutet und der Wind mit über hundert Stundenkilometern pfeift, werde ich ein Schiff bauen lassen.

Ich werde es nennen:

Ship under God.[188]

188 *Ich bin so wild nach deinem Erdbeermund*, ebd., S. 388

A Schnelligkeit der Strömung – Richtung der Strömung A Windrichtung A Geschwindigkeit des Schiffes A Gratmesser, Neigungswinkel A Gratmesser horizontal A Gratmesser Kursrichtung A Meilenzähler A Manometer mit Luftregister A/B Barometer (Außentemperatur) A/B Barograf (Innentemperatur) B Dreiecke, Lineale, Stifte, Zirkel, Winkel etc. Kartenkompasse A Feuchtthermometer und Trockenthermometer B Werk IB und IC des Service Hydrografic, Armbanduhren wasser- und stoßdicht A/B Uhren elektr. (Quarz) und aufziehbar mit Datum …

B Blinkspiegel (Metall)
B Trillerpfeifen
B Ferngläser / Nachtgläser
B Blinklampen
Tabellen
aller Welt
Tabellen
alle Schiffe

NORIES Trigonometrische Logarithmentafeln

Navigationslehrbuch von Wing Commander E. W. Anderson

Haversine Formeln

Handbuch über Navigation nach den Gestirnen

Tabellen zur Standortbestimmung

B Megafone, Microfone, Lautsprecher Hand od. Fuss und elect. bzw. Batterie

B Geräuschmacher gegen Walfische, Haie, Schiffe

Windrichtungs- und Strömungskarten

Sämtliche Spezial-Piloten aller Weltmeere

Antarctic pilot

New Sealand pilot

[illegible]

B Blinkspiegel (Metalle) B Trillerpfeifen B Ferngläser/Nachtgläser (A/B Fischfinder) A/B Blinklampen A/B Tabellen Flaggen aller Welt A/B Tabellen Flaggensignale internat. B Buch in dem alle Zeitsignale aufgeführt sind A/B Lichtsignale (Positionslichter) aller Schiffe A/B Tabellen Lichtsignale B Handbuch der Admiralität das für die Funkfeuer der ganzen Welt zuständig ist B Logarithmische Berechnung des sphärischen Dreiecks B NORIES Trigonometrische Logarithmentafeln B Navigationslehrbuch von OBERSTLEUTNANT E. W: ANDERSON B Haversine Formeln B Handbuch über Navigation nach den Gestirnen B Tabellen zur Standortbestimmung A/B Megafone, Mikrofone, Lautsprecher Hand oder Fuß und elektr. bzw. Batterie A/B Geräuschmacher gegen Walfische, Haie, Schiffe B Windrichtungs- und Strömungskarten B Sämtliche Spezial-Piloten aller Weltmeere B Antarktispilot B Neuseelandpilot …

A/B Gezeitentafeln, Daten

B List of lights ADGK etc.

A/B Funksignale — Funk- u. Signale

A/B Ortsfunkfeuer

A/B Schiffsfunkfeuer

A/B Lights of sequences

B Luftdruckkarten d. Admiralität

A/B Tables of computed and Azimuths

B Amtl. [illegible]

B Für Astronavigation H O 214 H O 249

0–14 Vol. I

15–29 Vol. II

30–44 Vol. III

B – BBC World Service Programmes and recommend frequencies Carte nautice

B Spezialkarten bis ins kleinste Detail Planquadrate aller Weltmeere

B 12 Millimeterpapiere für Piloten / 12 pilots plotting sheets

B Riffe, Wracks, Korallen, Strudel etc.

B Safety of navigation (Verkehrsregelungsmaßnahmen)

B Spezialkarten, Tabellen, Schriften Wetter aller Jahreszeiten aller Ozeane

B Eisgrenzen

A/B Gezeitentafeln, Daten B Leuchtfeuerverzeichnis A D G K ETC. A/B Feuersignale – Feuer und Signale A/B Küstenfeuer A/B Schiffsfunkfeuer A/B Lichtfrequenzen B Luftdruckkarten der Admiralität A/B Tabellen der berechneten Höhe und Azimut B Amerikanische Tafeln B Für Astronavigation HO 214 HO 249 0-14 VOL I 15-29 VOL II 30-44 VOL III 5-59 VOL IV A/B BBC World Service Programme und empfohlene Frequenzen, Seekarte B Spezialkarten bis ins kleinste Detail Planquadrate aller Weltmeere B 12 Millimeterpapiere für Piloten B Riffe, Wracks, Korallen, Strudel etc. B Sicherheit der Schifffahrt (Verkehrsreglungsmaßnahmen) B Spezialkarten, Tabellen, Schriften, Wetter aller Jahreszeiten aller Ozeane B Eisgrenzen ...

Fieber

Leibesverstopfung

Kopfweh

Menstruation

Schnupfen

Mull – getränkt und trocken } blutstillend
Gaze – getränkt und trocken } und desinfektierend

[illegible]

Galle, Leber, Darm – Tees

Nieren

Fieber, Skorbutvorbeugungen, Zahnstocher, Neuralgie, Schmerzen, Mull – getränkt und trocken, Gaze – getränkt und trocken, beides blutstillend und desinfizierend, 8 h Säure, Galle-, Leber-, Darm-, Nieren-, Blasen-, Lungen-, Erkältungs-, Magen-, Leber-, Galle-, etc, Kreislauf-, Herz-, DARM- Tees, THYMIAN, Rosmarin, SALBEI, GINSENG, PFEFFERMINZ, KAMILLE, 18 KRÄUTER, JASMIN ...

PA

Der amerikanische Autor Truman Capote hat einmal der heiligen Theresa von Ávila auf die Zunge gedichtet, dass mehr Tränen über erhörte Gebete vergossen würden als über nicht erhörte[189]. Auf Kinskis *Paganini* trifft das ganz sicher zu. Der Film blieb der einzige seiner vielen cineastischen Pläne, den er zu verwirklichen vermochte, und er sollte ihm kein Glück bringen. Dennoch wird der mit seinem Sohn Nikolai 1987 im Stil des Cinéma verité gedrehte Film über einen missverstandenen Künstler einerseits und eine besondere Vater-Sohn-Beziehung andererseits Kinskis filmisches Vermächtnis. Dem Zeitgeschmack bleibt er unzugänglich. Der assoziativ und ohne Rücksicht auf Chronologie oder Sehgewohnheiten geschnittene Film überfordert sein Publikum und findet erst einige Jahre nach Kinskis Tod künstlerische Anerkennung.

Paganini bildet in dieser Veröffentlichung die realisierte Ausnahme. Deshalb sind im Folgenden Nachlassstücke zu sehen, die es bei Filmen, die nicht in die Tat umgesetzt werden, in aller Regel nicht gibt: Requisiten und Andenken.

189 Truman Capote: *Erhörte Gebete* Wiesbaden und München 1987, S. 5.

Nikolai Kinskis Einladungskarte zu der von Klaus Kinski organisierten und bezahlten Gala-Premiere von *Paganini* in der Pariser Oper am 17. Dezember 1989 und drei Tickets für die Veranstaltung.

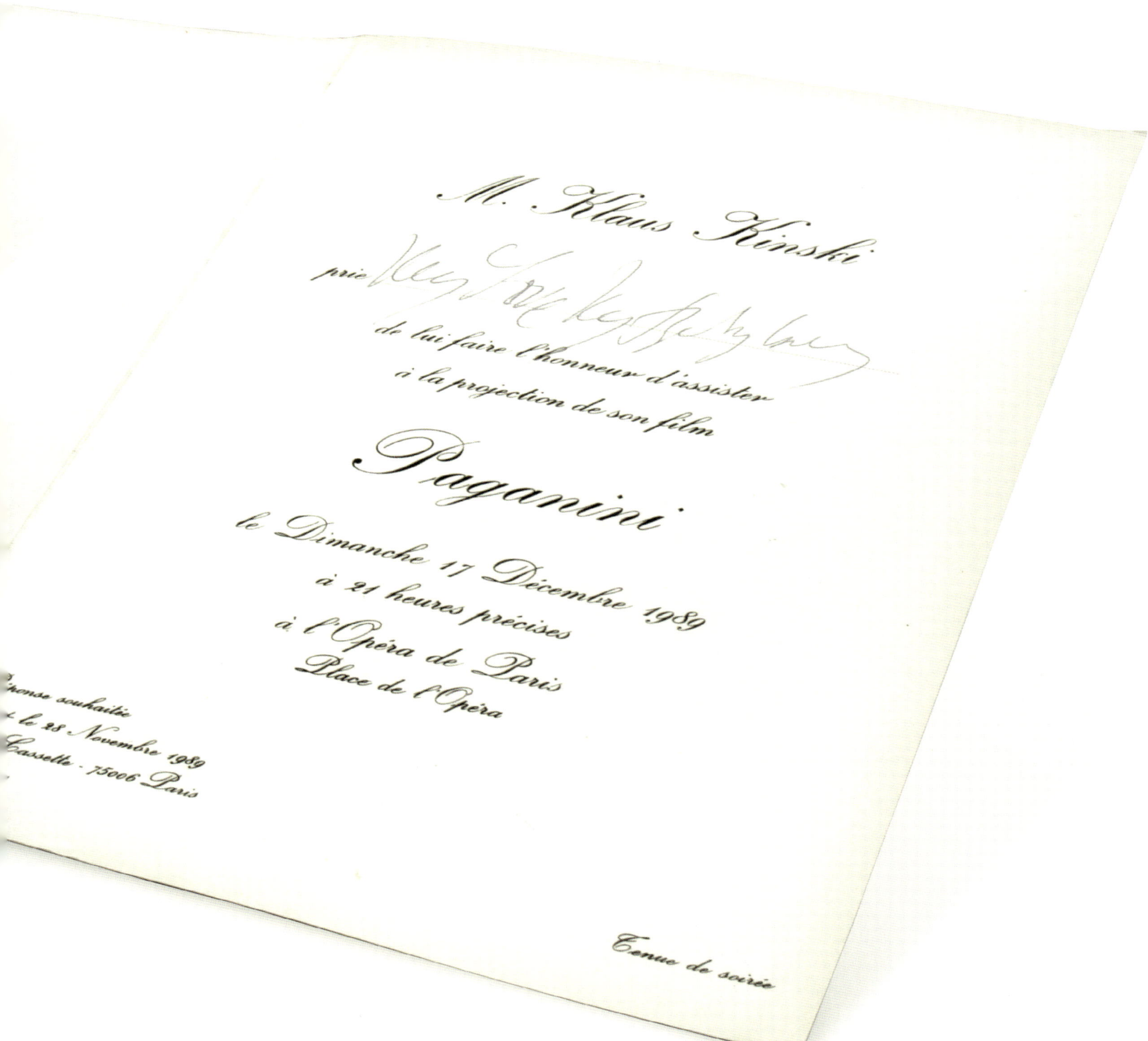
M. Klaus Kinski
prie
de lui faire l'honneur d'assister
à la projection de son film
Paganini
le Dimanche 17 Décembre 1989
à 21 heures précises
à l'Opéra de Paris
Place de l'Opéra
souhaitée
le 28 Novembre 1989
Cassette - 75006 Paris
Tenue de soirée

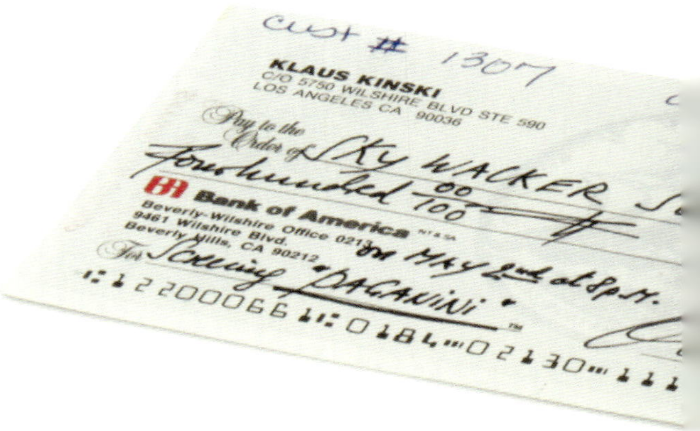

Hemd und Schuhe aus Klaus Kinskis *Paganini*-Garderobe.

Von Klaus Kinski ausgestellter Scheck an die Skywalker Studios von George Lucas. Dort wurden u. a. Teile von *Paganini* synchronisiert.

Diese Mütze trug Klaus Kinski häufig zur Zeit der Dreharbeiten für *Paganini*.

Der nach Klaus Kinskis Vorstellungen gestaltete Flakon für das von ihm geplante *Paganini*-Parfüm und eine Probe des von ihm ausgesuchten Duftes. Das Parfüm kam wegen Kinskis frühzeitigem Tod und dem Misserfolg des Films nie in den Handel.

Paganinis Geige mit Bogen und Etui. Klaus Kinski ließ sich zwei Nachbildungen der berühmten *Guarneri del Gesù* in Cremona anfertigen. Sie sind ein wenig kleiner als das Original, damit Kinskis Hände größer wirken. Ausserdem: Das rotweiße, faltbare Schachbrett aus dem Film.

DAS
LETZTE
PROJ

Auch Klaus Kinskis allerletztes Filmprojekt wird nicht mehr verwirklicht. Es ist Teil einer Verabredung mit den italienischen Produzenten Alberto Alfieri und Augusto Caminito über drei Filme und heißt zunächst *Die Brücke von San Francisco*. Die Verträge datieren vom 18. September 1986 und sehen weiterhin *Große Jäger,* in dem Kinski einen Großwildjäger, der seinen Geburtsnamen Nakszynski trägt, spielen soll und vor allem seinen langjährigen Wunschtraum *Paganini* vor. Letzterer soll zuerst gedreht werden. Nicht nur *Paganini*, auch *Die Brücke von San Francisco* soll seiner lebenslangen Bemühung, die Grenzen zwischen Realität und Rolle möglichst aufzuheben, Rechnung tragen.

Nikolai ist bei beiden Filmen mit von der Partie, als vergötterter Filius, der bei der *Brücke von San Francisco* seinen eigenen Namen »Nanhoi« trägt. Freund Gary Giacomini findet sich im Skript sogar als derjenige wieder, der er ohnehin ist und den er nun auch noch spielen soll. Er ermöglicht einen vorgezogenen zweiwöchigen Dreh in zeitlicher Nähe zum 50. Jubiläum des Baues der Brücke im Mai 1987. Es liegen leider nur Amateuraufnahmen vor, die Kinski unter anderem im Taucheranzug zeigen. Das professionell gedrehte Material ist verschollen. Auch die Aufnahmen vom Brückenjubiläum am 24. Mai 1987, als die Brücke ihrer mutmaßlich größten Belastungsprobe unterzogen wurde, als Hunderttausende an der Einweihung des neuen Fußweges teilnahmen. Kinski wollte diese Szenen dokumentarisch nutzen und ließ sogar aus einem Helikopter filmen. Die weitere Drehzeit ist nach der Fertigstellung von *Paganini* auf sechs Wochen im März/April 1988 angesetzt. Regie soll der Produzent Augusto Caminito führen, wie zuvor schon bei *Nosferatu in Venedig*. Kinskis Einvernehmen mit und Vertrauen zu seinen italienischen Freunden ist überschwänglich, geht jedoch während der Postproduktion von *Paganini* in Streitigkeiten über die Qualität des Streifens und den finalen Schnitt restlos in die Brüche. Bei den Dreharbeiten des mittlerweile vorgezogenen Films *Große Jäger* in Sambia verweigert Kinski schließlich im Oktober 1988 die Mitwirkung in zwei Szenen. Wieder zu Hause lässt er sich aus seinen Verpflichtungen zu *Große Jäger* entbinden und die Rechte für *Die Brücke von San Francisco* rückübertragen. Damit soll das Projekt für ihn aber nicht beendet sein. Am 1. Januar 1990 wartet er mit einem endgültigen Entwurf auf, der *Spring!* zum Titel hat. Ein letztes Mal möchte er seinem Liebesbedürfnis ein Denkmal setzen. Doch er kommt nicht mehr dazu. Stattdessen wird zwei Jahre später der Opfersprung des *HABICHTS* in die Fluten der Bucht von San Francisco sein letzter Nachtrag zur Annäherung von Leben und Kunst. Ungefähr dort, wo Kinski eingetaucht wäre, verstreut eine kleine Trauergemeinde, der u. a. Minhoi Loanic, Nikolai Kinski und Werner Herzog angehören, am 2. Februar 1992 seine Asche.

Das Happyend bleibt im Buch zurück.

J U M P !
(The highest fall from San Francisco's Bridge)
Written
and
to be directed
by
KL NSKI
NG!
NANHOI FILMS INC.
HOLLYWOOD
Gary Salt,Paul Kohner Agency,9169 Sunset Blvd.,CA.,USA
Morgan & Co.,5750 Wilshire Blvd.,Los Angeles,Ca

Dieser Film soll im Stile eines »Video-Clips« gedreht werden, mit Hochgeschwindigkeits-Objektiven und ohne die Verwendung von jedem künstlichen Licht. Die einzigen Ausnahmen sollen Schauplätze und Situationen sein, deren unbearbeitetes Umgebungslicht künstlich ist, wie z. B.: Disneyland, die Brücke selbst, Büroräume am Abend und in der Nacht, das Licht, welches vom Filmprojektor erzeugt wird, etc.

Kameras ARRI-FLEX. Film KODAK 400 ASA, der auf 800 gepuscht werden kann.

Der »Habicht«, ein ehemaliger Hollywood-Stuntman, sammelt die notwendigen Materialien und Informationen, um sich auf ein einziges, wichtiges Ziel vorzubereiten: sich vom höchsten Punkt der Golden Gate Brücke tief hinab in den Pazifik zu stürzen.

Seit dem Bau der Brücke, vor ungefähr 50 Jahren, sind bereits 1011 Menschen vom Brückenrand gesprungen. Ihre Motive sind unterschiedlich, aber es sieht so aus, als sei die Mehrheit dieser Personen mit der alleinigen Absicht, Selbstmord zu begehen, gesprungen. Andere warfen sich hinunter, um eine Sensation zu erzeugen und öffentliches Interesse zu gewinnen. In einigen Fällen waren es Leute, die versehentlich über den Rand fielen und vom Ozean darunter aufgesaugt wurden. Und viele sprangen aus unbekannten Gründen. Es ist wichtig, festzuhalten, dass von den 1011 Menschen, die es irgendwie geschafft haben, über den Brückenrand zu gelangen, keiner den Sturz überlebt hat.

Es gibt viele Gründe, warum es fast unmöglich ist, diesen »Sprung« zu überleben, wenn man einmal eingetaucht ist, es zu schaffen, wieder an die Oberfläche des Pazifiks zu kommen. Wenn ein Körper aus einer Höhe von beinah 90 Metern im freien Fall auf das Wasser trifft, wird das Wasser zu einer »Zementmauer«. Wir alle wissen von unseren Erfahrungen im Swimmingpool, dass es nicht nur schmerzhaft, sondern auch sehr gefährlich ist, wenn man nur aus ein paar Metern Höhe springt und auf dem Bauch landet. Stattdessen haben wir es im Fall der Brücke mit einer Höhe zu tun, die einen Sprung vergleichbar macht mit dem aus dem 10. Stock eines Hochhauses und die Landung mit der auf dem nackten Asphalt darunter. Die einzige Möglichkeit, den Sturz zu überleben, wäre, wenn der Körper so geradlinig in die »Wasserwand« dringt wie die Nadel einer Spritze in hartes Material. Das wäre aber extrem schwer und kann, als Überlebenschance, ausgeschlossen werden. Ein weiterer wichtiger Faktor, der zu beachten ist, besteht in der zunehmenden Geschwindigkeit des Körpers während des Sturzes, die mit der Entfernung wächst. Die Geschwindigkeit ist bestimmt durch die Länge des Sturzes, was in unserem Fall zu einer Ankunft mit ungefähr 190 Stundenkilometern führen würde. Außerdem ist es unmöglich, den Körper während des Sturzes zu kontrollieren. Das liegt an der Windgeschwindigkeit, die der Körper selbst beim Fallen erzeugt. Wir müssen berücksichtigen, dass unter der Brücke eine starke horizontale Strömung als Folge der Atmosphäre des Pazifiks kontinuierlich vorbeizieht. Diese sorgt, durchquert von dem starken vertikalen Wind, den der fallende Körper verursacht, für eine chaotische Turbulenz und absoluten Kontrollverlust über die Richtung. Im Endergebnis wird der Körper, wenn er schließlich die Wasseroberfläche erreicht, es in einer solchen Lage tun, dass er in seine Einzelteile zerlegt wird.

Im Fall des HABICHTS haben wir es mit einem Sturz aus der fast dreifachen Höhe seiner Vorgänger zu tun. Dreifache Höhe. Dreifache Geschwindigkeit. Dreifache Turbulenz und dreifache Härte des Wassers im Moment des Aufpralls. Der Sturz der anderen begann auf den Gehwegen links und rechts der Fahrbahnen. Stattdessen hat der HABICHT vor, vom höchsten Punkt des zentralen Turms der Brücke zu springen. Dieser Turm ist 240 Meter hoch, was beinahe schon der Höhe des Pariser Eiffelturms entspricht.

Um in diese Höhe zu gelangen, muss man erst einmal Zugang zu einer Tür aus Bewehrungsstahl erhalten, hinter der ein Fahrstuhl in den Turm eingebaut ist. Der Zutritt ist der Öffentlichkeit streng verboten und ausschließlich den bewaffneten Wächtern vorbehalten, die für die Sicherheit der Golden Gate Brücke und ihren zuverlässigen Betrieb sorgen. Sie schützen die Brücke gegen jedwede strafbare Handlung, insbesondere gegen terroristische Handlungen.

Selbstverständlich hat der Präsident der Brücke freien Zugang zu allen Bereichen der Brücke und kann wiederum zu seiner Begleitung einladen, wen er möchte. Das ist zwar nicht offiziell erlaubt, aber Gary Giaccomini, der Präsident,

kann das unbemerkt machen. Gary, der in Kalifornien geboren und italienischer Abstammung ist, leitet auch Marin County als Bezirksbürgermeister. Wegen seiner Aufrichtigkeit und seinen Führungsqualitäten wurde er unlängst zum vierten Mal in dieses Amt gewählt.

Gary ist dem HABICHT ein wahrer Freund. Das ist von Vorteil für den HABICHT, da er sich direkt an Gary wenden muss, um die Möglichkeit für seinen Versuch zu erhalten. Gary ist ein mutiger Mann, wenn auch nicht so risikofreudig wie der HABICHT. Er sucht nicht den Nervenkitzel eines Stunts, dennoch besitzt er die gleiche Begeisterung und Abenteuerlust wie der HABICHT. Seine Art Abenteuer ist eher so etwas wie eine Expedition zum Himalaja oder um Kap Hoorn zu segeln.

Gary verspricht dem HABICHT, dass er alles tun wird, was in seinen Kräften als Präsident der Brücke und Bezirksbürgermeister von Marin County steht, um auf jede mögliche Art zu helfen. Ungeachtet dessen ist sich Gary vollständig der damit verbundenen Gefahren und des Risikos bewusst, seine angesehenen Stellungen zu verlieren. Da das Projekt des HABICHTS als strafbare Handlung betrachtet werden kann, muss Gary der Gefahr eines Gefängnisurteils ins Auge sehen. Aber als Folge seines Versprechens und seiner Zusage zu diesem Projekt legt Gary dem HABICHT die innersten Sicherheitsgeheimnisse der Brücke offen.

Unterhalb der Brücke, direkt unter der asphaltierten Straße, gibt es weitere bewehrte Stahltüren. Die wesentlichen Mechanismen zur Sicherheit der ganzen Brücke befinden sich hinter diesen Türen. Der Zugang zu diesen Bereichen ist strikt untersagt, und wenn sie berührt werden, verwandeln sich die Türen in tödliche Maschinen, vergleichbar mit der Stromstärke eines elektrischen Stuhls. Sie sind aufgeladen mit mehreren Tausend Volt elektrischem Strom und würden jeden sofort töten, der das Verbotene wagt. Allein schon diese Tatsache wird als »streng geheim« erachtet und niemand, der nicht zu den Spezialkräften der Polizei gehört, sollte davon Kenntnis haben.

Garys anhaltende Unterstützung des HABICHTS führt zur Aushändigung aller Materialen, die er hinsichtlich der fünfzigjährigen Geschichte der Brücke angehäuft hat. All diese kostbaren Gegenstände sind Bestandteil seines eigenen privaten

AVIREX AVIATION
ADMINISTRATION

Museums auf der Brücke. Zwei der wichtigsten Stücke sind: eine Tonbandaufnahme und ein 8-mm-Amateurfilm, die während des großen Hurrikans von 1981/1982 entstanden sind. Durch den Film wird der HABICHT Zeuge des unglaublichen Anblicks der Brücke, wie sie sich 6 Meter nach rechts und links bewegt, wie eine riesige, schlitternde Schlange. Die Fahrbahnen schwellen eineinhalb bis zweieinhalb Meter nach oben an und selbst die Autos werden umher geworfen. Das Tonband bringt bedrohliche Geräusche zum Vorschein, wie sie nie zuvor gehört wurden. Dieser Lärm ist in Verbindung mit dem Anblick der Bewegungen der Brücke so beeindruckend, dass es scheint, als ob sie versuchen, das Ende der Welt anzukündigen. Jeder, der diesem Spektakel beiwohnt, wird terrorisiert und gelähmt, in einen annähernd religiösen Lebenszustand versetzt.

Der HABICHT studiert die gesamte Brücke und ihr Verhalten unter allen Bedingungen und Umständen. Während dieser wissenschaftlichen Studien beginnt er zu begreifen, dass die Golden Gate Brücke ein Lebewesen ist … Die Brücke ist LEBENDIG! Nicht nur ein großes Stück aus Stahl und Zement, sondern ein stimulierendes und erschreckendes Monster! Die Recherche des HABICHTS und die Ergebnisse, zu denen er kommt, sind gleichermaßen beeindruckend und aufregend für die Zuschauer des Films. Der HABICHT legt dar, dass er die gebündelten atmosphärischen Funktionen von Ozean, Wind und Himmel begriffen hat und sich zugleich ihrer grausamen Konsequenzen bewusst ist.

Der HABICHT ist weiter damit beschäftigt, so viele Informationen über die Brücke in sich aufzusaugen, wie ihm überhaupt möglich ist. Gewissenhaft studiert er: den Nebel, die Lichter, die Dunkelheit und sogar unerwartet auftretende Hitze und Kälte, die nicht von den Jahreszeiten beeinflusst sind. Er prüft und überprüft das Verhalten des Ozeans, insbesondere im Hinblick auf den Einfluss des Mondes auf den Ablauf der Gezeiten. Nach all seinen sorgfältigen Kontrollen kommt er zu dem Fazit: Es ist MÖGLICH!

Zu Hause verbringt der HABICHT ganze Nächte vor seiner kleinen Leinwand, auf die er den schwarz-weißen 8-mm-Film projiziert, während er zeitgleich auf seinen Kopfhörern der aufgenommenen Tonspur in voller Lautstärke zuhört. Oftmals weckt diese Nachtarbeit seinen 14-jährigen Sohn Nanhoi auf. Die beiden lieben einander so sehr, dass einer

ohne den anderen nicht leben kann. Ihr Bedürfnis einander zu lieben ist so zwingend, dass sie getrennt nicht einmal essen oder atmen können.

Unglücklicherweise ist dieser zauberhaft schöne Junge behindert und der Gefangene eines Rollstuhls. Er hat die Bewegung in seinen Beinen verloren während eines »Schocks«, den er in früher Jugend erfuhr. Die einzige Möglichkeit Nanhois Beine zu heilen wäre, ihn einer Operation zu unterziehen, die hochgradig spezialisiert und teuer (Hunderttausende Dollars) wäre.

Der HABICHT besitzt eine Lebensversicherung, die nach des HABICHTS Tod dem Begünstigten, seinem Sohn Nanhoi, eine halbe Million Dollar auszahlen wird. Dies trifft auch im Falle eines Selbstmordes zu. Nun beginnen wir zu begreifen, warum der HABICHT so besessen davon ist, sich auf seinen tödlichen »Sprung« vorzubereiten. Auf diese Art kann er die nötigen Gelder verdienen, um seiner einzigen Liebe Nanhoi zu helfen – der sich ausgeschlossen fühlt vom »normalen« Leben, an dem er so sehr teilzunehmen wünscht.

Der HABICHT durchlebt dramatische Momente, die dazu führen, dass er erschöpft vor der Leinwand und den Lautsprechern zusammenbricht. Er erlebt auch emotionale und intensive Momente mit Nanhoi – wenn sein Sohn mit ihm dafür kämpft, dass er nicht mit dem »Sprung« fortfahren soll! Er möchte nicht, dass seine einzige Liebe im Leben alles riskiert. Ohne seinen Vater an seiner Seite hat er keinen Lebenswillen mehr.

Selbst nach allen flehenden Forderungen Nanhois gibt der HABICHT sein Projekt nicht auf.

Es gibt traurige, aber schöne Szenen zwischen den beiden, wenn der HABICHT beschließt, seinen Sohn in seinem Lastwagen ins Disneyland zu bringen. Nanhoi war niemals zuvor im Disneyland und hatte immer ein starkes Verlangen dorthin zu gehen. Schließlich ist einer seiner Träume wahr geworden. Er durchlebt dennoch schmerzhafte Momente, wenn er sieht, dass er nicht an dem Spaß teilhaben kann, den die anderen um ihn herum haben, weil er an einen Rollstuhl geschnallt ist. Tränen quellen in seine Augen, weil er gezwungen ist, mit einer Eistüte und Popcorn zufrieden zu sein. Sooft es möglich ist, trägt der HABICHT seinen Sohn in seinem Arm, und Nanhoi hat einen Wahnsinnsspaß auf dem Karussel und im Gespenstertunnel des Spukhauses. Wenn sein Vater das macht, amüsiert Nanhoi sich blendend, lächelt und lacht. Nanhois Glück zu beobachten ist, als würde man die ganze Faszination von Disneyland mit den Augen eines Kindes sehen, das sie erstmals erlebt. Nur wenn er andere Kinder seines Alters herumrennen sieht, wird er an seine ausweglosen Leiden erinnert. Wir empfinden Mitgefühl mit ihm und spüren den Kummer, den er erlebt. Aber Nanhois »Abenteuer« auf diesem Disneylandbesuch bleibt wie ein Licht bestehen, dem Licht einer reinen und schönen Seele.

Es gibt auch schöne Szenen zwischen dem HABICHT und seinem Sohn, wenn er ihn zu Bett bringt und ihm Geschichten erzählt und ihn in den Schlaf singt. Diese Sequenzen sprechen von einer so tiefen und unberührbaren Liebe, dass sie Gefühle in uns erzeugen, die sogar stärker sind als all die Traurigkeit, die wir für Nanhois Zustand empfinden.

In diesem Film wird es authentische Vorfälle geben, wie z. B. eine Demonstration von Einheimischen, die es genießen, den Präsidenten der Brücke um jeden Preis zu ärgern. Sie findet direkt vor Gary Giaccominis Büro am Eingang der Brücke statt. Es scheint, als würde diese wütende Menge Gary persönlich verantwortlich machen wollen für die vielen Selbstmorde und Unfälle, die stattfanden, bei denen Leute sich von der Brücke gestürzt haben oder vom Rand der Brücke gefallen sind. Die Menschenmenge behauptet, dass die Schuld bei denen liege, die für die Konstruktion der Brücke verantwortlich sind. Ein hohes Netz hätte vor dem Laufgang errichtet werden sollen, das den Fußweg von der gefährlichen Kante trennen würde, von der Leute springen oder stürzen. Ein solches Netz würde sie am Fallen hindern und daran, dass sie fortfahren, Selbstmord zu begehen.

Natürlich ist dies Argument lächerlich, weil es unmöglich ist, jemanden daran zu hindern sich das Leben zu nehmen, wenn er schon entschieden hat, dass das sein Schicksal sein soll. Davon abgesehen, würde das Netz einen der schönsten Ausblicke der Welt verhüllen, den zu sehen Menschen von überall anreisen: das herrliche San Francisco – seinen Ozean – seine berühmte Bucht! Dieser Blick auf San Francisco verändert sich mit jeder Stunde des Tages ... von einem Nebeltraum ... zu dem klaren Bild der goldenen Pracht der Sonne ...

bis hin zu den Vorstellungen einer »Fata Morgana«.

Wenn man selbst auf der Brücke ist, kann man sich von einer Wolke verhüllt finden – während plötzlich die Wolken auseinander ziehen und man ein Schiff erblickt, das im Licht der Sonne segelt.

Die Brücke vom Helikopter aus zu sehen, kann sogar noch aufregender sein und dazu führen, dass man den Atem anhält. Das ist insbesondere zutreffend, wenn es neblig ist und nur die Spitze der Brücke und die Gipfel der Wolkenkratzer von San Francisco gesehen werden können. Das sind Bilder, die noch nie zuvor von einem Kinopublikum gesehen wurden.
(Technische Anmerkung: Die Brücke selbst und der Blick auf San Francisco müssen von einem Team von zwei bis drei Kameramännern in einem Zeitraum von 3 – 4 Monaten gedreht werden, wobei sie jeden Tag von der Morgendämmerung bis zum Sonnenuntergang filmen sollen, als ca. 90 – 180 Meter Film.)
Zurück zur Demonstrationsszene. Einer von Gary Giaccominis Stellvertretern beschließt sich der Menschenmenge zu stellen. Er gibt bekannt, dass die Verantwortlichen der Brücke eine andere Lösung erarbeitet haben, um das Aufkommen an Unfällen und Selbstmorden zu mindern. Er behauptet, dass ihre Idee um einiges ausgeklügelter sei, als nur ein »Netz« anzubringen. Er verspricht, dass man eine Art Trampolin für die, die springen wollen, hinter der Absperrung errichten wird! Diese Idee kommt nicht gut an und die Menge reagiert wütend auf den Unsinn des Stellvertreters. Der Konflikt gerät so außer Kontrolle, dass er gezwungen ist, vor ihren Rufen: *»Hängt ihn!«* zu fliehen.

Endlich kommt der Tag, auf den wir gewartet haben. Der Tag des »Sprunges«! Millionen Menschen sind gekommen, allein auf der Brücke ist eine Million Menschen, um »Den tiefsten Sturz aller Zeiten!« selbst zu erleben (Archivmaterial vom 50. Jubiläum der Golden Gate Brücke im Mai 1987). Die Atmosphäre gleicht der eines Nationalfeiertags mit allen Erfordernissen für eine Partystimmung, wie z. B.: Hotdog-Ständen, Bier-»Gärten«, Popcorn, Eiscreme, Coca Cola, Luftballons, Faltstühle mit Kissen, Schirme etc. Am Himmel fliegen Helikopter herum und kleine Flugzeuge mit Bannern, die hinter ihnen herflattern. Unten in der Bucht kann man alle Arten von Yachten, Segelbooten und Schiffen sehen. Fotografen und Fernsehteams aus allen Teilen der Welt nehmen den Moment auf ... Sogar vom höchsten Punkt der Brücke.

Der HABICHT erscheint. Er ist vollständig wie ein Sporttaucher gekleidet mit Kälteschutzanzug, Schutzbrille, Handschuhen und Kopfbedeckung. Er erreicht den höchsten Punkt des Turmes. Von hier hat er seinen Sprung sorgfältig geplant ... In der Menge herrscht gedämpftes Schweigen. Man könnte beinahe eine Stecknadel fallen hören ... Der HABICHT SPRINGT!
(Technische Anmerkung: Der Sturz des HABICHTS soll in der endgültigen Fassung des Films mehrere Male wiederholt werden. Er muss von mehreren Kameras geschossen werden, die mit »Hochgeschwindigkeitsobjektiven« [bis zu 5000, japanisch] ausgerüstet sind, mit verschiedenen »Zeitlupen« bis zum »Bild-auf-Bild« und sogar »Standbild«. Während dem Sturz des HABICHTS [natürlich eine Attrappe], soll eine Kamera in den Körper der Attrappe eingebaut sein, um die Perspektive des HABICHTS festzuhalten. Der Sturz der Attrappe muss ebenfalls wiederholt, um mit verschiedenen Objektiven von unterschiedlicher Geschwindigkeit gefilmt zu werden. Das Ergebnis soll ein Spektakel werden, wie es in der Filmgeschichte noch nie von einem Publikum erlebt wurde).
Nach dem Sturz sehen wir den HABICHT zurück an die Oberfläche des Pazifik kommen – LEBENDIG!!!! Das Vergnügen der Masse an seinem Überleben wird ungestüm und man kann Menschen sehen, die zur gleichen Zeit lachen und schreien! Alle umarmen sich und teilen ihr Glücksgefühl ... Nanhoi, der das ganze Ereignis aus seinem Rollstuhl beobachtet, lacht und schreit gerade ... und dann lacht und schreit er ... und schreit ... brüllt ... kreischt ... und stößt vor Freude einen Schrei aus!!!!!!!!

(Ein gigantisches Feuerwerk beginnt – Archivmaterial vom 50. Jubiläum der Golden Gate Brücke im Mai 1987).
... Aber die Stimmung kippt schnell um, als der Menschenmenge klar wird, dass die starke pazifische Strömung den HABICHT rasch aufs offene Meer hinausträgt. Schnell haben ihn alle aus den Augen verloren. Als Nanhoi begreift, was passiert, muss er eilig in einen Krankenwagen gebracht werden ...
Schiffe, Helikopter und andere Militär- und Küstenwachen-Flugzeuge suchen verzweifelt nach dem HABICHT ... aber es gelingt ihnen allen nicht, ihn aufzufinden. Der HABICHT ist verschwunden. Die Rettungssuche wird Tag und Nacht

fortgesetzt, aber sie sind nicht imstande, den HABICHT oder seinen Körper zu finden. Schließlich, nach einer einwöchigen Nachtwache, wird der HABICHT für »tot« erklärt.

ZEIT-RAFFER: Szenen, die einen Zeitabschnitt überbrücken, wie z.B.:

- Nanhoi, der in einem völlig komatösen Zustand in seinem Rollstuhl sitzt.
- Nanhois Beine werden der Spezialoperation unterzogen.
- Nanhoi kehrt heim in das Haus, das er sich mit seinem Vater geteilt hat. Er scheint immer noch in sich verloren zu sein ... ohne jeden Überlebenswillen.

... Geräusche eines großen Motorrads (eine Harley-Davidson »FAT BOY«) ziehen vor dem Haus auf. Der HABICHT bremst direkt vor Nanhoi und sagt *»spring!«*, was Nanhoi befolgt, als wäre er noch immer in einem Koma. Dann, als er hinter seinen Vater klettert, umgreift er ihn wie nie zuvor – umarmt seinen Körper – seine eine und einzige Liebe!

... Wir begreifen schnell, dass sie auf ihrem Weg ins Disneyland sind!

SCHNELLE SCHNITTE auf die beiden, wie sie die beste Zeit ihres Lebens haben und einfach nur lachen ... und lachen ... und lachen ...

Das letzte Einzelbild des Films ist eine Nahaufnahme von »Micky Maus«.

ES IST BERAUSCHEND MIT DEN STERNEN ZU SEGELN – ABER ICH BIN HUNGRIG UND ERSCHÖPFT. WENN NUR DAS MEER ETWAS RUHIGER WÜRDE![190]

190 *Ich brauche Liebe*, ebd., S. 440

ICH HABE KEINE ANGST, ES IST ZU GEWALTIG, ZU RIESIG, ZU ÜBERWÄLTIGEND. FAST BESCHÜTZEND WIE EINE MUTTER. WIE LIEBE.“[191]

191 Ebd., S. 440

KINSKI
ALL I NEED IS

ॐ नमः शिवाय

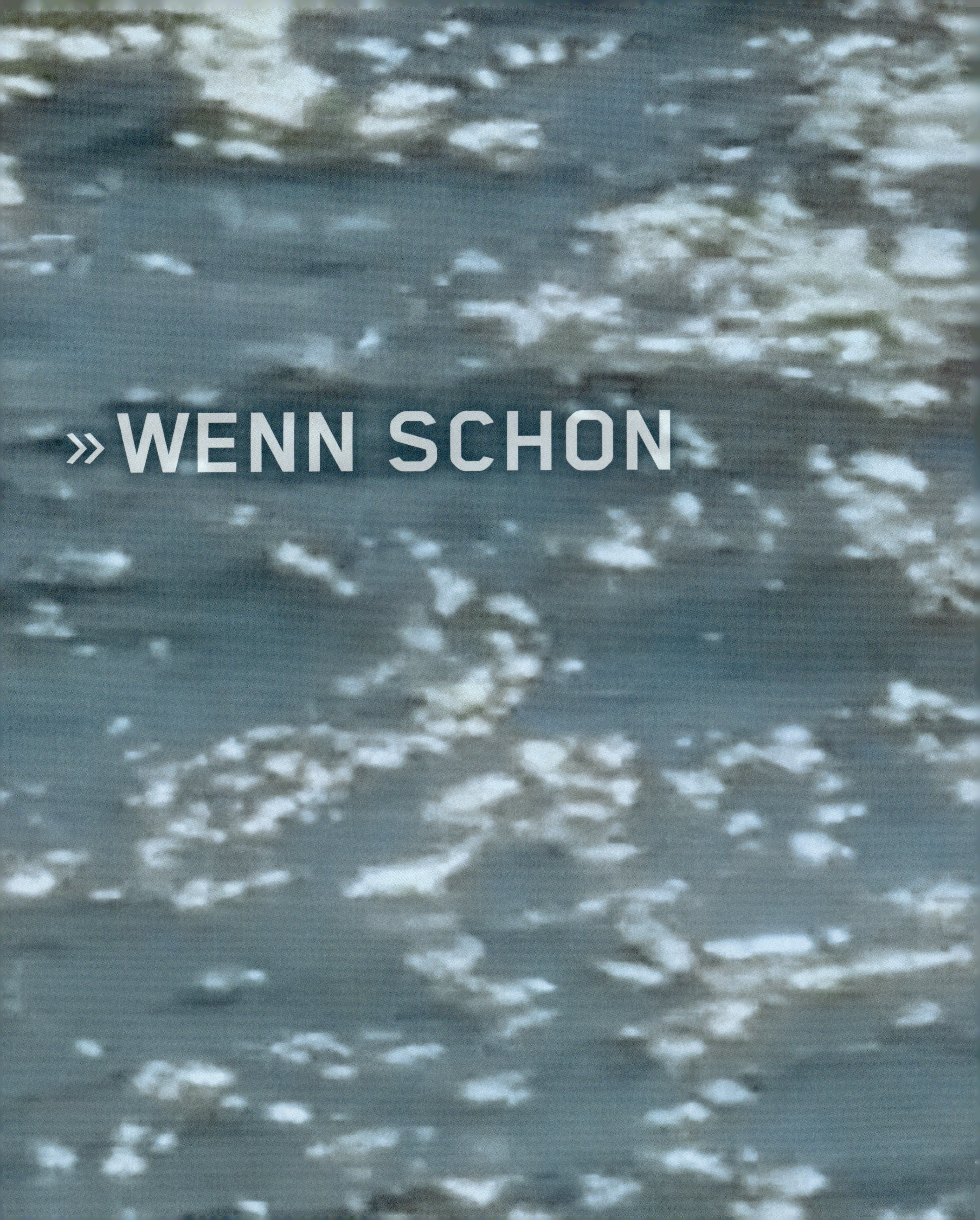
»WENN SCHON

STERBEN,

DANN UNTER DER

GROSSEN WELLE,

DIE EINEN

BEGRÄBT.«[192]

192 Zit. nach: Jürgen Serke: *Ein Ekel namens Kinski*. In: Stern, Nr. 39, 18. September 1975, S. 46